Wilhelm Kuhnert

Im Lande meiner Modelle

Verlag
der
Wissenschaften

Wilhelm Kuhnert

Im Lande meiner Modelle

ISBN/EAN: 9783957008718

Auflage: 1

Erscheinungsjahr: 2016

Erscheinungsort: Norderstedt, Deutschland

Hergestellt in Europa, USA, Kanada, Australien, Japan
Verlag der Wissenschaften in Hansebooks GmbH, Norderstedt

Cover: Jean-Baptiste Camille Corot "Brücke bei Narni"

Verlag
der
Wissenschaften

Wilhelm Kuhnert

Im Lande meiner Modelle

Mit 24 Steinzeichnungen,
8 farbigen Tafeln nach Gemälden des Verfassers
und zahlreichen Federzeichnungen im Text

Rappenantilope

Im Lande meiner Modelle

von

Wilhelm Kuhnert

Verlag von Klinkhardt & Biermann
Leipzig ~ 1918

Vorwort

Immer wieder stoße ich auf fast völlige Unkenntnis über die Art des Reisens in Deutsch-Ostafrika. Da möchte ich zu Nutz und Frommen im allgemeinen und für die verehrten Leser im besonderen, die nicht recht unterrichtet sind, am besten einen Besuch, etwa vier Wochen vor der Abreise, in meiner Werkstatt vorschlagen.

Also lieber Leser, bitte, tritt ein. —

Ja, ich merke schon — du bekommst einen leisen Schrecken über das heillose Chaos — was da alles auf dem Boden herumliegt und -steht.

Hier zuerst eine der Hauptsachen: das schützende Zelt und seine Einrichtung, als Tisch, Bett, Klappstuhl. Da stehen weiter Marschschuhe, Flinte, Büchsen und Patronen, Öle, Malleinen, Farben, Pinsel, Skizzenbücher. Ja, der Maler muß äußerst sorgfältig die Wahl seiner Materialien treffen. Alles läßt sich draußen vielleicht ersetzen, niemals aber Malutensilien. Nichts fehlt. Hier keine Eisenschraube an Malkasten und Staffelei — nur Messing! Wegen Rost! Alles ist vorhanden. Dort z. B. Zwirn und Nadeln, Lichte und Windlampe; ferner Bürsten, Reserveuhr, Rasier-, Busch- und Präpariermesser, Briefpapier, Haarschneidemaschine, Tropenhüte, Seife und wie die Dinge da alle heißen. Kein Gegenstand fehlt, aber es ist auch kein einziger entbehrlich.

Alles Überflüssige bleibt fort, wäre nur Ballast und erschwert. Die einfachste und praktischste Ausrüstung gibt die größte Bequemlichkeit auf einer innerafrikanischen Reise.

Das ganze Warenlager soll in diese wasserdichten Blechkoffer hinein? Na — ob das hineingeht. Bitte nach acht Tagen wieder vorzusprechen. Du wirst dann staunen, wie praktisch man packen kann. Freilich, 60 Pfund sind Höchstgewicht für den Träger draußen, und ich packe lieber ein paar Lasten mehr, als zu schwere. Lohnt sich!

Der kleine Blechkoffer mit dem roten Kreuz dort? — Natürlich Apotheke — sehr wichtig! Viel Verbandmaterial, alle möglichen und unmöglichen Arzneimittelchen —! Bst — wird nicht verraten. Geheimnis! Chinin auch? Freilich, für zwei Jahre, mit Ersatz. Besser vorgesorgt; man könnte unten festgehalten werden. Mir schmeckt es; abends genommen, habe ich nie Folgeerscheinungen. Seit 1891 trotz langen Aufenthalts in gefährlichen Malariagegenden kein Fieber gehabt, überhaupt keine Krankheit.

Und die Verpflegung, die Hauptsache? Konserven. Alle Gemüsesorten. Scheiben und gestoßte Kartoffeln, Butter und Milch usf. Werden vom Hamburger Geschäft, in Kasten verpackt, direkt auf den Dampfer verladen.

Fleisch, Fische? Nein! Muß Jagd und Fang draußen liefern! Reis, Kaffee und Kakao an der Küste zu haben.

Getränke? Lange angestrengte strapaziöse Tätigkeit in der Wildnis verträgt keinen Alkohol. Nur das Allernotdürftigste für Ausnahmefälle und Krankheit ist vorgesehen.

Wasser wird in den Tropen nur abgekocht getrunken. Da aber der beste Boy mogelt, lasse ich mir täglich das kochende Wasser ins Zelt bringen.

Nun — und die Ausreise?

Alles Gepäck wird rechtzeitig als Frachtgut direkt an den von mir zu benutzenden Hamburger Dampfer der Ostafrikalinie gesandt. Man folgt nach. Halbe Wasserratte, liebe ich die See, ob es stürmt oder tobt, abgöttisch. Das endlose Meer mit seinem häufig stündlich wechselnden Farbenspiel, seiner himmlischen Ruhe gibt gesündeste, stärkendste Erholung für die später bevorstehende anstrengende Expedition nach dem Innern, wenn man nicht andauernd — seekrank wird. Auf dreizehn Seereisen konnte mir Neptun bislang keinen Tribut abzwingen.

Afrikaküste . . . .

Zollvorbereitungen, Mieten der Träger und Boys, wobei viel vom Glück abhängt. Besuche und Einladungen. In zirka acht Tagen marschbereit.

Transportmittel nach dem Innern? Ein paar gesunde, nie versagende Beine! Wer die nicht hat, streikt sehr bald schmählich und bleibt besser daheim. Gestattet es der Geldsack, so werden Pundas — Reitesel — benutzt. Ich sehe davon ab. Erstens gehen sie allzubald infolge des Stiches der Tsetsefliege ein, und zweitens verursachen sie auf dem Marsch beim Durchschreiten von tiefen Morästen und Flüssen endlose Scherereien, mehr als das bißchen Reiten wert ist.

Den wapagazi-Trägern, welche die Lasten auf dem Kopfe oder den Schultern tragen, stehen je nach Größe der Karawane ein oder zwei wanyampara — Aufseher — vor, die dafür zu sorgen haben, daß kein Träger zurückbleibt und sonst Ordnung herrscht. Aufseher bedürfen wiederum aber auch der Aufsicht seitens des Weißen, da sie nicht immer zuverlässig sind. Bewaffnet ist keiner der Leute.

Für ihre Verpflegung, die aus ihren heimatlichen Landesprodukten besteht, hat der Weiße zu sorgen. Sie werden zum Teil an der Küste eingekauft oder nach Bedarf im Innern. Fleisch liefert die Jagd. Der Neger ist anspruchslos; er kennt nur einen Lebenszweck, chakula — Essen — und wieder Essen. Wird ihm das in reichlichem Maße gewährt, so ist er zufrieden und willig.

Die Leute erhalten mshahara — Monatslohn. Im Innern gibt man ihnen manchmal das Zehrgeld — posho — zur Selbstverpflegung. Frauen dürfen nicht mitgenommen werden; erlaubte ich es ausnahmsweise dem einen oder dem andern, so hatte ich später stets viel Ärger.

Kisuaheli ist die Küstensprache; je besser sie der Weiße beherrscht, desto größere Vorteile hat er. Im Innern freilich spricht jeder Stamm fast eine andere Zunge. Verständigung ist aber durch die eigenen Leute möglich.

Die lange Karawane setzt sich im Gänsemarsch in Bewegung. Dabei ohrenbetäubender Gesang und Gejohle — ein unglaubliches Tuten aus Antilopenhörnern, das begleitet wird vom Taktschlag an die blechernen Koffer und Kisten. Ein wüster Lärm! . . . .

Wenn nach einigen Tagen nach dem Küstenabmarsch die Leute mit allen Gewohnheiten eingefuchst sind, ist das Lager, mit jeder Last an Ort und Stelle, in einer knappen halben Stunde fix und fertig aufgeschlagen.

Nun haben die Leute ihre Tagesarbeit getan.

Haya, haya upesi chakula — vorwärts schnell, essen — schreien alle durcheinander. In wilder Hast greift jeder nach seiner Kalebasse, Bündel und Stock, und ein Wettlauf beginnt — ein jeder will das nächste beste geschützte Plätzchen ergattern. In bestimmte Gruppen vereinigen sie sich alsdann und kochen ab. Häufig ergehen Einladungen an eine andere Gruppe. Der Neger ist sehr gastfrei.

Ist die ganze Gesellschaft versorgt, dann kommt der Weiße zu seinem Recht.

Auf meinen Reisen war ich stets der einzige Weiße.

Mein Gasthaus — immer das Zelt und wieder das Zelt. Herrlich! „Safari" — Ein geradezu wundervolles Nomadenleben!

Charlottenburg, Frühjahr 1918.

Wilhelm Kuhnert.

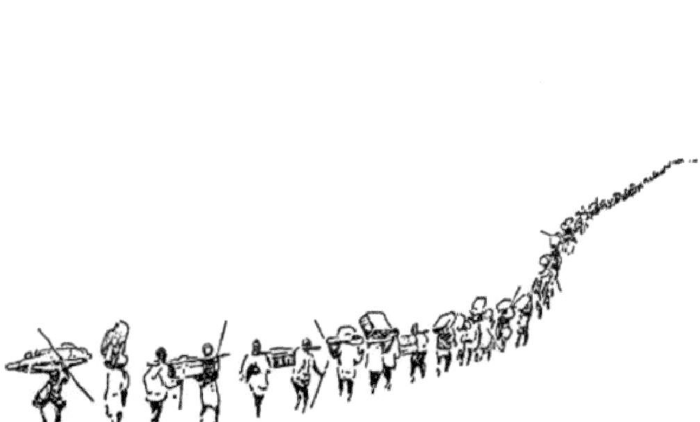

Inhalt

Einleitung

„Wie kamen Sie eigentlich gerade auf Afrika?"

Wie häufig höre ich diese Frage. Die Antwort ist mir längst geläufig, hier will ich sie mit ein paar kurzen Worten abtun.

Durch von Jugend auf scheinbar angeborenes Interesse zur weiten Gottesnatur und ihrer Lebewesen.

Später, nach eingehendem Studium kam die Erkenntnis dazu, daß das Geschöpf echt nur in seiner ureigensten heimatlichen Umgebung darstellbar ist, und nicht, wie herkömmlich, in einer phantastischen.

Ich konnte aber unmöglich den weisen Rat meines Lehrers Meyerheim befolgen, der mir eines Tages, als ich von Afrika schwärmte, sagte: „Machen Sie es doch wie ich: ein Brett mit verschiedenen Steinkohlenstückchen belegt, da und dort Sand dazwischengestreut, und die schönste Wüste ist fertig!"

Ein einfaches Verfahren, sich „afrikanische Landschaft" vorzugaukeln.

Ich hatte aber trotz meiner Jugend andere Träume und Ziele, mir schwebte ein etwas anderes Verfahren vor.

Auch sollte mir die weite Welt den Blick erweitern.

Mich reizte die unverfälschte Wildnis, wo noch der Mensch als Naturwesen lebt. Etwas Abenteuerlust und Tatendrang will ich nicht ableugnen.

Ein Maler hat das absolute Recht, fremde Welten darzustellen. Das Künstlerauge kennt keine geographischen Grenzen.

Immer wieder habe ich in mein gelobtes Land einzudringen gesucht, denn schier unerschöpflich ist sein Reichtum, und leider zu kurz ein Menschenleben, um all die Fülle an Schönheit fassen und bewältigen zu können.

Ein Garten afrikanischer Tierwelt

Eng umfriedigte Gärten sind es nicht, die die Natur da draußen geschaffen hat, aber schier unbegrenzte, soweit das Auge „nicht" mehr reicht, von einem unbeschreiblichen Tierreichtum wimmelnde Riesengebiete — Ländergebiete. Und doch wirkt das alles, im ganzen und großen betrachtet, wie ein ungeheurer, unermeßlicher Tiergarten.

Hier kann sich noch die Tierwelt in ihrem angeborenen Wesen ungestört ausleben und in paradiesischem Zustande hart nebeneinander leben. Hier gibt es keine Umfriedigungen, keine Wildgatter, und noch weniger Käfige und Eisenstäbe. Hier atmet jedes Getier die herrliche Luft ungebundenster Freiheit.

Und das Reich ist groß, unfaßbar groß und weit! Da kann sich denn auch jegliches Geschöpf das Gebiet auswählen, das ihm zusagt. Aber trotzdem ist nicht alles eitel Sonnenschein im Leben dieser Naturkinder. Auch hier muß „der Kampf ums Dasein" gekämpft werden, vielleicht in noch grausamerer Form als anderswo. Und dieser Kampf prägt deutlich genug das Äußere der Wildlinge; er gibt ihnen den Stempel der Urkraft und unbändigsten Lebensfrische. Was hier lebt und liebt, ist strotzendste, wildeste Gesundheit.

Wie schwach und unvollkommen kommt sich da die Krone der Schöpfung, das Menschlein, unter diesen Recken vor!

So ist das afrikanische Tierparadies in seiner unbeschreiblichen Großartigkeit, in seinem hinreißenden Zauber eine nie versiegende Fundgrube unvergeßlicher Eindrücke. Wollte man alle die Lebewesen, die man häufig im Laufe weniger Stunden innerhalb seines Bannkreises zu Gesicht bekam — nicht schildern — nur zählen, man käme in Verlegenheit.

Zu meinen speziellen Lieblingen rechne ich ein gewisses Großwild und einige hervorragende Repräsentanten aus der Vogelwelt — ohne natürlich das andere Getier zu vernachlässigen. Ihnen spüre ich nach, wo sich nur die Gelegenheit bietet.

Heute will ich nun wieder einen solchen ziel- und planlosen Steppenbummel durch einen Teil des großen zoologischen Naturgartens unternehmen, bewaffnet mit Malkasten, Skizzenbuch und Büchse.

Noch ist der Tag nicht erwacht. Taufrisch und schummerig bereitet sich der Tropenmorgen vor.

Ich bin schon früh heraus, denn es soll zeitig aufgebrochen werden. Trotz der frühen Stunde schmeckt mir auch schon mein Pfeifchen, ein Zeichen besten Wohlbefindens. Und als wir uns in Bewegung setzen, singe ich in meiner lebensfrohen Stimmung das alte Akademikerliedchen, das da beginnt:

Was gibt es Schöneres auf der Welt,
Als wie ein Maler zu sein,
Und wenn der Frühling ist im Feld,
Zu ziehn ins Land hinein.
Sind auch die Taschen schlecht bestellt –
Frei wand'r ich durch die ganze Welt!
Tralalala . . .

Nun aber still — ihr Jungens auch! So schön auch die Erinnerung sein mag, jetzt will ich die Gegenwart auskosten, womöglich bis zur Neige.

Nach kurzer Strecke sind wir aus dem hohen Grase heraus. Hier liegt eine scharf abgegrenzte Zone, von der ab sich die ebene, fast graslose Steppe wie ein unendliches Getreidefeld abhebt. An dieser merkwürdigen Linie schlängele ich mich noch einige hundert Meter entlang, dann biege ich im Winkel nach der Steppe ab. Dabei passiere ich einen Streifen schlanker Flötenakazien. Daran schließt sich die absolut baum- und strauchlose Nyika*) an.

Noch ist bei dem geisterhaften Licht nichts deutlich zu erkennen. Mit fertiggemachter Büchse geht es behutsam vorwärts; ich habe ja keine Eile.

Unhörbaren Flügelschlages gaukeln einige Nachtvögel durch die Luft. Aus weiter Ferne schlägt als erster Laut das heisere Bellen eines Schakals an mein Ohr. Nach ein paar Minuten raschelt es ganz nahe neben mir im kurzen Grase. Völlig unsichtbar wird irgendein Tier flüchtig. Ich vernehme nur ein Geräusch, etwa als wenn jemand Gras abreißt. Vielleicht war es eine davongaloppierende Hyäne.

Weiter und weiter geht es; durch einen niedrigen, auf dem Grase lagernden weißlichen Nebelschwaden, und schließlich taucht vor uns im Dunst das Pori auf. Nun wird es deutlich heller, die Umgebung nimmt Gestalt und Farbe an, und endlich steht siegreich und schön in all seiner Farbenpracht der glühende Sonnenball am Osthimmel und wirft lange Schatten vor mir her.

Eben will ich um einen Strauch herum, da flitzt mir gerade vor meinen Füßen ein Hase auf und ist auch sofort wieder im Grase verschwunden. Schnell reiße ich die Flinte hoch, aber ich lasse nicht fliegen. Wozu? Erstens müßte ich, um den „Braten" nicht schlecht werden zu lassen, einen Mann damit zurückschicken; das wäre bei der Entfernung ein Luxus. Und dann erhielte mein Revier durch den unlohnenden Schuß ein anderes Bild.

In einiger Nähe befindet sich ein ziemlich hoher, mit dichtem Gebüsch bewachsener Termitenhügel. Er ladet mich geradezu ein zum Verweilen und Beobachten, und ich krieche schleunigst in das dichte Versteck.

Heller, sonniger Morgenzauber! Wie unendlich weit kann das Auge jetzt in der

*) Grassteppe.

Flüchtende Giraffen.

klaren, herrlichen Morgenluft sehen! Und es gibt viel zu sehen, eigentlich viel zu viel, um das alles aufnehmen, erfassen zu können.

Da ist zunächst einige hundert Meter links von mir ein Rudel großer Säuger, das mich sofort fesselt — einundsechzig Giraffen zähle ich! Sie sind wahrhaftig das auffallendste Wild der afrikanischen Steppe. Etwas versprengt, aber immerhin noch leidlich geschlossen, tummeln sie sich in allen Altersstadien da drüben umher. Ein paar alte Kühe und ein Bulle äsen. Sie stehen mit weit gespreizten Vorderläufen, den langen Hals nach unten gebeugt, und gleichen in dieser eigenartigen Stellung um ein Haar einem bunt gestrichenen Holzgestell. Andere strecken die langen Hälse fast kerzengerade nach oben. Sie sind dann überhaupt mit nichts mehr zu vergleichen. Seltsame Tiergestalten!

Wiederkäuend bewegt sich die schmale, kamelartige Muffel hin und her; rhythmisch peitscht der lange Wedel mit der schwarzen Quaste die Flanken. Aber die großen, dunklen Lichter äugen trotz aller Ruhe unablässig sichernd scharf umher. Durch ihr ausgezeichnetes Sehvermögen, das noch durch die kolossale Körperhöhe sehr vorteilhaft ergänzt wird, bestreicht die Giraffe einen sehr weiten Gesichtskreis.

Jetzt wird ein halbwüchsiges Kalb, das eben gesäugt, von seiner Mutter liebevoll beleckt. Nun knabbert ihm die Alte an der Mähne herum, was dem Kleinen ganz besonders zu behagen scheint. Es ist eine recht ulkige Figur, dieses große „Kleinchen" mit seinen hohen Extremitäten und dem viel zu kleinen Kopf, der auf dem noch zu kurzen Halse sitzt, wenn es neben seiner riesigen Mutter steht.

Nach der mütterlichen Liebkosung geht es ganz gemütlich etwas spazieren. Plötzlich aber packt es die Jugendlust, und es springt mit den verrücktesten Kapriolen und spaßigsten Körperverrenkungen umher. Welch ein Vergnügen für mich, das zu beobachten! Manchmal will es mir scheinen, als säßen die Beine überhaupt nicht am Körper. Und nun ist das tolle Spiel ebenso plötzlich zu Ende, wie es begonnen. Ernst und artig schreitet das Kleine zur Alten zurück. Dieselben Vorgänge, Heiterkeit, blödsinnige Sprünge und Ernst wiederholen sich noch mehrmals.

In der Herde stehen recht alte kapitale Bullen, die sich besonders durch starke, mächtige Hälse und die kräftig entwickelten Stirnzapfen auszeichnen. Durch ihre Stärke und dunkle

Farbe fallen sie sofort auf. Recht wirkungsvoll heben sich bei ihnen die sehr hellen, fast weißen Unterläufe und die weißen Gehöre ab. Als ich das erstemal neben einem solchen gefällten alten Recken stand, war ich wirklich erstaunt über dessen enorme Größenverhältnisse. Man wird sich am besten einen Begriff von den Dimensionen machen können, wenn ich bemerke, daß mein letzterlegter Bulle eine Schädellänge von 94 Zentimeter aufweist.

Aber ein Schönheitspreis wird der Giraffe wegen ihrer sonderbaren Gliedmaßenverhältnisse von der Allgemeinheit nicht zugesprochen. Und doch — sie ist eine so charakteristische Erscheinung, daß ich dieses wunderliche Tier nicht in der afrikanischen Steppe missen möchte. Niemand kann sich des packenden Eindrucks erwehren, den eine große „twiga"-Herde hervorruft. Wenn man dann noch das Glück hat, sie in unmittelbarer Nähe vorbeigaloppieren zu sehen, die sonderbar wiegenden, scheinbar langsamen und dennoch ungemein fördernden Bewegungen zu beobachten, wird man den Anblick nicht so leicht vergessen. Dann zittert der Boden vom Paßgang oder Galopp des dahinstürmenden Trupps, dann geht es durch dick und dünn, durch das ärgste Dornendickicht, wo der Mensch wie vor einer festen Wand stünde, als wäre freie Bahn. Und merkwürdig, bei allen von mir erlegten Stücken fand ich dann immer wieder, daß die Läufe, trotzdem sie eben erst durch solches Gelände geflüchtet waren, kaum sichtbare Risse aufwiesen. Auch der eben erwähnte Bulle war völlig unverletzt. Man muß dabei freilich in Betracht ziehen, daß die Haut sehr stark und ungeheuer hart und zähe ist.

Da ziehen hoch oben in der Luft vier Hagedaschibisse mit krächzendem Geschrei über mich hinweg. Ihr prächtig metallgrün, blau und schwarz schimmerndes Gefieder glänzt in der Sonne in scharfen Lichtern. Und ihr Erscheinen erinnert mich daran, daß auch noch andere Tiere da sind um mich her.

Als meine Blicke über die Steppe schweifen, begegnen sie mehreren Trupps Zebras. Sind sie doch so häufig die Gesellschafter der Giraffen. In Herden von 20—30 Stück stehen sie da, und dort hinten in der Ferne in noch viel größerer Zahl. Zu ihnen gesellen sich wieder Kuhantilopen und Strauße. So macht es mitunter tatsächlich den Eindruck, als hielten alle diese Tiere eine Zusammenkunft ab. Jetzt spazieren auch bei der mir zunächst stehenden Gruppe zwei Schabrackenschakale einher. Ganz gemächlich tun sie das, auf kaum drei Meter Entfernung von den Zebras, ohne daß diese die geringste Notiz von ihnen nehmen. Auf der völlig graslosen Steppe präsentieren sich die Schakale ganz frei meinen Blicken. Und sonderbar, sie kommen aus der Richtung, wo ich sitze. Das Gras hatte sie mir vorher verdeckt.

Weiter südlich steht eine sehr zahlreiche Herde schlanker Swallahantilopen und Grantsgazellen. Dicht daneben befindet sich in flacher Bodensenkung ein Tümpel, in dessen grauem Morast ein stattlicher Jabiru, drei Kronenkraniche und mein Liebling, der prächtige Schreiseeadler sich zu schaffen machen. Letzterer hat es wahrscheinlich auf die im tiefen Schlamme lebenden kleinen Welse abgesehen, denn was hätte er sonst in der Steppe zu suchen? Da entsteht vielstimmiges Geschrei; heilige Ibisse und zahlreiche Nil- und Höckergänse fallen ein. Nun wirft der schöne Schreiseeadler seinen Kopf ganz nach hinten auf die schwarzen Schultern und läßt auch seinen eigenartigen, grellen Schrei erschallen.

In der Luft aber treiben Kiebitze unter vielem Geplärr das aus der Heimat genügend bekannte Gaukelspiel.

Welch ein Leben um mich her! Sitze ich hier nicht wirklich wie in einem Tiergarten? Doch da kommt schon wieder etwas Neues.

Durch den Lärm hindurch, in einer kurzen Pause, vernimmt mein Ohr starkes Trompeten, wohlbekannte Töne von Elefanten, die ich selbst mit dem Glase nicht sehen kann, weil sie westlich hinter Bäumen gedeckt stehen müssen. Sichtbar ist an jener Ecke nur eine neue Herde von Giraffen und Straußen.

Na — und war das nicht eben mein Freund Leo? Natürlich — jetzt wieder! „Hu!" Kaum hörbar klingt's, kurz und dumpf nur, aber der Laut ist mir doch zu vertraut, als daß ich ihn überhören könnte.

Da pfeift es plötzlich wie eine rasende Windsbraut rechts und links über mir vorbei, dann schließt sich die bunte Masse sofort auf der anderen Seite meines Verstecks wieder zusammen, und weg ist sie wie der Blitz. Es war ein ganz ungeheurer Schwarm jener kleinen bunten Bandfinken (Spermestes fasciata), die da mit sausendem Gezwitscher und unglaublicher Schnelligkeit auf beiden Seiten vorüberfegten. Was doch so kleine Körperchen in Mengen für Effekte erzielen können!

Ah — ganz nahe hat sich Besuch eingestellt! Ein hochbeiniger lehmgelber und schwarz punktierter Triel ist kaum drei Meter neben mir auf dem trockenen Erdboden eingefallen. Mit aufrecht geradem Hals steht der Vogel da, sein schönes großes zitronengelbes Auge mustert zuerst aufmerksam die Umgebung. Unter fortwährendem Hin- und Herdrehen des Kopfes stolziert er einher und verschwindet schließlich bald im Grase. Schade!

Kaum ist er fort, schnürt links von mir ein prächtiger starker Weißschwanzichneumon vorbei. Wie leuchtet doch seine volle weiße Lunte! So ein Bummler — was hat er jetzt noch hier zu tun?

Doch nun habe ich lange genug auf diesem Beobachtungsposten gesessen, ich will ihn mit einem anderen vertauschen, oder aber einmal versuchen, wie nahe mich dieses oder jenes Wild wird herankommen lassen.

Wie ich mich erhoben habe, stutze ich. Was sind denn das für zwei Tiere, die sich auf 300—400 Meter dort zu schaffen machen? Antilopen können es nicht sein, — Raub-

tiere? Ich nehme mein Glas — zwei alte starke Streifenhyänen! Sie petern an irgend etwas herum. Einige Geier und Schildraben sind auch dabei; eine feine Gesellschaft!

Wie seltsam, daß ich sie erst jetzt bemerke. Aber als ich die wenigen Schritte nach meinem alten Platz zurückgehe, sind sie der Büsche wegen nicht mehr zu sehen. Jetzt fällt mir auch ein, daß gestern abend Löwen in der Steppe brüllten und dort zweifelsohne gejagt haben. Vernahm ich doch vorhin — vor kaum dreiviertel Stunden erst — ihre verhallende Stimme. Da werden die Gesellen dort also wohl den Tisch abräumen.

Der Wind steht nicht günstig, aber ich gehe gerade auf die Hyänen zu, um festzustellen, was sie da bearbeiten. Die eine geht beizeiten ab; die andere läßt mich auf abgezählte 130 Gänge herankommen, ehe sie sich empfiehlt. Als ich die Stelle erreiche, finde ich einen alten Grantsgazellenbock als Skelett vor; sein Gehörn ist vom Zerren stark zerbissen. Nun spüre ich alles sorgfältig ab, kann aber wegen des steinharten Bodens nicht das geringste finden, um festzustellen, welches Raubtier den Bock gerissen haben mag. So bleiben mir nur Vermutungen, wobei ich mir für meine weitere Beobachtungspirsch erst mal guten Wind suche, denn sonst käme nicht viel dabei heraus.

Noch bin ich nicht weit gekommen, da erheben sich plötzlich einige graue Rücken aus dem gelben Grase — eine Rotte Warzenschweine!

Sie sind ja nicht entfernt so schön wie unser heimatliches Schwarzwild; im Gegenteil, durch ihr mißgestaltetes und komisches Äußere fordern sie zum Lachen heraus. Mit erhobenem plumpen Warzenkopfe und langer, gesträubter Rückenmähne trollt die Rotte dahin. Bei der flüchtigen Gangart wackelt die Quaste des kerzengerade getragenen Wedels wie ein Fähnchen hin und her. Ihnen folgen fünf noch ganz kleine Frischlinge. Trippelnden Schrittes tragen sie das kurze Schwänzchen bereits ebenso aufgerichtet wie die Erwachsenen. Der Keiler hat ganz kapitale Gewehre. So wirkt die Gesellschaft gerade durch ihre Mehrzahl wirklich recht spaßig. Sogar die Neger erfaßt große Heiterkeit.

Wieder etwas weiter springen blitzschnell kleine Zwergantilopen von Busch zu Busch. Das geschieht so fabelhaft fix, daß man sie manchmal kaum erkennen kann. Mitunter hält so ein niedliches Böckchen urplötzlich inne; dann ist seine Stellung ganz reizend. Wie erstarrt steht es da mit je einem gehobenen Vorder- und Hinterläufchen, krummem Rücken und gesenktem Köpfchen. Der kleine glänzende Windfang schnüffelt unaufhörlich, und auch der breit behaarte Wedel klappt ständig auf und ab. Mir sind bei keinem Tiere solche possierlichen Stellungen aufgefallen wie bei dieser kleinsten, kaum 25 Zentimeter hohen Antilope. Man möchte fast meinen, das Tierchen gefalle sich in diesen gesucht netten Stellungen. Bei ihrer Kleinheit und Zierlichkeit vermögen sie sich in das dichteste Buschwerk zu drücken. Unbeobachtet, in aller Ruhe, geschieht das manchmal in fast schleichender Stellung. Dann zieht es den kleinen Körper ganz lang und hebt behutsam abwechselnd seine schlanken Läufe. Diese Bewegungsweise gibt dem Tier ein ganz anderes Aussehen.

In der Gefangenschaft werden Zwergantilopen sehr zahm. Auf einer Station im Innern kannte ich eine, die tagsüber in einem Gärtchen mit einigen Enten, Hühnern und großen Schildkröten zusammen lebte. Zur bestimmten Zeit aber kam sie nach dem Speisezimmer und tat sich dann regelmäßig auf ein von der Dame des Hauses im Kamin hergerichtetes Lager nieder. —

Studien von Warzenschweinen

Nicht weit von meinem Standorte befinden sich zwei niedrige, sehr verkrüppelte Sträucher. Der vordere ist dicht mit Nimmersatts besetzt; ich zähle neunzehn der großen weißen Vögel. Auf dem anderen haben sich fünf Marabus niedergelassen.

„Als wenn das kein Kollegium wär'."

Der eine Alte kommt mir wirklich vor, als stände er auf dem Katheder. Die Flügel gelüftet, den Hals ausgestreckt, fuchtelt er mit seinem langen Schnabel in der Luft herum, als wenn er eine geharnischte Rede hielte. Und die anderen um ihn herum, mit den eingezogenen Hälsen, hören unterwürfig zu. Ganz unten am Fuße des Busches aber hockt zahlreiches ordinäres Geiervolk. Ihrem Aussehen nach zu urteilen, scheinen sie alle ein ziemlich plundriges Vagabundenleben geführt zu haben, und nun sitzen die fünf Räte da oben zu Gericht über sie. Wer weiß, was sie zusammen „ausgefressen" haben. — —

Weiter geht meine Beobachtungspirsche. Aber die Giraffen, auf die ich es besonders abgesehen habe, wollen mich in dem verhältnismäßig freien Gelände nicht recht heranlassen. Sobald ich mich nur etwas frei zeige — und das ist stellenweise gar nicht zu vermeiden —, werden sie sogleich flüchtig. So bin ich gezwungen, mehrere Male ganz gehörige Dauerläufe mit ihnen zu machen. Du lieber Himmel, ich mit meinen sonst guten Beinen gegen diese langen Stelzen! Wenn ich nur erst den Busch da drüben erreicht hätte, dann wäre mir geholfen.

Ehe sie wieder stehen bleiben und verhoffen, erreiche ich ziemlich „außer Puste" einen kleinen Strauch. Nun kann ich mich von einem zum anderen näherpirschen. Die Herde hat sich anscheinend beruhigt und steht arglos umher. Indessen krieche ich auf den Knien, mit der Büchse auf dem Rücken, weiter vor. Aber diese verdammten, überall herumliegenden langen Dornen! Endlich ist der nächste Strauch erreicht. Behutsam lege ich Büchse und Hut ab und lasse sie vor dem Busch liegen. Denn erstens ist es unmöglich, mit der Büchse durch das Buschwerk zu kommen, und dann will ich ja auch gar nicht schießen. Nun liege ich platt auf der Erde. Aber mein Atem fliegt derartig, daß ich erst mal zur Beruhigung das Gesicht an den Erdboden presse.

Wie ich endlich ganz behutsam den Kopf hebe und mich auf die Arme stütze, um nicht allzusehr aus der Maulwurfsperspektive zu beobachten, erblicke ich durch die Äste ganz nahe — nur 15—20 Meter — die hellen Läufe eines Bullen. Etwas weiter treten auf beiden Seiten andere Stücke hin und her. Schließlich kommen sie ganz zum Vorschein.

Ich liege da, mäuschenstill, ein paar Minuten, und rühre mich nicht. Da taucht es schwarz und weiß im Gezweige auf: vom Busche her kommen Zebras und mischen sich unter die Giraffen.

Die Lage wird recht unbequem, darum benütze ich einen günstigen Augenblick und richte mich auf in die Knie. Ein Zebra stellt sich hart neben eine Kuh in deren dürftigen Schatten. Es würde ihm keine Schwierigkeiten machen, unter ihrem Körper hindurch zu spazieren.

Der Bulle hat sich jetzt einige Meter entfernt und steht nun zwischen neun Zebras, die gegen diesen Riesen recht winzig erscheinen. Nun werden auch Grantsgazellen und ein paar Strauße sichtbar.

Ich halte es nicht mehr länger aus! Alle meine Glieder sind mir bereits „eingeschlafen", der harte, dornige Boden wirkt auf die Dauer nicht gerade wie eine Matratze. So nehme ich, da das Schauspiel doch bald sein Ende finden muß, meine Zuflucht zum natürlichen Fiepton.

Erst einmal ganz leise. Wirkung: was einen Kopf hat, dreht ihn a tempo nach mir zu. Aber ein halbwüchsiges Junges kommt ganz dreist einige Schritte näher, um zu sehen, was da los ist. Die anderen Giraffen gehen hin und her; ihre angeborene Neugier läßt ihnen anscheinend keine Ruhe. Die Zebras aber stehen scharf sichernd; nur die weiter entfernten bleiben teilnahmsloser, weil sie vielleicht nicht genau gehört haben.

Der zweite Ton wirkt ganz anders. Sofort werden alle nervös. Nur einen Augenblick sichern sie, dann geht auch schon die ganze Gesellschaft mit gewaltigem Gepolter ab. Den Fiepton nehmen sie doch entsetzlich übel!

Und mir tut es gut, daß ich wieder auf den Beinen stehen kann, meine Knie schmerzen unerträglich. Während der kleinen Ruhepause pfeife ich meine Leute heran, dann will ich mein Heil bei den Grantsgazellen versuchen.

Nach einiger Zeit finde ich sie, aber leider in total offenem Gelände und mit Zebras zusammen. Was ich auch anstellen mag, näher als 150—200 Meter lassen sie mich nicht heran. Auch der Plan, die Zebras von den Gazellen abzusprengen, mißlingt gänzlich. Die beiden Parteien bleiben unzertrennlich; sie scheinen sich tatsächlich gegenseitig im Sicherheitsdienste zu unterstützen. Es ist ihnen somit nicht beizukommen.

Aber dort drüben steht noch anderes Wild.

Ein kahler Termitenhügel am Buschrande wird mir gute Deckung geben zum Beobachten. Zwölf Elenantilopen stehen da ganz frei auf der weiten, abgebrannten Blöße und dösen vor sich hin. Der ganz kapitale grauschwarze Bulle trägt nur ein rechtes, oben abgestumpftes Horn. Die anderen Stücke sind Kühe und Halbwüchsige.

Ich rutsche von dem drei Meter hohen Termitenhügel leise hinunter und versuche den knapp zwei Meter entfernten Buschrand zu erreichen. Hier liegt eine gute Deckung, ein gefallener Baum. Langsam wie eine Schnecke und äußerst vorsichtig habe ich mein Ziel bis auf zwei Meter — ja, schön gedacht! — — Was nützt es, daß ich noch schnell auf den so nahen Baumstamm springe — da drüben geht die ganze Gesellschaft in flottem Tempo los. Noch lange kann ich sie in der offenen Nyika verfolgen.

So haben sie alle trotz des Dösens gemerkt, daß dort etwas kriecht, was nicht geheuer war und nicht in ihr Reich gehörte. Aber daß sie gleich so weit und so schnell ihre Haut in Sicherheit brachten, hatten sie wirklich nicht nötig. Ich wollte sie ja nur „ein bißchen beäugen"! Aber trau — schau — wem! mag wohl der alte Einhornbulle gedacht haben; wer weiß, gegen welche guten Lehren er sein Horn eingetauscht haben mag — — —

Trotzdem meine „Leuteküche" noch in recht gutem „Futterzustande" ist, wird bei dem vielen lebenden „nyama" doch schließlich der Wunsch laut, ihr davon etwas recht Feines und nicht zu wenig „einzuverleiben". Da kommen sie wieder mit der ergebenen Anfrage: Herr, willst du uns nicht „nyama" — Fleisch — schießen? Und wie ich dann kurz und bündig „nein" sage, können sie es wiederum nicht begreifen, warum ihr bana unter so vielen Strapazen den ganzen lieben langen Tag an so viel Wild herankriecht, und es dann, zum Greifen nahe, einfach laufen läßt, ja sogar verscheucht! Manch schwarzer

Schädel wird wohl dann, ins Hochdeutsch übersetzt, philosophiert haben: so ein Idiot! Ein Kerl sagte mir einmal teils belehrend, teils zurechtweisend: andere banas schießen doch immer gleich, wenn sie was sehen! Auch das verstehen sie nie so recht, wenn ich ihnen erkläre: diese Gegend will ich wegen meiner Beobachtungen nicht beunruhigen; später schieße ich dann schon, das wißt ihr ja.

Wenn es aber nicht darauf ankam und ich sie los sein wollte, schoß ich zum Spaß vorbei, oder ohne Kugel. Dann war auf dem Anschuß kein „damu" — Schweiß — und die kurze Nachsuche blieb resultatlos. Ich tat dann sehr traurig und sagte: Heut' ist nicht mein Tag!

Sekretär schlägt eine Schlange.

Dieses Verfahren wendete ich einmal auf einen sehr nahe stehenden Elefanten an, den ich lediglich im Schrecken sehen wollte. Da ging es ihnen nun gar nicht in den Sinn, wie ihr Herr auf solch ein Haus von Tier aus solcher Nähe vorbeischießen konnte! Was dann die Leutchen gedacht haben mögen, war mir schnuppe. So sehr ich sonst für meine Leute sorge, erst kommen meine Absichten. Aber schießen — — nur wenn ich will!

Indessen merke ich, daß eine längere Ruhepause ratsam wäre. Darum pirsche ich zu guter Letzt unweit des Termitenhügels ein Motiv an. Die Temperatur ist wirklich unheimlich; in nur mattem Scheine strahlt die Sonne vom dunstig-bleiernen Himmel hernieder.

Nun sitze ich an der Staffelei. Vor mir breitet sich die weite, offene und stellenweise niedergebrannte Grasebene aus. Nach rechts schließen sich Büsche und Dornen an. Die paar Leute haben sich indessen, etwa 10 Meter links von mir, unter einem kahlen Busche ausgestreckt. Aber dem eingeborenen Führer habe ich mit einem der Leute den Auftrag gegeben, inzwischen einmal nachzusehen, ob noch etwas von den heute früh gehörten Elefanten zu entdecken ist. Sogleich ziehen sie los.

Einundeinehalbe Stunde mag ich wohl gemalt haben, da kommt etwas aus der Richtung, wo die beiden nach der Ebene zu verschwunden sind, mit ohrenbetäubendem Gequietsche dahergerannt. Ein kleines Warzenschwein stürmt wie der Teufel schnurgerade auf meine Leute zu.

Niemand rührt sich. Nach links schielend sehe ich nur, wie einer, platt auf dem Bauche liegend, eben noch den Kopf auf den Armen, jetzt die Hände vorschiebt. Er scheint bloß darauf zu warten, daß ihm das Kleine in seine Arme läuft. Hat es denn gar keine Augen, daß es die fünf schwarzen Kerle nicht einmal liegen sieht? Schwapp — greift mein Junge schon auf einen halben Meter Abstand zu, und — vorbei!

Wie vom leibhaftigen Satan verfolgt, macht der kleine Schreier kehrt und stürzt mit noch größerem Gequietsche und rasenderem Tempo nach der Richtung, aus der es gekommen, wieder zurück. Zwei der Leute sind nicht faul und ebenso fix hinterher.

Nun beginnt eine tolle Jagd. Zum Greifen nahe, schlägt das kleine Vieh jedesmal Haken. Dabei stürzt der eine Knabe lang hin, und der andere — über seinen Kumpan. Nun hat der Ausreißer wieder Vorsprung. Aber die beiden sind auch fixe Kerle, und heidi — geht's wieder hinterdrein. Damit ist die wilde Jagd meinen Blicken im Grase verschwunden. Nach einer knappen halben Stunde gibt's neues Geschrei. Die beiden bringen den Quietscher. Und wie wehrt sich der kaum 25 Zentimeter hohe Knirps erst, als ich ihn streichele! Meinen vorgehaltenen Fuß will er mit aller Wut und Geschrei mit seinem Schnäuzchen beiseite schubsen.

Ich zerbreche mir noch den Kopf darüber, was eigentlich die Veranlassung zu der Flucht des Tierchens gewesen sein mag und ob ich es nicht lieber wieder laufen lassen soll. Da erscheinen die beiden Leute von der Elefantensuche. Und was bringen sie? Ein altes totes Warzenschwein!

Freudestrahlend berichten sie:

„Von den Elefanten fanden wir nichts. Auf dem Rückwege aber sahen wir, wie dieses ‚ngruwe' in einen Erdbau sprang, worauf die ‚ndama wa ngruwe' — die jungen Schweinchen — davonliefen. Da haben wir uns über dem Bau auf die Lauer gelegt. Es dauerte nicht lange, da kam es wieder heraus. Dann haben wir es gespeert."

Bei dieser Erzählung wird der ganze Vorgang wahrheitsgetreu nachgemimt, ganz besonders das Speerwerfen. Das also war des Rätsels Lösung! Die hier tot vor uns liegt, ist die Mutter unseres munteren Frischlings.

Und richtig, kaum haben die Leute die alte Bache niedergelegt, fährt das Kleine seiner toten Mutter mit Gier an das Gesäuge und säugt und schmatzt und scheint von dem furchtbaren Drama nichts zu wissen. Das war der erste Akt.

Als wir bald darauf aufbrechen und das Kleine auf den Arm nehmen, geht das fürchterliche Gequietsche von neuem los. Es hört erst auf, als wir nach mehrstündigem Marsche das Lager erreichen und der Sprößling nochmals säugen kann. Dann schläft es erschöpft an der kalten Mutterbrust ein. — Ein trauriger Anblick, der mir als Tierfreund ans Herz greift.

Was kann ich für das arme Ding noch tun? Für die Nacht bringe ich es bei mir im Zelt in einer Kiste unter. Am nächsten Morgen untersuche ich die Mutter; die Milch ist versiegt. Dann rufe ich den Namen des Missetäters und sage: Hier — nimm das „ngruwe" und komm! Fünf Minuten später haben die schnellen Fluten die alte Bache begraben.

Da will der Lümmel noch etwas sagen von „seinem" Fleisch — im Nu hat er auch schon seinen Denkzettel. Dabei sage ich ihm: Nicht du sollst dir für deine Heldentat das Wams füllen mit dem armen Vieh, sondern lieber die Krokodile da unten, „potelea mbali" — scher dich!

Acht Tage lang pflegte ich die kleine Waise, dann ging das Tierchen trotz aller meiner Fürsorge an Darmkatarrh ein. Sein kleiner Schädel wanderte in die Sammlung. — —

Auf dem Rückmarsche beobachte ich noch Büffel und Antilopen. Wasserböcke stehen mit den Rappenantilopen fast zusammen, eine Beobachtung, die ich sonst noch nie gemacht habe. Beim Flüchtigwerden trennen sie sich jedoch.

Ein ganz interessanter Anblick wird mir noch zu guter Letzt zuteil. Mit dem Glase noch einmal die Gegend absuchend, fällt mir etwas Merkwürdiges auf. An einer freien Stelle springt ein großer Vogel, in eigentümlicher Weise hüpfend, fortwährend auf und nieder. Beim Näherpirschen erkenne ich ihn bald. Es ist ein Sekretär oder Kranichgeier, ein Raubvogel mit Ständern, so lang wie etwa beim Storch.

Der Vogel ist gerade im Begriff, eine Schlange durch seine wuchtigen Tritte zu töten. Mein Näherkommen scheucht ihn auf. Er nimmt die Schlange, die anscheinend schon getötet ist, mit und streicht ab.

Es sind riesig interessante Geschöpfe, diese Falken in Stelzvogelgestalt.

Ein anderes Mal vernahm ich ein Geräusch, als wenn auf den Erdboden geschlagen würde. Wie ich dem Klatschen nachgehe, erblicke ich schließlich einen Sekretär, der mit gelüfteten Schwingen und gesträubten Kopffedern wie besessen auf einer großen Eidechse herumtrampelt. Dieses Manöver geschieht mit außerordentlicher Kraft und Schnelligkeit; es hagelt nur so Hiebe. Und in kurzer Zeit war die Beute wirklich auch überwältigt und bald darauf verzehrt.

Häufig sah ich den komischen Vogel gravitätisch in der Steppe daherschreiten. Ganz prächtig sieht er dann aus, wenn er plötzlich sichernd stehen bleibt und den Kopf mit den großen schönen Falkenaugen und der gelüfteten langen Haube zur Seite dreht. — —

Dieser Vogel bildete den Abschluß des an schönen Studien so reichen Tages. Er war ein Elitetag im großen, weiten, afrikanischen Zoo!

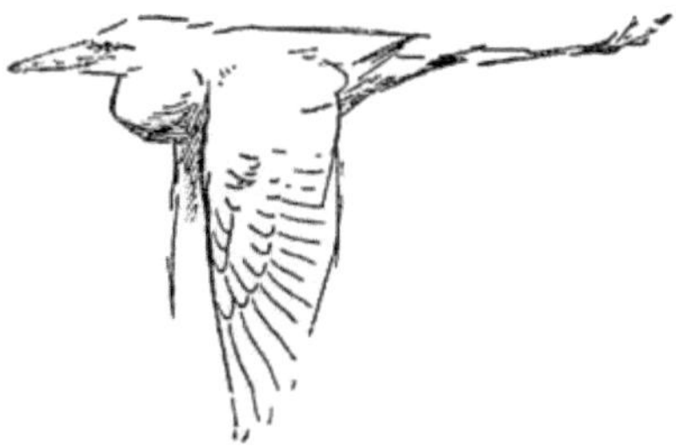

Um einen Genuß reicher

Seit mehreren Tagen bin ich schon an den wildreichen Ufern des Jipesees umhergezogen, und alles, was ein Jägerherz sich wünscht, durfte ich bereits durchkosten. Nun habe ich bloß noch einen Wunsch: den Traum meiner Sehnsucht, den höchsten Berggipfel Ostafrikas wenigstens aus der Ferne zu Gesicht zu bekommen. Nur wenige Weiße erst hatten ihn 1891 gesehen.

Bisher war mir der Anblick des Riesen noch nicht zuteil geworden. So hoffe ich von Tag zu Tag — wie lange noch? Ja, wenn sich endlich einmal die hohe Wolkenwand da drüben teilen möchte, dann könnte ich wohl all das Großartige, was sie mir bis jetzt neidisch verborgen gehalten, bewundern. — —

Die letzte Nacht habe ich in unmittelbarer Nähe des Jipe am Papyrussumpf zugebracht. Die Moskitoplage war furchtbar! Und die Spuren sehe ich heute morgen an meinem Körper.

In der Nacht gab es eine leichte Erschütterung des Zeltes, und ich hatte das Gefühl, als wenn die Zelttaue locker geworden wären. Wie ich mich völlig ermuntere, höre ich ein schmatzendes Geräusch. Im selben Augenblick schreien auch schon ein paar neben dem Zelt liegende Leute: „Kiboko" — Flußpferd! Und richtig, zwei der schnurrigen Kerle, die eben aus ihrem Sumpfe gekommen waren, rennen mir in der stockfinsteren Nacht fast das Zelt über den Haufen, weil es auf ihrem Wechsel steht. Zum Glück boten ihnen die gespannten Taue wenigstens ein kleines Hindernis; aber zwei Befestigungen unterlagen doch noch ihren schweren Tritten. Die Sache lief überhaupt sehr gut ab. Denn die zwei oder drei Mann, die den Dickhäutern im Wege lagen, hatten sich noch im letzten Moment zur Seite gewälzt. Dabei ging nur die Kalebasse eines Negers in Scherben. Und wie ich aus dem Zelt guckte, waren die Störenfriede längst über alle Berge. Also wieder einmal ein kleines nächtliches afrikanisches Intermezzo.

Der junge Tag fängt eben an zu grauen, da ist das Lager schon abgebrochen; voll neuer Hoffnungen geht es weiter. Zuerst wollte ich den ganzen Papyrussumpf umgehen, aber ich komme bald davon ab und mache eine Rechtsschwenkung, um ein großes Stück abzuschneiden.

Wenn ich in meinem Leben etwas nicht wiedertue, so ist es solch wahnwitziger Marsch durch einen Papyrussumpf! Und hätte ich nicht ständig auf baldige Besserung gerechnet, wäre ich längst umgekehrt. O, wäre ich doch! Nun gerate ich immer weiter hinein; ein Zurück ist jetzt unmöglich.

Die beigegebene Skizze wird das liebliche Papyrusdickicht am besten schildern. Seine Stengel erreichen die respektable Höhe von 3—5 Meter. Sie stehen zum Teil sehr dicht beisammen, teils bilden sie kleinere oder größere geschlossene Massen. Dabei ist der ganze Boden zum mindesten sehr morastig. Dringt man aber tiefer hinein, steht er mehr oder weniger unter Wasser. Mitunter hat der Grund schier unergründliche Tiefen. Hier ist das wahre Dorado der Flußpferde. Und ihnen ist es zu verdanken, daß das Passieren solchen Sumpfes fast zur Unmöglichkeit wird. Kreuz und quer liegen die unbarmherzig niedergetretenen Stengel und Stauden; unweigerlich heißt es dann in dem unglaublichen Schmutz darüber hinwegturnen. Das Unangenehmste dabei ist jedoch, daß die morastigen Zwischenräume bald ganz harmlos sind, einen Meter weiter aber Mannstiefe besitzen können. Man weiß also nie, was der nächste Schritt bedeutet. Saust man dann wirklich einmal in die Tiefe und man kann dabei keine im Boden feststehenden Stengel fassen, so rutscht man eben unter Mitnahme der übrigen Bescherung in den muffigen, übelriechenden, in seiner ganzen Ausdehnung todbringenden fiebrigen Morast.

So gelange ich an Stellen, wo der Mensch spurlos verschwindet, und an solche mit festem Halt, wo die Papyrusstauden wie eine Mauer stehen. Die Temperatur dort ist brütend heiß, feucht und schwül. Dabei atmet man eine Luft ein, die etwa wie gekochter Schlamm und muffige Erde riecht. Stellenweise duftet sie bald streng nach Moschus, bald nach Flußpferd.

Die Losung der Flußpferde hat nicht nur den ganzen Morast und das Wasser durchsetzt, sie hängt auch infolge der Schleuderbewegungen beim Lösen überall an den Papyrus-

Im Papyrusdickicht.

stauden. Trotzdem mag in einigen kleineren und größeren Tümpeln anscheinend recht interessantes Plankton vorhanden sein.

Der Jipesee ist ungefähr 5 Kilometer breit und 16 Kilometer lang. Sein Wasser ist zwar trinkbar, aber brackig und von muffigem Geschmack, trotzdem er vom Tschumguli aus den Bergen des Nordpare frisches Wasser erhält. Nach wissenschaftlichen Feststellungen ist der See im Austrocknen begriffen. Den Beginn dieses Prozesses bildet bereits der Papyrussumpf.

Auf dem Jipe selbst habe ich an manchen Tagen unzählige Flußpferde und Krokodile neben Unmengen von Wasservögeln beobachtet. Hier erblickte ich auch meine ersten Pelikane und Flamingos.

Jetzt gehen im Sumpfe alle Augenblicke Kormorane, Nachtreiher, Riesenreiher und Scharen weißer Reiher vor mir auf.

Für meine armen Leute mit den Lasten ist dieser Marsch durch den Sumpf eine ungeheure Strapaze. Wir alle sehen von dem Schmutz ganz fürchterlich aus und sind zerschunden wie die Raubritter. Einigen Trägern, die sowieso nicht viel auf dem Leibe hatten, hängt nur noch ein Fetzen von den Hüften. Und meine dürftige Kleidung entspricht auch bloß noch den bescheidensten Anforderungen. Auch die Lasten scheinen ein Schlammbad genommen zu haben.

Zwei Stunden sind wir nun bereits in diesem Sündenpfuhl, da gibt's eine kleine Aufregung. Vier Flußpferde, darunter ein Junges, wurden eben durch uns aufgescheucht. Nun rasen sie in wilder Flucht mitten durch die Karawane hindurch. Dabei fliegt ein Mann, vom bloßen Schrecken erfaßt, mitsamt der Ladung der Länge nach in den Matsch.

Bei mir kommt die Rotte auf zirka zwei Meter vorbeigesaust, wobei ich zu meiner Überraschung einen ganz dunklen Bullen bemerke; die anderen Stücke hatten normale rosagraue Farbe.

Das wäre unter anderen Umständen eine prächtige Gelegenheit für einen guten Schuß gewesen. Aber daran habe ich gar nicht erst gedacht. Denn erstens marschiere respektive turne ich über ganz unheimliche Hindernisse hinweg, daß ich da nicht gut mit dem ungeladenen Gewehre sogleich fertig werden konnte. Und dann wäre ein Zerwirken oder gar Herausschaffen des Dickhäuters aus dem weiten Sumpfe ganz ausgeschlossen. So hat mich also die ganze Sache wenig aufgeregt.

Endlich lichtet sich die Papyrusvegetation — Gott sei Dank! Nach so vielen Stunden mühevollsten Ringens, bei einer so furchtbaren inneren und äußeren Verfassung, weiß man es erst richtig einzuschätzen, was fester, trockener Grund und Boden bedeutet. Nun stehe ich in schöner, offener Mimosensteppe und sauge begierig die herrliche, wohltuende Luft ein, die mir hier ent — — — — — —

Herrgott — träume ich denn, oder ist es ein Phantom, was meine starren Blicke umfassen! Wie kalter, heiliger Schauer überläuft es mich, und noch immer stehe ich da, gebannt — überwältigt von so viel ergreifender, erhabenster Schönheit und Majestät.

Vor mir zeigt sich im klarsten Sonnenscheine eines Spätvormittags der Berg der bösen Geister, der Kilimandjaro, und ragt mit seinem eis- und schneebedeckten Gipfel in den Tropenäther.

Schnee — Eis — Gletscher, direkt unter dem Äquator! Nun weiß ich, was 6010 Meter Höhe bedeuten.

Mit einem Schlage sind alle Strapazen der letzten Stunden vergessen. Sofort nach dem Verlassen des Sumpfes sinken die Lasten zur Erde, hocken sich die müden Träger daneben. Nun staunen sie gleichfalls über das seltene Naturschauspiel. Nur zwei der Leute haben den Schneegipfel schon gesehen, allen übrigen ist der Anblick genau so neu und überraschend gekommen wie mir.

Und ich muß gestehen, auf mich, also auf einen von der Hochkultur angekränkelten Europäer, übt der Bergriese da drüben noch immer einen solchen Eindruck aus, für den mir eigentlich die richtigen Worte fehlen. Dieser grandiose Anblick löst bei mir nicht bloß Überraschung, Staunen oder Entzücken aus, er versetzt mich geradezu in eine weihevolle Andachtsstimmung. So genieße ich in vollen Zügen all das Großartige, Wunderbare, was ich an diesem Zauberbilde kaum zu fassen vermag.

Vor mir die weite, echt afrikanische, sonnendurchglühte Steppe mit ihren braunen und gelben Grastönen, mit den eingestreuten grünen Mimosen, Schirmakazien und Dornen. Und dann der Kontrast: jener himmelhohe, sich haarscharf vom tropisch-blauen Äther abhebende starre Eisberg. Fürwahr ein echter überirdischer Geisterberg, der dort am Horizont emporwächst! Ich kann wohl den kindlich-naiven Neger jetzt verstehen, wenn er mit Scheu dorthin blickt.

In der absolut klaren Luft steht er zum Greifen nahe. Die alte Täuschung, die man in Afrika immer wieder erlebt. Berge, die man stundenweit schätzt, und die man in Wirklichkeit erst nach ein oder zwei Tagesmärschen erreicht!

Ich vermag mich von dem Bilde nicht zu trennen. Das Ganze ist übergossen von intensivster Tropensonne, und dennoch: hier unten in der Wärme scheint die Sonne anders als da oben auf den starren, eisigen Firnfeldern. Wie magisches Licht strahlt es herab, leuchtend, aber kalt. Und diese beiden Gegensätze von Eis und Tropenglut umfaßt das Auge mit spielender Selbstverständlichkeit, und ich lege mir unwillkürlich die Frage vor: Warum vermag dieselbe Sonne, die mir hier unten das Mark aus den Knochen schmort, dort oben dem ewigen Eise nicht beizukommen? Hier will ich nicht an die richtige Antwort denken, die ich mir zu jeder anderen Zeit geben kann; hier will ich nur sehen — genießen — bewundern — — —

Da bringt mich das laute Gewieher der Flußpferde, das vom nahen Jipe herübertönt, in die profane Wirklichkeit zurück. Eine Kette Pelikane zieht vorüber. Mit eingezogenem Kopfe, der dadurch noch mächtiger erscheint, streichen sie schweren Flügelschlages dahin.

Ich habe mir und den Leuten ausgiebige Ruhe gegönnt. Nun geht es weiter im Pori. Da bringt mir der heutige Tag noch eine Überraschung, die ersten Weißbartgnus, und noch dazu auf ziemlich nahe Entfernung. Flüchtig galoppiert die zahlreiche Herde an mir vorüber. Aber ans Schießen denke ich heute gar nicht; will ich doch vor allem dieses neue Wild, das so recht in die Kilimandjarolandschaft paßt, beobachten!

Es sind übermütige Gesellen darunter. Diese leisten sich während der Flucht die komischsten Kapriolen. Leider entzieht sich der Trupp viel zu schnell meinen Blicken; in einer dicken Staubwolke verschwinden sie.

Und nun erscheint ein anderes, das farbenprächtigste Bild des Tages. Von Norden her strebt ziemlich hoch am Himmel ein nach Hunderten zählender Flug rosenroter Flamingos auf uns zu. Ihre Flugbewegungen erzeugen im grellen Sonnenlicht einen beständigen Wechsel von Rosen- resp. Feuerrot der Körper und tiefem Schwarz der Handschwingen.

Auch dieses herrliche Bild zieht, wie alles Schöne, viel zu schnell vorüber.

Flußpferde und Krokodile

Dichter Busch, der typische Galeriewald, umsäumt die Ufer, an denen mich meine Streife entlangführt. Stellenweise bedarf es des Buschmessers, um durch all den Wirrwarr verfilzter Pflanzen zu kommen. Da winden sich von hohen Bäumen herab bis zum Erdboden dünnste und armdicke Schlingpflanzen und legen ihre Windungen kreuz und quer durch das ohnedies unpassierbare Gewirr.

Aber ich habe gar keine Lust, mich bis zum Ufer durch dieses Chaos durchzukämpfen. Erstens wäre das zwecklos, und zweitens kann ich mir den Zugang viel leichter verschaffen.

Darum streife ich am Außenrande des Galeriewaldes in der offenen Baumsteppe entlang. Bald finde ich, was ich brauche, eine tunnelartig von der Steppe in den Wald hinein verlaufende Erdrinne, die bis zum Wasser reicht, einen jener vielen typischen Nilpferdwechsel.

Ungefähr einen Meter breit und einundeinenhalben hoch ist der Paß. Ich muß also in gebückter Haltung darin vordringen. Die Leute lasse ich draußen warten.

Schwülste, modrig-heiße Treibhausluft prallt mir entgegen. Der ohnehin schon weiche und speckige Humusboden ist von unzähligen Flußpferdtritten zur tiefen Rinne umgestaltet. Tag für Tag, seit ungezählten Jahren, treten die Kolosse immer wieder diese enge Bahn. So kommt es, daß der Pfad an trockenen Stellen wie glatt poliert erscheint.

Wie eine Katze schleiche ich, dabei gespannt nach vorn lauschend, behutsam weiter. Vom Flusse her pustet es mehrmals vernehmlich. Hoffentlich komme ich noch bis ans Ufer, denn die Nachmittagsstunde ist bereits recht vorgerückt. So ist es gar nicht ausgeschlossen, daß mir einer der Dickhäuter jetzt bei seinem Landgange entgegenkommt. Das wäre recht fatal. Und diese Dunkelheit in der Urwaldröhre! Manche Stellen sind wieder so eng, daß ich mich regulär durchwinden muß, und es erscheint mir beinahe wunderlich, daß diese Kolosse hier durchgekommen sind. Wenn ich aber daran denke, daß so eine lebende Maschine diese für mich unüberwindlich erscheinenden Hindernisse wie eine Lappalie achtlos beiseite schiebt, dann wundere ich mich nicht mehr.

Nun wird der Wechsel tiefer und auch etwas schmaler. Käme mir jetzt so ein „Fleischpfropfen“ entgegen — es gäbe kein Ausweichen mehr. Ich wüßte nicht, wohin ich mich drücken sollte. Nur ein glücklicher Schuß könnte mich dann retten; ein Schuß aus unmittelbarer Nähe, denn einen Ausblick gibt es nicht. Immer muffiger wird die Luft. Überall klebt rechts und links die herumgeschleuderte Losung am Gezweige, wodurch die stickige Atmosphäre nicht gerade verbessert wird.

Wieder vernehme ich Schnaufen und Wiehern; ich muß schon recht nahe sein!

Da wird es hell vor mir. Ein lichter Punkt lugt mir entgegen — rieselndes Wasser! Auch die pustenden und schnaufenden Baßtöne wiederholen sich, doch nun in unheimlicher Stärke. Ich bin am Ziele!

Nur noch fünf Meter brauche ich vorwärts zu kriechen, dann sinke ich lautlos in die Knie. Wie ein Schatten geschieht das, mit keiner Wimper zucke ich, meine Blicke sind starr nach dem Wasser gerichtet.

Und es ist ein grandioses, ein unvergeßliches Bild, direkt zu meinen Füßen.

Kaum sechs Meter trennen mich von zwei riesigen, aus dem Wasser ragenden Nilpferdschädeln. Der eine liegt etwas mehr rechts; es ist ein kapitaler alter Bulle. Nahe dahinter befindet sich ein schwächerer. Die beiden Wichte scheinen sich in ihrem nassen Element urbehaglich zu fühlen. Mit den kleinen Schweinsäuglein zwinkern sie zu mir herüber. Dabei sind die winzigen Hörer fortwährend in Bewegung. Von meinem tiefen Standpunkte aus wirken die ohnehin schon riesigen Köpfe in so unmittelbarer Nähe unbeschreiblich klotzig. Das sind beinahe keine Tiere mehr, das sind wahre Ungeheuer! Öffnet dann aber so ein „kiboko“ gar noch seinen hellrosafarbenen Rachen, erschrickt man wirklich ob der Größe solchen Futterapparates.

Die beiden Kumpane vor mir verhalten sich merkwürdig ruhig. Meine werte Person, die da so plötzlich am Ufer auftauchte und nun zwischen dem Buschwerk hockt, scheint ihnen ein völlig unbekanntes Ding zu sein; etwas, was sie in ihrem dicken Schädel nicht unterbringen können. Und wenn sie mich so anblinzeln, möchte ich wetten, daß sie dabei denken: der „Gegenstand“ da drüben war doch sonst nicht da! Recht haben sie also.

Es ist aber doch sonderbar! Jedes Wild merkt sofort die kleinste Veränderung in seinem Bereiche. Darum bin ich auch überzeugt, die beiden sehen mich ganz genau, nur wissen sie nicht, was sie aus mir machen sollen.

Mit der Zeit wird dieser Zustand aber unbequem. Wenn sich doch so ein Bursche wenigstens einmal bewegen möchte! Na — und ich wünschte das auch zu können. Noch immer hocke ich da wie ein Götze und rühre mich nicht. Dabei konstatiere ich, daß die beiden Dickhäuter vor mir nicht allein in der Welt stehen; es pustet und wiehert von allen Seiten.

Ist es mir da zu verdenken, daß ich schon ein paarmal in Versuchung war, dem alten Herrn eine Kugel auf seinen dicken Schädel zu setzen? Aber nein — ich habe etwas „Höheres“ mit ihm vor! Ich will versuchen, die Tiere auf dem Lande zu überlisten. Sie im Wasser abzutun ist ebenso einfach wie bequem. Das Bergen jedoch macht dann desto größere Mühe und Zeitverlust.

Und nun habe ich eben ein paar Striche gezeichnet! Das ging so lange, bis ich eine unvermeidliche, ganz geringe Bewegung machte. Sogleich tauchten sie mit einem Ruck unter wie ein Stein. Ulkige Kerle!

Auftauchende Flußpferde.

Meine Glieder sind eingeschlafen, ich kann kaum in die Höhe kommen. Beim Aufrichten beuge ich mich noch einen Moment nach dem Wasser hinaus. Da sehe ich auch die andere Gesellschaft, die wie Felsen einer Stromschnelle aus dem Wasser ragen. In der kurzen Zeit kann ich sie gar nicht zählen, es sind ihrer zu viele. Drüben am anderen Ufer stehen auf einer Sandbank zahlreiche Gänse, Ibisse, Lappenkiebitze und Wasserläufer. Daneben läßt sich ein respektables Krokodil die letzten Sonnenstrahlen in den Rachen scheinen; es liegt ganz in ihrer Nähe, aber die Vögel nehmen keine Notiz von dem Räuber.

Nun ziehe ich mich zurück; ganz leise, wie ich gekommen, verdufte ich wieder. Mein Plan ist bereits gefaßt: morgen früh, noch vor Tagesgrauen, bin ich wieder an diesem Wechsel! — —

Ein wunderbar klarer Sternenhimmel steht über mir, als ich aufbreche. Es ist — wenigstens für Afrika — bitter kalt. Mein Boy zittert wie Espenlaub. Die Myriaden von Sternen glitzern wie Diamanten auf schwarzem Samt. Kein Lüftchen regt sich und ein wunderbarer Zauber lagert über der schlummernden Landschaft. Wie Geisterlicht macht sich der schwache Schimmer des Sternengewimmels bemerkbar. In der Luft schwebt jener eigenartige würzige Duft, den die Steppen während der Trockenzeit aushauchen. Hier scheint er von den Akazien, einigen grünen Sträuchern und hauptsächlich von dem nicht sehr hohen, aber schon recht verbrannten Grase zu kommen.

Lautlos tappe ich mich, nach allen Seiten spähend, am Steppenrande entlang. Der Boy immer dicht hinter mir. Häufig pralle ich zurück. Dann ist es stets so ein infamer Dornenast, den ich bei dem schwachen Licht erst merke, wenn er mir ins Gesicht schlägt. Wie Kletten halten einen diese Dornen fest.

Eben habe ich mich wieder vorsichtig von so einem Dinge befreit, da durchzittert die lautlose Stille plötzlich ganz nahes Löwengebrüll.

Wir stehen beide wie die Bildsäulen und ich lausche angestrengt, um zu erfahren, ob der Löwe am diesseitigen oder jenseitigen Ufer streift. Sollte er sich auf meiner Seite befinden, wäre bei dem schummrigen Lichte allerdings einige Vorsicht am Platze.

Das Brüllen kommt näher und näher. Nun kann ich bereits unterscheiden, nach welcher Richtung er brüllt, und jetzt weiß ich auch genau, daß er sich jenseits des Flusses befindet.

Das tut mir eigentlich recht leid. Ich habe mich schon so in eine Begegnung mit ihm eingelebt, daß ich fast den Zweck meiner Morgenpirsch vergessen konnte. Nun brüllt er abermals. Ich setze schleunigst meinen Weg fort. Bald ist die Stelle, wo ich mich am Wechsel anzustellen gedenke, erreicht.

Nun habe ich Posto gefaßt. Mit dem Rücken gegen den Fluß, stehe ich ein paar Schritte neben dem Wechsel und harre der Dinge, die da kommen sollen.

Drüben brüllt der Löwe noch immer seine Donnerstimme in die kalte Morgenluft hinein. In Pausen von 5—10 Minuten geschieht das. Jetzt muß er mir fast gegenüber sein. Allmählich taucht ein feiner Lichtschimmer im Osten auf; der Tag bricht an. Ich blicke gespannt im Kreise umher, nach dem geisterhaften Busch, nach den Kuscheln, und dort nach jenem Erdklumpen. Werden sie sich etwa in ein lebendes Wesen verwandeln wollen? Dann ergeht sich meine Phantasie an jenem zerbröckelten Termitenbau dort drüben und feiert dabei wahre Orgien. Werden nicht diese Bauten ganz besonders von allerlei Raubzeug als Deckung benützt? Vielleicht sehe ich doch ganz richtig, daß sich da so eine Großkatze im Zwielichte lautlos an mich heranmachen will — — —

Da streichen hart neben meinem Kopfe zwei Ziegenmelker vorbei, unhörbar, wie zwei Schatten, und geben meinen Gedanken eine andere Richtung. Am Flusse vernehme ich das Einfallen von Gänsen und Enten. Ein schneeweißer Silberreiher zieht flußwärts über mich weg. Und der Löwe brüllt noch immer; er scheint zur Tränke zu gehen.

Plötzlich schallt lautes Wiehern zu mir herüber — Flußpferde! Von gar nicht weit kam das her. Wollen sie erst an Land, oder komme ich zu spät? Das Barometer meiner Hoffnungen beginnt schon zu fallen. Aber ich stehe und lauere. Halb schiele ich seitlich nach dem Wechsel, halb lasse ich meine Blicke nach der Steppe schweifen, die noch im Dämmerlicht liegt. Ungefähr 25—30 Meter gerade vor mir befindet sich eine 3—4 Meter hohe Bodenwelle. Sie gleicht einem großen Haufen und verläuft nach beiden Seiten flach in die ebene, buschige Steppe. Meine Sinne sind durch das lange, angestrengte Beobachten aufs äußerste gespannt. Die Minuten werden bereits zur Ewigkeit. Da endlich — geschieht etwas — — —

Oben auf dem Haufen taucht etwas Rundliches auf; es wird größer und höher. Langsam kommt es gerade auf mich zu. Wie eine kolossale Walze sieht es aus. Mehr als gemächlich tappt es gesenkten Kopfes seinem feuchten Elemente entgegen. Und durch die Bodenerhöhung wirkt der kapitale Flußpferdbulle noch viel mächtiger.

Meinem Boy, der fortwährend nach Moskitos schlägt, muß ich erst leise auf die Zehen treten. Dann gehe ich vorsichtig in Anschlag und lasse fliegen. Im Moment des Abdrückens brüllt drüben der Löwe, daß es sich anhört, als wäre er direkt hinter uns.

Zwischen die Lichter getroffen, bricht der Bulle, wie vom Blitz erschlagen, zusammen.

Seine Vorder- und Hinterläufe sind nach innen geschoben — er zuckt nicht mehr. Allerdings: ein 9,3 Lochgeschoß, auf 22 Schritt Distanz verabfolgt, muß auch bei solchem Dickschädel, wie ein elektrischer Schlag, augenblicklich tödlich wirken! Die ganze Gehirnmasse ist zu Brei geworden!

Mit dem Verhallen des scharfen Knalles höre ich drüben noch einmal den Löwen knurren und raulen, dann bleibt es still. Ob ihm der Schrecken in die königlichen Glieder gefahren ist?

Aber es war auch die höchste Zeit, daß der Dickhäuter erschien. Die Moskitoplage war bald nicht mehr auszuhalten. Nun trete ich an den mächtigen Bullen.

Sein Körper ist mit unzähligen Schmissen und Wunden, mitunter von großer Tiefe und Länge, bedeckt. Bei vielen Verletzungen will es mir scheinen, als hätte er sie sich erst am Morgen beim Scheuern an starken Dornenästen in der Steppe geholt. Andere mögen auch von Kämpfen herrühren. Jedenfalls müssen diese eiternden Wunden Schmerzen bereiten, weshalb sich dann die Tiere beständig scheuern und wälzen und die Wundstellen immer wieder von neuem aufkratzen.

Indessen ist es klarer Morgen geworden. Wie wohl tut er meinen klammen Gliedern! Im Geschwindschritt geht es lagerwärts, die Leute zum Fortschaffen des Wildbrets zu holen.

Dabei bekomme ich auch noch einen Braten für den Abend! Als mir ein Rudel Schwarzfersenantilopen in den Weg läuft, schieße ich mir einen guten Bock heraus. Im Lager gibt's natürlich großen Jubel über die in Aussicht stehenden üppig gefüllten Fleischtöpfe. Und auch ich bin recht befriedigt über die Morgenpirsch.

Was sich darauf meine Leute „antaten", habe ich in diesen Fettlebetagen wieder mal so recht studieren können. Dieses starke Flußpferd, die Schwarzfersenantilope und einen am selben Nachmittag erlegten alten männlichen Wasserbock haben meine 45 Herren in glatt vier Tagen gewissenhaft aufgefuttert! Ich selbst entnahm dem Ganzen etwa 3—4 Pfund.

Wie prall und rund sie dann alle aussehen, kann man sich nicht vorstellen. Aber die Wirkung bleibt nicht lange aus! Da erscheint einer nach dem anderen; recht jammervoll sehen sie aus und streichen dabei den bewußten Teil. So ein leidender schwarzer Teufel gibt ein Bild — die Steine könnten weinen.

„Bwana tumpo hawesi sana" — Herr, der Leib ist sehr krank! —

Wenn ich dann sage: „Ach, du hast doch nicht soviel gegessen, da sieh „kofia mbya" dort, der ist fidel und viel runder und n i c h t krank" — dann entsteht sogleich ein wahres Wettfuttern. Jeder hat Rekordabsichten. Und was ist dann die Folge? Graues Elend! Aber eine bewußte Pille aus meiner Apotheke tut Wunder. Bald bringt sie die Übersättigten nach einem kleinen Verschwinden abseits in die Steppe wieder in das alte gute Gleichgewicht. —

Die Wasserjagd auf Flußpferde, zumal vom Boote aus, ist ungleich schwieriger und zeitraubender. Hat man dann wirklich einen guten Kopfschuß abgegeben — man muß das kleine Gehirn treffen —, so wird es in den allerseltensten Fällen gelingen, die Beute zu bergen. Denn auch tödlich getroffen sinkt das Flußpferd sogleich unter. Dabei wird es je nach der Strömung mehr oder weniger weit fortgetrieben und es kommt erst nach vielen Stunden wieder zur Oberfläche, wenn sich im Körper genügend Gase entwickelt haben. Damit vergeht meistens ein ganzer Tag. Will es aber das Pech, daß die Ufer sehr bewaldet sind oder kein Boot vorhanden ist, so wird die Nachsuche immer sehr schwierig und zeitraubend, in vielen Fällen sogar ganz vergebens sein. Ist das Wasser aber seicht oder mit Felsblöcken durchsetzt, die den Körper aufzuhalten vermögen, wird eine Bergung unschwer durchzuführen sein. Recht unangenehm ist es, wenn das Tier an starken, unter Wasser befindlichen Baumwurzeln hängen bleibt. Dann fällt es meist den Krokodilen zum Opfer.

Es war am Ruvu eines Vormittags. Meine Pirsch führte mich am Ufer entlang. Von einem erhöhten schilfigen Standorte aus erlegte ich einen Bullen. Mit Kopfschuß verschwand er lautlos in der reißenden und tiefen Strömung. Da war vor der Hand nichts zu machen. Wie die Flüsse meist in jenen Gegenden, war auch dieser von dichtem Galeriewald umsäumt. Stellenweise treten aber beschilfte, zum Teil kahle Unterbrechungen auf, die es dann ermöglichen, Ausschau zu halten.

Am nächsten Morgen bin ich in aller Herrgottsfrühe an derselben Stelle und pirsche das Ufer ab. Mit vieler Mühe gelingt es mir nach eineinhalbstündigem Suchen, das Flußpferd an seichter Stelle — es war an einem Felsblock im Wasser angetrieben — aufzufinden.

Schon von weitem habe ich es liegen sehen, ich muß aber, um heranzukommen, eine dazwischenliegende Waldparzelle umschreiten. Wie ich mich leise nähere, sehe ich, daß es mit dem Rücken und dem dicken Halswulst aus dem Wasser ragt. Um den Kadaver herum aber machen sich mehrere mächtige Krokodile zu schaffen, als wenn sie daran herumknabbern.

Da ruft mein Begleiter voller Verwunderung: „mamba mingi" — viele Krokodile — und platsch — weg sind sie alle! Dieser Esel — ich hätte eine feine Dublette auf die Räuber machen können.

Ehe nun ein Boot zur Stelle ist, vergehen wieder ein paar Stunden; dann kann das Anlandziehen zwischen den Felsblöcken hindurch beginnen. Aber es hilft nichts, eine Anzahl Leute müssen trotzdem ins Wasser, das ihnen bis an den Hals geht. Und ich kann es ihnen nicht verdenken, ehe sie helfend hineingehen, muß ich viel zureden und viel Backschisch versprechen. So ein krokodilreiches Wasser ist nun mal kein angenehmes Bad, und es muß für den Badenden ein höchst komisches Gefühl sein, wenn es wie hier buchstäblich wimmelt von diesen Viechern. Alle Augenblicke lugt so ein Ungeheuer mit seinen charakteristischen Augenhöckern aus dem schmutzig-grüngelben Wasser hervor. Aber die man nicht sieht, sind viel unangenehmer! Sie sind unversehens da und — —

Nun machen die Leute mit ihrem unglaublichen Singsang einen ohrenbetäubenden Skandal, währenddessen sie die Beute an Land schaffen. Und ich stehe am Ufer und sende jedem erscheinenden Krokodile eine Dumdum zu. Zweimal kommen die Biester bis auf zirka 5 Meter an die Leute heran. Dann kracht es jedesmal zur rechten Zeit, und fort sind sie. Ich gebe mir ja auch die denkbar größte Mühe, um jedes Vieh zu treffen, und das gelingt mir dadurch, daß ich die Büchse auf eine feste Astgabel gelegt habe. Das Ziel ist aber auch verdammt klein, und man muß gehörig gut abkommen.

Daß meine Schüsse gut sitzen, zeigen mir dann immer die verschiedenen Schweißkreise im Wasser. Ein halbwüchsiges Krokodil schlägt sogar nach dem Schuß einen regelrechten Salto mortale in der Luft, und ein anderes leistet sich einen sogenannten Hechtsprung aus dem Wasser.

Als dann endlich ohne Unfall der Koloß am Lande liegt, bin ich recht froh. Als ich ihn näher betrachte, konstatiere ich, daß die Echsen bereits die Gehöre, die Lichter und Teile des Geäses gefressen haben. Die vielen auf dem Rücken sichtbaren Schabewunden stammen entschieden ebenfalls von diesem Gesindel, das wir nun rechtzeitig verscheucht haben.

Mit unglaublicher Geschwindigkeit wird der riesige Fleischberg zerwirkt, und im Handumdrehen braten auch schon saftige und nicht zu kleine Stücke davon an dem unvermeidlichen Feuer. Laßt's euch schmecken!

Doch das Lager ist gute drei Stunden weit entfernt. Darum dürfen sie nicht lange tafeln. Wie dann endlich die letzte Kolonne abgerückt ist, verweile ich noch etwas, um zu beobachten.

Das sandige, flache Ufer, auf das wir die Beute gezogen haben, ist 9—10 Meter breit und etwa 30 Meter lang, also wie eine kleine Sandbank. Dahinter steigt das Ufer als 4 Meter hohe Böschung an, und hier verkrieche ich mich samt meinem Feldstuhle im dichten Buschholze.

Von dem ganzen riesigen Flußpferde ist nicht mehr viel übriggeblieben. Was da noch liegt, sind Fladen geronnenen Schweißes, zum Teil vermischt mit Mageninhalt, und ein guter Quadratmeter Rückenhaut. Die Sandfläche war den ganzen Tag der glühenden Sonne ausgesetzt gewesen, wodurch die Witterung nicht schlechter geworden ist. So genügen die wenigen Überreste auch für meine bescheidenen Ansprüche vollkommen. Es zieht ein lieblicher Duft zu mir herüber.

Darum wundert es mich nicht im geringsten, daß sich sogleich eine Menge Geier, Marabus, Milane und Schildraben einfinden, die ja nur auf unseren Abzug gewartet haben. Aber es ist nicht mehr viel zu holen. Die Raben und Milane, als die frechsten unter ihnen, hatten sich vorhin schon während des Zerlegens ihren Teil geholt. In elegantestem Gleitfluge und mit größter Unverfrorenheit stahlen sie sich Fleischstücke direkt zwischen den Leuten weg. Nun ist die ganze Vogelsippe da, aber ich habe nicht nur für sie Augen, mich interessieren jetzt auch die großen Echsen.

Einige Minuten nach meinem Ansitz streicht vom jenseitigen Uferwalde ein Marabu hernieder. Er scheint recht hungerig zu sein. Sofort bohrt er in dem schlabbrigen schwarzroten Schweiß herum, wirft dann plötzlich einen Klumpen in die Luft und fängt ihn geschickt im geöffneten Riesenschnabel auf, wobei sich auch der durchsichtige fleischfarbige Kehlsack weitet. Dann stolziert er „über den großen Zeh" gemächlich hin und her. Er ist mit sich einig: das Stück Haut dort ist ja viel zu zähe! Nun gesellen sich einige Geier zu ihm. Da flammt der Futterneid auf, sogleich beginnt ein heißer Wettstreit um die spärlichen Überreste. Das bißchen Schweiß ist längst im Schlunde des Marabus verschwunden; mit dem Fetzen zäher Haut wissen auch sie nicht viel anzufangen.

Nicht allzulange dauert es, da erscheint auch allmählich bald hier, bald dort ein Krokodilkopf. Wie ich erwartet, kommen auch bald ein paar ziemlich nahe ans Ufer.

Krokodil kommt an Land.

Den Hautfetzen habe ich wohlweislich einige Meter vom Wasser entfernt hingelegt. Die Krokodile sind also gezwungen, in ihrer ganzen Länge herauszukommen, wenn sie ihn wollen.

Wieder vergehen einige Minuten. Da entschließt sich endlich das eine Tier, ans Ufer zu steigen. Vorher hat es ein paar Kreise im Wasser gezogen. Nun kommt es ganz gemächlich heraus. Seinen schweren Körper trägt es ganz gehoben auf den gestreckten Beinen, also nicht schleifend oder rutschend. Bedächtig setzt es ein Bein nach dem anderen vorwärts. Ein paarmal öffnet es dabei wie keifend den gewaltigen Rachen.

Das Tier vor mir mißt gut 6 Meter Länge. Kopf und Rücken sind dick verknorpelt; alt und verwittert sieht es aus. Dazu der unheimlich große Rachen, das grünliche, heimtückische Auge und die eigenartigen Bewegungen. So ähnlich mögen in grauer Vorzeit die großen Saurier sich benommen haben.

Die Raubvögel scheinen das Tier nicht besonders zu fürchten. Beim Keifen weichen sie nur kaum merklich zur Seite. Und der Marabu, der einige Meter abseits auf einem Beine steht, dreht dabei seinen spaßigen, lumpigen Schädel unter mehrmaligem Augenzwinkern wie verächtlich zur Seite, als wollte er sagen: „Du Narr, was willst du denn noch hier am leeren Tische?"

Das alte Scheusal aber denkt anders. Ihm ist auch der zähe Hautfetzen noch eine Delikatesse. Aber dazu soll es nicht erst kommen. Mein Dumdumgeschoß fährt ihm durch den Schädel, daß es sich sofort auf den Rücken wirft. Der zweite tödliche Schuß trifft das Blatt. Auf die 9—10 Meter Entfernung war der Gruß zu stürmisch!

Schnell lege ich eine Schlinge um den Hals und binde das andere Ende an eine Wurzel. Denn ich weiß es nur zu gut, daß so ein Biest trotz seines zu Mus geschossenen Schädels noch Ausreißgelüste bekommen und buchstäblich „kopflos" wieder ins Wasser flitzen kann. Gerade Krokodile haben eine ganz unbeschreibliche Zählebigkeit.

Aber dieser Geselle ist endgültig mausetot. In seinem Magen finde ich eine schwarzbraune, übelriechende, breiige und völlig verdaute Masse, die von vielen Fischschuppen und kleinen Knochensplittern durchsetzt ist. Die letzteren möchte ich als von einer Antilope stammend ansprechen. Der eine Knochen aber sieht einem menschlichen Schlüsselbein äußerst verdächtig ähnlich. Das Fersenbein ist aber bestimmt menschlichen Ursprungs!

Daß Krokodile Menschen reißen, ist genügend bekannt. Man hat es unzählige Male angesehen und x-mal die Überreste der Unglücklichen im Magen der Krokodile gefunden. Um sich gegen Überfälle zu schützen, bauen die Eingeborenen an ihren Wasserstellen aus Bambus oder Baumstämmen errichtete Palisadenwände resp. Zäune. Durch diese Schutzwehr hindurch schöpfen dann sogar Kinder vermittels an langer Bambusstange gebundener Kalebasse das Wasser. Nur so sind sie vor der allzeit lauernden Krokodilgefahr gesichert. Müssen Leute aber einen Fluß durchqueren, sind Unglücksfälle an der Tagesordnung. Greifen die hinterlistigen Räuber doch sogar Menschen im Kanu an!

Ich selbst sah mit eigenen Augen nur einen Überfall; er war kurz und furchtbar. Ein Mann war gerade im Begriff, aus dem Boote an Land zu steigen. Da erhält er einen Schlag und stürzt ins Wasser. Ein Krokodil hatte ihn mit dem Schwanze aus dem Fahrzeug geschlagen und dann augenblicklich in die Tiefe gezogen. Der ganze Vorgang spielte sich so unheimlich schnell ab, daß an irgendwelche Rettung nicht gedacht werden konnte.

Ein anderes Mal höre ich aus nächster Nähe einen durchdringenden Schrei. Auf meine Frage sagt man mir dann bloß: „Das Krokodil hat eine Frau geholt — — —"

Und wie unglaublich viele Überfälle geschehen auf Tiere, besonders große Säugetiere!

Einst muß ich infolge der weggeschwemmten Mafisifähre den Ruvu durchschreiten und kann nur zum Teil im Kanu überfahren. Nahe vor mir bringt ein Inder seine zahlreiche Rinderherde zur Küste. Solche Furten scheinen Krokodile ganz besonders zu lieben; gibt es doch dort immer Gelegenheit, etwas zu erwischen. So auch jetzt. Kaum ist die Herde ein Stück im Wasser vorgedrungen, wird plötzlich ein starker Bulle in die Tiefe gezogen. Nur ein kleiner Wasserwirbel bezeichnet die Stelle, wo er so schnell verschwand.

Krokodilwächter.

Auf gleiche Weise wurde mir auf derselben Reise eine Ziege geraubt. Man soll also gerade an Flußübergängen ganz besonders vorsichtig sein.

Die unersättlichen Räuber nehmen natürlich ebensogern auch Aas wie frisches Fleisch.

Auf meiner Reise habe ich am erhöhten Rande eines ausgetrockneten Seitenarmes des Großen Ruaha eine starke Raubtierfalle gestellt. In dem oben wie an den Seiten absolut dichtgeschlossenen Dornenverhau liegt mehr als reichlicher Köder: ein Leopard, eine Hyäne, ein Honigdachs und zwei Vogelkadaver. Sie alle sind bereits unheimlich aufgetrieben und wimmeln natürlich von Maden. Kein Götterfraß, und doch ein verlockendes „Menu" fürs Raubgesindel.

Wie ich am nächsten Morgen die Falle nachsehe, finde ich sie zugeschlagen. Nichts ist drin! Auch kein Schweiß, kein Haar ist daran zu sehen. Aber im Verhau fehlt der Leopard! Nun beäuge ich den Boden und entdecke direkt vor der Falle die kapitale Spur eines Krokodils. Sonst keine andere.

Wie ich ihr nachgehe, führt sie mich nach unten durch das 25 Meter breite, jetzt trockenliegende und sandige Flußbett. Dann durchquert sie ein zirka 15 Meter breites Matetestück, eine mehrere Meter breite Schilfsenkung, und gelangt endlich in den eigentlichen Fluß. Nirgends läßt sich eine Schleifspur entdecken. Aber die an den Stengeln der Matete abgestreiften Maden beweisen einwandfrei, daß das Krokodil den ziemlich großen Kadaver im Rachen davongetragen hat.

Zwei Tage darauf war die Echse abermals dagewesen. Dieses Mal fehlt der Hyänenkadaver. Ich bin sprachlos über solche Frechheit. Um mir nicht auch noch die Falle ins Wasser schleifen zu lassen, nehme ich sie fort. Und siehe da — in der folgenden Nacht kamen zwei Krokodile und schleppten alles weg! —

Nun zerbreche ich mir den Kopf, wie es das erste Tier angestellt haben mag. Die Falle ließ es jedesmal zuschlagen, aber es fing sich weder, noch verletzte es sich. Hätte es sich wirklich gefangen, wäre es ihm schwer gewesen, mit der Falle abzugehen, da sie fest verankert war. Ich kann mir den Vorgang nur so erklären, daß es tief kriechend dahergeschlichen kam. Die Falle war sehr gut verblendet und bildete mit der Erdoberfläche eine Linie. Mit einem vorgestreckten Beine hat es dann vielleicht seitlich angestoßen und die Falle zugeschlagen. Dieses heftige Zuschlagen hat es aber nicht weiter erschreckt. Der pestilenzialische Gestank hatte vielmehr alle Sinne des Räubers derartig gefangengenommen, daß er alle Vorsicht vergaß. Nur die Freßgier war ausgelöst. Nun ging es frei durch die Falle. Daß das aber zweimal gelang, bleibt mir ein Rätsel.

Beim Niederschreiben dieser Zeilen kommt mir ja manchmal so das Philosophieren über manches Erlebnis, das ich glücklich überstanden. Auch jetzt muß ich darüber nachdenken, daß ich mich getrost und ohne Überhebung zu den furchtlosen Menschen rechnen darf. Trotzdem beschlich mich jedesmal ein mehr als unangenehmes Gefühl, wenn ich notgedrungen in ein Krokodilwasser mußte. Jeder Mensch hängt noch etwas am Leben, noch dazu ein junger. Einer offenen Gefahr bin ich jederzeit entgegengetreten, eine so gemein versteckte, hinterlistige, unsichtbare aber macht denn doch einen ganz anderen Eindruck. Dann ist es wohl meist reine Fahrlässigkeit, die den scheinbaren Mut diktiert. Hier ein solcher Fall:

Am Ufer angelangt, springt ein Mann zu früh oder zu ungeschickt aus dem Boot. Ich war bereits ausgestiegen. Durch den Stoß kippt natürlich das Boot um, und die anderen zwei Mann fliegen ins Wasser. Mit ihnen mein Malgerät und meine Gewehre. Wie der Teufel sind die beiden aus dem Wasser. Das Fahrzeug treibt verkehrt fort. Und ich? Ohne Besinnen bin ich im Wasser und tauche nach meinen Gewehren und anderen Gegenständen, die ich auch glücklich alle heraushole. Wie ich dann beim Abmarsch schräg gegenüber jener Stelle ein Krokodil erblicke, das mich mit seinen grünen Lichtern anblinzelt, kamen mir doch recht eigenartige Gedanken über meine Taucherarbeit — — —

Und dennoch leben Krokodile mit Flußpferden und verschiedenen Vögeln in größter Eintracht. Von letzteren seien besonders die kleinen, niedlichen Krokodilwächter erwähnt, die es sich sogar, ohne gefressen zu werden, gestatten dürfen, den Räubern im geöffneten Rachen herumzupicken.

Flußpferd entsteigt dem Fluß.

Nach den Erzählungen eines Sultans sollen auch Elefanten von Krokodilen im Wasser angegriffen werden. Eines Tages fand er abseits des Flusses ein großes altes totes Krokodil, und rings um dieses viele starke Elefantenfährten. Aus dem ganzen Befunde ging hervor, daß das Krokodil sich wahrscheinlich am Elefanten festgebissen, dieser es dann an Land geschleift und totgetrampelt hatte. Der Sultan meinte noch, es sei ganz zermalmt gewesen. Auch seine Leute bestätigten das, und unwahrscheinlich ist es durchaus nicht. Wenn sie anderes Großwild in die Tiefe reißen, warum sollen sie sich da nicht auch einmal am Elefanten vergreifen? Einen Erfolg dürften sie wohl nur bei ganz jungen Stücken haben, was aber eine große Seltenheit ist, da sie von den Alten äußerst scharf bewacht werden.

Auch selbst vor ihrem eigenen Fleisch und Blut gibt es kein Halt. Als Beweis ein Erlebnis:

Auf der Rückkehr von erfolgreicher Elefantenjagd ziehe ich meinem am Njera gelegenen Lager entgegen. Ungefähr hundert Meter vor meinem Ziele sehe ich in der Mitte des Flusses den Schädel eines kapitalen Krokodils aus dem Wasser ragen. Das hohe Steilufer bietet mir eine famose Aussicht auf den breiten Kopf. Sofort versetze ich ihm eine Dum-Dum. Eine Sekunde nur sehe ich eine mächtige Schweißfontäne in die Höhe schießen, dann überschlägt sich das Vieh. Auf dem Rücken liegend, treiben es die Strudel schräg einer großen, gegenüberliegenden Sandbank zu. Dabei sehe ich, wie sich das seichte Wasser tiefrot färbt, und ich freue mich bereits über diese so bequeme Landungsweise. Sogleich hänge ich meine Büchse um und will eben einem Manne ein paar Worte zurufen, da stürzen sich auch schon vier etwas geringere Krokodile auf den toten, an der Sandbank gelandeten Genossen. Sie schnappen, stoßen und zerren an ihm herum und sind, ehe ich es verhindern kann, damit im tieferen Wasser. Sofort reiße ich die Büchse von der Schulter. Aber meine beiden Schüsse trafen erst, als die Bestien bereits etwas unter Wasser waren. Der Anschuß war etwa 20—25 Meter links von mir. Nun kommen sie ebenso weit rechts noch zweimal zum Vorschein. Dabei sehe ich auch den leuchtenden, hell zitronengelben Bauch des toten Tieres, umgeben von der lebenden Rotte, auftauchen und sofort wieder in der Tiefe verschwinden. Ein paar meiner Leute rasen nun wie wild am offenen Ufergelände entlang, um ein in der Nähe verankertes Boot zu erreichen. Nach einer Stunde kommen sie unverrichteter Sache zurück. Sie hatten von den Krokodilen nicht das geringste mehr gesehen. Und das war eigentlich vorauszusehen. Aus dem ganzen Gebaren der Sippe ging ja zweifelsohne hervor, daß sie den toten Genossen auffressen wollten. Aber ich hatte die beiden Leute deshalb angespornt, weil ich hoffte, sie würden bei nochmaligem Sichtbarwerden das Raubgesindel in die Flucht schlagen und auf diese Weise das tote Stück doch noch fassen können. Den nötigen Schneid und die Geschicklichkeit dazu hatten diese beiden.

Doch nun genug von diesen gefräßigen Ungeheuern, über die man Bände schreiben könnte. —

Flußpferde sind für die Allgemeinheit nicht gerade Schönheitsideale, ich für meine Person möchte sie aber nicht in Afrika missen. Sie wirken in ihrer ungeheuren fleischigen Masse imposant und — urkomisch. Man muß sie zu 50—60 Stück, draußen auf einer Sandbank liegend, gesehen haben. Da wird man zunächst versucht, sie für runde, übereinandergetürmte Felsblöcke zu halten. Denselben Eindruck rufen sie hervor, wenn sie mit ihren braungrauen Körpern halb aus dem Wasser ragen.

Stürzt sich nun gar erst so eine große Herde erschreckt ins Wasser, es ist ihr Element, so gibt das einen Schwall und Geräusch wie wütende Brandung. Dann kann man erst so recht beobachten, mit welch unglaublicher Schnelligkeit sich die scheinbar so plumpen Fleischkolosse bewegen können. Und noch größer wird das Staunen, hat man einmal das seltene Glück, so einen schweren Bullen auf dem Lande rennen oder gar Haken schlagen zu sehen. Eine solche Gewandtheit hätte man ihm nie zugetraut!

Ein anderes, fast möchte ich sagen entzückendes Naturbild ist es, eine schwimmende Alte mit dem Jungen auf dem Rücken zu beobachten. Das sieht fast aus, als trüge sie einen Wollsack. Mit großer Freude erinnere ich mich immer wieder an zwei auf einer Sandbank spielende Junge; sie benahmen sich wie junge Schweinchen. Genau nach Art dieser Tiere jagten sie sich, in derselben Weise fielen sie ganz plötzlich wie ermüdet mit einem Plumps in den weichen Sand und blieben, auf der Seite liegend, eine Zeitlang ruhig. Und das alles geschah in Gegenwart von neun — — Krokodilen! In nur 10—15 Meter Entfernung lagen sie auf der anderen Seite der Sandbank. Wie leicht konnte da so ein Flußpferdsprößling einmal im Spiel hinüberhuschen! Aber es geschah

nichts weiter. Zudem waren noch Gänse, Reiher, darunter der große Riesenreiher, und viele andere Vertreter der Vogelwelt um sie herum versammelt. Es war ein stetes Kommen und Gehen, und nichts störte die Harmonie dieser großen, interessanten Tiergemeinde.

Es stimmt übrigens nicht, daß das Flußpferd nur des Nachts an Land geht. Viele Male beobachtete ich auf meinen Reisen ihr an Landgehen am hellen Tage und zu verschiedenen Stunden. So sah ich einmal einen Bullen, der Schlag 12 Uhr mittags am jenseitigen Steilufer des Ulanga hinaufstieg. Es war an der Stelle, wo ich mit der ganzen Karawane übersetzte; keine hundert Meter trennten uns von dem Tiere. Es schien den Augenblick genau abgepaßt zu haben, wo wir drüben waren. Der arme Wicht! Hätte ich gewollt, wäre er trotz seiner Schlauheit die Böschung als tote Fleischmasse heruntergerollt. Aber wozu? —

Viele Male war ich gezwungen, vor meinem Übersetzen die zahlreichen Flußpferde, die in der Fahrtrichtung lagen, durch blinde Schüsse zu verjagen. Trotzdem geschieht es noch häufig genug, daß dann so ein Dickhäuter urplötzlich neben dem Boot in die Höhe schnauft, und man muß dann jedesmal von Glück sagen, wenn er beim Unterschwimmen das Boot nicht zum Kentern bringt.

Um ein Haar wäre mir das einmal auf dem Rufidji passiert. Zum Glück hatten wir keine Lasten im Boote. Wir waren zu zweien, und unser glücklich gelungener Ruck in entgegengesetzter Richtung verhinderte das Umkippen.

In vielen Fällen wird ein leichtes Kanu von dem erschrockenen oder erzürnten Flußpferde einfach zermalmt.

So kann solch ein harmloses Kiboko, gerade im Wasser, unter Umständen zum schlimmsten Gegner werden, aber diese Fälle sind relativ nicht allzu häufig. Von einer Gefährlichkeit auf dem Lande weiß ich nichts zu berichten. Die Stücke, mit denen ich zusammentraf, waren nichts weniger als aggressiv, als sie Wind bekamen, gingen sie sogleich flüchtig ab; das war allerdings bei Tage. Ein nächtliches Zusammentreffen auf dem Lande habe ich nur einmal erlebt, wo nach längerer, interessanter Beobachtung das Stück nah im Feuer zur Strecke kam. Im allgemeinen huldige ich dem Prinzip, nach dem Studium nicht zu schießen. Ich kann es schlecht. Aber in einzelnen Fällen muß es sein, sonst bekäme ich überhaupt kein Stück Wild. Kommen also Unfälle vor, so sind sie wohl stets mehr oder weniger auf die eigene Schuld oder Pech zurückzuführen.

Wirklich schädlich werden sie aber, wenn sie nachts in die Schamben — Pflanzungen — der Eingeborenen eindringen. Die verheerenden Verwüstungen, die ich da häufig gesehen habe, spotten jeder Beschreibung.

Sonnige Tage der Regenzeit

Nach entsetzlich langen Regentagen „lacht" endlich wieder einmal die schmerzlich vermißte Sonne vom blauen Himmel hernieder. Wie sehr habe ich sie herbeigesehnt!

Selbst die Schwarzen atmen auf. Können sie doch jetzt endlich ihren ganzen durchweichten Reichtum von „nguo" — Wäsche — in der lieben Sonne wieder zum Trocknen ausbreiten.

An solchem Sonnentage gleicht das Lager einer großen Wäschebleiche, bei der die farbigen Stoffe vorherrschen. Natürlich benützt auch mein Zeltboy die warmen Strahlen, um alle Sachen meiner Koffer zu lüften und zu trocknen. So bietet das Lager mit allerhand flatternden Kleidungsstücken, umherliegenden Lumpen, zum Trocknen und Bleichen ausgelegten Fellen und Gehörnen ein recht lustiges, farbenfrohes Bild.

Diesen ersten, vielleicht nicht allzu langen „Sonnenlichtblick" will ich auch sofort benützen, um einige schon wiederholt vergeblich angepirschte Motive zur Strecke zu bringen.

Bis jetzt glaubte meine Gesellschaft, weil ich die Wetteraussichten etwas länger als sonst geprüft und nicht gleich in aller Herrgottsfrühe aufgebrochen bin, daß ich mich ebenfalls zum „Trocknen" auslegen wolle. Nun machen alle, die ich freundlichst auffordere, mit mir auf „kazi" — Arbeit — zu gehen, recht verdutzte Gesichter. Dabei sind natürlich die unvermeidlichen Ausreden sogleich zur Hand.

„Marsch, los — Kinder! Ich bin nicht zum Vergnügen in eurem schwarzen Lande. Da — nehmt das Malgepäck und vergeßt auch das hier nicht für den Fall, daß ich jagen sollte."

Man kann ja hier nie wissen, was uns zustößt. Und auch die Leute spornt das Mitnehmen des Schießzeuges sogleich merkbar in ihrer Arbeitswut an. So geht es bei bester Stimmung los, und einige zurückbleibende Frechdachse rufen uns sogar noch nach: „Bringt recht viel „nyama" — Fleisch — mit!"

In einer guten halben Stunde bin ich bereits in meinem Revier. Schon auf dem Wege dahin war ich über die vorgegangenen Veränderungen überrascht; jetzt bin ich starr vor Bewunderung.

Wie war das möglich, so frage ich mich ein ums andere Mal. Ist das wirklich die unverfälschte Wildnis, was du hier siehst, oder irgendein künstliches Machwerk? Doch nur das eine ist möglich; kein Trugbild zeigt sich hier!

Was soll ich sagen: so weit überhaupt das Auge zu blicken vermag — und das ist unbeschreiblich weit —, sieht es nur einen einzigen, schier endlosen bläulich-violetten Blumenteppich, der, je mehr er in die Ferne rückt, nur um so geschlossener in seiner Färbung erscheint. In diesem fabelhaften Blauviolett stehen nur einzelne Busch- und Palmengruppen oder jetzt belaubte Baobabs als grüne Unterbrechung. Im Vordergrunde blüht da und dort vereinzelt eine zitronengelbe oder weiße Blume. Und über dem ganzen, endlosen, märchenhaften Blumenmeer spannt sich ein malerischer Wolkenhimmel.

Da sitze ich nun, ganz versunken im Studium dieser unerhörten Farbenpracht, auf einem kleinen gerodeten und schattigen Platz am Fuße eines Baobabs. Das frische grüne Gras und der es überwuchernde violette Blumenflor steht beinahe einen Meter hoch; ich sitze demnach in recht guter Deckung. Meine paar Leute aber, die sich der Länge nach am Stamme niedergelegt haben, sind völlig unsichtbar. Das schattige Laubdach über mir läßt nur ganz vereinzelte kleine Sonnenfleckchen auf den Boden fallen. Von drüben aber, aus der sonnigen Fläche, weht es unerträglich schwül und feucht herüber, und ich empfinde dann den kleinen Temperaturunterschied meines schattigen Plätzchens um so deutlicher.

Allerwärts summen die Zikaden, scharf und endlos. Am blauen Äther ziehen einige große Raubvögel ihre Kreise. „Du—du—du—du" ruft da plötzlich ein Sporenkuckuck aus dem nahen Busch, zuerst ansteigend, dann schnell abfallend. Die Schwarzen nennen ihn Tipu-Tip, nach dem berüchtigten Sklavenjäger. Ein Pärchen dieser Vögel hüpft unter drolligen Bewegungen von Ast zu Ast, und immer wieder schallt das „Du—du—du—du" zu uns herüber.

Tipu-Tip.

Da saust mit reißender Schnelligkeit ein Trupp Glanzstare über meinen Kopf hinweg. Ihr dunkles, stahlblaugrünes Gefieder schillert im Sonnenschein in unglaublicher Pracht.

Aus einem anderen Busche ertönt das laute Gezwitscher der ebenfalls sehr farbenprächtigen Webervögel, während sie an ihren herabhängenden korbartigen Nestern herumklettern. Allenthalben macht sich die Vogelwelt bemerkbar.

Plötzlich werden meine Blicke auf einige sich bewegende Farbpunkte gelenkt, die hinter Schirmakazien abwechselnd erscheinen und wieder verschwinden.

Die schwarz-weißen Figuren sind Zebras, die mit den langen, tiefschwarzen Gehörnen können nur Grantsgazellen sein, und die braungelb mit Weiß gezeichneten Gestalten, die sich fast bis in die Kronen der Bäume recken, natürlich Giraffen.

Unwillkürlich lasse ich die Pfeife aus dem Munde rutschen. Meine Kerle liegen mäuschenstill; es schnarcht sogar nicht mal einer. Wenn mir jetzt bloß nicht etwa wieder die dummen Zebras in den Wind laufen und das Bild durch Flüchtigwerden verderben! Ich habe sie längst auf dem Strich wegen solcher Freveltaten.

Aber es geht alles gut.

Nun tritt auch der ganz kapitale Giraffenbulle mit einigen Mitgliedern seiner Sippe ganz frei heraus. Er trägt äußerst stark entwickelte Stirnzapfen. Mehrere Minuten steht er nach rückwärts verhoffend, dann zieht er auf zirka 70—80 Meter mit den Seinen an mir vorüber.

Es sind doch merkwürdige Gestalten! Diese scheinbar in allen Proportionen verzeichneten Figuren; dazu der merkwürdige, wiegende Gang. Fast kommt es mir vor, als wenn die Gesellschaft im Vorüberziehen mir fortwährend mit dem langen Halse und Kopfe Diener machen. Und dazu das Farbenspiel und die wundervolle Zeichnung. So defilieren sie im gemächlichen Paßgang zu meiner Linken vorüber.

Anders machen es die Zebras und das übrige Wild. Gedeckt hinter Büschen ziehen sie den Giraffen nach.

Während dieser Betrachtungen sind mir indessen bei der Backofenhitze meine Farben zu einem Brei auf der Palette zusammengelaufen. Ein futuristisches Machwerk der Frau Sonne! Meine Arbeit ist aber beendet.

So ziehe ich — es ist noch zeitig am Tage — weiter in die Nyika.

Ich befinde mich hier in einer überaus günstigen Wildgegend, und nicht lange dauert es, da stoße ich auf neues Wild, auf mächtige Elenantilopen und graziöse Schwarzfersenantilopen. Kreuz und quer ziehe ich, und wo ich auch hinblicke, überall tauchen Wildgruppen verschiedenster Art auf. Was ich aber dort hinten in weiter Ferne nahe der Hügelkette sehe, ist eine riesige Giraffenherde. Zählbar ist sie bei dem flimmernden Sonnenlichte nicht, aber ich taxiere sie auf nicht viel unter hundert Stück.

Im angrenzenden Berglande steht der „Große Kudu" und auch der Elefant. Viele Antilopenarten haben dort ihren Standort. Vom Löwen abwärts ist jedes Raubtier vertreten. Und wie artenreich ist erst die Vogelwelt hier zu Hause! So hatte ich mir immer den zoologischen Garten der Natur vorgestellt: alle Tiere frei in ihrer natürlichen Umgebung. Hier ist das Ideal in Wirklichkeit erreicht.

Und weiter tüftele ich in meiner alten kindheitlichen Weise. Was würde ich darum geben, könnte ich diesen Naturpark mein Eigen nennen. Kein Fremder sollte mir hinein dürfen, kein Schuß die Idylle des Naturparks stören. Und dann wollte ich in einem entlegenen stillen Winkel meines idealen Naturschutzgebietes bis an mein seliges Ende hausen — als Mensch leben — als Künstler malen — malen — malen — —

Wirklichkeit, kehre zurück! Der heutige modern-prosaische Mensch versteht von solchen „überspannten" Ideen nichts mehr — leider! Schrulliges Idealistentum nennt er das mitleidig . . .

Und wie ich am späten Nachmittage ins Lager zurückkehre, gibt's gleichfalls traurige Gesichter: kein „nyama"! Das sind die Materiellen — aber sie sind mir lieber als die anderen! —

* * *

Diesmal ist es eine andere Ecke des Landes, in dem ich weile, Wasunga heißt sie. Aber die Witterungsverhältnisse sind die gleichen. Ich befinde mich mit meiner ganzen Karawane auf dem Marsche, der mich links abschwenkend durch eine weite, lichte Parklandschaft führt. Die zu meiner Rechten ein wenig unter Wasser stehende Ebene ist baum- und strauchlos. Graswuchs ist hier nur ganz spärlich vorhanden. Dagegen drückt ihr eine buntfarbige Tulpenart ein in rot und weiß abgestimmtes teppichartiges Gepräge auf.

Man könnte bei diesem farbenprächtigen Bilde fast noch mehr an eine künstliche

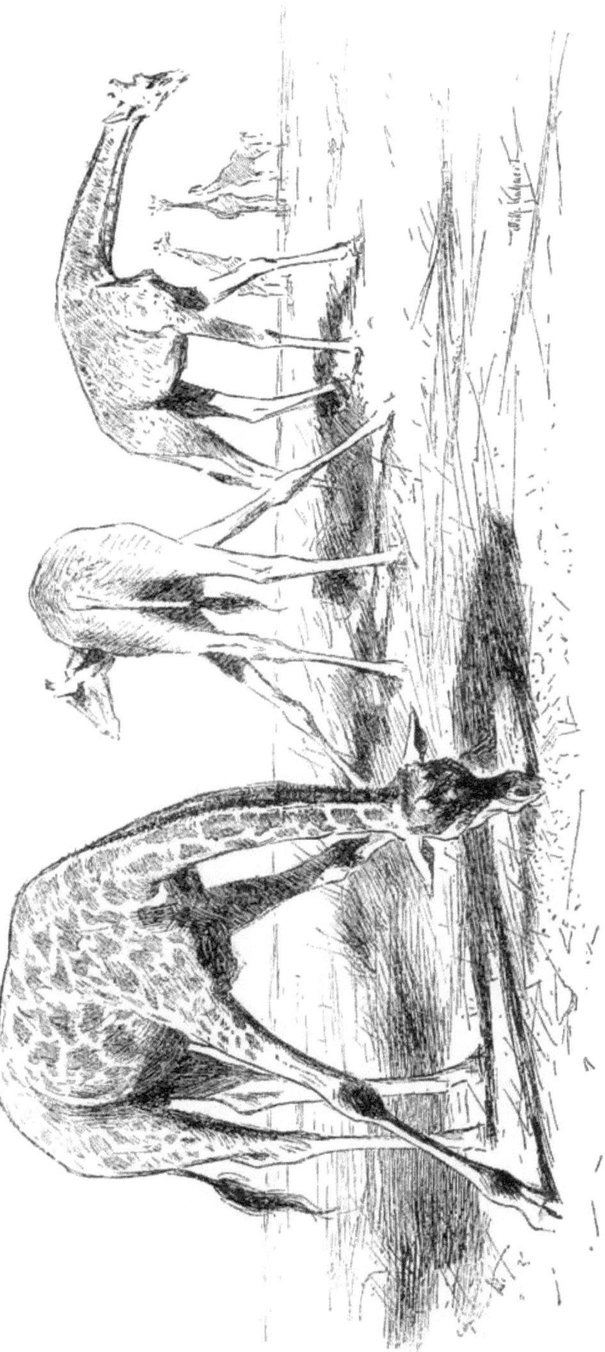

Äsende Giraffen.

Bepflanzung glauben als bei der vorhin geschilderten blauvioletten Ebene, wäre nicht die mörderische Hitze des Tropenlandes vorhanden und die Lebewesen, die da stehen.

Da tummelt sich auf ungefähr 300 Meter eine Zebraherde, und etwas näher ein Riedbock. Schließlich auch — wie heimatlich stimmt mich doch das! — eine große Anzahl unseres lieben, allverehrten Klapperstorches! Nahrung suchend, stolzieren sie einher, wie bei uns zu Hause, und es macht den Eindruck, als schmiedeten sie bereits Reisepläne nach der nordischen Heimat. Zeit wäre es bald dazu.

Angesichts dieser Langbeine sage ich zu meinen Leuten: „Seht die „korongos" da, sie ziehen bald alle nach Ulaya. Dort holen sie aus den matope — Sümpfen — die kleinen weißen Kinder und werfen sie den Leuten durch den dokhani — Schornstein — in die Wohnung."

Hei — wie infam grinsen da die Kerle!

Einer von ihnen aber, „suruali nusso", die „halbe Hose", ist bewundernswert. Er hat unter allen Trägern Deutsch-Ostafrikas sicher das breiteste Rekordmaul. Und kommt er dann, was alle Augenblicke passiert, ins Lachen, erschrickt man immer wieder von neuem. Dann lacht er eben so, daß er die unheimliche Öffnung überhaupt kaum noch in seine ursprüngliche Lage zurückbekommt. — —

Doch nun nochmals zur Pflanzenpracht, die mich weiter umgibt. Da stehen Sträucher, deren Grün vom Blumenflor einer roten, lila oder weißen Windenart regulär überschüttet erscheint. Sogar ein etwa 6 Meter hoher abgestorbener Baum ist von oben bis unten mit diesen Blumen buchstäblich übersät; so prahlt er nun selbst nach seinem Tode mit dem fremden, bunten Schmuck.

An anderer Stelle hat eine große, feingetönte, gelbe Doldenblume ihre wundervollen Blüten über einen krüppelhaften Strauch gehängt.

Noch verschwenderischer wird die Pracht in Gebirgswäldern oder gar an den Rändern der Galeriewälder großer Flüsse. Hier wirkt die unerhörte, unglaubliche Fülle in Form und Farbenpracht überwältigend; hier versagt der Wortschatz aller Beschreibung. Hier ist alles echte, unverfälschte — göttliche Natur!

Und wenn dann nur so ein einziger winziger Sonnenstrahl sich durch das grüne Chaos stiehlt, dabei die rankenden Lianen und Schmarotzerpflanzen, die dazwischenhängenden buntfarbigen Orchideen aufleuchten läßt, dann heimst das trunkene Auge Bilder ein, die im ganzen Leben unvergeßlich bleiben. Und das ist doch nur ein winziges Plätzchen, das mein Auge in dem Riesengebiet jetzt gerade erfaßt, ein Blättchen am Schöpfungsbaum — ein Sandkorn am Boden.

„Wo faß' ich dich, unendliche Natur — — —"

Wieder habe ich einen entzückenden Platz betreten. Er liegt an der Stelle, wo der Ulanga nordwestlich vom Rufidji abbiegt. Am Südufer des Ulanga entlang ziehend, fand ich diese freie Stelle für mein Lager, und wie meist, habe ich dabei wieder einmal Glück gehabt.

Die Szenerie ringsum hat etwas geradezu Theatralisches. Doch das ist noch zu wenig gesagt: sie ist tausendmal schöner als alle Kulissenmalerei! Hier hat die Schöpfung selbst die Dekoration geschaffen, riesengroß und märchenschön.

Und dennoch erinnert alles an Kunst. Wenn ich diesen wundersamen Ufergaleriewald betrachte mit seinen bis zum Wasserspiegel herabreichenden senkrechten und ebenen Baumwänden, die so dicht im Laub stehen, daß man kaum einen Ast sieht, die ferner von einer Unmenge Orchideen, Winden und anderen Blumen bedeckt sind, dann muß ich unwillkürlich wieder an die Theaterkulissen denken.

Und ein Theater ist das Ganze doch! Ein Naturtheater mit heiteren Melodien und furchtbarsten gewaltigsten Dramen.

Oben im grünen Dämmer des Gezweiges oder in den lichtesten Höhen der Wipfel flötet, pfeift und singt die tausendstimmige Vogelwelt, ertönt der Schrei der Meerkatzen. Hier ist das Reich der Oper und Posse. Unten aber, in den tiefen, trüben, lehmgelben Fluten lauert Tod und Verderben. Das ist das Schauspiel. Die Rollen dieser Spieler sind stets kurz, dafür aber desto dramatischer in der Handlung. Blitzschnell verschwinden sie mit ihrem Partner in der gurgelnden Flut. Und auch hier fehlt es nicht an „Musik", wenn es auch ein Mordsspektakel ist. Dieses vollbesetzte „Schauspielorchester" bildet in der Hauptsache die Flußpferdkapelle. Ein Heer dieser wohlbeleibten Musiker belehrt den Zuhörer dann jedesmal überzeugend von des „Basses Grundgewalt". Mit gewaltig tiefen Akkorden setzt der Chor ein, daß die Luft im Umkreise erzittert; so zetern nur Dämonen! Dann leitet das schmetternde Gebrüll in Kadenzen hinüber zu den anderen, inzwischen akkompagnierenden zarteren Tonkünstlern, die sich ringsumher von ihren erhöhten Sitzplätzen melden. Und diesen Mitwirkenden verdankt dann die Teufelsmusik eine gewisse Abwechslung. In solchem Stadium ist die Ouvertüre im besten Gange, in allen Tonlagen pfeift, dudelt, piept, trillert, schnarrt, girrt und klappert es zum Steinerweichen. Da fällt plötzlich der dicke Dirigent und sein ganzer kolossaler Anhang mit schmetternden Fanfaren von neuem ein, die Satanssinfonie ist beim da capo. So geht es fort, unter gewaltigem Schnaufen und Pusten im nassen Element.

Ergriffen lauscht der Mensch — der Schöpfung Krone — und fühlt die Wirkung dieser doch nur tierischen Sprache. — —

Indessen ist es Abend geworden; die Hauptvorstellung naht ihrem Ende. Regisseur Nebel hat seinen wunderfeinen Gazeschleier über die Szene gezogen und damit dem bei voller Beleuchtung so farbenprächtigen Bilde eine zwar dunkle, aber ebenso geheimnisvolle Schönheit verliehen.

Da ändert sich abermals die Szene. Über einer winkeligen Ausbuchtung der Waldsilhouette erscheint mit mildem Lichte Frau Luna, die Gebieterin der Nacht, und ihre Adjutantin, Frau Venus, als wollten sie gütlich Nachtruhe gebieten.

Aber unter dem leichten Musikantenvolke sind der Nachtschwärmer so viele wie anderwärts. Und noch dazu nach einem so herrlichen Sonnentage der Regenzeit, in einer so wundervollen klaren Nacht wie heute!

So melden sich denn auch, bald hier, bald dort, die passionierten nächtlichen Tumultuanten mit rücksichtslosester Ungeniertheit. Das gellt und schreit und klagt und ruft; es nimmt kein Ende. Niemand ist da, keine Nachtpolizei, die Ruhe schafft!

Und ich liege dann in meinem Zelte, lauschend den Tönen der Tropennacht. — —

Eine kritische Nacht im Bananenhain

Endlich ist der Fluß erreicht — endlich werde ich baden können! Tagelang habe ich dieses Labsal entbehren müssen.

Ein dicker Baumstamm ist die Brücke, auf der ich das jenseitige Ufer erreichen und dort einen großen Bananenhain als Lagerplatz benützen will. Unmittelbar am Wasser schlage ich mein Zelt auf. Und nun stehe ich auch schon im Wasser und lasse mich voller Behagen mit Bürste und Seife vom Boy bearbeiten. Nach dieser Prozedur schicke ich ihn wieder hinauf zum Zelte, denn dort ist noch so manches in Ordnung zu bringen.

Wie ich dann nachkomme, sehe ich schon von weitem, daß da irgend etwas nicht stimmt. Vor meinem Zelte stehen und hocken eine Menge fremder Eingeborener. Der eine von ihnen, es ist wohl der Jumbe (Dorfälteste), sitzt breitbeinig auf einem meiner Blechkoffer vor meinem Zelte und hält eine Schrotflinte Kaliber 12 im Arme. Donnerwetter, denke ich, wie kommt der Kerl zu dem Hinterlader, den doch bei uns in Deutsch-Ostafrika kein Schwarzer führen darf. Ich sehe mir also zunächst den Kunden genau an und fordere ihn dann auf gut Deutsch ziemlich energisch auf, sich zu erheben und mir durch seine Schwere nicht meinen Koffer einzudrücken. Dann lasse ich ihn durch einen meiner Leute fragen, da ich seinen Dialekt nicht verstehe, ob er mir nicht einige Lebensmittel für die Träger bringen wolle.

Die verdolmetschte Antwort lautet: er habe nichts. Dagegen müsse er mich ersuchen um drei Lasten Stoff als „hongo" — Wegezoll —, sonst lasse er mich überhaupt nicht weiter!

Ich winke ihm natürlich sofort ab und bedeute ihm: es gibt nichts. Mißmutig zieht der Brave mit seiner Begleitung ab.

Vor Besitzergreifung der Kolonien war es allgemeine Sitte, daß diese Jumben, auch Sultane, von den durchziehenden Karawanen eine Art Lösegeld forderten, oder besser gesagt, erpreßten. Mit dem Eindringen der Europäer wurde das immer mehr eingeschränkt. Einzelne besonders Unverschämte aber versuchen es doch noch ab und zu, sich durch das bequeme „hongo"-Fordern zu bereichern. So auch dieser Kunde. Geld hatte damals nur an der Küste, allenfalls noch 1—2 Tagereisen nach dem Innern, Wert. Darüber hinaus aber konnte man mit dem größten Geldsack in der Tasche Not leiden, nicht eine Banane käuflich erwerben. Ich habe das einmal selbst versucht und beim besten Willen nichts bekommen. Hat man dagegen weiße, blaue oder bunte Stoffe, Tücher,

Perlen, allerhand Eisen- oder Kupferdraht, kann man alles erstehen. Besonders weißer und blauer Stoff diente mir als tägliches Geld. Mit ihm wurden die Leute gelöhnt sowie sämtliche Einkäufe gemacht. Gerechnet wurde dabei nach Unterarmlängen, „mkono". Der Mann, dessen Arm als Maß benützt werden sollte, war natürlich immer ein schlau ausgewählter, möglichst in die Länge geschobener Kerl. Und solch ein langer „Labambel" fand sich selbstredend in jeder Karawane.

Die nun weiter geschilderte Episode trug sich im Herbst 1891 nahe des Kilimandjaro bei Taveta zu.

Nach einer kleinen Stärkung gehe ich also nochmals zum Flusse hinunter und ich denke, der Yumbe wird meiner abermaligen Aufforderung, Essen zu bringen, in der Zwischenzeit wohl doch noch nachkommen.

Da höre ich Unruhe im Lager. Sogleich bin ich wieder oben. Meine Träger stehen alle zusammen und reden und gestikulieren durcheinander. Aus ihren Worten höre ich etwas wie: weitermarschieren — Furcht — sich nicht totschlagen lassen wollen und ähnliches.

Das rede ich ihnen natürlich sofort aus. Da kommt nach einer Weile ein Abgesandter des Yumbe und fragt, wie es mit dem hongo steht. Ich schicke den Boten zurück und lasse sagen, ich werde sofort zurückmarschieren, der Yumbe solle mich also gefälligst ungeschoren lassen.

Fast unmittelbar darauf erscheinen drei Kerle mit der Meldung, sie lassen mich auf keinem Wege weitermarschieren; erst soll ich berappen! So eine Frechheit!

Dabei werden meine Träger immer unruhiger — es ist eine ganz verfluchte Situation. Guter Rat ist teuer. Nun schicke ich ein paar von meinen Leuten, die beherztesten meiner Heldenschar, ab. Sie sollen ausrichten, wenn der Yumbe vernünftig sei, dann würde ich mich zu einem Backschisch verstehen wollen.

Seine Antwort lautet: nein, er wolle mehr! Und noch Schlimmeres habe er gesagt, erzählen meine Leute: wenn ich nicht bis zum Abend gezahlt habe, würde er mir etwas antun! Dabei machen sie die verlockende Gebärde des Aufhängens und Stechens.

Ich lache dazu und sage nur: so leicht geht das nicht — — —

Aber im Innern denke ich doch anders! Herrgott — wie soll ich mich hier als verantwortlicher Redakteur für meine ganze Gesellschaft richtig aus dem Vorfall ziehen? Am liebsten hätte ich dem unverschämten Halunken mit seinem Anhange eine Salve über die Köpfe gefegt. Ich bin überzeugt, dann wäre die ganze Bande ausgebimst, oder — — etwa nicht?

Soweit man von Sehen in einem solchen dichten Bananenhain überhaupt reden darf, scheint es mir, als habe sich die Zahl der fremden Kerle recht erheblich vermehrt. Und wenn ich das starke Stimmengewirr höre, bin ich überzeugt von ihrer Zunahme. Die Bande hockt auf einige hundert Schritt dicht gedrängt im großen Bogen um unser Lager. Die wenigsten von ihnen sind aber sichtbar.

Plötzlich ertönen aus dem weiteren Hintergrunde die lauten Schläge der „ngoma" — Trommel. Unmittelbar darauf werden sie aus weiter Ferne beantwortet. Das ist die primitive, aber ausgezeichnet funktionierende Telegraphie aller Negerstämme.

Dumpfe Gesänge, begleitet von häufigem Aufbrüllen, passen sich den schnellen Trommelschlägen an. Der Lärm wächst mit jeder Minute. Und je kräftiger der Spektakel wird, desto mehr verlieren meine Leute den Mut. Ich habe wirklich alle Mühe, sie zu beruhigen. Fortwährend drängen sie mich, ich möchte doch zahlen, es sei doch bald dunkel, und dann sei es zu spät — —

Aber ich bleibe standhaft. Bedeutet doch die Hergabe so vielen Stoffes für mich die empfindlichste Schädigung meiner „Expeditionskasse", die ich im Innern nicht wieder aufbessern kann.

Jetzt hat das Drängen der Leute seinen Höhepunkt erreicht; die Gesellschaft macht mich rein verrückt.

„Nun gut," sage ich, „ruft hinüber, ich will ihnen das Stück da geben."

„Nein, Herr — noch eins mehr," betteln sie.

Wieder zaudere ich. Am liebsten schlüge ich ihnen das Zeug um die Ohren. Draußen beginnt es zu dämmern; ich stehe im dunklen Zelt, ratlos wie selten.

Landschaft mit Schirmakazie.

Da gewahre ich plötzlich, wie alle Träger schleunigst ihre Kalebassen und sonstigen Habseligkeiten zusammenraffen und im nächsten Augenblicke über den Baumstamm des Flusses Reißaus nehmen. Aus ihren Rufen kann ich nur entnehmen, daß es gleich dunkel sei und sie sich nicht meinetwegen totschlagen lassen wollen. Und wie erst die Boys dastehen? Am liebsten wären sie über alle Berge. Der eine heult sogar bildschön und bekommt einen derben Anschnauzer. Die armen Teufel — sie dauern mich in ihrer Heidenangst.

Indessen will mir die ganze Blase wirklich schnöde verduften.

„Zurück — oder es passiert euch was," brülle ich ihnen nach. Ihr Schritt stockt. — „Alles zurück — dann soll der Lump von Nyumbe seinen hongo haben!" — — — —

Zaghaft zwar, aber sie gehorchen. Langsam kehren sie zurück. Meinen Worten glauben sie aber erst, als sie sehen, daß der Boy den Stoff hervorholt.

Was soll ich weiter tun?

Ganz allein, ohne Leute, nur die furchtsamen Boys, drüben das Bananendickicht, voll besetzt mit wenig liebenswürdigen Eingeborenen. Dann der anbrechende mondlose Abend; alles Dinge, die zur Vorsicht mahnen. Erzählten mir nicht erst vor wenigen Tagen in der Massaisteppe durchziehende Leute etwas von der traurigen Niedermetzelung der Zelewski-Expedition in Uhehe, wobei 10 Deutsche und etwa 350 farbige Soldaten und Träger zum Opfer fielen?

Und oben am Kilimandjaro lodert auch überall die Kriegsfackel. Hartnäckige Kämpfe werden gerade in den jetzigen Tagen geführt mit dem Rombokuliastamme.

Und was die Masai betrifft, so ist dieses malerisch interessante Volk augenblicklich auch nur mit der allergrößten Vorsicht zu genießen. Verschiedene Male kamen sie mir schon höchst verdächtig vor.

Daß man also ganz friedlich mit dem „Spazierstock" im Innern reisen könne, wie man mir zu Hause und an der Küste sagte, will mir nicht ganz zuverlässig erscheinen. Es läßt sich schwer in meiner jetzigen Lage feststellen, inwieweit mein Fall ernsteren Charakters ist und ob er mit etwaigen inneren Unruhen der Eingeborenen zusammenhängt. Nach meiner Meinung handelt es sich hier nur um einen Plünderungsakt. Der Kerl hat gesehen, ich bin Privatexpedition, und so denkt er nun, sein altes „hongo"-System bei mir gut anwenden zu können. Ich muß sagen, in gewissem Maße ist es dem Gauner gelungen — er hat gut gerechnet — —

Schweren Herzens schicke ich ihm den Stoff . . .

Nur wenige Minuten verstreichen, da kommt doch die dreiste Bande höhnisch grinsend in langem Zuge, im Gänsemarsche bei mir vorüber. Jeder ist mit einem Fetzen meines Stoffes behangen. Ich sehe es deutlich, trotzdem es schon recht dunkel ist. Mit Geheul verschwinden sie wieder zwischen den Bananen. Aber die Trommeln bullern an mehreren Stellen dumpf und unverdrossen weiter.

Da ich nun doch nicht in der stockfinsteren Nacht weiterziehen kann, lasse ich genügend Wachtfeuer anzünden und bestimme, daß morgen vor Tagesanbruch aufgebrochen wird.

Angekleidet sitze ich die ganze Nacht auf meinem langen Stuhl im finsteren und offenen Zelte. Die Gewehre und der Revolver sind bereit — —

Die Nacht ist schwül, und die Moskitos plagen mich entsetzlich. Durch starken Tee, Tabak und angestrengte Aufmerksamkeit suche ich mich wach zu halten. Drüben lärmen die Eingeborenen ohrenbetäubend bei der „ngoma" — Tanz — und wohl auch beim „pombe" — Bier. Trotzdem sinkt der Kopf ab und zu mit einem Ruck auf meine Brust. So quäle ich mich durch bis gegen ein Uhr.

Plötzlich ein Schuß!

In schärfstem Tempo wird die ngoma geschlagen — Wildengeheul — ein Tohuwabohu — — —

Einige meiner Leute sind aufgesprungen. Leise rufe ich ihnen zu: „kelele" — Ruhe! Der Schuß hat mich völlig ermuntert. Und drüben steigert sich der wahnsinnige Höllenlärm. Die ganze Bande scheint betrunken zu sein. Wie sehnsüchtig erwarte ich doch den Morgen — ich kann mich kaum wach halten.

Endlich, um 5 Uhr, ist Wecken. Der feindliche Spektakel ist aber noch im vollsten Gange. Still wird das Lager abgebrochen, und schneller als je geht es vonstatten. Kaum merklich graut der Tag, da verlassen wir den ungastlichen Platz, der, wie es sich später herausstellte, auf englischem Gebiete lag.

Unser Weg führt eine Strecke durch den Bananenhain hindurch. Ungefähr 20 bis 25 Minuten sind wir unterwegs — ich marschiere an der Spitze —, da tauchen, wie aus der Erde gewachsen, drei bewaffnete Kerle vor mir auf. Regelrecht verstellen sie mir den Weg und fordern — „hongo". Es sei ihre Gegend, wo ich jetzt marschiere, sagen sie dreist.

Ich bin platt über so viel Frechheit — fast hätte ich geschossen. Himmelkreuzdonnerwetter, schreie ich, und im Nu hat der eine Halunke vermittels meines schweren Nagelschuhes einen derartig ausgiebigen Tritt vor seinem „tumbo" — Bauch —, daß er laut aufbrüllt. Dabei kollert das lange Gestell seitwärts die kleine Böschung hinunter. Wo die anderen Kumpane hingekommen sind, wissen die Götter.

Vielleicht hätte ich mir die ganze „hongo"-Affaire ersparen können. Ich mußte gleich von vornherein dem unverschämten Rumben so entgegentreten und ihn auf gleiche Weise von meinem Koffer befördern. Aber wie konnte ich ahnen, daß der Kerl so gemein werden würde; war ich doch gewöhnt, mit den Leuten immer gut umzugehen.

Nun ist also die Bombe geplatzt. Es war ja wenig liebenswürdig von mir, diese Begrüßung mit Fußtritt. Aber sie war immer noch besser als ein Schuß, der am Ende zu den ernsthaftesten Verwicklungen führen konnte. Na — und der Erfolg zeigte mir, ich hatte damit als Privatreisender das rechte Mittel getroffen!

Bald darauf erreichen wir die freie Steppe. Da rufen meine Leute: Dort im Grase schleichen wieder ein paar „washenzi" — Buschneger! Und richtig, da drüben drücken sich auf zirka 200 Meter einige dunkle, bewaffnete Gestalten nach links hinüber. Man kann nur ihre krummen Rücken sehen. Aber das genügt mir. Mit 200-Meter-Visier lasse ich eine Kugel über ihre Köpfe sausen — —

Wie wir gleich darauf die Stelle ganz nahe passieren, steigt einer der Träger auf einen Baum. Die Bande ist spurlos verduftet; nichts ist von ihnen mehr zu sehen. Nur einer meiner Leute findet eben einen Pfeil, den die Kerle auf der Flucht verloren haben. —

Elenantilopen. (Nach einem Ölbilde)

Der Kilimandjaro im Alpenglühen

Nacht!

Es ist ein tiefeinsamer Winkel, weit hinten am Ufer des Weriwerisflusses. Wäre es Tag, so spiegelte sich in seinen Fluten der herrliche Galeriewald. Dann stände im dämmrigen Schatten seines Laubdaches das luftige Zelt eines Europäers, weltvergessen, wunderbar idyllisch — mein Jagdlager.

Und wenn dann der Sonnenglast auf dem üppigen Gezweige lagert, erfüllt vielstimmiges Vogelgeschrei die Luft, verrät sich ringsumher geheimnisvolles Leben. In schillernder Farbenpracht schwirren Eisvögel über die Wasserfläche, oder stehen rüttelnd in der Luft die geperlten Graufischer über dem Wasser, um plötzlich wie ein Stein in die trübgelbe Flut zu plumpsen. Und dort oben im Gezweige die Spukgestalten der merkwürdigen Nashornvögel. In mehreren Arten sind sie vertreten. So erlebt an diesem Platze jungfräulicher Natur zunächst der Vogelfreund unvergeßliche Stunden.

Und dann dröhnt von Zeit zu Zeit, bald hier, bald dort, vom Flusse her unheimliches Gewieher durch die Luft. Nilpferdgrüße!

Hinter dem grünen Dome des Galeriewaldes aber breitet sich die lichte, weite Grasebene aus, nur mit ganz vereinzelten Bäumen bestanden.

Aber jetzt ist es Nacht — sternenklare Nacht!

Kein Lüftchen regt sich. Mit heiserem Krächzen zieht ein Nachtreiher gespenstig dahin. Nun ist es in der weiten, unheimlichen Wildnis nur um so stiller. Wildniszauber . . .

Der Brand des Lagerfeuers, gestern abend noch hell und freudig prasselnd, ist längst zusammengefallen. Nur ab und zu züngelt es wohl noch mit blauen Flämmchen aus der schneeweißen Asche, die keine Spur mehr von den knorrigen Stämmen übriggelassen hat.

Es ist kühl und man fröstelt. Jetzt breiten sich mit Behagen kalte Hände aus über der ersterbenden Glut, ehe man sie verläßt. Und nun stapft man langsam durch den schlummernden Flußwald, hinaus nach der bereits im Zwielicht sich geisterhaft dehnenden Steppe. Drei meiner Leute begleiten mich; sie zittern vor Kälte. Mein Ziel ist eine alte Tamariske, etwa dreiviertel Stunden Weges. Hier will ich den erwachenden Tag erwarten und beobachten. Es ist keine Kleinigkeit, ohne Führer und auf sich selbst angewiesen, diesen Baum bei solchem Licht zu finden. Aber nun sitze ich zufrieden unter ihm im treuen Feldstuhle, ganz nahe am Stamm und zwischen einem Gewirr zur Erde hängender Lianen. Ein weicher, erfrischender Nordost weht mir den Rauch meiner Morgenzigarre vom Munde.

So sitze ich nun, noch halb träumend, fast wie in einem Theater, wartend der Dinge, die da kommen sollen; harrend des grandiosen Naturschauspiels, des Tagesanbruchs.

Schreiseeadler.

Um mich her kein Laut. Alles Leben scheint erstorben, alle Wesen scheinen die Gegend verlassen zu haben. Ich bin mir noch nicht klar, ob diese Öde, diese absolute Stille mir wohltut, oder ob sie mich bedrückt. Ich lechze im Grunde nach irgendeinem Ton oder Vorgang.

Schweigen überall.

Die Phantasie arbeitet, dabei glaube ich Bilder zu sehen, die ich erwarte. Aber noch ist es nicht Zeit, noch muß das große Schweigen fortbestehen. So vergehen einige Viertelstunden.

Endlich beginnt sich die nächtliche Ebene deutlich zu lichten; es wird ersichtlich heller und heller. Ein tief fahlbrauner Ton liegt über der Landschaft. Unbestimmbare, verschwommene dunkle Punkte tauchen da und dort auf. Manche von ihnen scheinen sich in dem geisterhaften Lichte zu bewegen, dann stehen sie wieder starr und still. War das ein Baum, ein Busch oder ein Tier? Ich kann es nicht ergründen.

Aber unaufhaltsam wird es lichter. Jetzt weitet sich auch der Blick in die Ferne. Direkt vor mir, über der Kulisse des Flußwaldes, steht eine enorm hohe Wolkenwand;

tief schwarzblau ragt sie gen Himmel. Das Zwielicht ist kräftiger geworden und meine Augen erblicken ständig neue Einzelheiten.

Da taucht ganz urplötzlich ein weißliches Etwas über der dunklen Wolkenmauer auf. Fast gespenstig lugt es zu mir herüber, ein Gebilde aus Schnee und Eis, der Kibo, des Bergriesen Kilimandjaro höchste Gipfelspitze!

Um mich her liegt noch alles in fahlem Dämmerlichte. Doch der Tag will kommen, und er kommt. Jede Minute bringt erwachende Schönheit, steigert die Weihestimmung des werdenden Tages. Und drüben empfängt in hehrer Größe und Erhabenheit der schneeige Gipfel den ersten Gruß des Tagesgestirnes. In orange-rosiges Licht gebadet strahlen die Gletscher auf die düstere Landschaft herab wie ein phantastisches Fremdgebilde, für das es keine Erklärung gibt. Auch die Wolkenwand wetteifert jetzt mit ihrem stolzen Rivalen. Vom tonigsten Grauweiß bis zum tiefsten Blauschwarz sind ihre Dunstmassen tausendfach abgestuft. Dabei senkt sich der Wolkenvorhang fast theatralisch herab und legt das ganze grandiose Bild des Bergmassivs klar. Nun liegt der Kilimandjaro da in seiner höchsten, unbeschreiblichen Schönheit.

Hoch oben ist der Tag angebrochen, und die Morgensonne übergießt die Schneefelder mit wärmstem Morgenrot. Je tiefer der Blick gleitet, desto fahler werden die Hänge, bis sie schließlich im dämmrigen Tagesgrauen der Ebene aufgehen.

Doch der Tropenmorgen hat es eilig, und auch auf der Steppe wird es schnell Tag. Und während alles bereits Formen angenommen, erkennt das geübte Auge auch, daß es noch Leben in der Umgebung gibt.

Da steht zunächst, gar nicht zu weit von mir, eine Herde grauer Tiere. Man könnte sie bei der jetzigen Beleuchtung für Esel halten; aber es sind Zebras. Und jene rabenschwarzen Punkte in ihrer Mitte sind zwei Strauße. Etwas weiter nach rechts ziehen einige Gnus. Sie erscheinen in dem Zwielicht um vieles größer und mächtiger, so daß man sie fast für Büffel ansprechen könnte. Nun löst sich auf kaum 200 Meter Entfernung eine große Masse aus der Umgebung los. Elefanten? — Das graue Wesen kommt näher, biegt etwas ab, zieht sich in die Länge, und — nun sind es ihrer gar zwei geworden! Abermals kommen sie etwas näher. Da erkenne ich sie endlich: zwei Nashörner, die hintereinander in gerader Linie an mir vorüberziehen.

Und drüben leuchtet der Kibo — — —

Plötzlich in weiter Ferne Löwengebrüll; der erste Ton im Tagesanbruch. Die grollenden Töne reißen mich aus meinen Betrachtungen. Wie ein Traumbild war diese märchenhafte Wirklichkeit an mir vorübergezogen. Noch immer schaut da drüben in himmelanstrebender Größe, goldig und rosig angehaucht von der aufgehenden Tropensonne, eisig und starr in unnahbarer Majestät, das Wahrzeichen Deutsch-Ostafrikas, der schier unbezwingliche Kilimandjaro auf mich herab. Wie ein sagenhafter Riese blickt er hernieder auf das endlose, weite Land mit seinen ungezählten winzigen und schnellvergänglichen Lebewesen. Was alles mag er in den verschiedenen Jahrmillionen bereits kommen und gehen gesehen haben, und was wird er noch sehen? —

Und wie zur Illustration meiner Grübeleien über den Wechsel der Zeiten, kriecht auch die Wolkenwand wieder höher und höher hinauf und zieht einen Vorhang über das unvergeßliche Naturschauspiel, dessen Zeuge ich soeben gewesen. So hat sich, schnell gekommen, schnell gegangen, in kaum halbstündiger Zeitspanne eine unendliche Pracht und Fülle erhabenster Schönheit auch jetzt vor meinen Augen hinter jenem farblos-nüchternen Wolkenschleier verbergen müssen. Sinnend stehe ich da — ein Träumer in der realsten Wirklichkeit.

Und nun überflutet mich der aufsteigende Sonnenball mit seinen wärmenden Strahlen. Heller, lichter Tag umfängt mich und mahnt mich an seine kommenden Freuden und Sorgen. Verweht sind die Reize der Nacht, verblaßt die Wunder des Morgens.

Und dennoch träume ich, denn planlos ziehe ich jetzt hinein in die helle, sonnige Nyika — — —

Die Löwenburg

Mächtige, hellgrau bis tiefschwarze Felsblöcke hat die allgewaltige Natur zu hohen Bauwerken geformt; nun gleicht der ganze, hart am Steppenrande gelegene Felsenhügel einer zerfallenen Burgruine. Durcheinandergestürzte Steinmassen bilden Gruppen, Schluchten, große Höhlen mit Eingängen, Stufen, Etagen und Plätzen. Ohne viel Phantasie kann man das alles erkennen. Dazwischen wächst altes, knorriges Buschwerk. In den Felsspalten wuchert verschiedenartiges, dichtestes Gestrüpp, und auch das unvermeidliche Schlingpflanzengewirr spannt seine Seile herüber und hinüber, so recht zum Wegversperren.

Wie künstliche Steinstufen führt rechts eine solche Naturtreppe den Hang hinauf. Sie geleitet zu einem mächtigen, spitz-dreieckig geformten Felsentor. Im Innern der Höhle gähnt rabenschwarze Finsternis. Vor dem Eingang, fast genau vor der Mitte, liegt ein sitzförmiger Steinblock, als harre er auf den dazugehörigen Torwächter.

Überall zeigen sich im Gestein wagerecht oder senkrecht verlaufende Spalten und Löcher, wodurch das ruinenhafte Bild noch deutlicher wird. Aus jedem dieser unheimlichen Schlünde entströmt es dumpf und kalt wie Kellerluft.

Klettert man weiter auf Umwegen verschiedenster Art über Zinnen und Mauern hinauf, so gelangt man schließlich auf eine kleine Geröllplatte, an deren Rande viele leuchtend-hellrote Blumen blühen.

Von diesem Burggärtchen schweift der Blick im Umkreise über die meilenweite, herrliche und sonnendurchglühte Ebene. Wie flüssiges Silber schlängelt sich unten, etwa einen Kilometer entfernt, ein Fluß. Seine vielen Windungen bahnen sich Weg durch dichten Busch und hohes Gras. Immer weiter kann man das Silberband durch die schier endlose Steppe verfolgen, bis es schließlich in der flimmernden Endlosigkeit als duftiges Nichts verschwindet.

Jenseits des Flußlaufes breiten sich im Zickzack verlaufende Busch- und Strauchparzellen, die der Ebene ein freundliches, fast parkähnliches Aussehen verleihen. Weit hinten am seitlichen Horizont zieht sich ein Wald von Borassuspalmen hin.

Direkt am Fuße der Bergfeste stehen in Abständen zahlreiche kegelförmige Termitenhügel. Sie dienen den Burgbewohnern als gern benützte Warte für den ersten Ausguck. Dazwischen lugt an den Stellen, wo das Gras nicht zu hoch ist, ein scheinbar wenig betretener Negerpfad hervor. Aber die Menschen fehlen, die ihn einst begangen haben. Denn das täglich niedersteigende Raubgesindel hat sie gezwungen, eine andere Richtung einzuschlagen.

Außerdem gewahrt man bei näherem Hinsehen breite Schneisen niedergetretenen Grases. Beinahe sieht es aus, als wäre kreuz und quer gewalzt worden. Das sind die Spuren einer Elefantenherde, die hier vorüberzog.

Das ganze große Landschaftsbild, das sich von hier oben wie eine Landkarte ausnimmt, wird am äußersten Horizont von einem vielgestaltigen, in feinsten Blau- und Violettönen abgestuften Gebirgslande umsäumt.

Und über dem meilenweiten Gebiete steht hoch oben im Zenit die unbarmherzig gleißende, glühende Tropensonne. Ihre sengenden Strahlen lassen die Luft vibrieren, das Gras, die Büsche und Bäume in tanzenden Wellenbewegungen erzittern. Alles, die ganze Landschaft wogt und flimmert, siedet und brennt. Und auch das Gestein glüht.

Welch trügerischer Zauber!

Wenn das entzückte Auge so über die wunderbaren Farbentöne, über den Liebreiz der sich unten breitenden landschaftlichen Schönheit schweift, wie herrlich und bequem glaubt man da oder dort wandern zu können! Doch was der Schleier der Entfernung vorgezaubert, das reißt die prosaische Nähe wieder rücksichtslos weg. Dann wird die Anmut zur Öde und die Fläche zum ärgsten Hindernis — — —

Unten lösen sich jetzt dunkle Punkte von einzelnen Baumgruppen los. Es sind die Dickhäuter, die in den frühen Morgenstunden jene Schneisen traten. Nun verlassen sie ihren schattigen Mittagsstand, um sich in der offenen Steppe zu tummeln.

Überall taucht Wild auf, immer mehr — kaum zählbar! Hier kommt es zum Vorschein, dort verschwindet es wieder hinter Büschen oder im Grase.

In schwindelnder Höhe ziehen beutespähende Geier ihre wunderbaren Kreise, treibt der dunkle, rotgesichtige Gaukler seine Flugspiele.

Dazu die endlose Musik, das Gesurre der unzähligen Zikaden und Grillen!

Langsam sinkt der Sonnenball zum westlichen Horizont. Der Tag geht zur Rüste. Was im grellen Sonnenscheine farblos bleiern war, nimmt jetzt kräftigere Töne an.

Und da es nun Abend geworden in der Landschaft, treten auch neue Lebewesen als Statisten auf. Andere Gestalten tauchen auf, andere, ganz fremdartige Laute und Stimmen werden vernehmbar.

Die Nacht der Tropen senkt sich hernieder — — —

Traumhaft ruht der Felsberg; kein Lüftchen rührt sich. Da regt es sich im dunklen Höhlentor. Gespenstig klingt's, wie leises Schnuffeln — ein Niesen — nun kommt's geschlichen — — —

Da tauchen aus dem tiefen, schwarzen Felsenschlunde mehrere grünlich leuchtende Punkte auf. Die Leuchtpunkte nähern sich linksseitig, und nun kommt eine mächtige Gestalt zum Vorschein — der König seines nächtlichen Reiches!

Löwe, zur Tränke ziehend.

Erhobenen Hauptes und mit wedelndem Schweife, die rechte Vorderpranke gehoben, die Hinterbeine weit nach hinten gestreckt, dehnt und reibt er sich geschmeidig an der Felswand entlang. Dabei äußert er sein Wohlbehagen durch ein dumpfes und rauhes, langgezogenes „rrrrrrrau—a—uuu" und tritt vollends heraus.

Der Allgewaltige der Berge und Steppen, dem alles untertan sein muß, der sie alle im Schach hält, ist erwacht zu neuen Taten, und verläßt nun seine Heimstätte.

Er ist doch und wahrhaft ein König, wie er da in seiner Schönheit fast wie nachdenkend oder spähend vor seiner Burg verharrt! Überlegt er, welche Richtung, welchen Weg er heute einschlagen soll?

Nun wendet er anscheinend recht befriedigt den Kopf zur Seite und beleckt das glänzend gelbgraue Fell und die mächtigen Tatzen. Nach dieser Arbeit schüttelt er das dunkelbemähnte Haupt. Und jetzt gibt er mit gewaltig dröhnender Stimme, die an dem Felsen widerhallt, den Steppenbewohnern und seiner Sippe Kunde von seinem Erwachen. Noch im Ausklingen dieses Rufes dreht er sich um und legt sich quer vor den Eingang.

Den Blick zur Höhle gerichtet, zieht er die Lefzen in die Höhe, sein Nasenrücken fältet sich. So hat er eben mit geschlossenem Rachen ein Gähnen unterdrückt.

In der Burg wird es lebendig; die Donnerstimme hat auch hier gewirkt. Weitere grünliche Lichter werden sichtbar. Es erscheint der nähere Anhang: fast erwachsene Söhne, halbgroße Töchter, dahinter die respektable Frau Mutter, alle erscheinen sie jetzt, noch recht verschlafen und gähnend, am Ausgang.

Verhoffend bleibt die Alte im dunklen Felsportale stehen, zwei ihrer halbwüchsigen Sprößlinge aber werfen sich wie im zärtlichen Übermut sogleich dem ehrwürdigen Alten zu Füßen. Nun wälzt sich die junge Gesellschaft, raulend vor Wohlbehagen und Spiellust, mit allen Vieren nach oben, von einer nach der anderen Seite. Schließlich wird es dem Herrn Vater, der übrigens noch im besten „Mannesalter" steht, doch zu bunt, und so fährt er mit sanft strafendem Prankenhieb ab und zu mal dazwischen.

Da kommt auch die Frau Gemahlin zur Begrüßung. Liebkosend leckt sie dem Gatten Stirn und Wange, und dieser läßt sie voller Behagen mit nach vorn gewandten Bartschnurren gern gewähren. Nach diesem Zärtlichkeitserguß legt sie die Tatzen auf den vor ihr liegenden steinernen Sitzblock und dehnt sich. Immer länger wird der sehnige Körper; ein herrliches Bild von Kraft und Geschmeidigkeit.

Diese Kraft- und Muskelprobe scheint sie erst völlig ermuntert zu haben, denn nun läßt auch sie ihre gewaltige Stimme hören, worauf die andern einfallen. Schaurig rollen diese Töne über die weite Ebene, warnend und drohend zugleich. Und wie das Konzert auf der Löwenburg jetzt abbricht, da antwortet unten aus weiter Ferne die gleiche ergreifende Musik in kleinen Pausen wohl sechs- bis siebenmal.

Nun ist die Sonne hinter dem Bergrücken verschwunden. Das Halbdunkel lagert über der ungeheuren Ebene. Schnell kommt die Nacht.

Der Alte und sein Anhang erheben sich, einer nach dem andern. Die Löwin voran, besteigen sie gemächlich die kleine Geröllplatte. Oben tut sich die Alte nieder, mit ausgestreckten Vorderpranken und eingezogenen Hinterkeulen. Noch ist es nicht Zeit zum nächtlichen Streifzuge. Ihr zur Seite steht der Löwe. Seine Mähne wird vom leisen

Erwacht

Abendwinde leicht bewegt. Mit gehobenem Windfang schnuffelt er, den Luftzug prüfend und abwechselnd von links und rechts einsaugend. Auch seine Gattin windet aufmerksam. So zeichnen sie beide eine herrliche Silhouette gegen den verblassenden Abendhimmel.

Indessen klettert die liebe Jugend, scheinbar schon hungrig, zwischen Felsen und Gebüsch langsam hinab nach der beuteverheißenden stillen Steppe. Abermals läßt der Vater von seiner hohen Warte herab die grollende Stimme vernehmen, daß es weit ins Land schallt. Und die vorausgeeilten Jugendlichen begleiten den väterlichen Ruf in gedämpften Akkorden.

Nacht — Tropennacht — weite, weite Wildnis ringsumher! Da steigt das königliche Paar hinab ins Jagdgebiet.

Die bisher so ruhigen Körper bewegen sich von nun ab in unglaublich geschmeidiger Eleganz und Schnelligkeit. Wie sie so von Stein zu Stein springen, sich ducken und lautlos schleichend alle Hindernisse wie im Spiele nehmen, gleichen sie gespenstigen, wesenlosen Erscheinungen. Nun sind sie am Fuße ihrer Felsenburg. Die Familie ist beisammen.

Am Nachthimmel flimmert nur das matte Sternenlicht. Alles atmet Ruhe und Frieden.

Aber die da im hohen Grase stehen, wissen nichts davon. Immer wieder verkünden sie es mit Donnerstimme, was dem lauschenden Steppenwild bevorsteht.

Weiter und weiter schleichen sie, unhörbar, wie das Verhängnis. Ihre geschmeidigen Leiber deckt das hohe Gras, und nur vereinzelte zitternde Halme verraten die Richtung, in der sie sich bewegen. Desto gespenstiger leuchten aber jetzt aus Busch und Gras jene meergrünen, unvermutet auftauchenden Lichtpunkte.

— — — Immer schwächer tönt das Nachtkonzert der Löwen aus weiter Ferne zurück, schon läßt sich ihr Standpunkt nicht mehr feststellen. Nun ist es still geworden . . .

Erlebnisse auf Elefantenpfaden

Krokodil — Giraffe — Nilpferd — Rhinozeros — Elefant — jedesmal, wenn ich einem dieser Urgeschöpfe in freier Wildbahn begegne, muß ich zurückdenken an die graue Vorzeit, erscheinen mir diese Tiere als Überbleibsel einer vergangenen Epoche. Bilden sie doch alle entweder durch ihre bizarre Form oder ungeschlachte Größe eine retrospektive Brücke nach jenem Riesentierreiche, das vor Hunderttausenden von Jahren unsere Erde bevölkerte.

Und dennoch! Wenn wir auch in unserer Zeit keine Riesenechsen wie den Diplodocus, Triceratops prorsus, Teleosaurus und Brontosaurus, und keine Riesenstrauße, deren Eier bis acht Liter Inhalt messen, mehr besitzen, wenn auch das vielbestaunte Mammut längst ausgestorben ist, so tummeln sich auch heute noch auf unserer mütterlichen Erde Tierrepräsentanten, die sich in gewisser Beziehung mit manchen Riesen jener Zeiten getrost messen können. Es sei hier nur unserer großen Wale gedacht, hauptsächlich aber unserer afrikanischen Dickhäuter. Gerade diese Dickhäuter sind prächtiges Vergleichsmaterial für dieses Thema. Da sehen wir, daß so ein alter, ausgewachsener Elefant oder ein rechtschaffener Nashornbulle ohne weiteres mit dem Mammut und dem diluvialen Wollhaarnashorn wetteifern können.

In einem erreichen, ja überragen sogar die jetzigen Arten ihre Vorgänger, nämlich in der Zahngröße. So ist es ganz zweifellos, daß unsere heutigen afrikanischen Elefanten stärkere Zähne tragen als damals das Mammut. Leider läßt es sich jetzt gar nicht mehr feststellen, welche größten Zähne noch vor einem oder zwei Menschenaltern der afrikanische Elefant in jenen Zeiten, wo ihm noch nicht so nachgestellt wurde, getragen haben mag. Die jetzige Statistik reicht eben nicht sehr weit. Danach wogen die beiden schwersten, vor einigen Jahren auf den Markt gekommenen afrikanischen Elefantenzähne zusammen 209,9 Kilogramm. Nach meinen eigenen Nachforschungen wog aber bisher der schwerste Mammutzahn nur 90,7 Kilogramm, und ein kürzlich in London zum Verkauf gelangter gar bloß 177 englische Pfund = 80,2 Kilogramm. Das mag also beweisen, daß der noch lebende Afrikaner in puncto Stoßzähne ganz entschieden seinen vorweltlichen Vettern überlegen ist.

Unaufhaltsam schreitet die Kultur in allen Tropenländern Jahr für Jahr vorwärts, unaufhaltsam drängt sie die Tierwelt zurück. Bleiben wir in diesen Betrachtungen nur bei Afrika. Wie sah es dort noch vor 30 oder gar 50 Jahren aus? Große, weiße Flecke machten sich damals noch auf der Karte dieses Erdteils breit. Welche riesigen Gebiete, jungfräulich unberührt in allen ihren geheimnisvollen Reizen harrten noch ihrer Erschließung. Und der Europäer jener Jahre im tropischen Afrika waren noch so wenige, daß man sie hätte an den Fingern herzählen können. Überall dieses verfängliche, leidige „noch"!

Und ehe noch diese ersten Weißen kamen, jagten und bekämpften die Eingeborenen ihre heimische Tierwelt seit Jahrtausenden; sie waren ja von jeher die unbestrittenen Besitzer und Beherrscher ihrer weiten Länder. Was sie dabei erlegten und fingen, geschah ohne jede Rücksicht auf die Auswahl der Stücke. Darum muß ihre Jagdweise immer als Vernichtungskrieg angesehen werden.

Bei dieser Jagd, die der Schwarze ursprünglich nur als Nahrungsquelle ausnützte, wurden natürlich auch Elefanten erlegt, und — allzubald der Wert des kostbaren Elfenbeins erkannt. Aus ihm schuf er sich trotz seiner primitiven Werkzeuge allerhand Schmuck und Gebrauchsgegenstände. Die Museen legen beredtes Zeugnis ab von einer Kunstfertigkeit, die mit einfachstem Werkzeuge ganze große Zähne mit reichem, geschnitzten Figurenschmuck und Ornamenten verzierte und wahre Prunkstücke schuf. Die Sultane aber legten ihren ganzen Reichtum in Elfenbein an, sie vergruben es wie einen Schatz und zahlten damit Tribut.

Die Jagdwaffe war und ist auch noch heute der Speer, Pfeil und die — Fallgrube; in neuerer Zeit freilich auch der Vorderlader.

Wenn der Neger mit diesen Waffen einen alten Elefanten oder anderen Dickhäuter auch nicht wie der Weiße mit seinen modernen Waffen sofort unter Feuer zur Strecke bringt, so ist er doch damit imstande, dem Wilde siechende Wunden beizubringen. Dann verfolgt er das kranke Tier so lange, bis es ihm am Ende doch zum Opfer fällt. Gerade im Verfolgen ist er vermöge seiner äußerst primitiven Lebensweise dem Weißen sehr überlegen. Sein ganzes Gepäck ist nur die Waffe, eine Wasserkalebasse, eventuell ein paar Hände voll Reis oder Mehl; dazu ein paar dürftige Lappen um die Hüften. So wird es selten passieren, daß ihn seine Ausdauer einmal nicht zum Ziele führt.

Einen recht interessanten Typ eines Elefantenjägers lernte ich in Uhehe kennen. „Nenge" war sein Name; ein ungefähr siebzigjähriger Mann von beinahe zwei Meter Größe. Behangen war der alte Nimrod mit einer Sammlung von Amuletten, deren jedes für sich eine bestimmte „dawa" — einen Zauber — enthielt oder bedeutete. Da war eins, das schützte ihn vor jedem Unfall, ein anderes sicherte ihm bestimmt jede Beute, und wieder eins bescherte ihm großes, langes „pembe" — Elfenbein. Kurz, für alle schönen Wünsche war mit diesen Dingern vorgesorgt. Um die Hüften des Alten hingen Felle von Serval und Ginsterkatze, und der linke Unterarm war fast bedeckt mit einer Menge Haarringe vom Schwanz der Elefanten. Jedes dieser dicken Haare bedeutete einen erlegten Elefanten. Als ich Nenge malte, vergaß ich leider, diese Ringe zu zählen. Es wäre doch interessant gewesen, daraus zu erfahren, wieviel Elefanten der Alte in seiner langen Laufbahn ins Jenseits befördert hat. Auch sein treuer Vorderlader trug als Zauber eine Muschel, und am Hahnschutz ein geknüpftes Elefantenschwanzhaar. Neben dieser herumgeschleppten „dawa" wird auch noch anderer Hokuspokus getrieben. So gehen die Leute vor jedem Jagdzuge erst in den Busch oder die Steppe und machen dort alle möglichen Sachen. Ein jeder glaubt natürlich felsenfest an deren Wirkung. —

Waren noch vor 25 Jahren die Wildgruben eine allgemein beliebte Fangmethode, so haben sie erfreulicherweise seit längerer Zeit die Behörden untersagt. In diesen Mördergruben fing sich jegliches Großwild.

Noch während meiner ersten Reise (1891) erfreute sich die Fallgrube der größten Beliebtheit. Ich fand sie sowohl in der Massaisteppe wie in den Wäldern von Kahe und Aruscha, kurz überall, wohin ich auch kam. Und wie kunstvoll und verschmitzt die fatalen Dinger angelegt waren, das sollte ich am eigenen Leibe genauestens erfahren.

Auf der Streife im Walde benütze ich einen schmalen Negerwildpfad, nachdem ich aus dem wegelosen Dickicht herausgekommen bin. Nach einer Weile beschreibt der Pfad einen großen Bogen um eine mächtige Lianenpartie, die im spitzen Winkel vom haushohen Juniperus zur Erde hängen. Darunter liegt ein freier Platz. Er ist, wie häufig die kleinen lichten Stellen des Waldes, mit trockenem Laub, etwas Gras und kleinen Pflanzen bedeckt. Ich bummle ungefähr 10—15 Meter hinter meinen paar Leuten her. Und wie es der Neger nun einmal nicht anders macht, geht's auch hier: er steigt über einen im Wege liegenden Baum nicht etwa kurz entschlossen hinweg, nein — er geht lieber um den langen Stamm herum und bahnt sich einen neuen Weg. Es fällt ihm also gar nicht ein, den Weg abzukürzen. Ich — Europäer — denke aber natürlich anders.

Wie ich also meine Leute den kaum sichtbaren Weg im Bogen um die Lianen herumstapfen sehe, muß ich selbstredend „abschneiden". Es wäre ja auch zu dumm, diesen Umweg zu machen, wo der Platz unter den Lianen frei vor mir liegt und ich drüben doch wieder auf den Weg stoßen muß. Eben sehe ich meine Kerle wieder auftauchen — — schwapp — hat mich auch schon die Erde verschlungen. Lautlos segle ich kopfüber in die Unterwelt!

Finsternis, mit angenehmstem Beiwerk als Überraschung. Ich muß mich erst etwas sammeln, denn ich kam wirklich — furioso — hier unten an. Aber so schnell die Reise ging, so langsam geht's mit der Fassung. Denn was jetzt alles an maßlosem Schmutz, Gras und Holzmaterial über mich hereinbricht, kann ich mir vielleicht denken, aber nicht sehen.

Bin ich denn erblindet? Erst mal meine Seher reinigen! Kunststück — mit „die Hände"! Alles strotzt von Müll und Staub, der ganze Kuhnert. So eine Gemeinheit! Brrrr — endlich schäle ich mich etwas heraus aus der Schweinerei, ja ich zwinkere bereits und beginne, einen Schimmer zu sehen. Damit dämmert mir auch das Bewußtsein, in welchem Lokal ich mich befinde. Ich rufe und pfeife, denn ohne Hilfe dürfte meine Haft etwas länglich werden. Nur gut, daß ich keinen Schießprügel trug, sonst hätte ich wirklich ein recht geräumiges Grab gehabt — billig und schmerzlos!

Endlich kommen die Braven. Mein Tau, wie eine Waschleine so dick, das ich stets auf meinen Pürschgängen mitführe, wird mir gereicht. Ich binde es mir um die Hüften, und „hu-upp" singen meine Leute; da erreiche ich auch schon wieder normalen afrikanischen Boden.

Nun kann ich mir die Sache erst mal genauer von oben betrachten. Länge: knapp vier Meter, Tiefe: fünf Meter, Querschnitt: Form einer Sanduhr. Wirklich raffiniert, Herauskommen ganz ausgeschlossen! An dem noch nicht eingefallenen Ende kann ich ferner sehr schön sehen, wie als Decke feine Ästchen kreuz und quer gezogen, und diese dann mit langem Gras und darübergestreutem Laub bedeckt und verblendet worden sind. Eine ganz unverdächtige Bodenmimikri!

So raffiniert wie die ganze Anlage war auch der Platz gewählt worden. Denn auch das Wild huldigt meinem Prinzip des Wegabschneidens. Solche freien und schattigen Plätzchen aber wie dieses lieben die Elefanten zum Einstellen ganz besonders. Das alles ist den schlauen Negern durchaus bekannt.

Ein Glück nur, daß ich nicht in eine Grube mit zugespitzten Pfählen, wie ich solche später fand, gestürzt bin — ich mag mir den — „Fall“ — gar nicht erst näher ausmalen — — Aber eine heilsame Lehre habe ich doch daraus gezogen. Seit jener Episode gehe ich niemals mehr allein. Wie unzählige Male nahm ich mir auf meiner ersten Reise meine Büchse und zog ohne jede Begleitung los. Wäre mir da so etwas geschehen — ich wäre spurlos verschwunden gewesen für immer. —

Seit undenklichen Zeiten stellt der Neger also den Elefanten auf diese oder jene Weise nach, das steht unbedingt fest. Wie kommt es nun, daß bis zum Eindringen der Weißen noch überreiche Bestände an Elefanten in allen Teilen Afrikas vorhanden waren? Nahm der Schwarze etwa bloß, was er brauchte, war er etwa humaner? — Keineswegs!

Bis zu dieser Zeit standen ihm eben nur seine eigenen primitiven Waffen zur Verfügung. Das wurde sofort anders, als ihn der Europäer mit Pulver und Blei versorgte. Gab man ihm doch damals sorglos von beidem, soviel er nur tauschen wollte und konnte. Und wie lange ist es her, daß in unserem deutschen Schutzgebiete behördlicherseits ein schwunghafter Handel mit Pulver stattfand! Ist es da zu verwundern, wenn von nun ab der Neger nach Herzenslust drauflos knallte und nur noch darauf ausging, möglichst viel „mali“ — Vermögen — aus dem Elfenbein zu machen? Und was haben später die Weißen gemacht? Nicht etwa bloß dasselbe, noch viel mehr! Mit ihren vorzüglichen Waffen stürzten sie sich wie die Vandalen auf alles, was Elfenbein trug; nur die Sucht nach schnödem Gewinn beherrschte diese „Jäger“.

Wie sieht's nun in Wirklichkeit heute aus? Ich muß da leider behaupten, daß diejenigen Europäer, die einen Elefanten aus rein ideellen Motiven erlegen und die Zähne *nicht verkaufen*, also als Trophäen behandeln oder zu wissenschaftlichen Zwecken benützen, zu zählen sind. Das Gros betrachtet den Elefanten lediglich als Mittel zur Aufbesserung der Vermögenslage. Sie wollen „möglichst“ auf die „Kosten“ kommen, und vielleicht noch darüber. Das Tier als solches ist ihnen absolut gleichgültig. Und leider — wie leicht ist es mitunter, eines solchen Dickhäuters habhaft zu werden!

Noch einer anderen Art „Jäger“ muß ich hier gedenken. Es sind der Leute viele, die nach Afrika reisen, im Herzen den brennenden Wunsch, einen Elefanten zu „töten“. In der Heimat haben sie im günstigsten Falle — vielleicht — einmal Hasen und Hühner geschossen, von deutscher Jägerei und Weidwerk aber kaum eine Ahnung. Sprach ich doch einst einen solchen Nimrod, der unsern „Rehbock“ als das „weibliche Tier“ des Rothirsches ansprach. Und ein anderer machte durchaus kein intelligentes Gesicht, als ich im

Gespräch das Wort „Blatt" gebrauchte. Nun denke man sich diese Herrchen einmal da draußen in dem gänzlich fremden Wildmilieu, wie sie da „weidwerken" mögen!

Einen anderen wieder verschlägt das Schicksal mitunter ohne ausgesprochenen Beruf nach Afrika. Da bringt es der Zufall mit sich, daß er als erstes Wild einen Elefanten „töten" konnte. Das gute Geschäft nebenbei bringt ihn auf den Geschmack nach weiterem reichen Lohn. Bald macht er eine Art Beruf daraus und legt sich dann den schönen Titel „Elefantenjäger" bei. Nun kann er stolz nach Hause reisen und daheim seinen dankbaren Zuhörern und Bewunderern „scheußlich imponieren" . . .

Man kann leider behaupten, daß mit dem Erscheinen der weißen Rasse die Elefantenbestände derart gelichtet worden sind, daß strengste Schutzmaßregeln durchaus nötig erscheinen.

Welche große Zahl von Elefanten gab es z. B. noch 1891 in der Masai- und Kilimandjarogegend. Damals war es mir vergönnt, dieses von Jagd- und Schießexpeditionen noch nicht abgeerntete Gebiet mit eigenen Augen zu schauen. Heute stehen an den geschütztesten Stellen einige wenige Dickhäuter, die letzten der riesigen Herden von damals.

Es gibt aber auch Orte, wo nur noch ein paar versprengte Exemplare existieren, und solche, wo auch diese völlig ausgerottet worden sind. So weit sind wir also bereits.

Zu allem Glück gibt es aber doch noch im ungeheuren dunklen Erdteile große, mächtige Gebiete, wo die Elefanten noch keine besonderen Störungen erlitten, wo die glücklichen Zeiten noch nicht vorüber sind. Das sind die großen, unzugänglichen und dichten innerafrikanischen Urwälder, in denen es Gott sei Dank noch recht lange Elefanten geben wird. Gerade diese undurchdringlichen, feuchten und heißen Urwälder stellen an den weißen Jäger Anforderungen, denen auch robuste Naturen selten gewachsen sind. Ich denke hier speziell an das ungeheure Ländergebiet des Kongowaldes. (Möge es einmal — deutsch — werden!!) Hier ist das bloße Durchmarschieren bereits Strapaze, wieviel weniger könnte da also ein längeres Jagen geschehen. Daraus erklärt sich wohl auch die Tatsache, daß es bisher noch keinem Weißen gelang, das sagenhafte Okapi persönlich zu erlegen. Mag auch bisher ein gewisser Zeitmangel mitgesprochen haben, in der Hauptsache sind es wohl immer die Hindernisse der ungeheuren Waldnatur und des mörderischen Klimas gewesen. Hier hilft dem Europäer weder Kraft noch Ausdauer, hier kann lediglich der kleine nackte Urwaldmensch seine staunenswerte Behendigkeit und Schnelligkeit entfalten, mit der er sich durch jegliches Dickicht windet. Hier kann nur der Eingeborene entweder auf einem Baume oder sonstwo im Walde übernachten. Der Weiße aber, und wäre er noch so anspruchslos, er müßte dafür schwer büßen.

Diese riesigen Urwalddistrikte sind also zunächst die natürlichen Wildreservate. Hier werden die großen Dickhäuter wohl noch auf lange Zeiten Schutz vor Ausrottung haben. Andere Wildschongebiete und auch die Jagdgesetze werden aber vielleicht da und dort noch einmal bessere Wildverhältnisse entstehen lassen.

Für meine Zwecke ist der Elefant naturgemäß ein begehrenswertes Objekt. Darum benütze ich jede sich bietende Gelegenheit, um zu diesem Riesen in engere Verbindung zu treten. Ich habe so manchen Schweißtropfen verloren seinetwegen, aber auch die Genugtuung gewonnen, Unauslöschliches beobachtet und erlebt zu haben.

Elefanten im Bade. (Nach einem Ölbilde)

Nicht nur im undurchdringlichen Walde, auch im dichten Grase, das häufig höher wird als er selbst, ist der Elefant überhaupt kaum sichtbar. Dieses Elefantengras! Der Name „Gras" klingt harmlos, in natura ist es aber ein furchtbares Zeug; hart, zähe und fingerdick. Und streckenweise manchmal undurchdringlich. Je nach der Art stehen am Stengel in Abständen eines halben Meters lange, haarscharfe, spitze und harte Blätter, die ganz abscheuliche Schnittwunden beibringen können. Als weitere unangenehme Zugabe rankt sich an diesem Grase eine Pflanze mit schotenartig gebogener Frucht empor, deren samtene Schale feinste, entsetzlich juckende Härchen absondert. Wenn dieses Juckpulver auf die Haut gelangt — und es gelangt stets hin —, möchte man rasend werden. Dazu herrscht in diesem Graswalde ein bis zwei Stunden nach Sonnenaufgang, also etwa von 8 Uhr morgens an, eine Hitze zum Ersticken.

Abgesehen von der mehr lästigen als schädlichen Fliegenschar tritt als weiterer unangenehmster Plagegeist die Tsetsefliege hinzu. Ich habe in den hochgrasigen Steppen Zeiten erlebt, wo sich allmählich infolge dieser täglichen Fliegenstiche eine dicke Borke auf meinem Genick gebildet hatte.

Windende Elefanten im hohen Grase.

Das ist, harmlos ausgedrückt: Elefanten-„Gras"!

Eine typische Elefantengrasgegend muß die weite Ulangaebene genannt werden. In der Regenzeit steht sie unter Wasser, sie ist dann schwer passierbar. Daß sie dadurch nicht zu den gesündesten Landstrichen zählt, ist einleuchtend. Aber künstlerisch hat sie mir unendlich viel gespendet. Und davon möchte ich einiges erzählen, wobei ich im voraus bemerke, daß die Elefantenjagd — in offener Steppe — ein Kinderspiel ist im Vergleich zur Jagd im hohen Grase oder dichten Wald — —

Auf erhöhter Stelle im alten Regenbach, unter einer mächtigen Mimose, steht mein Lager, das „Elefantenlager". Wie weit schweift von hier aus mein Blick über die endlose Steppe!

Unmittelbar vor Tagesgrauen verlasse ich das Lager. Nur bei Mondschein wäre ich eher aufgebrochen.

Zunächst gehe ich den teilweise noch sumpfigen Regenbach entlang. Die Moskitos wollen mich hier bald auffressen. Überall wird das Bachbett von dem hohen Grase umsäumt. Zahlreiche Elefantenwechsel führen hindurch nach den Morasttümpeln. An einem dieser Wechsel ist es auch genau zu erkennen, welches intensive Schlammbad der oder die

Passanten genommen haben; er ist mit Schlammbrei völlig begossen, und wo er ins Gras führt, klebt der Morast noch hoch oben an den Stengeln.

Nach etwa einer Stunde Weges entdecke ich die ersten warmen Elefantenfährten. Sie führen nach links ins Gras hinüber. Auch hier zeigen sich Spuren des genommenen Bades.

Von Juli bis September pflegt der Wind häufig umzuspringen, hin und her zu flattern. Heute tut er es auch so. Ich nehme aber trotzdem die Fährte auf.

So ein „tembo" — Elefant — wechselt durch das Wirrwarr des mächtigen Grases oder Unterholzes, alles niedertretend, was ihm in den Weg kommt, etwa so, als wenn ein Mensch über eine üppige Wiese geht. Durch dieses heillose Gras und Dickicht stapft der Koloß unentwegt weiter, wie eine Dampfmaschine. Was sich ihm entgegenstellt, wird mit einer Ruhe und Selbstverständlichkeit niedergetreten, die verblüfft. Passiert aber eine geschlossene Herde das Gras, so bahnt sie reguläre Schneisen, auf denen es sich einigermaßen gehen läßt, obgleich man noch ganz gehörig über die kreuz und quer liegenden Stengel turnen muß und sich alle Augenblicke darin verfitzt. Am schlimmsten ist jedoch das Begehen einer einzelnen Elefantenspur im hohen Grase. Wenn der „tembo" hier durchgestreift ist und sich das Gras nachher wieder geschlossen hat, hat der kleine Mensch die größte Mühe, zu folgen, sogar nicht einmal mehr den Himmel sieht man über sich. Das gibt dann ein tolles Stück Arbeit, wenn man vielleicht stundenlang folgen muß. Da wird der Tropenhelm fest ins Gesicht gedrückt, die Arme zur Abwehr bald rechts, bald links gehoben, und dann balanciert, schiebt und drückt man sich mühsam durch all das Chaos von Millionen harter, scharfer, schneidender und stechender Stengel.

Da wird es denn mit großer Freude begrüßt, wenn man nach endlos langer Streife das Glück hat, einen Baum zu finden. Fix wird er bestiegen, und nicht bloß Umschau gehalten, man schöpft auch in der kühleren Höhe Luft! Wie ein Labsal empfindet man den Unterschied dort oben gegen die erdrückende Schwüle im Grase. Und endlich einmal Aussicht, wo man unten kaum einen Meter weit sehen konnte!

Nach einer solchen Warte sehne ich mich auch jetzt. Ich lasse einen Mann auf die Schultern der anderen steigen, aber kein Baum, kein Elefant ist zu entdecken. Die Tiere müssen also einen großen Vorsprung haben, sind sie doch recht gut zu Fuß. Trotz der schlechten Aussichten halte ich aber die Fährte.

Kaum habe ich einige Schritte weiter getan, weht mir ein heftiger, sonderbarer Gestank in die Nase. Da sehe ich auch schon einen Meter rechts eine riesige verendete Pitonschlange am Boden liegen. Sie kann erst seit höchstens zwei Tagen tot sein. Die Fährten in ihrer Nähe beweisen, daß sie von Elefanten überrascht und totgetreten worden ist. Das vordere Drittel der ganzen Schlange, der halbe Kopf und die Hälfte der aufgetriebenen Mitte sind total zerstampft. Sie war vollgefressen, denn ihr Inneres enthielt einen seit mehreren Tagen verspeisten Ducker. Da ich diese längste und stärkste Schlange Afrikas bisher ausschließlich an Flüssen resp. am Wasser traf, befremdet es mich, sie so weit in der Steppe zu finden. Sie muß also auf ihren Raubzügen weite Wanderungen unternehmen.

Endlich ein Baum — hin zu ihm!

Um die große, nur dürftigen Schatten spendende Tamariske ist das Gras in nächster Nähe total niedergetreten. Also ein Standplatz der Elefanten! Auch diejenigen, die ich verfolge, haben ihre Visitenkarten hier abgegeben. An einer Seite ist der dicke Stamm ganz gehörig von den Stoßzähnen bearbeitet, an der anderen klebt alter und frischer Schlamm. Rinde ist nicht mehr vorhanden; sie ist durch das häufige Scheuern und Reiben gründlich beseitigt worden. Sogar die Unterseite eines hohen, abstehenden Astes zeigt Schlammspuren und legt beredtes Zeugnis von der riesigen Größe des Attentäters ab.

Aus zwei Leuten bilde ich eine lebendige Leiter und klimme hinauf. Ein Blick nur von oben, und schon bin ich wieder unten. Größere Bäume stehen in der Nähe, kleinere und Buschwerk dahinter, und noch wieder hinter diesen schimmern die grauen Rücken von Elefanten hindurch.

Es ist aber recht schwierig, auf den günstigsten Baum zu gelangen, weil dichtester trockener Busch seinen Stamm umsäumt. Und ich muß sehr vorsichtig zu Werke gehen, denn vielleicht nur 25 Meter weiter müssen die Elefanten stehen. Langsam wie ein Chamäleon krieche und winde ich mich durch das Buschzeug, und schließlich sitze ich oben in Reitstellung auf einer dicken Astgabel.

Welch ein Hochgenuß, verschnaufen zu können und das einzige Bild unter mir zu genießen — —!

Etwa 10 Meter vor mir steht noch hohes Gras. Dahinter zieht sich in Windungen eine ungefähr 5 Meter tiefe Mulde hin, deren jenseitiger Rand mit streckenweis wechselndem kurzem oder hohem Grase bestanden ist. Dazwischen befinden sich Bäume verschiedener Größe. An einem der nächsten Randbüsche der Mulde stehen, zum Teil verdeckt, die

Das Fleisch wird gekocht und geröstet.

Elefanten. Drei von ihnen sind ganz sichtbar. Ich zähle zunächst sieben erwachsene Tiere. Sehr auffallend ist ein Stück, das seine langen, hellen Zähne wie zur Ruhe erhobenen Kopfes auf einen abstehenden Ast gelegt hat. Der Bursche rührt sich nicht. Zwei andere wirtschaften in den Zweigen herum und schütteln sie, daß es nur so rauscht. Armdicke Äste werden krachend abgebrochen. Dann peitschen sie wieder ihren Körper mit Blätterbüschen, daß der trockene Schlamm als Staubwolke aufsteigt.

Nun schiebt sich auch ein bisher Unsichtbarer vor. Er besitzt nur einen linken, aber sehr starken Zahn. Die mächtigen, klappenden Gehöre sind arg zerfranst; er ist also schon bei Jahren. Auch bei den anderen Tieren sind die riesigen Ohrflächen in steter Bewegung.

Nach einer halben Stunde läßt der Alte seinen mächtigen Kopf vom Aste gleiten. Nun reißt er gleichfalls Zweige ab und peitscht sich. Das ist eine Tätigkeit, die lediglich der Vertreibung der Insekten gilt. Deutlich vernehme ich auf meinem Standpunkte das Peitschen, deutlich das Scheuern ihrer borkigen Körper und Tritte.

Ein anderer steht da und kaut und kaut. Ununterbrochen arbeiten seine Kiefern an einem saftigen Aste herum, den er bereits zu einer langen Wurst gedreht hat. Zur Abwechslung haut er sich das Ding dabei von Zeit zu Zeit um den Kopf. Ab und zu fliegt das Kauprodukt auch hoch in die Luft, dann geht das Spiel von neuem los. Eine sinnige Beschäftigung!

Dieses Ästekauen spielt eine große Rolle. Von der Stärke eines Handgelenks, oft mit langen Dornen bedeckt, werden diese Äste ohne jede Verwundung zu solchen Würsten verarbeitet, häufig aus Zeitvertreib oder Spielerei meilenweit mitgeschleppt, und dann ebenso plötzlich wieder fortgeworfen. In offenen Steppen, wo weit und breit kein Baum oder Strauch zu sehen ist, findet man diese Dokumente.

Erneut beobachte ich auch, daß die Elefanten sich gern mit dem Rücken gegen die Sonne stellen und dann stundenlang nicht vom Fleck weichen. Dabei kommen durch Zufall mitunter recht komische Gruppierungen zustande.

So zählte ich in offener Akaziensteppe eines Tages 29 Elefanten. Wie beratend hatten sie sich dicht nebeneinander um einen Baum aufgestellt, und in der Mitte, hart am Stamme, standen zwei etwa einundeinhalb Meter große Sprößlinge. „Schauri ya tembo", sagte ich zu meinen Leuten: Elefantenberatung! Und mit Recht. Die Gesellschaft machte ganz den Eindruck, als hielte sie hohen Rat. Genau so komisch wirkt es, wenn man sie in breiter Front, wie Soldaten aufmarschiert, sieht, dazu offenes Gelände — der Eindruck ist urdrollig!

Meine Herren vor mir stehen jetzt so bombenfest, daß, wären nicht ihre Gehöre in steter Bewegung, sie ein flüchtiger Beobachter für Felsblöcke halten könnte. Und auch ich sah in felsigem Grunde Elefanten und Nashörner, die kaum von ihrer Umgebung zu unterscheiden waren. Man mußte erst sehr genau hinsehen, was Stein und was Tier war, weil sogar die Farben übereinstimmten.

Nun habe ich aber die Hinterfronten wirklich genügend studiert! Ich lechze nach mehr Aktion. Schießen? — Nein! Lieber studieren . . . Wozu die Hast, noch liegt ein ganzes Jahr vor mir!

Hm-m-m! Ausgezeichnet strömt mir die Elefantenwitterung entgegen — wundervoll! Der Wind ist also gut.

Ohne Instrument, nur mit dem Munde, gebe ich einen nicht zu lauten Fiepton. Keines der Tiere reagiert. Ich fiepe noch zweimal — immer dasselbe. Erst beim vierten, merklich lauteren Tone dreht sich der nächststehende Elefant breit und windet mit hoch-erhobenem Greifer. Er irrt sich jedoch in der Richtung, denn er windet gerade entgegen-gesetzt; er hat es also noch nicht weg, woher der Ton kommt. Da läßt ihn mein fünfter, laut gegebener Fiepton plötzlich zu mir herumfahren, und die anderen ebenfalls. Gleich-zeitig schmettern sie durchdringende, schrille Trompetentöne in die Luft. Unverdrossen fiepe ich weiter. Nun ist es mit der Ruhe völlig vorbei, welches Leben kommt da in die Kolosse! Sie schütteln mit dem Kopfe, treten durcheinander und winden. Schließlich wird es ihnen zu bunt, hochgehobenen Wedels und mit großem Gepolter gehen sie flüchtig ab.

Am nächsten Tage ist es mir vergönnt, an drei verschiedenen Stellen dasselbe zu erleben —

Dieses Mal habe ich die entgegengesetzte Richtung eingeschlagen. Bereits eine Viertel-stunde vom Lager entfernt, sichte ich auf zirka 800 Meter rechts drei Elefanten, die ihren Kurs auf mich zu halten. Daher renne ich schnellstens im Bogen nach links einem Busche zu, auf dessen äußerstem Baume ich einen famosen, zum Sitzen direkt einladenden Ast entdeckt habe.

Nun kann ich es von meiner bequemen Warte aus genau sehen, daß die Elefanten fast direkt auf mich zukommen. Immer mehr verringert sich die Entfernung, da wenden sie sich noch eine Kleinigkeit mehr rechts, und nun wandern sie wahrhaftig schnurgerade auf mich los. Anscheinend wollen sie meinen Busch für den Tag beziehen.

Es sind drei ausgewachsene Bullen mit zwar dicken, aber noch kurzen Zähnen.

Mäuschenstill sitze ich. Sie kommen! Auf 5—6 Meter habe ich sie unter mir. Noch näher will ich sie aber nicht haben, sonst streifen sie mit ihren Dickschädeln meine her-unterbaumelnden Beine. Also laut gefiept!

Nur einen Moment stutzen sie — dann Kehrt in mächtiger Schwenkung, und wie von Furien gejagt rasen sie durch dick und dünn — — —

Elefantenherde im Walde.

Nach weiteren zwei Stunden bin ich schon wieder an Elefanten. Das Gelände ist hier etwas kupiert und übersichtlicher, das Gras nicht sehr hoch. Einige großblättrige Sträucher geben gute Deckung; es gelingt mir, bis auf 20 Meter heranzukommen. Hier fasse ich hinter einem günstigen Busche Posten.

Eine nette Herde Dickhäuter; ich zähle bis jetzt 66 Stück! Aber in dem Steppenwäldchen, wo sie sich eingestellt haben, sind sicherlich noch viel mehr. Dichtgedrängt steht die Herde beisammen. Beinahe alle Tiere haben den Kopf nach der linken Seite gerichtet. Ein beständiges Geräusch liegt in der Luft, ein stetes Brechen, Knacken, Pusten, Kollern und Stampfen. Mitunter klingt es, als wenn eine Anzahl Leute im Walde roden.

Ich kann auch zum ersten Male deutlich beobachten, wie sie mit den Stoßzähnen die Rinde einiger Bäume zerstoßen und dann mit dem Rüssel abschälen. Einmal sehe ich sogar, daß ein Stück mit dem Maule schält. Die saftigen, meterlangen Rindenfetzen werden hin und her gedreht, gekaut und schließlich spielend zur Erde geworfen. Solche geschälten, ihrer Rinde beraubten und helleuchtenden Stämme sind mir häufig untrügliche Wegweiser gewesen. —

Die Herde vor mir besteht scheinbar aus mehr weiblichen Stücken, bei denen, soweit sichtbar, neun Junge stehen. Zwei Kleinchen sind nicht viel höher als einen Meter.

Das eine Junge macht mir viel Spaß. Es gefällt sich in einem unablässigen Rundgang unter dem Bauch und zwischen den Vordertritten der Mutter. Jedesmal, wenn es wieder vorn durchkommt, tätschelt es die Alte mit dem Greifer. Dann betastet sie den ganzen kleinen Körper, als wollte sie sich überzeugen, ob das kleine Ding, was sich da so schmeichelnd anzuschmiegen versteht, auch wirklich ihr eigen Fleisch und Blut ist.

Sehr possierlich ist eine andere Gruppe Elefantenkinder. Mit erhobenem Kopfe stehen sie sich dicht gegenüber und umschlingen sich spielend mit den kleinen, kurzen Rüsseln. Dabei sehe ich, daß die Stoßzähne bereits als winzige, runde Spitzchen hervorlugen. Das lange Flaumhaar ihrer Rücken leuchtet in der Sonne kastanienbraun.

Wie ich das alles mit größtem Interesse beobachte, löst sich plötzlich aus der Menge ein halbwüchsiges Stück los und schreitet schnurstracks auf einen in meiner Richtung liegenden, etwa 1,50 Meter hohen, trockenen Erdhügel zu. Hier bewirft es sich mit Staub, genau so, wie es die Alten tun. Und ich bekomme die ganze Wolke ins Gesicht geweht und habe alle Mühe, die Augen zu öffnen. Nur 12 Meter ungefähr ist der Urian von mir entfernt! Hoffentlich reizen ihn nicht etwa die noch näheren Hügel; das wäre höchst fatal für beide Teile. Doch nein — er bleibt. Ein paarmal spaziert der Elefantenbengel um den Haufen herum, dann legt er sich platt auf die mir zugewendete Seite des Hügels und bewirft sich in dieser neuen, schönen Stellung weiter mit Staub. Dabei scheint er müde zu werden. Noch einmal pustet er so recht von ganzem Herzen aus dem flach am

Boden liegenden Rüsselchen und stiebt dabei eine Staubwolke weg. Nun liegt der Faulpelz wohl schon 20 Minuten regungslos in der prallen Sonnenglut.

Frau Mutter, die währenddessen in der Verwüstung eines Strauches Ablenkung fand, scheint plötzlich über das Fortbleiben ihres „Bubi" in Sorge zu sein. Hastig zieht sie ihm nach.

Der kleine Bulle hat scheinbar geschlafen! Man merkt ihm das Erwachen an, als ihn die Alte, um sich von seiner Anwesenheit zu überzeugen, betastet.

Der Teufel auch — nun nimmt sie auch ein Staubbad! Ich weiß mir kaum noch Rat, und dabei kommen mir noch andere brenzliche Gedanken. Wenn es die Alte etwa gelüsten sollte, mein Versteck, den schützenden Strauch, zu „pflücken", wie soll ich ihr das verbieten? Aber einstweilen spielt sie ja noch mit dem Büschel Blätter, das sie mitgebracht hat. Sie scheint großen Gefallen an dem Dinge zu haben.

Herrgott! Da kommt einer nach dem anderen von der Herde nach; es kann jetzt wirklich bedenklich werden! Allen Ernstes flitzen mir die verschiedensten Möglichkeiten durchs Hirn. Völlig ausgeschlossen ist es, daß sich etwa die ganze Herde an den kleinen Erdhaufen hinstellen sollte. Eine Unmenge steht bereits in der Nähe der Alten; über den Haufen hinaus sind sie noch nicht gekommen. Sowie das aber um zwei oder drei Meter geschieht, gibt es kein anderes Mittel, als daß ich fiepe oder einen Schreckschuß in die Luft abgebe.

Mit diesen meinen schwarzen Plänen harre ich nun der Dinge, die sich bestimmt in den nächsten Sekunden abspielen müssen.

Wie eine breite, graue Mauer steht die würdige Gesellschaft vor mir. Noch läßt mich ihre Nähe kalt; kälter als sonst was. Fast alle beschäftigen sich mit den mitgebrachten Ästen und Blättern, und die keine haben, zupfen Gras aus und peitschen sich damit. Zwei von ihnen haben jetzt den Hügel erreicht.

Der eine Bulle könnte ganz gut einen Bohner abgeben. Fortwährend futschelt er mit seinem rechten Tritt am Hügel auf und ab. Aber nein — ich täusche mich! Seine Tätigkeit hat einen anderen Grund, eine tiefere Bedeutung: der Brave fabriziert — Staub; der vorhandene ist verbraucht, so muß er halt neuen machen. Nun hat er's erreicht — schwapp — wirft er sich die erste Ladung unter seinen Schmerbauch. Den feinsten Puder kriege ich natürlich wieder ab. Und mit Geduld lasse ich alles über mich ergehen, schlimmer kann ich ja eigentlich schon nicht mehr aussehen.

Wegen der so nahestehenden Elefanten kann ich jetzt nicht mehr feststellen, wieviele noch im Wäldchen stecken mögen. Jedenfalls knackt es dort noch bedenklich.

Was soll ich nun machen? Die Lage spitzt sich immer mehr zu. Schießen möchte ich unter keinen Umständen, denn ich will noch stärkere Zähne abwarten. Auf der anderen Seite der Herde ragen wohl einige ungleich höhere Rücken hervor. Das können ältere Bullen sein; aber was nützt es, ich kann ihre Zähne nicht sehen.

Doch nun wird's allerhöchste Zeit. Keinen Meter näher, oder es gibt eine kleine Verwirrung!

Auf alles gefaßt und schußbereit, lasse ich zuerst ein paarmal hintereinander meinen bewährten Fiepton steigen, willens, wenn er versagt, sofort den Schreckschuß abzufeuern.

Die Vorderen, die es gehört haben, stutzen und winden mit den Greifern. Darauf allgemeines Durcheinander, verbunden mit Pusten, Schnaufen und dem charakteristischen Reiben der Riesenleiber. Zwei Stücke schwenken bedenklich nahe an mir vorüber, dann werden sie alle mobil, und schließlich gehen alle nach links flüchtig ab. Nun hat sie das hohe Gras aufgenommen, die Riesen sind verschwunden wie ein Traumbild!

Donner ja — war das ein Abritt! Es hätte auch anders kommen können. Doch nun Hahn in Ruh! Ich habe wieder einmal reichlich Dusel gehabt — — —

Nun muß ich mich aber schleunigst etwas ergehen. Nach dem langen Hocken kann ich mich kaum mehr bewegen. Also hin zu dem Wäldchen, das nach dem Elefantenbesuch keins mehr ist. Wie sieht es hier aus! Kein Baum, kein Strauch ist mehr heil. Unterholz, Gras, alles tadellos „gerodet". Äste von der Stärke eines Beines liegen am Boden; auch ein Baum von 90 Zentimeter Umfang ist regelrecht gefällt. Und welche Atmosphäre von der Losung der vielen Elefanten!

Auch zu anderen Zeiten berührte ich Gegenden, wo unzählige Bäume umgeknickt waren. Entweder hingen ihre Äste zur Erde, oder sie lagen ganz am Boden. Kilometerweit gab es keinen gesunden Strauch mehr. Und jedesmal, wenn ich solche Verwüstungen sehe, frage ich mich, warum das die Tiere tun mögen. Ist es etwa ein Trieb, die Kraft zu messen? Ist es Zerstörungswut, Langeweile oder bloß Nahrungserwerb? Ich möchte annehmen, daß sich hier alle diese Untugenden vereinigen mit der Nahrungsfrage. —

So bin ich endlich an den Njera gelangt, wo ich auf Elefanten jagen will. Ohne Unterbrechung bin ich neun und dreiviertel Stunden angestrengt marschiert; schon ist es 4 Uhr nachmittags. Fünf Stunden dieser langen Marschzeit verbrachte ich in einem ganz schauderhaften, beinahe knietiefen Moraste. Überhaupt dieser Tropenschlamm!

Tritt man das erstemal in solchen tiefen und zähen, von der Sonne stark erhitzten Brei, so zieht man den Fuß unwillkürlich wieder aus dem heißen Moraste zurück. Schließlich aber muß man doch hinein. Und nun gar stundenlanges Gehen oder Waten! Schlechtes Schuhwerk verfehlt vollständig den Zweck. Schon das beste Lederzeug wird schlappig und versagt.

Vorläufig bin ich aber heilfroh, wieder trockenen Boden unter den Füßen zu haben. Der Lagerplatz ist freilich herzlich schlecht, eine Ansammlung von Staub und Schmutz. Deshalb beginnt zuerst großes Reinemachen. Und auch hier gibt es einen dunklen Punkt in der Naturgeschichte, wenn er auch vor Kleinheit kaum sichtbar ist. Das ist der Sandfloh!

In der mikroskopischen Winzigkeit dieses Tieres liegt aber gerade die große Gefahr. Unbemerkt setzt sich so ein Ding an den Füßen an und frißt sich ein. Sehr gern geschieht das unter den Nägeln. Nun beginnt das Wachstum bis zur Größe einer Erbse, und damit stellen sich die schlimmsten Schmerzen ein. Die vom Sandfloh Befallenen humpeln ganz jämmerlich, wie die Gichtbrüchigen. Ehe diese Schmarotzer an meiner eigenen werten Person durch das findige Auge meines in solchen Dingen sehr bewanderten Boys festgestellt wurden, glaubte ich wirklich nach vierzehntägigen Schmerzen, ich sei programmwidrig etwas zu früh unter die ehrenwerte Vereinigung der Gichtiker eingereiht worden.

Zur Wahl dieses wenig verlockenden Lagerplatzes bestimmten mich jedoch triftige Gründe. Erstens wohnt unmittelbar daneben der Jumbe, wo also schnell für Verpflegung gesorgt werden kann. Dann steht eine mächtige Sykomore hier als der einzige schattenspendende Baum im weiten Umkreise! Jenseits des Flusses wäre wohl hier und da ein günstigerer Platz gewesen, aber die Gegend ist unbewohnt. Auch will ich mir die andere Flußseite nicht durch etwa herumstreifende Leute beunruhigen lassen, zumal dort gejagt werden soll. Schrägüber liegt eine Stelle, an der man leicht mit dem Kanu übersetzen kann.

Bei dem vorgeschrittenen Nachmittag bleibt nach Erledigung der gesamten Lagertätigkeit keine Ruhepause übrig. Im Handumdrehen ist es dunkel.

Um der Tagesarbeit einen würdigen Abschluß zu geben, bringt mir der Yumbe seine etwa vierzehnjährige Tochter als — Patientin. Diagnose: in der Mitte des rechten Schienbeines eine bis auf den Knochen reichende, faustgroße, vereiterte alte Wunde.

„Aha — kennimus! Ist ja meine Spezialität!"

Als ganz geringfügige kleine Schramme wird die Wunde von den Eingeborenen sogleich mit einer „dawa" — Medizin — beschmiert. Das ist ein Gemisch von Erde und Geheimmitteln, die selbstredend sofort schaden, anstatt zu helfen. Durch die weitere „Behandlung" und Unsauberkeit verschlimmert sich die Wunde immer mehr, bis die Vereiterung so weit um sich greift, daß das Bein oder der Arm zum Teufel geht. Mir wurden Leute gebracht, die wegen derselben Pfuscherei nicht mehr von der Stelle konnten. Ganz fürchterlich sah in dieser Beziehung ein junger Mann aus; ich wagte mich nicht mehr an seine Behandlung und ließ ihn nach der Station tragen.

Das Yumbetöchterlein, das übrigens von schönstem Körperbau ist, sitzt also bei mir. Eine volle Stunde muß ich mit warmem Karbolwasser waschen, bis die harte Schmutzschicht aufgeweicht und entfernt werden kann. Nun habe ich sie sauber verbunden. Verhaltungsregeln: nicht in den Busch gehen, weder in Wasser noch Morast treten und pünktlich zur „Sprechstunde" kommen. Wenn man schon arztet, soll man's ordentlich machen. Nach zwei Monden hatte ich die Maid großartig geheilt!

So habe ich also hier gleich nach meiner Ankunft den „bwana mganga" — Doktor — spielen müssen. Aber so unmittelbar nach Tisch hätte mir die Zigarre ohne die unappetitliche Arbeit entschieden besser geschmeckt.

Es ist aber nun mal Sitte, daß der Neger in jedem Europäer einen „mganga" erblickt, der ihn von allen Schmerzen und Gebrechen befreien kann. Bei mir ist es wenigstens auf allen Reisen zur Regel geworden, daß eine Viertelstunde nach sechs Uhr „Sprechstunde" war. Patienten fanden sich dann immer ein. Die „Fälle" bestanden zumeist in Schrammen und Fußverletzungen; Magenverstimmungen waren an der Tagesordnung. Die Praxis war also gut; besser wie bei manchem jungen „mganga" daheim!

Der alte Yumbe hat sein Töchterlein nach seinem „Palast" gebracht, nun ist er nochmals zum „schauri" — Unterhandlung — gekommen. Und dieser Mann bettelt um keinen Kognak; er lehnt ihn sogar ab! Ich würde den Hut abnehmen, wenn ich einen auf hätte.

Der Yumbe ist kein Jäger, er kann mir aber über so manches Auskunft geben. Unter anderem erzählt er, daß an der nahen Übersetzstelle nachts häufig Elefanten zur Tränke kämen und sogar schon durch den tiefen Fluß geschwommen seien. Ferner berichtet er, die Gegend jenseits sei früher besiedelt gewesen; Elefanten hätten aber die

Felder und Hütten vernichtet und die Leute derart belästigt, daß sie schließlich abgewandert seien. So kann ich dem morgigen Tage mit großer Spannung entgegensehen. —

Ich bin wieder so recht zufrieden beim ersten Morgengrauen mit meinen üblichen fünf Mann ausgezogen. Ein junger Mann, vom Numbe gestellt, begleitet mich am jenseitigen Ufer.

Der Alte hat nicht gelogen. Kaum betrete ich das Ufer, da erkenne ich trotz des schwachen Lichtes sofort eine Menge alter Elefantenfährten. Links am Rande der dichten Matete aber verläuft die Spur eines starken Löwen. Dann steigt es flach an bis zum oberen Flußufer. Die freie Stelle, an der sich zweifelsohne eine uralte Wildtränke befindet, geht oben in der dichten Matete in einen regelrechten Elefantenwechsel über. Als es noch feuchter war, muß hier ein Urbulle entlanggezogen sein. Er ist je nach der Festigkeit des speckigen Bodens mehr oder weniger tief eingesunken. Eine solche im wahrsten Sinne des Wortes faßartige Fährte mißt 89 Zentimeter Tiefe. Ich kann mich bequem hineinstellen. Es ist ein Weg, lächerlich löcherig; dazu unangenehm schlüpfrig. Aber ich muß ihn gehen; rechts und links ist dichte Matete. Ich hüpfe von Lochrand zu Lochrand. Und der enorme Tau, der überall in großen Tropfen an der Matete hängt, sorgt für die nötige Erfrischung. Da sieht auch meine „frische Wäsche“ in kurzer Zeit recht lustig aus. Endlich, ein halbes Stündchen bin ich gehüpft, wird es trocken und das Gras kürzer. Ein wahrer Segen!

Nun den Tobak an, Wind von vorn, alles gut!

Links seitlich in der Ferne sind Bäume. Nehmen wir also zunächst mal den Kurs dorthin und versuchen wir, ob wir durchkommen. Hier müßte man ja Giraffengröße haben, um etwas zu sehen. Die Freude an der Trockenheit dauert aber nicht lange; ein umfangreicher, knietiefer Sumpf sorgt für weitere Abwechslung, und wie wir drin sind, danke ich meinem Schöpfer, daß ich qualmen kann; es wäre sonst vor Moskitos nicht auszuhalten.

Diese wunderbare, eigentümlich klare afrikanische Luft! „Wie liegst du nah — wie liegst du fern“, kommt mir dabei immer in den Sinn. Der Busch da drüben macht's gerade wieder so. Nun noch das verbrannte Gras, dann haben wir's geschafft. Es läßt sich nicht anders sagen: das Gelände hier hat es in sich! Es fängt überhaupt gut an. Was würden einige meiner „wohlbeleibten Jagdfreunde“ daheim schimpfen, wenn sie an meiner Stelle wären!

Im Nu ist ein Mann oben im Baum. Als er die höchste Spitze erreicht, meldet er sofort Elefanten in der Ferne.

Uff! — Ihm nach!

Schön gedacht! Mit meinen schweren Stiefeln kann ich die höchste Spitze nicht erklimmen. Bis zur Mitte komme ich auf dem steilen Baume wohl, aber höher geht es nicht, wenn ich nicht herunterfallen will. Es genügt aber auch so. Ich sehe auf etwa 700 Meter einen sich nach rechts bewegenden grauen Elefantenrücken. Nach meiner Schätzung ist das Stück kapital. Der Mann sagt, er sehe noch einen zweiten. Das ist mir aber aus meiner Beletage nicht möglich.

Ungefähr einen halben Kilometer vor uns stehen Büsche; dahin zieht der Elefant. Sonst rechts und links nur Gras. Sehr faul! Eine Verfolgung ist des Windes wegen ausgeschlossen, sonst wäre es der Fährte wegen das ratsamste. Das richtigste scheint mir noch, den Elefanten nach rechts unter Wind im Bogen anzugehen. Das ist natürlich im hohen Grase eine sehr schwierige Sache, wo kein Meter Sicht oder Ausguck vorhanden. Wie leicht kann man ihn da über- oder hinterlaufen. Was hilft's! Schnell präge ich mir noch mal die Richtung ein, die ich nehmen muß, dann ziehe ich los, um einen möglichst großen Vorsprung zu bekommen. Bald muß ich wieder in einen Sumpf, aber er ist zum Glück nicht groß.

Ab und zu halte ich von den Schultern der beiden größten Leute Ausschau, aber es ist nichts zu sehen. Da stoße ich unerwartet auf einen flachen, etwa einundeinenhalben Meter hohen Erdhaufen. Fast wäre mir darob ein Freudenschrei entschlüpft. Nun ist der Ausguck da; wo steckt der Elefant?

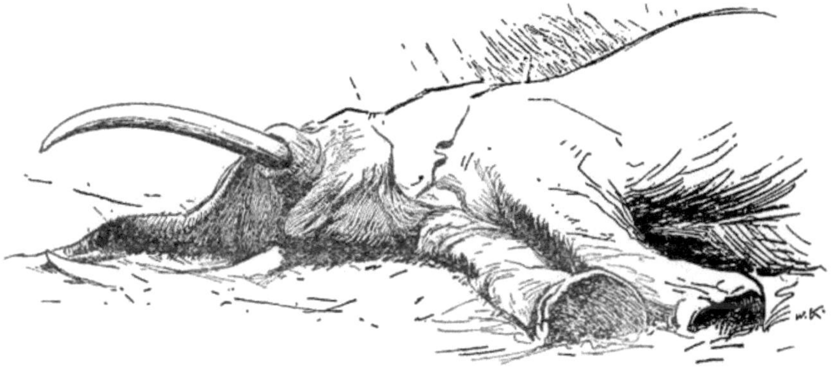

Ein Kapitaler.

Das ganze Gelände äuge ich ab, umsonst! Sollte ich die Richtung verfehlt haben? Nein — dort ist der Busch. Wie ich noch so dastehe, taucht plötzlich der graue Klumpen ein paar Hundert Meter vor mir auf. Entweder ist dort eine Vertiefung, oder er hat gelegen. Ganz verblüfft bin ich darüber, wie das klappt. Er läuft mir gerade zu. Da brauche ich also nur stehen zu bleiben.

Ruhe, verlasse mich nicht! Das gibt ein grandioses Schauspiel. Ich habe auch reichlich Zeit, über alles nachzudenken. Die Hauptsache bleibt, daß er den Kurs beibehält. Der Wind ist gut.

Einmal kann ich durchs Gras den rechten Zahn sehen. Ich bin beruhigt — der ist mein, sonst will ich nicht lebendig vom Haufen herunter — —

Meine Leute habe ich hinter meinem Rücken da unten zu einem dichten Knäuel zusammensetzen lassen. Wer sich nur etwas rührt, dem geht es schlecht. Es mag ja unbehaglich sein, dort zu hocken und rein nichts sehen zu können.

Indessen kommt der Riese immer näher — ein wandelnder grauer Berg. Was habe ich für einen Dusel — —! Herrgott, ist das ein Mordsbombenkerl! Einige Meter schleiche ich ihm entgegen.

Nun wird's Zeit. Auf zehn Schritte ist er heran. Lüftend klappt er mit den riesigen

Gehören, er pustet, macht noch zwei Schritte — — da steigt er auf meinen Kopfschuß in die Höhe. Ein ganz kurzer, schriller Trompetenton, wie wahnsinnig schlägt der Greifer um die Gehöre, dann stürzt er zusammen. Das geschieht mit einer Wucht, daß alle Tritte dabei hoch in die Luft schnellen und über dem Grase sichtbar werden.

Dieses Zeichnen nach dem Schuß, diese letzte intensive Lebensäußerung des Riesen war ein überwältigender Anblick.

Wie ich vorsichtig herantrete, ist er bereits verendet. Und nun beäuge ich die kapitale Beute; sie wird befühlt und bewundert. In meiner Stimmung möchte ich am liebsten alle meine schwarzen Teufel umarmen.

Auch die Leute sind aus dem Häuschen. Sogleich beginnen sie mit der Verherrlichung des Jägers, der mit seiner „bunduki" — Gewehr — den mächtigen „tembo" mit einer Kugel getötet. Unter solchem, in allerlei Lobpreisungen ausklingenden Singsang wird der tote Elefant von den Leuten umtanzt. Da zieht ein Kerl das Messer und will das Rüsselende abschneiden, und, wie es Sitte, im Bogen in die Steppe werfen. „Halt!" rufe ich schleunigst.

Sobald nämlich ein Elefant gefallen, stürzen sich die Begleiter auf ihn und säbeln Greifer (Rüsselspitze) und Schwanz ab. Nun erst ist der Elefant in den Augen der Leute richtig tot. Schwarze Elefantenjäger verfahren ebenso. Meist wird der Greifer auch noch präpariert. Geröstet und zu Pulver gerieben dient er den Eingeborenen als geschätzte „dawa"*). Der „fundi" (Elefantenjäger) ritzt sich seine „fundi"-Abzeichen in die Haut und schmiert dann die „dawa" in die offenen Wunden. Er betupft sich auch seine Stirn und Schläfen mit dieser Medizin, um den Mut und Verstand des Elefanten zu erhalten. Ebenso ist er überzeugt, daß er dadurch Kraft und Ausdauer erwirbt.

Wie viele Male wurde ich und werde ich gefragt: „Was wird aus solchem mächtigen Tier; essen das die Leute?" Da sage ich dann stets mit gutem Gewissen: „Ja — sogar das Ganze! Übrig bleibt nur das mächtige Gerippe und der — Mageninhalt! Und der letztere findet häufig auch noch Verwendung." Nebenbei bemerkt bezieht sich das auf alles Wild, sofern es nicht aus Aberglauben verschmäht wird. Mohammedaner essen nur geschächtetes Wild, Dickhäuter und Schweine sind verboten.

Auf meinen ersten Reisen hatte ich keinen mohammedanischen Boy, noch weniger einen solchen Träger. Das ist indessen anders geworden. Heute tritt zunächst mal jeder Boy zum Islam über, dann fühlt er sich. Auch bei den Trägern macht sich diese Richtung bemerkbar; ein Beweis, wie sehr sich dieser Glaube über den schwarzen Erdteil verbreitet.

Ich habe bei Mohammedanern nie beobachtet, daß sie außer zahmem Geflügel, Wildgänsen und Tauben andere große oder kleine Vögel gegessen hätten. Dagegen verzehrten die Wanyamwezi und Masai sogar das Affenfleisch. Vom Löwen und Leoparden steht das „Fett" in hohem Ansehen, weil es Mut und Kraft verleihen soll. Einer meiner Leute aß leidenschaftlich gern Mangusten, Ginster- und Zibethkatzen. Bei einem Stücke der letzten Art konnte er es kaum erwarten, bis ich mit meiner Arbeit fertig war. Er hockte gierig neben mir und stürzte sofort darüber her, wie ich den Körper freigab. Sogleich steckte der Spießbraten am Feuer.

*) Medizin.

Wie es beim Zerwirken des Elefanten zugeht.

Das Zerwirken eines Stückes Großwild ist immer ein fesselndes, aber mehr interessantes als hübsches Bild. Kaum ist der erlegte Elefant freigegeben, fällt die ganze Horde mit Messern und Speeren darüber her. Und es ist erstaunlich, mit welchem fabelhaften Instinkt sich in kurzer Zeit fremde Eingeborene einfinden. Von weit und breit kommen sie her; urplötzlich tauchen sie in hellen Mengen auf. Ich entsinne mich, einmal im Handumdrehen gut 200 Leute, Männer, Frauen und Kinder, am Elefanten versammelt gesehen zu haben.

Und dieses Getriebe! Unter ohrenbetäubendem Geschrei, Gezanke und Gedränge geht's an die Arbeit. Im Augenblick ist nichts mehr vom Elefanten zu sehen, sondern nur eine dichtgedrängte Masse blutglänzender Menschenkörper, die säbeln, schneiden, reißen und zerren. Dort wischt sich einer den Schweiß mit der blutigen, verkehrten Hand von der Stirn, dort wetzt ein anderer mit erstaunlicher Sicherheit sein Messer auf dem Handballen, und da steht wieder ein anderer, solange es noch angängig, oben auf dem Koloß. Er kommandiert die ganze Gesellschaft, soweit sich das tun läßt, und fährt häufig ganz gehörig dazwischen.

Bei der Gluthitze ist der Riesenleib in kurzer Zeit stark aufgetrieben. Fährt dann der erste Speerstich in die pralle Masse, so gibt es einen eigenartig dumpfen Knall. Und wenn dann unter mächtigem Gurgeln der furchtbare, penetrante Gestank entweicht, stiebt auch im Nu die ganze Gesellschaft weg. So etwas ist sogar ihnen zuviel.

Ist erst die Bauchhöhle geöffnet, geht es dann sehr schnell mit dem Zerlegen. Ein starker Elefantenleib ist so geräumig, daß mehrere Leute in gebückter Stellung darin hantieren können. Wie sie dann aussehen, wenn sie herauskommen, kann man sich unschwer vorstellen. Zu dem ganzen Geschäft denke man sich noch Mittagstropensonnenhitze.

Um die schlachtende Menge stehen im Kreise herum die Weiber und Kinder. Manche haben Körbe, andere nicht. Sie alle aber fangen die Fleischstücke auf, die ihnen die Männer in weitem Bogen über die Köpfe der anderen zuwerfen. Kommt dann so eine 10—15 Kilo wiegende Fleischbombe an, wird sie mit grinsender Befriedigung einige Meter hinter die „Feuerlinie“ getragen. Hier im Grase hat ein jeder sein „Depot“. Dort sitzt meist auch eine alte Mama oder ein paar Kinder, denen es obliegt, das Fleisch weiter zu behandeln. Die Stücke werden zerschnitten und auf eine Schnur fingerbreiter Baumrindenstreifen aufgereiht.

Selbstredend versucht jeder der Männer soviel wie möglich für sich einzuheimsen. Das geht dann nicht ohne Streit ab. Komische Szenen kommen da vor. Wenn z. B. zwei angejahrte Damen, deren Kleidung absolut unsichtbar ist, um die Beute ringen. Jede hat das Rüsselstück an einem Ende gefaßt. Sie zerren, keifen und streiten, denn jede der Damen meint, der Wurf habe ihr gegolten.

Das Ewig-Weibliche — hier wird's bezweifelt!

Die Magenfrage ist nun einmal gerade beim Neger die allererste. Wie kann es da ohne Zank und Streit abgehen? Aber die aufgeregten Gemüter beruhigen sich ebenso schnell, wie sie aufbrausen.

Später wird das Fleisch in Streifen geschnitten und in der Sonne getrocknet, oder aber in Stücken auf Hölzer gereiht und am Feuer angeröstet oder gebraten. Durch beides erzielt man eine saftabschließende Oberfläche, wodurch sich das Fleisch noch lange hält. Wenn ich für meinen Bedarf nichts Besseres hatte, wanderte häufig solches Dörrfleisch in meinen Kochtopf; es gibt eine kräftige Brühe. Vom Elefanten abwärts habe ich jedes Wild probiert; ein Filet von der Zwergantilope war mir aber das liebste. Und damit glaube ich die Frage bezüglich der Verwertung des Wildprets genügend beantwortet zu haben.

Schließlich möchte ich noch hinzufügen, daß mitunter der Mageninhalt oder die Losung von kranken Leuten als „dawa" benützt wird. Sie salben sich damit den ganzen Körper ein. Als ich einmal wieder an die Küste zurückkehre, sehe ich, wie ein Unyamwesiträger ein großes Bündel von seiner Last abschnürt. Ich lasse es mir zeigen, und was ist drin? — drei ausgetrocknete Elefantenklöße, so groß wie Kegelkugeln! Auf meine Frage nach dem Zwecke dieser Dinger versichert er mir, sie wären ganz ausgezeichnet, wenn man sie bei Gicht auflegt. Am anderen Tage finde ich auch noch beim Ordnen des Gepäcks in einer Kiste ein solches corpus delicti, das sogleich, weil der rechtmäßige Besitzer bereits entlassen ist, von einem anderen Träger schleunigst mit Beschlag belegt wird — —

Mit Trophäen kann der Elefant den Jäger überreich versorgen. Da ist zunächst das Elfenbein; je länger und dicker die Zähne, desto kostbarer. Auch die Tritte werden präpariert. Sie geben prächtige Papierkörbe, Schirmständer und Bowlen. Aus der getrockneten Haut werden unverwüstliche Tischplatten und andere Gegenstände verfertigt, und auch der Neger schätzt sie als brauchbares Material. Schließlich werden aus dem bis drei Millimeter dicken Haar des Wedels Arm- und Fingerringe gebunden oder geflochten, die sehr begehrt sind. — —

Häufig höre ich die Ansicht, der Elefant lege sich nicht im gesunden Zustande, sondern nur, wenn er krank oder angeschossen sei. Ebenso halten Elefantenjäger an dem Glauben fest, daß jemand, der einen liegenden Elefanten trifft, bald sterben müsse, aber das glauben wohl nur die Eingeborenen, denn ich kann mir nicht denken, daß auch Europäer solchen Aberglauben teilen. Ich müßte dann schon längst tot sein! Und zwar seit 1891, wo ich den ersten liegenden antraf.

Nach meinen Erfahrungen muß ich gerade das Gegenteil behaupten. Sind doch Elefant, Nashorn, Büffel oder Schwein gerade die Tiere, denen das Suhlen Lebensbedürfnis ist. Es ist ihnen angeboren.

Soll ich nun annehmen, daß alle die Elefanten, vom jüngsten aufwärts, die ich liegend gesehen, siech oder angeschossen gewesen waren?

Nein — niemals — —!

Warum legt sich nun der Elefant von frühester Jugend an so gern ins Gras, in den Staub, seichtes Wasser, Morast oder Schlamm? Doch nur aus angeborenem Trieb. Das tun die Alten, das tun die Jungen. Und aus welcher Veranlassung sollten sie das im Alter nicht mehr tun? Etwa wegen ihrer Größe? Auf keinen Fall wird ihn der wirkliche Kenner unbeholfen nennen wollen. Hören und Sehen kann einem daran vergehen, wie schnell sich so ein Riese aufrichtet, wie so ein Koloß ankommt! Mit dem Niedertun möchte ich nicht bloß das Sitzen, sondern auch das absolute Liegen auf der Seite verstanden wissen.

Wenn schon der vorher erwähnte, am Erdhaufen liegende junge Elefant Beweis genug für meine Behauptung ist, so dürften die folgenden Episoden vollauf zur Bekräftigung genügen. Und in den tatsächlich herrlichsten Bildern, die ich je beobachtet, waren liegende Tiere zu sehen. —

Es mag so gegen fünfeinhalb Uhr sein. Da tauchen, während ich am Rande eines Gehölzes entlang pirsche, in der Ferne zwischen einzelnen Bäumen und Sträuchern dunkle Punkte auf, die ich als Elefanten anspreche. Die Dickhäuter stehen ungefähr 500 bis 600 Meter entfernt. Ich bekomme glücklich als Deckung einige dürftige Büsche und nähere mich schließlich bis auf 100 Meter. Hier bleibe ich, weil in dem völlig offenen Gelände kein besserer Schutz zu haben ist.

Vor mir liegt nun ein von der Natur geschaffenes Bild prächtigster Vollendung.

Vom Dunkelbraun des Vordergrundes stuft es sich ab in allen Übergängen bis zu den fernen, feinsten, fahlen, braungelben Tönen. Im tiefen Blauviolettgrau geht es dann über in den gewittrigen Himmelshorizont. Weiter nach oben lagern, allmählich heller werdend, vom Dämmerlichte schwach beschienene Wolken, durch die stellenweise der klare Abendäther in mannigfaltig abgestuften Tinten blickt. In einem dieser Himmelsfenster steht groß und magisch die fahle Mondscheibe. So liegt vor mir ein Zauberbild von großartiger Schönheit.

Aber die gerade Horizontlinie wird unterbrochen durch die großzügige Silhouette eines kapitalen Elefanten. Er steht fast von vorn in seiner graugrünen Suhle und beschüttet sich fortwährend mit dem schlammigen Wasser. Ein zweiter steht neben ihm. Die Vorderhand schräg nach vorn stellend, dabei den rechten Tritt hebend, bohrt er mit seinen langen Zähnen im breiigen Morast herum. Nun tut er sich mit nach vorn gestrecktem Vorder- und nach hinten gerichteten Hintertritten nieder, wobei ich ihn vor Wohlbehagen pusten höre. Nur kurze Zeit verharrt er in dieser Stellung, dann legt er sich auf die Seite und wälzt sich nach Herzenslust.

Nun folgt eine Ruhepause. Bald erhebt er sich wieder in Sitzstellung. Dann zieht er nach einem Weilchen die Vorderhand hoch und steht ganz auf. Und nun beginnt das alte Spiel von neuem, er bewirft sich wieder mit Wasser, wenn man den grauen Brei überhaupt so bezeichnen darf. Natürlich sieht der Bursche nach solcher Toilette danach aus; überall kleckert der dicke Morast in schweren Tropfen herab.

Hinter dem Tümpel tummeln sich aber noch weitere Genossen umher. Es sind junge und alte Tiere, einzeln und in kleinen Gruppen verteilt. Immer mehr verschwimmen ihre grauen Massen mit der Umgebung, schnell wächst die Dämmerung und bald senkt sich die Nacht herab und verschlingt alles in ihrer Finsternis, Tiere, Sumpf und Ebene. Aber das herrliche Naturschauspiel lebt noch weiter in meiner Erinnerung. —

*

August 1911! Am östlichen Njera steht jetzt mein Lager für eine längere Jagd- und Studienzeit. Hier erreichte mich damals bei meinem ersten Durchmarsche die Mär von einem „Vierzahn-Elefanten", der ein Einzelgänger sein sollte. Sicher ein Märchentier! Es sollen zwar schon früher solche erlegt worden sein. Aber ganz gleich. Ich nehme mir vor, neben meiner malerischen Tätigkeit auch auf diese sagenhafte Erscheinung Obacht zu geben und ihr gegebenenfalls nachzuspüren.

Bereits am anderen Morgen erscheint der Jumbe und ein paar Eingeborene, die mir nochmals mit aller Bestimmtheit das Vorkommen des Vierzähners bestätigen. Was nützt es, wenn ich sie prüfe, ob sie etwa die Zähne eines dahinterstehenden Tieres dazugerechnet oder ein paar helle, geschälte Äste für Zähne gehalten haben, sie bleiben bei ihrer Aussage. Dabei versichert mir der Alte immer wieder von neuem, das Wundertier gehe stets allein, und er habe es erst unlängst am Flußufer, wo ich jetzt lagere, entlanglaufen sehen. „Sieh, bwana, so dick sind zwei Zähne", und damit zeigt er auf einen ziemlich starken Ast des Baumes, unter dem mein Zelt steht. „Und so dick sind die anderen zwei Zähne!" Das ist ein etwas schwächerer Ast. Um das Bild aber ganz vollkommen zu machen, spreizt er vier seiner langen, dürren Finger vor seinem Munde. Nun weiß ich ganz genau, wie das Fabeltier aussieht. Bereitwillig macht er sich auch erbötig, mich sogleich zur Fährte zu bringen; sie sei nicht sehr weit. Aber ich verabrede mich für den nächsten Morgen.

Mir geht doch das Ungeheuer den ganzen Tag nicht aus dem Sinne! Die wunderbarsten Pläne schmiedet meine Phantasie. Ich male mir aus, wie ich ihn zuerst erblicken werde. Na — und wo ich doch schon so manchen mit gutem Schuß umgelegt habe, warum sollte ich da gerade bei ihm Pech haben. Aus allernächster Nähe soll er die Kugel haben. Und wenn ich sonst keinen Schädel mitnehmen kann, der muß unter allen Umständen mit.

Der Mensch soll bekanntlich leicht von Dingen träumen, die ihn am Tage sehr beschäftigt haben. Auf einer Tropenreise, wo man doch stündlich neue, starke Eindrücke in sich aufspeichert, das Hirn also fortwährend arbeitet, wäre das erklärlich! Bei mir stimmt das nicht. Und doch habe ich diesmal etwas stark afrikanisch geträumt. Der Traum war kurz, ich kann ihn daher ebenso kurz wiedergeben:

Der Vierzahn ist tatsächlich zur Strecke gekommen! Er ist eine Kreuzung zwischen Elefant, behaartem Mammut, Nashorn und Triceratops, also eine veritable Dickhäuterausstellung. Die Leute tanzen wie verrückt um das Vieh herum, und ich diesmal mit. Dann wird der Schädel mit den meterlangen Zähnen weggeschleppt, und plötzlich sind wir damit vor meinem Hause in — Berlin. Aber das Ding will nicht durch die große Haustür gehen. Wir kanten und wirtschaften mit dem Monstrum wie wahnsinnig herum, da erscheint mein Wirt. Als er das sieht, schlägt er einen Heidenkrach — ich natürlich auch, und — — wach bin ich!

Schweißgebadet liege ich in meinem finsteren Zelt. Es ist wirklich Krach, denn draußen zanken sich zwei Leute, wer dran sei, Holz auf die Lagerfeuer zu werfen.

„Kele-e-e-e-le!" brülle ich dazwischen, und schlafe wieder ein.

— — — So habe ich das Wundertier doch gesehen, leider nur im Traume! Alle Mühen, die fürchterlichsten Strapazen waren umsonst! Und was habe ich alles versucht...

Später treffe ich einen Schutztruppenoffizier; er erzählt mir die gleiche Schauermär von dem „Vierzahn", und hat ihn natürlich auch nicht gesehen.

Und doch bin ich dem Fabeltier dankbar. Während der vielen Wochen seiner Verfolgung habe ich eine Unmenge Neues eingeheimst, was mir sonst nicht beschieden gewesen wäre. Hatte sie doch unter dem Einfluß meiner Begeisterung meine Leistungsfähigkeit von Tag zu Tag gesteigert. Morast und Sumpf, hohes Gras und Dickicht, nichts konnte mir den Weg verlegen.

Am ersten Tage, als ich hinter dem Wundertier her bin, wird es Mittag, ehe es mir gelingt, in einem von hohem Grase eingeschlossenen Sumpf eine zahlreiche Elefantenherde zu bestätigen. Hochstämmige Borassuspalmen lassen ihre graziösen Fächerkronen im leisen Winde pendeln. Tiefe Mittagsstille läge über der Szenerie, wenn die Elefanten nicht für das nötige Geräusch sorgten.

Ihr Schnaufen und Pusten sowie das eigentümliche Kollern ihrer Verdauungsorgane hat sie mir schon aus einiger Entfernung verraten. Ein schneisenartiger Wechsel führt zu ihnen. Soweit als tunlich benütze ich ihn bis zum Sumpfe. Großblättrige Wasserpflanzen stehen noch an den Rändern, in der Mitte aber hat die geschlossene Herde sie bereits zertrampelt und vernichtet.

Fast alle Tiere beschäftigen sich mit diesen Pflanzen. Aber man merkt es ihnen an, daß sie in erster Linie des Schlammes und Wassers wegen hier sind. Sie wollen sich kühlen und das lästige Ungeziefer vertreiben. Es gibt nämlich häufig Sümpfe, deren tiefere Stellen eine angenehme Kühle aufweisen; diese sind bei den Elefanten sehr beliebt. Auch jetzt glaube ich, daß dort drüben, wo sich die drei Tiere gelegt haben, eine solche kühle Stelle ist. Oder sollten sie etwa wieder krank sein? Bei ihrem jugendlichen Alter von 30—40 Jahren wären sie zu bedauern.

Zwei Drittel der Herde dürften weibliche und junge Tiere sein. Unter den anderen erblicke ich etwas von mir noch niemals Gesehenes: einen zahnlosen Bullen!

Welche Ironie! Dem sagenhaften „Vierzähner" zu begegnen, bin ich ausgezogen, und einen „Zahnlosen" sehe ich!

Wo oder wie mag er seine Stoßzähne losgeworden sein? Durch Altersschwäche etwa? Uralt sieht der Bursche aus! — Ob er sich legen wird? —

Die Eingeborenen sagen, sehr alte Elefanten haben mitunter keine Zähne mehr; sie seien aber äußerst gefährlich.

Bei einem von mir erlegten Einzahnelefanten konnte ich feststellen, daß er überhaupt an der kritischen Stelle keine Alveole (Zahnhöhle) besaß. Der Knochen bildete dort eine absolut geschlossene Masse, woraus zu schließen ist, daß er niemals einen linken Stoßzahn gehabt haben kann.

Der zahnlose Herr dort drüben scheint anders geartet zu sein. Er hält sich stets etwas abseits, wie bloß noch geduldet, und kommt mir vor wie so ein richtiges altes, gebrechliches Elefantengroßväterchen oder Urgroßväterchen. Die Stoßzähne hat er verloren, und die Backenzähne taugen wahrscheinlich auch nicht mehr viel. Was bleibt ihm also übrig? Einstens jung und hübsch, dann an leitender Stelle, und schließlich mürrischer Einzelgänger, solange es ging. Nun hat er sich wieder zur Herde geschlagen. Schälen kann er ohne Stoßzähne nicht mehr, was ihm doch stets ein großes Bedürfnis war, so denkt er, daß ihm auf andere Weise ab und zu eine saftige Baumrinde oder sonstiger Leckerbissen zufallen wird. Der Arme! Mißmutig wackelt er umher, und wie sieht er aus! Der Gang ohne jede Elastizität, steif die Glieder. In ungeheuren Falten hängt die Haut am Körper, wie markig ist sein Kopf geworden, wie eingefallen die Schläfen — — —

Wäre es nicht das beste, ihn zu erlösen? Schon der Wissenschaft halber, um zu sehen, ob er überhaupt jemals Stoßzähne gehabt hat, überlege ich. Nebenbei ist er im Körper der Kapitalste, dem ich jemals begegnete. Aber des Sumpfes wegen lasse ich es lieber, er würde mir zu tief wegsinken. Eben stellen sich auch andere vor ihn. Und was ist denn das — —?

Da kommt ja einer in den besten Jahren, der nur rechts einen dicken, aber kaum meterlangen Stoßzahn sein eigen nennt. Leider verliert er sich bald wieder im Gedränge, so daß ich ihn nicht eingehender beobachten kann.

Jetzt trotten zwei jüngere, aber doch schon ziemlich große Bullen hinüber zu den Palmen. Ein jeder von ihnen stellt sich an einen Baum. Der eine scheuert sich nur daran, der andere aber richtet sich am Stamme auf und sucht in der Krone nach den sehr beliebten Früchten. Diese faustgroßen runden Dinger kommen dann unverdaut in der Losung wieder zum Vorschein. Am Großen Ruaha, wo die Borassuspalme in großer Anzahl steht, fand ich in jeder Losung solche Früchte.

Die aufgerichtete Stellung hat mir bislang noch kein Elefant in der Freiheit vorgeführt; ich zolle daher im stillen dem jungen Herrn dort drüben meinen Dank. Er scheint aber leider nichts zu finden. Eben reißt er einen Wedel herunter, der nun dafür büßen muß.

Da lacht einer meiner rückwärts hockenden Leute laut auf — —

Sofort machen die Elefanten kehrt; die mir am nächsten stehenden winden noch in aller Eile, dann geht's mit lautem Patschen, daß es nur so spritzt, von dannen. Leer und öde liegt der Morast vor mir.

Und was war los? — Ein paar Warzenschweine hatten meine Leute von rückwärts angelaufen, worauf ein Kerl in seiner Gedankenlosigkeit natürlich laut aufbrüllen mußte. Ich habe mich eben bei ihm bedankt.

Von den Tsetsefliegen wieder mal bis aufs Blut gepeinigt, führt mich eines Tages die morgens zeitig aufgenommene frische Fährte gegen Mittag glücklich an einen Fluß. Es waren erschöpfende Irrwege, die ich in dem Pori gegangen war. Am Ufer angekommen, sehe ich auf den ersten Blick, daß mein Urian über den Fluß gegangen.

Durch den dichten Busch führt ein alter Elefantenwechsel und geht vom oberen Uferrande etwa 5—6 Meter ziemlich steil zum Wasser hinunter. Im weichen Erdreich der Böschung sind die tiefen Eindrücke vom Hinabrutschen des Tieres deutlich zu sehen. Ebenso kann man drüben die Spuren des Anstieges erkennen. Und der Fluß ist tief, durchschreiten läßt er sich nicht!

So habe ich hier wieder einmal den klaren Beweis, daß Elefanten tiefe Gewässer ohne weiteres durchschwimmen. Wie nun aber folgen — jede Minute ist kostbar!

Auch schwimmen? Wie die Gewehre trocken hinüberbringen und von den vielen — Krokodilen nicht bewillkommt werden!

Ein Eingeborener sagt, er glaube nicht allzu weit ein „tumbi" — Boot — zu wissen.

„Hole es — wir warten hier!"

Indessen setze ich den anderen Eingeborenen in einen Baum, damit er auf unserer Seite steppenwärts Ausschau halte. Meine Leute und ich bleiben im Schatten des Uferwaldes.

In dem angenehmen Halbdunkel und bei der schwülen, siedendheißen Luft überkommt mich große Müdigkeit. Bald schließe ich die Augen, der Gedanke geht mir noch durch den Sinn: treibst du die Strapazen nicht doch zu weit — — soll ich — — — —

Da legt sich leise eine Hand auf meinen Arm. „Uko mamba mkubwa, bana" — Herr, dort ist ein großes Krokodil! — Ich winke dem Mann ab, ich will keinen Schuß abgeben, der Elefant könnte drüben doch noch stehen. — Ich bin wieder frisch.

Aber viel zu beobachten ist indessen nicht. Irgendwo haben Schreiseeadler aufgebaumt; in Zwischenräumen ertönt ihr wohlbekannter Ruf. Ab und zu huschen bunte Königsfischer über die lehmfarbene Wasserfläche.

Leise plätschert es, es wird immer deutlicher — wahrhaftig, der Mann mit dem „tumbi" kommt! Die scharfe Strömung bringt ihn schnell heran. Allerdings sind indessen einundeinehalbe Stunde verflossen, aber glücklicherweise nicht umsonst. Mit wenigen Stößen sind wir am anderen Ufer. Das Wasser ist tief, hier konnte der Elefant nur schwimmend hinübergekommen sein. Das Boot lasse ich an dieser Stelle.

Wo der Dickhäuter mit Leichtigkeit hinaufgeturnt ist, müssen wir tüchtig kraxeln. Oben führt die Fährte etwa 100 Meter nach links im Ufergebüsch entlang, dann biegt sie nach rechts ins hohe Gras ab. Nach weiteren dreiviertel Stunden stehen wir plötzlich vor einem ausgedehnten Sumpf. Er ist von Elefantenspuren total zertreten und wimmelt von Moskitos. Man kann sich kaum retten vor ihnen. Kreuz und quer führt die Fährte. An einer Stelle hat er gelegen. Deutlich ist die Mulde und sogar die Hautstruktur des Tieres zu erkennen.

Was ist das hier für ein unergründlicher Morast! In diesen Faßlöchern oder Lochfässern gehen zu können, müßte man Akrobat sein. Tritt man nicht äußerst vorsichtig von Rand zu Rand, sitzt man rettungslos in der grauen Tunke.

Auch das war überstanden!

Elefanten-„Gras" hat uns wieder in seinen barbarischen Schutz genommen. Bleiern der Himmel. Keine Wolke, aber auch kein Blau. Alles atmet Hitze, unheimlich bedrückende Backofentemperatur.

Knapp hundert Meter mögen wir uns durchgekämpft haben, da — was ist denn los — stürmen plötzlich ganz nahe mehrere Elefanten an uns vorüber. Waren es fünf oder sechs — wir wissen es nicht, so schnell ging das alles. Aber ihre Richtung war der Sumpf. Wind konnten sie eigentlich nicht bekommen haben. Weg sind sie — also weiter!

Ja weiter! Es geht hier viel weiter, als es mir und uns allen lieb ist. Und von einem Baume aus ist nichts von Elefanten mehr zu sehen. Aber Schweine — Schweine — wohin man auch blicken mag!

Verärgert nehme ich die Fährte wieder auf. Nun macht sie einen Bogen — sie führt nach dem Fluß zurück! Soll man so etwas ruhig hinnehmen? Dazu das stakige, stachlige Uferdickicht, wo einem die wenigen leichten Kleidungsstücke einzeln vom Leibe gerissen werden. Diesem Dickhäuter hat es aber offensichtlich Spaß gemacht, hier einmal durch dick und dünn zu „wandeln"!

Im Morast.

Verschiedene hundert Meter bin ich, immer mehr errötend, seinen Spuren gefolgt, da führen seine großen Tapfen wieder die Böschung hinunter, zum Wasser, und — das übrige wie vorher, nur leider an ganz anderer Stelle.

Da stehe ich nun! Und bis das „tumbi" kommt, mache ich mir meine Gedanken über die Spaziergänge eines Dickhäuters. Eine Ewigkeit vergeht, ehe das Boot kommt, aber es kommt, und bald sind wir wieder drüben am heimischen Ufer. Sogleich wird von einem Baume Ausschau gehalten. Weit und breit kein Elefant zu sehen . . . In der Nähe stehen nur: zunächst die unvermeidlichen Schweine, dann Wasserböcke, ein Riedbock, und in größerer Ferne Büffel.

Nur noch ein kleines Stückchen verfolge ich die Fährte, dann sage ich zu meinen tapferen Genossen, die den ganzen Tag jeden Schritt mit mir getreu geteilt: „bassi leo" — Schluß heute! Wie glänzen da die schwarzen Gesichter, und noch mehr, als ich erkläre, mit dem Boote fahren zu wollen.

Fahren — sitzen — wie wohl das tut! Dabei ziehen die herrlichsten Flußszenerien an mir vorüber. Mächtige Walddickichte, Palmengruppen, riesenhafte, überhängende Bäume, unterspülte und weggeschwemmte, die mit allerhand Schmarotzergewächsen und Lianen bewachsen und verflochten sind. Auch viele Tränken, wo gleichfalls Spuren vom Durchschwimmen der Elefanten zu sehen sind. Oben auf einem abgestorbenen, sehr hohen Baume stehen zwei Schreiseeadlerhorste in den entblätterten, höchsten Zweigen. Gegen den schon etwas dämmerigen, östlichen Abendhimmel hebt sich der eine Adler hell und grell ab. In langen Sätzen springen reizende Meerkatzen über die den Fluß überdachenden Bäume. Dann gucken sie neugierig zu uns herüber und herunter. Leider bricht der Abend viel zu schnell herein, aber auch die Dunkelheit mit ihrem geisterhaften Licht und Schatten bringt mir anregende Motive. —

Es zieht mich wieder nach dem Flusse. Fast dort angelangt, finden wir einen alten Löwenriß — eine weibliche Rappenantilope. Bei dessen Besichtigung schreckt uns plötzlich ein Plätschern vom Flusse aus unseren Betrachtungen — Nilpferde?

Wir horchen und schleichen weiter, das müssen Elefanten sein! Aber wir können vor Buschwerk nichts sehen. Und nirgends ein Zugang. So bleibt mir nichts anderes übrig, als an der Stelle, wo das Geräusch zu mir heraufdringt, zu versuchen, durchzubrechen. Alles unnütze Zeug, Hut, Gewehr und auch die Leute lasse ich draußen.

Ist das ein Gemüse! Alle Augenblicke muß ich stoppen, um das unvermeidliche Knacken und dessen Folgen zu belauschen. Und der Wind ist auch nicht besonders. Beinahe bin ich heran, da streichen ein paar große Reiher ab. Sofort stoppe ich wieder; noch lautloser, noch vorsichtiger kann sich kein Mensch anpirschen. Nun noch schnell ein paar Schritte vor, dann kann ich durch einige Spalten im Laube hindurchsehen. Und richtig, ich sehe und kann gar nicht genug sehen.

Auf der Sandbank zur Rechten steht ein Elefantenbulle — kapital! Ich möchte nach der Büchse schreien, schreien vor Ärger, daß ich in meiner großen Vorsicht so unvorsichtig war, sie nicht mitzunehmen.

Zwei andere Stücke steigen gerade aus dem Wasser. Ein zweiter Trupp steht nach links, wo das Wasser bedeutend tiefer ist. Es läßt nur ein Drittel ihrer Körper frei.

Alle Elefanten bewegen sich nun unruhig hin und her; sie winden nach meiner Richtung und haben sicher Wind von mir bekommen. Natürlich — da gehen sie auch schon in wilder Flucht durch das hoch aufspritzende Wasser ab und stürmen das jenseitige Ufer hinauf. Sogleich hat sie der Busch drüben verschlungen. Die Sache ist verplempert . . .

Schade, jammerschade! Ein riesig interessanter Anblick war das doch, aber zu kurz, viel zu kurz! Ja — meine Modelle hier lassen sich nicht bitten . . .

War gestern mein Weidmannsheil ohne Büchse nicht zu erzwingen, so hoffe ich heute auf meinen guten Stern.

Seit fünf Stunden streife ich wieder umher. In jeden Winkel habe ich geguckt, und bis jetzt lediglich Antilopen zu Gesicht bekommen. Das sieht nicht gerade hoffnungsvoll aus! Ziellos wende ich mich einem etwa 400 Meter entfernten, licht bestandenen und niedrigen Berge zu. Meine Stimmung ist etwas gleichgültig; ich will ein wenig rasten, und vor allem dort oben Ausschau halten.

Es war wieder nichts! Ruhen jetzt? Nein! Unschlüssig stehe ich noch da und berate mit meinen Leuten, welche Richtung ich am besten einschlagen soll. Dabei lasse ich meine Blicke über die Steppe schweifen und sehe plötzlich in ein paar Hundert Meter Abstand fünf Elefanten hinter einigen Bäumen hervorkommen. Dort müssen sie gut gedeckt gestanden haben, sonst hätte ich sie vorhin schon mit dem Glase entdeckt.

Nun zeigt mir mein Trieder, daß es sogar fünf Bullen sind, die nach links im Bogen entlang ziehen. In ihrer Wegrichtung stehen auf 2—300 Meter wieder einzelne Baumparzellen, denen sie augenscheinlich zustreben. Der Wind steht gut, drum warte ich noch etwas und überschaue den Plan.

Richtig — sie ziehen nach den Bäumen. Bei dem am weitesten nach links stehenden stellen sie sich ein. Dort ist das Gras ringsherum niedriger als bei den anderen Bäumen. Nun nach!

Büsche und Sträucher gewähren ein gutes Anpirschen. Bis 15 Meter komme ich bequem heran, es ginge sogar noch näher. Aber das wage ich nicht; es scheint mir, sie wollen wieder weiter. Außerdem steht der Kapitalste fortwährend mit seinem Kopfe hinter einem anderen Bullen und wackelt dabei hin und her. Endlich tritt er hervor und an die Spitze, hält aber immer noch nicht still. Ein sauberer, tödlicher Kopfschuß ist bei dem unablässigen Auf und Ab ganz unmöglich. Zu gern möchte ich ihn aber in dem niedrigen Grase und unter den Bäumen liegen haben. Aber wie ich auch ziele, er steht ganz breit, seine vertrackte Bewegung ist für den kleinen Hirnfleck zwischen Licht und Gehör denn doch zu schnell. Es ist beinahe, als wenn der Bursche wüßte, was ihm zugedacht ist und sich nun bemühte, das Ziel zu verwackeln. So entscheide ich mich für einen Blattschuß, bei dem er zwar auch nicht an dem gewünschten Fleck fallen, aber doch zur Strecke kommen wird.

Noch ein paar Minuten habe ich geduldig gewartet und beobachtet; er gibt den Wackeltanz nicht auf — also hinaus mit der Kugel!

Mit dem Kugelschlag stiebt eine kleine Staubwolke vom trockenen Schlammpanzer der Haut. Im selben Moment rast der Bulle mit furchtbarem Trompeten im Bogen nach links um mich herum. Auch ein zweiter Schuß erreicht sein Blatt, dann ist er im hohen Grase verschwunden. Die andere Gesellschaft schwenkt seitlich nach der Anhöhe ab.

Sofort rennt der Führer zum nächsten Baum. Schnell wie eine Katze ist er oben. Nun ruft er laut und freudig erregt, nach dem beschossenen Flüchtling zeigend: „anguka — anguka, amekufa" — er fällt, er fällt, er ist gestorben! Das grausige Gebrüll ist in der Ferne verstummt. Der Mann stürzt vor Freude beinahe vom Baume.

„Zurück!" rufe ich, „er könnte noch nicht verendet sein! Bleib' auf dem Baum und gib Obacht, ob er etwa wieder hoch wird und nach welcher Richtung er sich schlägt. Ich gehe indessen unter Wind an ihn heran. Winke ich mit meinem Hut, kannst du nachkommen."

Ungefähr 50 Meter war der Recke gegangen. Da liegt er vor mir — verendet.

Ist es nun Zufall, daß auch dieser, wie alle meine bisher erlegten Elefanten, auf der rechten Seite liegt? Das ist doch sehr merkwürdig, und wie ich mir auch den Kopf darüber zerbreche, ich kann zu keiner Erklärung kommen. Vergegenwärtige ich mir ferner alle bislang gesehenen Photographien erlegter Elefanten anderer Jäger, so liegen sie auch dort größtenteils auf der rechten Seite. —

Nun habe ich eben zwei Träger und einen der Eingeborenen nach dem Lager gesandt, um Leute zu holen. In der Zwischenzeit will ich einige Messungen vornehmen.

Um die Höhe des Kolosses festzustellen, stecke ich an der Mitte des Widerristes und an der Sohle der Vordertritte, die glücklicherweise gerade ausgestreckt sind, einen Stock und einen Speer in den Boden. Dann ziehe ich eine Schnur zwischen diesen beiden Stäben und richte sie im Winkel aus. Diese Schnur im Lager nachgemessen, ergibt das Maß von 3,29 Meter.

In recht verschiedenem Verhältnisse steht merkwürdigerweise der Umfang des Trittes zur Gesamthöhe des Elefanten. Dieses Stück hier lebte z. B. auf zu „kleinem Fuße" im Verhältnis zu seiner Größe. Auch den Leuten fällt das auf; sie sagten sofort: „kama toto" — wie ein Junges. Mein zweitgrößter Elefant hatte ungleich größere Tritte; dabei maß er 3,11 Meter Schulterhöhe. Deshalb kann man die größten Täuschungen erleben, wenn man bei einer verfolgten Fährte auf einen stärkeren oder schwächeren Elefanten schließt. Da hat mich eine andere Beobachtung niemals getäuscht: die Größe der Losung! So wie ich sie angesprochen, so war auch stets das Tier. —

Eine Stunde ist noch nicht vorüber, da hören wir lautes Rufen und Schreien aus der Richtung, in der die Leute weggegangen waren. Meine Leute antworten natürlich sofort kräftig. Aber ich wundere mich, denn es ist ja kaum möglich, daß sie schon zurück sein können. Das Lager ist weit. Unter ständigem Antworten kommt das Rufen immer näher, und schließlich taucht zu meiner Überraschung der abgesandte Eingeborene allein wieder auf.

Er ist ganz atemlos. In größter Aufregung erzählt er — ich werde zuerst gar nicht klug aus dem Schwall —, sie hätten alle drei ihren Weg gradwegs durch die Steppe genommen. Da seien sie plötzlich von zwei Elefanten angegriffen und verfolgt worden. Während er mit einem Satze beiseite gesprungen sei, wären die beiden Träger vorwärts gerast, und die Elefanten hinterdrein. In ihrer Angst seien sie dann in wilder Hast auf einen Baum geflüchtet. Nun schreien sie dort, aber die Elefanten gehen nicht von dem Baume weg. Ich möchte doch schnell kommen; es seien zwei sehr „große" Tiere — —

Wie ich das alles höre, denke ich: ob das Baumklettern wohl das richtige war? Ich möchte fast lachen über die Erzählung, trotz der Schattenseiten dieses Zwischenfalles. Stehe ich doch nun mit meinem erlegten Elefanten da und kann am heutigen Tage die

Die Dublette.

Zähne nicht mehr bergen. Doch hier gibt es kein langes Überlegen. Ich lasse vorläufig die paar Leute bei meiner Beute zurück und eile in Sturmschritten mit dem Eingeborenen nach dem belagerten Baume.

Wie Lokomotiven pustend, kommen wir nach einer Stunde an. Ich, mit meiner schweren Büchse und dem Patronengurt, war natürlich nicht so schnell wie ein Eingeborener, der, nackt wie er ist, springt wie eine Antilope. Von weitem sehe ich die beiden Unglücksraben schon oben in dem Baume als dunkle Punkte und, etwa 15 Meter davon — — zwei wirkliche Elefanten!

Den Zähnen nach scheinen es mittlere Bullen zu sein. Mit leidlichem Wind komme ich auf 25 Meter heran. Soll ich denn überhaupt schießen? Vielleicht genügt ein Schreckschuß zum Vergrämen auch, denke ich.

Da dreht sich der Stärkere um — er muß mich doch wegbekommen haben —, und im Augenblick greift er an. Ein günstiger Kopfschuß wirft ihn im Feuer zusammen. Das nimmt sein Kumpan aber ganz höllisch krumm. Im selben Moment kommt auch er wütend auf mich zu. Auf etwa 5—6 Meter hat er meine Kugel im Schädel.

Einen Augenblick bleibt er kopfschüttelnd stehen, brüllt ganz furchtbar und schwenkt dann im Bogen nach dem Baume ab, auf dem die Kerle sitzen. Schon habe ich wieder geladen und er bekommt noch einen Blattschuß und einen hinter das Gehör, wie er sich gerade vor den verendeten Genossen stellt. Da bricht er zusammen. Nun liegen sie beide so zusammen, daß der letztgeschossene Vordere seinen Wedel auf die Vordertritte des dahinterliegenden erstgeschossenen Tieres gelagert hat. So sieht die Gruppe beinahe aus, als hätte ich künstliche „Strecke" gelegt.

Eine Dublette, aber eigentlich unbeabsichtigt! Und meine beiden Helden? Sie bequemen sich erst von ihren Bäumen herunter, als ich an die Elefanten herantrete und sie kräftig auf den Körper klatsche. Namentlich der eine Kerl mag wohl von Hause aus der größte Hasenfuß sein. Er hat anscheinend unter der Attacke gelitten. Stieren Blickes und an allen Gliedern zitternd schleicht er zaghaft herbei. Unsereins mit der sicheren Mordwaffe in der Hand hat da gut lachen. So ein armer Teufel aber, und nichts in den Händen — — soll er da etwa noch den Kaltblütigen spielen? Ich glaube, ohne seine Flinte würde sich hier der Weiße vielleicht noch nicht einmal so geschickt benehmen wie er.

Der andere Träger erzählt aber dafür doppelt soviel. Er schildert mir nun lang und breit nochmals den ganzen Vorfall. Da die Elefanten ihnen hart auf den Fersen waren und sie glaubten, in dem zum Teil recht hohen Grase nicht schnell genug flüchten zu können, erkletterten sie einen der Bäume. Nach wenigen Augenblicken waren die Tiere hart am Stamme. Sofort umliefen sie ihn schnell, dann scheuerte sich der eine derartig am Baume, daß sie oben Mühe hatten, sich festzuhalten, um nicht herabgeschüttelt zu werden. Schließlich blieben sie eine Zeitlang stehen, bummelten auch mehrmals um den Baum und begaben sich dann nach der Stelle, wo ich sie angetroffen.

Mein Abspüren hat mir eben diese Angaben vollauf bestätigt. Nun ist mir bloß noch ein Punkt dunkel. Warum haben die beiden starken Tiere den nur 80 Zentimeter dicken Stamm nicht einfach gefällt? Das wäre doch wahrhaftig für diese beiden Attentäter ein Kinderspiel gewesen! Sie hätten auch, wenn sie nur wollten, mit ihren Greifern die

beiden Knaben leicht vom Baume schütteln können. Die Bosheit war also wohl noch nicht so groß gewesen.

Doch nun muß ich an den Heimweg denken, der Marsch zum Lager ist nicht gerade kurz. Die Elefanten mögen liegen bleiben bis morgen.

Ohne jeden Aufenthalt geht's im flotten Tempo heimwärts.

Am Westhimmel haben sich schwarze Regenwolken zusammengeballt. Bald ist das ganze Himmelsgewölbe überzogen. Nun regnet es Bindfaden, lang und ergiebig. Es war ein siedend heißer Tag heute und der Strapazen gerade genug. Darum empfinde ich diese Dusche als ein wahres Labsal. Und ich koste es aus, im Handumdrehen bin ich durch bis auf die Haut. Ich Genußmensch freue mich sogar schon auf das meiner im Zelt wartende erfrischende Bad. Und noch ganz andere Gelüste habe ich!

Hat mir doch ein gönnerhaft veranlagter Herr eine Anzahl Viertelflaschen „Knallkümmel" vulgo Pommery zum Tottrinken meines eventuellen Großwildes mitgegeben!

„Solange der Vorrat reicht", stellt nun mein dienstbeflissener Koch Hassan mit dem ihm eigenen Riecher regelmäßig in weiser Vorahnung des gehabten Weidmannsheils ein „kichupa" — Fläschchen — kalt. Das wird im Pori immer so gemacht:

An einer meterlangen Schnur wird die Flasche an irgendeinen luftigen Ort gehängt und mit einem nassen Lappen umwickelt, der von Zeit zu Zeit frisch begossen werden muß. Durch das Verdunsten des Wassers beim Hin- und Herpendeln im Winde kühlt sich die Flasche ganz bedeutend ab. Weht aber der Wind nicht, so muß der Apparat ab und zu einen künstlichen Stoß bekommen.

Solche Windstille zeitigt dann merkwürdige Folgen. Mein „Herr" Koch findet nämlich diese Tagelöhnerarbeit des Abstoßens als unter seiner Würde stehend. Darum engagiert er „seinen" Boy dafür, oder er angelt sich einen meiner Träger und behält nur die Oberaufsicht. Versäumt nun der betreffende einmal den Zeitpunkt, die Flasche wieder in Gang zu bringen, so ruft er gleich mit seinem zweizüngigen Sprachschatz: „Du Zwein, haya, haya, fanyiza kazi yako" — du Schwein, schnell, schnell, tue deine Arbeit!

Dann bekommt die Flasche sofort ihren kräftigen Schubs, und der Alleruntertänigste stottert: „ndio, bana“ — ja, Herr! —

* * *

Eines Tages — ich sitze in meine Arbeit vertieft — ruft mir plötzlich der hinter mir auf hohem Baume sitzende Mann zu: „Herr, da unten sind ein paar ganz kolossale Elefanten!“

„Wie starke Zähne haben sie?“

„O, so stark wie mein Oberschenkel; vielleicht noch stärker!“

Daraufhin steige ich bis zur ersten Astgabel und sehe mir die Riesen an. Ja, zwei starke Elefanten sind es, aber nach meiner Meinung nicht entfernt so stark wie meine letzten.

So gut es geht, versuche ich dem Manne auseinanderzusetzen, daß das „pembe“ — Elfenbein — in natura, also wenn wir den Elefanten z. B. ganz nahe sehen würden, nur halb so dick ist, wie er es jetzt sieht. Ich erzähle ihm etwas von Täuschung durch das intensive Sonnenlicht, aber das ist zuviel für ihn. Er sieht es mit seinen Augen eben so dick! Und er hat von seinem Standpunkte aus nicht unrecht.

Den gleichen Vorgang kann man auf Photographien beobachten, wo die hellen Zähne durch ihre starke Lichtausstrahlung eine geradezu unmögliche Dicke vortäuschen. Das gleißende Licht der Tropen schafft überhaupt die wunderbarsten Erscheinungen. So können sich in der glühenden Mittagshitze die Stoßzähne von Elefanten in weiter Ferne wie Schlangenlinien bewegen. Jeder Baum und jeder Gegenstand bewegt sich eben in der zitternden Luft, und die Rückenlinien von Antilopen oder Büffeln können aussehen wie tanzende Wellblechlinien. Die Drehungen von Gehörnen bekommen scheinbar Leben und sind in steter Bewegung.

An einem weit übersichtlichen Sumpfe steht ein merkwürdiger Einzelgänger. Sein sichtbares rechtes Gehör gleicht derartig dem des indischen Vetters, daß ich schon glaube, eine „neue Art“ entdeckt zu haben. Wie ich mich am Rande des hohen Grases anpirsche, macht er Miene, sich niederzutun. Deshalb entschließe ich mich, ihm auf 35 Meter schnell einen Blattschuß anzutragen.

Laut trompetend dreht er sich einige Male im Kreise. Als er die zweite Kugel bekommen hat, geht er, was ich noch bei keinem Elefanten beobachtet habe, etwa 40 Schritt in gerader Linie langsam rückwärts, taumelt und stürzt in sitzender Stellung zusammen.

Das beigegebene Bild zeigt am besten die eigenartige Ohrbildung. Der umgebogene Rand war so steif, daß es mir nicht gelang, das Gehör in seine normale Lage zurückzubringen. Ich konnte aber so viel sehen, daß es in der äußeren Form und auch in der Größe nicht dem anderen glich.

Wie ich nun meiner Freude darüber Ausdruck gebe, daß der Elefant nicht weit gegangen und so günstig gefallen sei, meint einer der Leute: „bana, du müßtest wie andere Jäger den Elefanten ins Vorderbein, da, ins Knie schießen, dann kann er nicht von der Stelle.“

Aber ich denke mir mein Teil dazu, denn diese unweidmännische Art ist mir leider von vielen bekannt. Diese unerhörte Wildschinderei kann nicht genug gegeißelt werden.

Es ist schon schlimm, wenn manches Wild durch besondere Umstände nicht sogleich im Feuer liegt und wenn es einer längeren Nachsuche bedarf, um es von seinen Schmerzen zu erlösen. Wieviel mehr verdammenswert ist da das absichtliche Krankschießen, nur damit der ehrenwerte Herr „Jäger" nicht etwa der geringsten Gefahr ausgesetzt sein könnte. Wir Deutsche haben ein sehr treffendes Wort: Aasjäger!

Durch mein Glas beobachte ich eines Tages in der Ferne einen flüchtigen Elenbullen, der nur ein Horn trägt, und ich überlege, ob es sich lohnt, ihn anzupirschen.

Das Glas noch am Auge, schiebt sich plötzlich hinter einem Busche ein Elefant hervor.

Schnell sinke ich ins Knie und raune meinen Leuten zu, hier am Busche zurückzubleiben. Mit dem Gewehrträger krieche ich nun näher, immer näher, bis zu dem kleinen Strauch. Dort will ich bleiben. Denn der Elefant steht noch an derselben Stelle in der Nähe seines Busches. Er dreht sich mehrere Male um seine Achse und trompetet dazu sehr schrill. Schwapp — wirft er sich auch eine Ladung Staub um seine klappenden Gehöre. Nun stampft er wie rasend mit den Tritten, geht abwechselnd rück- und wieder vorwärts. Und abermals dreht er sich, wirft sich jetzt gar auf die Knie und bohrt die Zähne in den Boden. Dann kommt eine kleine Ruhepause; er spielt nur noch den Wackeltopf. Ich bin überzeugt, das arme Tier plagt irgend etwas. Nie habe ich einen so unruhigen — einzelnen — Elefanten beobachtet.

Nach Emin Paschas Motto: „Und wenn es glückt, so ist es auch verziehn", krieche ich noch ein paar Meter näher.

Abermals macht der Bulle eine Drehung, die ich sofort benütze, um mich günstiger zu stellen. Na — wenn er so zappelig bleibt, wird es faul mit dem Kopfschuß! Nun kann ich auch sehen, daß er vor gar nicht langer Zeit ein Schlammbad genommen haben muß. An den Körperseiten ist noch alles feucht.

Plötzlich stellt er sich spitz. Diese einzige Sekunde des Verhoffens nehme ich wahr und setze ihm die Kugel auf den Rüsselansatz.

Im Feuer bricht er zusammen. Darauf ein kaum hörbares Kollern, und dann — tiefste Stille.

Wie ich noch lausche, höre ich hinter mir lautes Sprechen. So eine Bande! Die Leute krazeln vom Baume, von dem aus sie mein Tun und Treiben beobachtet haben. Der liegt — denken sie — nun können wir getrost kommen! Dabei vergessen sie ganz, daß sie erst gerufen werden müssen. Wütend drehe ich mich um und mache ihnen durch Zeichen begreiflich, dort zu bleiben und sich zu ducken. Ein Kerl ist bereits unten; er hört und sieht nichts, er schwatzt ruhig weiter. Ist mir so was schon vorgekommen? Die Bande wird übermütig.

Nur wenige Augenblicke waren es, in denen ich mich, nach rückwärts gewendet, mit der Gesellschaft ärgere, da wird mein Elefant doch — wieder hoch und — wie! Heidi —!

Bloß einen Augenblick sehe ich ihn im hohen Grase verschwinden. Zwei Schüsse werfe ich noch nach, sie können naturgemäß keine edlen Teile treffen, sie waren völlig unnütz und machten ihm nichts — —

Mit der beruhigenden Friedenspfeife im Munde stehe ich nun am Anschuß. Schweiß sehr viel, auch frische Losung. Mein Schuß hatte also infolge der geringen Kopfbewegung doch nicht so ganz gut gesessen; aber er ließ ihn wenigstens zusammenstürzen. Krank ist er zweifelsohne, und futsch — vielleicht! Lange überlegen hat hier gar keinen Zweck. Nach, und das so schnell wie möglich! Zur Strecke kommen muß er — elf Uhr vorbei — also Zeitmangel keine Ausrede.

Über die Nachsuche fasse ich mich am besten ganz kurz. Wollte ich alle Einzelheiten schildern, es würde endlos werden. Unglaublich waren die Anstrengungen. Zuerst viel Schweiß, dann immer weniger, bis er mitunter im hohen Grase ganz verschwand. Das geht so fünf Stunden lang ohne Pause. Vom Elefanten natürlich nichts zu sehen.

Da mache ich endlich einen Augenblick halt und schicke einen Mann zum Ausguck auf einen links befindlichen, etwa 20 Meter entfernten Baum. Indessen gehen wir — ausnahmsweise ein Mann vor mir — im hohen Grase auf der Fährte langsam weiter. Nicht zehn Meter sind wir gegangen, da ertönt ein lautes Krachen und Brechen, wildes Pusten und Schnaufen. Wie eine verrückt gewordene Dampfwalze kommt in rasender Fahrt der Elefantenbulle auf uns los. Der Mann macht einen Sprung, fliegt aber der Länge nach hin. Dabei kommt er unter den Elefanten zu liegen, wirft sich mit aalartiger Geschmeidigkeit herum und gelangt auf der anderen Seite wieder auf die Läufe.

Ich bin stehen geblieben. Im Nu erhält er beide Schüsse. Das Tier rast so nahe an mir vorbei, daß ich knapp meinen Arm hätte ausstrecken können. Im nächsten Augenblick ducke ich mich auch schon, sonst bekäme ich von dem dicken, mit maßloser Wucht herumgeschleuderten Rüssel eine Ohrfeige, die wohl für alle Zeiten vorgehalten hätte. Es schien, als wollte er mich fassen oder mir zum mindesten eins versetzen. Dabei erhalte ich aber doch eine Dusche Schweiß von oben bis unten. Das ist zwar nicht appetitlich, aber immer noch annehmbarer als so eine kräftige Rüsselohrfeige.

Das alles ist das Werk weniger Sekunden. In mächtiger Fahrt ist der Bulle vorbei. Aber ich glaube bestimmt, daß er wenden wird und lade sofort wieder. Weit kann er nicht mehr flüchten.

Also wieder nach — ohne Zaudern!

Nach einigen Minuten sehe ich ihn wieder. Er steht in der Nähe eines Baumes. Heran — ich gehe in Anschlag und erlöse ihn im selben Moment durch einen tödlichen Gehörschuß von seinen Schmerzen.

Das war ein harter Kampf! . . . Ich atme auf . . .

Wie ich an ihn herantrete, wird mir auch sogleich sein anfänglich beobachtetes Benehmen erklärt. Sitzt doch das Tier voll — bepflastert — voller Zecken!

Was muß der Arme durch diese Peiniger gelitten haben; sie müssen ihn ja zur Raserei getrieben haben. Wohl jeder meiner erlegten Elefanten hatte an seinem Körper reichlich Schmarotzer sitzen, aber eine derartige Zahl hätte ich nie für möglich gehalten.

Zwischen den Vordertritten, am ganzen Bauch, den Weichteilen, an den Gehörmuscheln, kurz überall sitzen die zum Teil vier Zentimeter langen, bohnenförmigen, ekelhaften „Holzböcke" — ihre Namen kennt nur der Wissenschaftler — fest wie die Kletten. Es sieht äußerst widerlich aus. Hier bedaure ich es ganz besonders, daß ich kein großes Spiritusglas besitze, um einen Fetzen mit solchen Biestern bespickter Bauchhaut mitzunehmen.

Nach diesem Beispiel — und anderen — wird man also nicht fehlgehen, wenn man so manches sonderbare Gebaren der großen Dickhäuter auf das Konto solcher Schmarotzer setzt. Man denke nur einmal darüber nach, welch unsägliche Qualen der hilflose Riese durch diese Blutsauger auszustehen hat, und daß er zur Abwehr nur das Suhlen im Morast, Bewerfen mit Erde oder Peitschen mit Laub und Ästen besitzt. Aber das sind überhaupt keine Abwehrmittel, das sind lediglich Angstprozeduren. Wenn man sieht, wie entsetzlich fest diese Zecken sitzen — man kann sie nur mit großer Gewalt abreißen — und welche Lebenszähigkeit sie haben, so erkennt man sofort, daß es kein Abwehrmittel geben kann. Nur etwas Milderung konnte sich der arme Dickhäuter durch seine harmlosen Bemühungen vortäuschen

Kunst- und andere Enthusiasten

Ein „kampi" weit draußen in wasserloser Steppe.

Eben ist ein Trupp Eingeborener vom Stamme der Wagogo eingetroffen. Sie bringen mir Lebensmittel und Wasser für meine Leute. Es ist ein bunter Schwarm aus Männern, Frauen und Kindern. Besonders die Männer tragen bunten, vorherrschend blauen Perlenschmuck um den Hals. Den Ober- und Unterarm umspannen dicke Holz- und Elfenbeinringe. In den Ohrläppchen stecken faustdicke, runde, längliche Holzpflöcke. Das ausgiebig mit brauner Erde gefärbte Haupthaar hängt in vielen dünn gedrehten Zöpfchen herunter. Gleichfalls mit Erde gefärbt ist der dürftige, über die Schulter fallende Lappen.

Und die Damen — sie zeichnen sich durch noch deutlichere Abwesenheit eines „Kleidungsstückes" aus. Manche trägt aber ein Fell auf dem Rücken, in dem der kleine Sprößling ruht. Das Köpfchen zur Seite geneigt, ein paar lange Tränen an den Nasenlöchern, von vielen Fliegen belästigt, schläft er den Schlaf des Gerechten. Nichts vermag seine Träume zu stören. Welche Bewegung die Frau Mama auch machen mag, ob sie geht, ob sie Hirse stampft oder auf dem Felde hackt, alle diese Bewegungen haben wohl nur die gleiche Wirkung wie unser gottlob längst aus der Mode gekommener Gehirnschaukelkasten, die Wiege.

Die ältere, heranwachsende Jugend drückt sich, zumeist einen der nicht sehr sauberen Finger im Munde, in schamhaft verlegener Psychenstellung hinter die wohlbeleibte Mama und guckt dann erstaunt hervor.

So sticht in allem dieses Urvolk — meine Leute nennen sie herablassend „washenzi", soviel wie Buschneger oder Wilde — von meiner Gesellschaft durchaus ab. Man sieht diesen Wilden sofort ihre Ursprünglichkeit an.

Nun haben sie alles niedergelegt und sollen ihren Obolus erhalten. Ich habe auch noch etwas Schnupftabak. So bekommt jeder Mann eine königliche Extrabelohnung, indem ich jedem ein braunes Häufchen in den Handteller streue.

Jetzt lasse ich den Damenflor und die Kinder antreten. Ich kommandiere „Mund auf" und werfe in jede Menageklappe ein — Bonbon.

Mhm-m-m-m!

Mit höchster Befriedigung ziehen sie sich nun alle schmatzend zurück, aber schon bei meinen Trägern kauern sie sich nieder. Da kommt nach einem Weilchen mein Boy zu mir und sagt grinsend:

„Bwana mkubwa, die washenzi möchten gern deine „picture" sehen!"

Hier muß ich bemerken, daß der Suaheli in seiner Sprache kein Wort für Bild besitzt. Darum bedient er sich, wie auch in vielen anderen Fällen, der aus dem Englischen übernommenen Vokabeln. Häufig sagten sie auch zu mir: zeige uns deine „kazi" — Arbeit —, was bezeichnend ist, wie das ständige „pitscher" meines Boys. Das Wort „picture" ist für sie überhaupt der allgemeine Ausdruck für schlechtweg jede bildliche Darstellung, was sie auch behandeln mag.

Ich sage also: „Schön, hole den Koffer mit der „kazi" her und rufe die „washenzi"."

Meine Mappen sind schon wohlgefüllt und bergen allerhand Schätze: Zeichnungen, Skizzen und große, farbige Studien. An die Rücklehne meines Stuhles wird ein Malbrett gestellt und die Studien daran gelehnt.

Ringsherum im dichtgeschlossenen Halbkreise hockt mein kunsthungriges Publikum. Aber zu meinem Schmerz entströmt den vielen schönen Körpern ein recht wenig diskretes Parfüm. Und da es sich nicht vermeiden läßt, daß ich am Ende doch mal gegen den Wind zu stehen komme, stopfe ich mir mal erst die große Jagdpfeife, und die duftenden blauen Wölkchen des Oldenkott machen jede weitere Attacke auf mein Riechorgan gottlob unmöglich. Nun kann's also losgehen.

Die erste Nummer steigt; es ist eine größere landschaftliche Bleistiftzeichnung. Scharf beobachte ich das Mienenspiel meines Publikums — lautlose Stille! Sollte ich etwa vor dieser kritischen Jury Fiasko machen?

Da — „äh-häääää" — entschlüpft der erste Beifallston einem Kenner, leise zwar, kurz beginnend und dann lang austönend, aber es mußte doch begeisternd wirken. Denn plötzlich spucken alle mit fabelhafter Grandezza nach hinten, und einige — vielleicht die Modernen — auch nach vorn.

Als zweites Bild wähle ich eine farbige Landschaftsstudie mit Baobab. Der dicke Baum gegen den hellen Himmel wirkt schon besser. Einige „äh-häääää" werden laut und auch ein kurzes „oh!", das fast dem Pavianlaut gleicht, brummt einer oder der andere der Männer. Weitere Landschaften haben denselben Achtungserfolg.

Nun fahre ich einmal einige figürliche Motive auf — Bleistiftzeichnungen — Interesse: flau! Jetzt kommt plötzlich eine farbige Figur, da gibt's eine allgemeine erregte Unterhaltung. Man zeigt interessiert nach Ohr und Auge des Bildes und berührt dann die eigenen Organe. Über manches Gesicht huscht ein Zug wie Freude. Und zur Bekräftigung ertönen die üblichen Ausrufe am Schlusse jedes Satzes.

Aber jetzt!

Nun sollen mal Büffel, Elefanten, Antilopen, Löwen und Leoparden, kurz alles bekannte Getier steigen! Gleich beim ersten Bilde kommt mit einem Schlage Leben in die Gesellschaft. Zwei besonders enthusiasmierte Kerle werfen die Arme in die Luft und knipsen dabei mit den Fingern, was jedenfalls den Ausdruck höchster Bewunderung bedeuten soll. Über jedes weitere Bild entspinnt sich eine lebhafte Diskussion, wobei ich feststellen kann, daß alle Tiere sofort erkannt werden.

Die interessiertesten Bewunderer sind indessen bis dicht an den Stuhl vorgerückt, und gucken — gucken — staunen! Ein ganz schlimmer Kritiker stülpt nun gar seine breite Nase auf die Studie, um sich zu vergewissern, daß der niedergetane Wasserbock kein Schwindel ist. Dabei sucht der geriebene Sachverständige an meinem Machwerke mit dem Finger zu kratzen. Da ging's schon nicht anders, er bekam eins drauf!

Feuerweber.

Beim Elefanten interessiert natürlich zunächst das Elfenbein. „Äh-äh-ähääääää!" Es ist zum Schreien! Doch weiter. Bei jedem folgenden Tierbilde entstehen die mannigfaltigsten Gespräche. Einen fauchenden Löwen bezeichnen sie ganz richtig als sehr böse, und einer erzählt sehr anschaulich, genau so habe es die Löwin gemacht, die ihn eines Abends in der Steppe angesprungen. In gelungenem Gebärdenspiel macht er es dabei seinen Zuhörern vor. So geht es weiter, und ich habe wirklich einen großen Spaß dabei, wenn ich zuhöre, wie jeder nach seiner Individualitat seinen Senf dazugibt.

Jetzt kommt ein Aquarell dran: ein schönes, knallrotes, in Pracht befindliches Männchen des gewöhnlichen Feuerwebers. Kaum habe ich das Bild aufgestellt, entlädt sich eine ungeheure, nicht endenwollende Lachsalve.

Ich bin ganz platt, wie der Berliner in solchen Fällen so schön sagt. Was ist denn nur passiert?

Ein paar Kerle freuen sich derartig polizeiwidrig, als hätte ich ihnen die wahnsinnigste Karrikatur vorgesetzt. Und doch hat mein so bescheiden dasitzendes Vögelchen so rein gar nichts Humoristisches an sich. Es ist eben nur so wundervoll feuerrot und sammetschwarz, wie ein rechtschaffener Feuerweber halt nicht anders aussehen kann. Aber ohne zu ahnen, habe ich meinem Publikum den „Clou" meiner Ausstellung vorgeführt! Dieses Bild ist nun der einstimmig erklärte Schlager meiner ganzen kazi!

Und es blieb auch später dabei. Jedesmal auf dieser Reise, wo mir der Feuerweber zur Verfügung stand und wo ich ihn nur zeigte, erregte er unter allen Bildern das meiste Interesse und — die größte Heiterkeit! Es ist mir aber niemals gelungen, völlig hinter die Ursache der Lachwirkung zu kommen, sie ist mir bis heute ein Rätsel geblieben. Denn bei dem ulkigen Nashornvogel und vielen anderen bunten Vogelgestalten kamen solche Freudenausbrüche nie vor. Aber häufig wurde mir gesagt, er wäre so schön! Andere meinten, sie freuten sich so, weil sie glaubten, der Vogel säße auf dem Papier.

Im allgemeinen machte ich die Beobachtung, daß die feste Umrißzeichnung eines Menschen oder Tieres für die Wilden verständlicher und erkennbarer ist als eine sehr gut ausgeführte Zeichnung. Alle im Scherze schnell und ganz flüchtig hingeworfenen Tierfiguren erkannten sie sofort, und dann freuten sie sich. Weiter ergab sich stets, daß schwarze Zeichnungen im allgemeinen nicht recht interessierten, ja manchmal gar nicht richtig erkannt wurden.

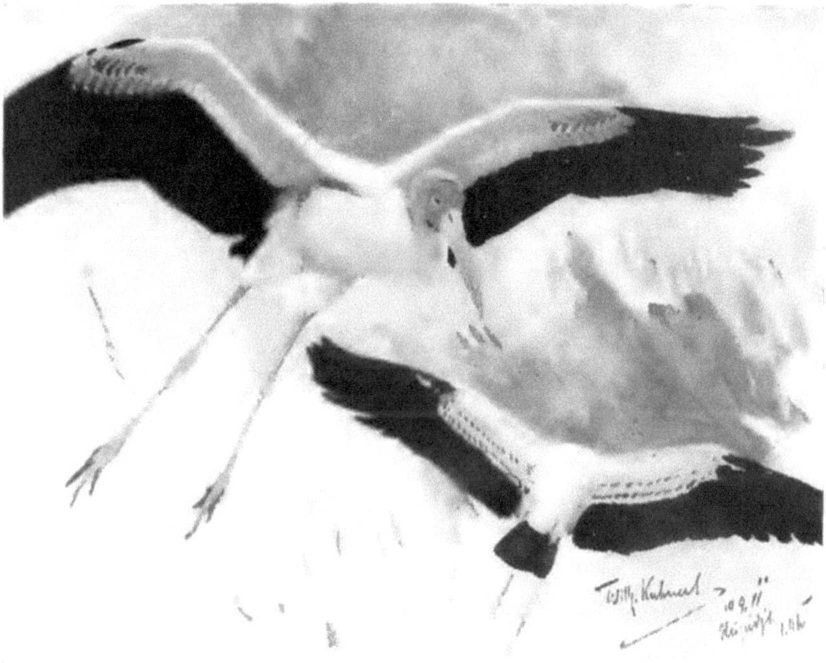

Nimmersatt. (Ölstudie)

Ganz anders wirkten die farbigen Darstellungen. Die bunte Farbe ist und bleibt nun einmal für diese Naturkinder das kräftigste Hilfsmittel zum wirklichen Erkennen eines dargestellten Gegenstandes. Ist auch ein Motiv in Plastik und Modellierung noch so vollendet gezeichnet, die Farbe bringt zweifellos erst das hinein, was vom Laienauge als selbstverständlich zum Erkennen verlangt wird. Urteilt etwa der einfache Laie eines Kulturvolkes anders? So darf es auch nicht wundernehmen, wenn in dieser Hinsicht der noch unberührte Naturmensch lediglich instinktiv oder unbewußt erkennt, wenn ihm die Farbe erst den dargestellten Gegenstand verständlich macht. Einen blau gemalten Löwen wird der Wilde niemals für einen Löwen ansehen!

Ich habe häufig sehr interessante Versuche mit den Leuten angestellt. So zeigte ich einst einem Manne die rabenschwarze Silhouette einer Giraffe. Er schweigt und kann es nicht erraten, was das für ein schwarzes Tier sein soll. Nun hole ich ihm eine meiner bunten Naturstudien, und siehe da — sofort ruft er: „twiga" — Giraffe! Solcher Experimente könnte ich viele erzählen.

Sehr erheiternd ist es, zu sehen, wie sich meine eignen Leute mit der Zeit für meine Arbeit zu interessieren beginnen. Wenn ich pirschend umherbummle, bin ich natürlich auch immer auf der Suche nach Motiven. Ist nun die Tageszeit bereits zu weit vorgeschritten, so daß ich mich nicht mehr hinsetzen mag, sage ich dann zu den Leuten: hier diese Stelle ist kazi, die wollen wir uns merken und morgen wieder aufsuchen; wenn ihr später mal etwas Ähnliches seht, so sagt es mir. Denn wie häufig geschieht es auf dem Marsche, daß ich die herrlichsten Motive, bei denen es aus irgendeinem Grunde keine Möglichkeit zum Rasten gibt, übergehen muß. Und wie lange dauert es mitunter, ehe ich andererseits einen Lagerplatz mit günstiger Umgebung finde, die Arbeit verspricht. Da ist es denn mehr als einmal vorgekommen, daß mir meine Boys sagten: „Dort, bwana, da wollen wir doch hingehen, dort hast du kazi." Oder: „Warum willst du noch weiter, hier ist doch, was du suchst!"

Einmal saß ich am Ufer eines Flusses und arbeitete. Meine Leute bummelten während dieser Zeit umher. Da hörte ich alle Augenblicke: „Da und dort ist noch viel Arbeit für dich." Schließlich kommt ein Kerl angerannt und meldet: „Komm schnell, Herr, dort steht ein Wasserbock „Kopf"." Ich laufe hin, sehe aber nur einen ganz normal dastehenden weiblichen Wasserbock. Da sagt der Dummkopf: „Ja, vorhin habe ich ihn da unten so gesehen." Dabei ahmt er die Kopfstellung nach und zeigt auf den klaren, blanken Wasserspiegel, in dem er das verkehrte Bild des Tieres von seinem Standorte aus durch den Busch beobachtet hatte.

Ein anderes Mal suche ich im hohen Grase eine freie Stelle zum Niedersetzen. Noch hin und her laufend, gelangen wir an mehrere Bäume. Da steigt ein Träger hinauf und ruft auch sogleich: „Herr, komm rauf, hier hast du gute kazi!" Im Grunde genommen hatte er nicht so ganz unrecht. Das weite Panorama mit Palmen und blauen Bergen war sogar sehr hübsch, aber solch ein Bild aus der Vogelperspektive suchte und wünschte ich gar nicht. Vor allem aber war seine Idee, sich auf dem knorrigen Baum da oben mit Staffelei niederzulassen, so kühn, daß ich lachen mußte. Er aber in seiner festen Überzeugung konnte es nicht verstehen, warum ich nicht wollte.

Meine Arbeitswut suchen die Braven aber auch für ihre eigene liebe Person nach Möglichkeit auszunützen, und zwar gelegentlich auf längeren Märschen an solchen Stellen, wo ich schon früher einmal skizziert hatte. Da kommt dann alle Augenblicke so ein Biedermeier: „Bwana, willst du hier nicht kazi tun?" Oder gar: „Willst du hier nicht lagern?" Meine Vorliebe für die Arbeit hatten sie bald erkannt, sie suchten sie diplomatisch auszunützen. Ganz gerissen berechneten sie, je länger der bwana arbeitet, desto länger können wir faulenzen. So hatte ich es bald heraus, welch edlen Motiven ihr Kunstinteresse entsprang. Hat der Neger sein wohlgefülltes Futtersäckchen bei sich und kommt an Wasser, so hält er sich für vollberechtigt, gleich dort zu übernachten. Ob er erst eine Stunde marschiert ist, kommt dabei nicht in Betracht. Hat er doch nicht das geringste Interesse daran, weiterzukommen.

Namentlich zu Anfang einer Reise geschieht es stets, daß schon nach kurzer Strecke an einer Wasserstelle ausgerufen wird: „Hier müssen wir bleiben, denn dort, wo du hin willst, gibt's kein Wasser." Oder sie sagen, es sei so weit, daß man bis zum Abend nicht mehr hinkäme. Das ist natürlich immer fauler Zauber. Meine Karte sagt es mir besser, wie weit das Wasser ist. Suche ich es doch selbst und im Interesse der Leute, denen es zum Lagern absolutes Bedürfnis ist. So war mein Reiseziel immer etwas weiter, als das von den Faulpelzen erhoffte, und das gab stets große Besorgnis unter ihnen. Wenn es die Verhältnisse gestatten, schlage ich aber gleich Lager, wo es Arbeit gibt.

Sehr reizende Auseinandersetzungen gibt es stets, wenn ich einen Mann malen will. So eine Sitzung dauert meist nur ganz kurze Zeit. Ich gebe dann dafür nach unserem Gelde etwa 1,50—2 Mark, also für dortige Verhältnisse doch einen ganz anständigen Preis für die Leistung eines solchen Kunden, der absolut nichts dabei versäumt. Im allgemeinen ziehen sie auch befriedigt wieder ab.

Aber einmal wollte der Handel doch nicht ganz glatt abgehen. Der betreffende Kerl hatte mir höchstens 20 Minuten für eine farbige Zeichnung gestanden. Wie ich ihm das Geld auf den Handteller lege, hält er die Hand weiter auf und sagt ganz treuherzig etwa folgendes:

„Bwana, du könntest mir doch eigentlich etwas mehr geben. Denn sieh mal, zu Hause bringt dir doch diese Arbeit „mali mingi" — sehr großes Vermögen! Also gib mir noch eine Rupie."

Aber wie auch das Finanzgenie noch weiter bettelt, ich bleibe fest und sage ihm nur:

„Junge, was denkst du dir eigentlich! Ich bin doch noch lange nicht tot genug, daß ich schon jetzt Raffaelpreise kriegte. Im übrigen lege ich die kazi zu Hause in den Schrank, und dann haben auch unsere lieben Landsleute für Schönheiten deines Genres nicht die Bohne übrig an Interesse. Nebenbei mache ich das lediglich zu meinem Vergnügen. Nun geh!"

Ich muß sehr überzeugend geredet haben, denn daraufhin murmelt er einige unverständliche Worte und empfiehlt sich bestens. Woher in aller Welt aber, so philosophiere ich jetzt erheitert, hat der Knabe nur diese Weisheit geschöpft, daß er derartige kunsthändlerische Wuchergelüste mir gegenüber anbringen wollte? Ich hätte ihm schließlich auch noch etwas in seine schwielige Hand zugelegt, wenn Nachgiebigkeit in den Augen dieser Leute nicht eben Schwäche bedeutete. —

Im Massagatigebiet führt mich mein Marsch an einer Hütte vorbei, an deren äußeren Verandawänden ich als Schmuck eine Menge Tierbilder erblicke. Ich bin natürlich sehr überrascht, in dieser abgelegenen Bergwildnis einen „schwarzen Tierkollegen" zu entdecken. Gespannt trete ich näher. Und wirklich, was ich jetzt ganz primitiv mit weißer Farbe in Kontur angemalt vorfinde, setzt mich in Staunen; es ist für einen Schwarzen keine üble Leistung. Kein Futurist könnte so zeichnen! So hat z. B. der Elefant, im großen gesehen, wirklich richtige Proportionen. Ebenso die anderen Tiergestalten: Löwe, Giraffe, Schwein, Affe, Hund und Hühner. Auch der Leopard, der eine Ziege überfällt, ist nicht übel. Die Bilder erinnern mich, je länger ich sie studiere, unwillkürlich in ihrer Auffassung an die bekannten Malereien der Höhlenmenschen, denen sie in gewisser Beziehung sehr ähnlich sind.

Nun erscheint auch der Künstler selbst. Er ist kein „mshenzi", wenn er auch recht abseits im Walde wohnt, und er trägt die Kleidung der Küstenleute. Ja, wie ich weiter entdecke, kann der „Kollege" sogar lesen und schreiben! Sein recht intelligenter Gesichtstypus verrät etwas Araberblut. Wie er nun von meinen Leuten hört, ich sei „fundi" — Meister —, und male sehr viel, begehrt er auch von mir etwas zu sehen. Leider sind die Studien aber alle verpackt, so kann ich ihm nur einiges aus den Marschskizzenbüchern zeigen. Aber das wenige an Tieren, ein paar Rappenantilopen, ein Wasserbock und ein Elefant interessieren ihn doch so, daß er verstohlen seine Blicke seitwärts wendet, um Vergleiche mit seinen Bildern anzustellen.

Noch zweimal begegnete ich Hütten, deren Wände mit Menschen- und Tierfiguren geschmückt waren. Aber sie waren allerprimitivster Art und kaum das Ansehen wert. —

Gewisse Sultane und Jumben, die ich besuchte, glaubten mich zu täuschen, wenn sie sich mit einem Mäntelchen des größten Kunstinteresses umgaben. Das war höchst spaßig. Denn in den meisten Fällen war der Grund ihrer Begeisterung nicht meine „göttliche Kunst", sondern meine — — Kognakflasche!

Der größte Kunstmäzen in dieser Beziehung ist und bleibt der Sultan Makua. Sein nichts weniger als stattlicher „Palast" steht in der Ulangaebene unterhalb des Utschungwegebirges, wo nicht sehr weit der imposante Kihansifall herniederrast.

Auf der Straße nach Norden muß ich notgedrungen seinen Distrikt passieren. Dreiviertel Stunden weit kommt er mir mit allen seinen „mawaziri" — den Ministern — entgegen.

Makua ist von großer, schlanker und dabei kräftiger Gestalt. Er trägt einen nicht mehr bestimmbaren alten, schwarzen Waffenrock, an dessen Kragen eine „12" prangt. Seinen kahlgeschorenen Schädel deckt eine abgelegte Offiziersmütze der Schutztruppe. Die unteren Extremitäten stecken in einem Paar schneeweißer Unaussprechlicher, aus denen sich funkelnagelneue, streng moderne, gelbe, hohe Schuhe durch ihre beleidigende Farbe und noch entsetzlicheres Gequietsche besonders bemerkbar machen.

Wir begrüßen uns kurz durch Handschlag, und er geleitet mich, voranschreitend, nach dem nahe seines Hauses gelegenen Lagerplatze. Meine Leute sind bei guter Stimmung, denn erstens kommen wir aus einem längeren Lager im Pori, dann ist es erst Mittag — ich war sehr früh aufgebrochen —, und drittens, die Hauptursache ihrer Fröhlichkeit, ist heute

„posho" — Essensgeld — fällig, also Löhnungstag. Da kann es also noch lustig werden. Alle können ganz gehörig im „vyakula" — Essen — schwelgen, „pombe" — Bier — trinken und dabei sicher große, geschwätzige Gesellschaft erwarten. Für meine Träger also das reine Schlaraffendasein. —

Obwohl im europäischen Stil erbaut, ist der zweistöckige, mit Gras gedeckte Sultanspalast ein ziemlicher Schmutzkasten, innen wie außen. Das interessanteste an seinem Äußeren sind zwei holzgeschnitzte Figuren auf dem Dachfirst: ein Europäer, der einen Schwarzen totschießt. Die Bildwerke sind nicht schlecht gemacht. Vor allem aber sollen sie die politische Richtung des Sultans bekunden und wie sehr er zu der bei ihm wehenden schwarz-weiß-roten Fahne hält. Denn trotz seiner vielen Untugenden ist Makua, soviel ich weiß, stets deutschfreundlich gewesen, sogar während der Aufstände.

Das Lager, das unweit des Palastes zwar schön und nahe am Kihansi liegt, ist aber infolge des tiefen Staubes, den der Wind in großen Wolken aufjagt, kaum zu benützen. Darum schlage ich am nächsten Morgen ein Stück weiter ein neues.

Nur kurze Zeit ist der Sultan in seinem Bau verschwunden, da kommt er schon wieder zurück, und zwar mit seiner Hauptfrau.

In seiner Rechten hält er ein Bild, dessen primitiven Holzrahmen er selbst gefertigt hat. Und nun zeigt er mir einen alten Holzschnitt aus irgendeiner Zeitschrift, der die letzten drei deutschen Kaiser mit ihren hohen Gemahlinnen, den Kronprinzen und Bismarck darstellt. Dabei zeigt er sich über die Verwandtschaftsverhältnisse der Allerhöchsten Herrschaften recht gut unterrichtet und weiß auch vieles von den Kriegstaten unseres allverehrten alten Kaisers Wilhelm zu erzählen.

Nur etwas will ihm durchaus nicht in den Sinn. Er kann es sich nicht erklären, warum unser jetziger großer Kaiser bloß eine einzige Gemahlin hat. Da nützt es denn alles nichts, wenn ich ihm klar machen will, daß das bei uns in Europa eben so Sitte sei, daß jeder Mann nur eine Frau und jede Frau nur einen Mann haben kann. Es ist alles umsonst, er kann es nicht begreifen!

Er bleibt dabei: für das Volk ließe er das vielleicht noch gelten — aber: ein so großer deutscher Sultan muß doch unter allen Umständen mehr Frauen haben, sonst wäre er ja gar nicht reich! Dazu schüttelt er ganz bedenklich seinen schwarzen Schädel über meine komischen Ansichten, und — ich gebe es auf. So bleibt es unentschieden, über wessen Horizont von uns beiden diese Kardinalfrage geht.

Nun geraten wir auf das militärische Gebiet, in dem er recht Bescheid weiß, aber noch mehr von mir hören will. Wie erstaunt er da über meine Erzählungen von unseren schweren Geschützen und den Strandbatterien. Wie ich ihm dann sage: so wie dieser Junge da, so hoch sind die Kugeln, und damit schießen wir so fabelhaft weit, daß ich es dir hier gar nicht zeigen kann, ist er sprachlos.

Schließlich kommt er nochmals auf den kaiserlichen Hof und Haushalt zu sprechen. Ich muß ihm von den Hoffestlichkeiten und der Pracht der fürstlichen Schlösser erzählen. Wie reißt er da die Augen auf! Und ich bin aufrichtig genug, ihm klar und deutlich zu sagen: so dreckig aber wie hier bei dir sieht es dort freilich nicht aus.

Hat er mir das nun übel oder die Wahrheit dieses Ausspruches sich zu Herzen genommen, am nächsten Morgen ließ er die nähere Umgebung seines Palastes von all dem vielen fortgeworfenen Unrate säubern. Durch diesen Akt der Hochkultur ist er entschieden in meiner Achtung gestiegen.

Am Abend kommt er zu einer Zigarette. Er fragt mich aber auch bald, ob ich ihm nicht — eine halbe Rupie geben möchte. Er habe kein Salz mehr, und morgen gehe ein Bote. Ich zeige mich dem Herrn Sultan gegenüber von der nobelsten Seite, und — weg hat er sie. Aber ist es nun der Schreck, daß mich so ein afrikanischer Herrscher sofort anpumpt, oder bloß die ausgediente Leinwand meines alten Triumphstuhles, kurz — ich breche dabei mit lautem Krach zusammen und liege nach diesem Akte größter Generosität lang und wenig repräsentabel auf der Erde.

Sultan Soliyambingo.

Beim nächsten Tagesgrauen bringt mir der brave Makua mein hinterlistiges Sitzinstrument, fein mit einem großen, festen Flicken ausgebessert, zurück. Jetzt ginge er nie wieder kaput, versichert mich der Herr Sultan auf Ehre und Gewissen.

Am Tage darauf pirschen wir zusammen den Kihansi entlang. Er hatte längs des einen Ufers auf mehrere hundert Meter weit durch Fortschlagen des undurchdringlichen Dickichts einen sogenannten Pirschgang geschaffen, und ich konnte nachmittags ein Nilpferd zur Strecke bringen. Dieses Roden war ja übrigens ganz gut gemeint, aber ich weiß nicht, ob es die Strapazen nicht noch erhöht hat. Denn das Steigen und Klettern über die abgeschlagenen Äste, Schlingpflanzen und Kraut, in denen man sich alle Augenblicke verfitzte und stecken blieb, war eine Schinderei!

So kommen wir alle mehr tot als lebendig ins Lager zurück; dabei Stockfinsternis! Ich krieche sofort ins Zelt, um mein Bad zu nehmen, und sage: „Nacht, Makua!" Natürlich bin ich nun im Glauben, daß auch er jetzt seinen Bau bezogen hat. Wie ich nach dem Bade das Zelt verlasse und draußen meine Laterne auf den Tisch stelle, taucht der Kerl plötzlich wie ein schwarzer Geist wieder aus der Finsternis neben mir auf.

Und was war der Grund seiner werten Anwesenheit?

Auf dem Tische steht ein Magnet, der ihn seit unserer Rückkehr gefesselt hält — meine Kognakflasche!

Ein einziger Blick seiner Luchsaugen hatte genügt, sie troß der großen Dunkelheit zu erspähen. Damit waren seine Schritte gelähmt; er konnte beim besten Willen nicht nach Hause gehen. Welche sehnsüchtigen Blicke und bangen Hoffnungen mag er in der Wartenszeit dem goldigen Inhalte gewidmet haben! Diese peinigenden Qualen der Ungewißheit, ob das prickelnde Naß wohl seinen Gaumen kitzeln wird?

Kaum steht meine Laterne auf dem Tische, da erhebt sich dahinter seine lange Gestalt. Dann beschreibt er mit der Rechten einen Kreis auf seinem Bauch und sagt mit herzerweichendem Seitenblick auf die „Meukow": „Herr, willst du mir nicht etwas „dawa" — Arznei — geben?" Darauf macht seine Hand eine entgegengesetzte Streichbewegung. „Natürlich," sage ich und rufe laut: „leete sanduku ya dawa" Boy, bringe mir die Arzneikiste!

Auf den Schrecken und das Gesicht war ich ja vorbereitet, aber die Wirkung meines Befehls ging doch noch über mein Erwarten.

Nein, nein, versichert er mir hastig mit abermaligen Kummerblicken nach der Flasche: dawa ya kognaki möchte er gern haben. Der lüsterne Kerl tut mir fast leid. So erwidere ich denn: „Gern, aber ich habe kein Glas für dich!" Da, ein Griff seitlich zur Erde, und blitzschnell hält mir der Halunke einen blauen Halbliteremaillebecher vor die Nase. Nun ist die Reihe an mir zu erschrecken. Himmel, solch ein Kübel! Gleichmütig gieße ich aber jetzt mein Gläschen voll und schütte es in seinen Eimer. Natürlich ist da kaum der Boden bedeckt. Und dann — ein Hieb — und weg ist die ganze Herrlichkeit. Aber das Gesicht meines hohen Freundes leuchtet und er schnalzt in ehrlicher Anerkennung. Ich müßte ja blind sein, verstände ich nicht die beredte Sprache seiner Augen, mit denen er mich jetzt anschwärmt: ein zweites Gläschen schmeckt noch besser!

Aber ich kann mich beherrschen und rufe ihm zu: „Prosit!"

Da meint er sinnend, solche gute dawa habe er sehr, sehr lange nicht getrunken, und wartet nun bloß darauf, daß ich sage: „So — na, dann trinke noch eine." Doch ich bin recht schwer von Begriffen. So kommt er nach einer Weile mit der ganz ergebenen Anfrage heraus, ob ich ihm nicht eine Flasche Kognak — verkaufen wolle. Dabei scheint er seinen Dalles völlig vergessen zu haben. Um ihn aber nicht zu ärgern, erzähle ich ihm nun:

„Was denkst du — diese dawa ist älter, als wir beide zusammen, und darum gar nicht zu bezahlen. Hätte mir nicht ein wohlwollender Freund diese zwei Flaschen gestiftet, ich selbst würde sie nie gekauft haben. Und dann bedenke doch, wie lange ich noch reisen muß!"

Nachdenklich wandert er heim.

Am nächsten Abend ist Freund Makua wieder da. Unsere Unterhaltung hat zunächst einen flugtechnischen Charakter. Ich berichte ihm von unseren Luftschiffen und den „Tauben", von deren Größe, den erreichten Höhen und Schnelligkeiten. Namentlich die Flugzeuge! Wie er hört, sie steigen mit einem Menschen so hoch, daß alles nur noch wie ein winziges Sandkorn am Himmel erscheint, das dann etwa so aussieht, wie hier einer der am höchsten kreisenden Geier, da vernehme ich fortwährend sein völlig ratloses äh-häääää!

Dann erzähle ich ihm von unseren Röntgenstrahlen und sage: „Wenn du das Ding hier verschluckst, so kann man mit ihnen genau sehen, wo es in deinem Bauche sitzt. Ja noch mehr: wenn man dich damit „pitschert", so sieht man bloß noch dein „mifuga" — Skelett!"

„Äh-häääää — — —!"

Nicht minder erstaunt ist er über die Kunst unserer Chirurgen. Vieles hat er ja bereits im Laufe der Zeit erfahren, das aber, was ich ihm auftische, ist ihm völlig neu. Und so kommt er aus dem Geähe gar nicht erst heraus. Nachdem er sich aber genügend ausgeäh-häät hat, erzählt er die ganze Sache unter ständigem Ähen seinem versammelten Stabe, wobei dann wieder die kräftigsten Äh-häääääsalven steigen.

Zuletzt kommen wir natürlich auch auf das Jagen in Deutschland zu sprechen. Da sind sie riesig erstaunt über die Dressur unserer Jagdhunde, daß sie apportieren usw. Dabei erwähne ich auch die Leistungen unserer Polizeihunde; das wollen sie überhaupt kaum glauben. Ebenso der Raubtierdressuren gedenke ich: zu 25 großen, ausgewachsenen Löwen geht ein Mann in den Käfig, dazu nimmt er Ponys und große Hunde mit, und alle diese Tiere gehorchen dem Manne und müssen sogar Kunststücke machen. Elefanten stehen auf dem Kopfe; Affen und Vögel machen die unmöglichsten Sachen. Namentlich die Affen interessieren meine Zuhörer am meisten. Wie ich ihnen da die allerverwegensten Affengeschichten erzähle, krümmen sie sich vor Lachen. Daß es aber auf ihrem eigenen Erdteil den kolossalen Gorilla geben soll, wollen sie nicht glauben.

So kommen wir schließlich auf das nächstliegende, das afrikanische Wild. Denn auch Makua ist ein großer Jäger vor dem Herrn, freilich in echt afrikanischer Auffassung. Von Wild- und Weidgesetzen hat er nicht den geringsten Schimmer. Es ist ihm unerklärlich, warum man junge und weibliche Stücke nicht ebenso regelmäßig erlegen darf wie männliche. Aus allen seinen Auslassungen kann ich entnehmen, daß er jedenfalls zu den Schwarzen gehört, die früher unter dem Wilde ärgstens gehaust haben.

Am Abend darauf erscheint er gerade, als ich bei Tisch sitze. In einiger Entfernung hockt er inmitten seines Stabes nieder und sammelt die von mir fortgeworfenen — Kirschkerne! Er meint, er wolle sie einpflanzen. Das heißt in freier Übersetzung, er äße sie auch gern. Nobel wie immer, schenke ich ihm bei seinem Fortgange eine Büchse davon.

Ich trinke zu Tisch, wie meist, kalten Tee. Heute leiste ich mir auch noch einen kleinen Schuß Kognak dazu. Ich bin aber auch überzeugt, daß mich Makua nie ohne seinen bewußten Emailleeimer mit seinem Besuche beehrt. Darum frage ich ihn in meiner Geberlaune, ob er etwas Tee haben wolle. Und richtig, mit einem Satze und freudigem „Ju" ist er da und hält den Kübel hin.

Nun leert er mit scheinbarem Genuß das unschuldige Gemisch. Wie er fertig ist, guckt er prüfend in seinen Napf, schmeckt und prüft immer wieder und sagt schließlich mit tiefster Überzeugung: „Herr, allein schmeckt der kognaki viel besser, gib mir doch lieber so einen tupu — allein — ohne Tee!"

„Ein anderes Mal, mein Freund," sage ich, „aber ein Glas Tee kannst du noch kriegen; willst du?"

„Ja — danke." Recht gedehnt kam das heraus.

Endlich beim Abschied legt er es noch meinem guten Herzen nahe, wenn ich meine Reise beendet, könnte ich ihm doch meine Jagdpfeife und meinen schönen Tropenhelm schenken. Auch ein Paar abgelegte Schuhe könne er sehr gut gebrauchen. Er war doch eine feine Diplomatennatur! —

Alle Sultane und auch viele Jumben, denen ich auf meinen Reisen begegnete, waren durch die Bank leidenschaftliche Verehrer von Kognak und Whisky. Sie alle bettelten mich wegen so einer Flasche an, oder sie baten mich dringend, daß ich ihnen eine solche verkaufen sollte. Und die Edlen hatten stets die verschiedensten Gefäße sogleich bei der Hand. Ja einer, der mich weit draußen in der Steppe aufsuchte, ließ sich bei dieser Gelegenheit von seinem wazìri einen feinen, ineinander schiebbaren Becher reichen.

Ein anderer Gemütsmensch meinte eines Tages zu mir mit der unschuldigsten Miene der Welt:

„Ich kann eine ganze Flasche austrinken, das macht mir gar nichts. Wenn du mir eine geben willst, will ich's dir gleich zeigen!"

Ich lachte dem Braven ins Gesicht — — —

Nashörner

Beim ersten Betreten afrikanischen Bodens und bei den erstmaligen Begegnungen mit einem „faru", wie der Suaheli das Nashorn nennt, am selben Tage gleich dreimal von solchen Dickhäutern attackiert zu werden, ist für den Anfang doch etwas reichlich.

Das war im Sommer 1891 auf meiner ersten Reise nach dem Kilimandjaro. Mehrmals hatte ich schon Nashörner gefährtet, und auch schon mehrere in der Ferne gesehen, aber zu Schuß war mir noch keins gekommen. Nur Flußpferde standen damals auf meiner Schußliste als stärkstes Wild. Da kam die erste Bekanntschaft mit dem „faru", und das schneller, als ich ahnte.

An jenem denkwürdigen Tage befinde ich mich gar nicht auf Jagd, sondern auf dem Marsche, etwa zwei Tagereisen westlich des Jipesees. Streckenweise führt mich mein Weg durch lichte Obstgartensteppe, so benannt, weil die kleinen, knorrigen Bäume unseren heimischen Obstbäumen täuschend ähnlich sehen. Dann kommen wieder Strecken, an denen das Gras eine ziemliche Höhe aufweist, und offenere Stellen, wo der braunrote Laterit-Boden als Blöße zutage tritt.

Ohne jeden Weg und Steg geht es dahin. Nach einer Stunde gelangen wir an eine solche grasfreie Stelle, die wir überkreuzen. Ich marschiere an der Spitze der Karawane und bin gerade im Begriff, auf der anderen Seite wieder ins Gras einzudringen, da schallt mir ganz nahe ein lautes Pusten und Pfeifen entgegen.

So plötzlich ich das vernehme, so blitzschnell rast auch schon wie eine Maschine ein Nashorn wenige Schritte vor mir auf mich zu. Das alles geht so schnell und unerwartet vor sich, daß ich dem Boy die Büchse nicht mehr aus der Hand reißen kann. Schon ist das Nashorn bei mir — —

Da fliege ich urplötzlich ins Gras, ob durch mein Straucheln oder durch eine Anrempelung seitens des „faru", weiß ich nicht. Ich merke, daß ich keinen Schaden genommen habe und bin sofort wieder auf den Beinen.

Aber ich bin allein auf weiter Flur! Nichts rührt sich, nichts zu sehen, nichts zu hören ringsum. Und wie sieht es aus um mich her! Da liegen im wilden Durcheinander meine Lasten zerstreut umher, dort eine heile und da eine in die Brüche gegangene Wasserkalebasse; hier eine Zebrafellsandale, und dort Stöcke, ein Speer und andere nette Sachen. Nur von den Besitzern ist nichts zu sehen.

Da blicke ich auf einen Baum, und — alle, alle sind sie da! Wie eine dichte Masse kleben sie auf den Ästen. Meiner liebenswürdigen Aufforderung, mir schleunigst wenigstens meine Büchse herunterzubringen, kommt der gute Boy sehr fix nach. Dann wird gerufen und gepfiffen, und bald sind auch die anderen, die den rettenden Baum nicht mehr erreichen konnten, wieder zur Stelle. Keiner der Helden hat Schaden genommen; von meinen Lasten kann ich das leider nicht behaupten.

Und weiter geht der Marsch. Nach zweistündigem Wege gewähre ich der Karawane eine Viertelstunde Rast. So mögen wir alsdann wieder einige Kilometer gezogen sein, da sehe ich Frankolinhühner auf einem Baume. Schnell vertausche ich die schwere Büchse, die ich jetzt nach der eben erlebten Attacke wohlweislich trage, mit der Schrotflinte und schiebe während des Anpirschens eine andere Patrone hinein. Indessen zieht die Karawane langsam weiter. Da plötzlich großes Geschrei: „faru — faru — faru!"

Sofort wende ich mich um — richtig — rasen doch diesmal gleich zwei Nashörner mitten durch meine Leute!

Der vorderste Dickhäuter, ein ganz kapitaler Bulle, hat im Nu den ersten Mann auf die gesenkten Hörner genommen. Nun fliegt der arme Teufel — es ist mein Koch — samt seiner Last wie ein Spielball in die Höhe. Mit mächtigem Salto mortale geht's durch die Luft, über den Rücken des dahinstürmenden Unholdes hinweg. Dann fällt er zu Boden und bleibt wie tot liegen. Ein zweiter Mann erhält auch noch einen unsanften Rippenstoß, worauf er laut brüllend zur Seite fliegt.

Was ich sehe, ist nur ein wüstes Durcheinander. Flüchtende Menschen, zwei graue Kolosse, und wie Bälle durch die Luft fliegende Lasten. Alles rennet, rettet sich und flüchtet. Mit affenartiger Geschwindigkeit werden Bäume erklettert, stürzt man ins Gras zur Deckung. Auch mein braver Gewehrboy, der, wie er mir später versicherte, des anderen Nashorns wegen nicht mehr zu mir flüchten konnte, sitzt mit meiner schweren Donnerbüchse auf dem Baume, wo er am höchsten ist.

Und ich stehe total frei und offen da, die Schrotspritze mit Nr. 5 geladen, und muß der ganzen Attacke zusehen! Ich kann nur beide Läufe als Schreckschüsse abfeuern. Weiß ich doch im ersten Augenblick überhaupt nicht, ob der Bulle nicht doch noch die Absicht hat, den am Boden Liegenden weiter zu bearbeiten. Er tut es aber nicht. Beide Nashörner stieben jetzt wie wild in den Busch.

Und mein Koch? Ein Wunder! Er hat trotz seiner Luftreise keinen sichtbaren Schaden erlitten. Er klagt über Hüftschmerzen und humpelt gewaltig — ich kann's ihm nachfühlen. Aber bald erholt er sich. Jedenfalls hat der Knabe großes Glück gehabt und war sehr günstig gefallen. Wie ich ihn so auf die Erde schlagen sah, hatte ich doch große Angst um ihn.

Nun sind, genau wie vor ein paar Stunden, alle Leute wieder beisammen. Man ist vergnügt; allgemeines Lachen erfüllt die Luft. Dabei wird die Situation unter vielem Trara besprochen, und die am schnellsten geflüchtet sind, führen natürlich das größte Wort.

Da ich bei der Sache mit meiner Schrotflinte auch eine komische Rolle gespielt, kann ich mich des Lachens gleichfalls nicht ganz enthalten. Hätte ich übrigens wirklich die Büchse gehabt, ich hätte doch nicht schießen können, weil die „kifaru" keinen Augenblick frei waren.

So ist bei dem Erlebnis nichts weiter zur Strecke gekommen; nur der Koch ist lahm und eine Last ziemlich ramponiert. In dieser befand sich mein „letztes Porzellan“, das bei solcher unsachgemäßen Behandlung natürlich zum Teufel gegangen ist. Das gleiche Schicksal erlitt mein Malkasten und Palette. Nur das schöne, saftige Frankolin, das ich schon im Topfe zu haben glaubte, befindet sich bei bestem Wohlergehen. Und da ich bis zum Lager kein eßbares Flugwild mehr antraf, so wandern jetzt ein paar zweifelhafte „Frankfurter“ mit etwas Gemüse in meinen leeren Kochtopf. Ein kranker Koch, eine schmale Kost, das ist nun mal für einen gesunden Appetit nach solchen Anstrengungen nicht gerade die glücklichste Zusammenstellung. Aber ich habe in meinem Leben auch gelernt, den bewußten Riemen, wenn nötig, von Loch zu Loch enger zu schnallen. Die Methode ist zwar nicht besonders beliebt, sie hat aber ihr Gutes.

Kaum habe ich am Nachmittag Lager gemacht, läßt mir die Jagdlust keine Ruhe. Die Nashörner vom Vormittage haben sie in mir angeregt; ich kann es kaum erwarten, bis ich das erste Stück erlegt habe. Und nun renne ich schon wieder mit der Büchse herum — ruhelos.

Das Gelände ist wenig übersichtlich. Ganz warme Fährten kann ich zunächst überhaupt nicht finden. Und meine Zeit ist kurz, die prächtig gefärbte Sonne steht schon bedenklich tief am Horizonte. So ist der Zeitpunkt gekommen, wo ich umkehren muß.

In der Nähe des Lagers gebe ich die Büchse dem Boy und stecke mir eine Pfeife an. Flott geht es heimwärts angesichts des herrlichen Sonnenunterganges. Da, ich überschreite wieder so eine kleine freie Stelle, ertönt plötzlich das bekannte pfeifende Pusten und Schnaufen. Gleichzeitig saust auch schon wie der Blitz von links aus dem Grase ein Nashorn auf mich zu. Ebenso schnell will ich hinter mir nach der Büchse greifen. Jawohl — die ist mit meinem Boy und den anderen beiden Kerls noch schneller verschwunden!

Rasen möchte ich am liebsten vor Wut, aber selbst dazu bleibt mir kaum eine Sekunde Zeit, denn das anscheinend genau so wütende Rhinozeros kommt in unheimlicher Fahrt auf mich los. Es senkt bereits seinen schweren Schädel, und ich finde nur Zeit, mich nach rückwärts in einen Busch zu werfen. Habe ich doch gar keine Lust zu einer etwaigen Luftreise à la Koch. Und mit meiner ewigen Ruhe hat es ja auch noch etwas Zeit.

Nach meinem Seitensprunge habe ich aber noch lange nicht die Gewißheit, daß das Nashorn mich aufgegeben, es ist sehr wahrscheinlich, daß es nochmals kehrt macht und seinen Angriff wiederholt. So bleibe ich also, nachdem das mächtige Tier dicht an mir vorübergerannt, ruhig in den infamen Dornen liegen. Dabei scheint mir, daß es einen kleinen Bogen zurückbeschreibt, als wenn es von neuem angreifen wollte.

Aber nein, es ist fort — Gott sei Dank!

Nun erst krieche ich aus meinem Dornenbusch, der mich böse zugerichtet hat. Ich schweiße aus unzähligen Rissen. Auch den Tropenhelm stülpe ich mir wieder auf, den das Nashorn um ein Haar zertreten hätte. In rosigster Verfassung stehe ich da, allein, wie immer. Das bin ich nun bald gewöhnt. Und dann schwöre ich mir im stillen einen heiligen Eid: die Büchse gebe ich nicht mehr aus der Hand!

Natürlich, an dem ganzen Pech bin ich im Grunde genommen selbst schuld. Bequemlichkeit; und warum muß ich mir die Pfeife zu solcher Zeit anstecken? In meinem Gram möchte ich schon die unschuldige „Mutze" in den Busch schleudern.

So ziehe ich denn mit großem moralischem Katzenjammer, mit einer Menge guter Vorsätze und ebensovielen schlechten Erfahrungen lagerwärts.

Am Abend gibt's dann noch weitere Überraschungen, wie ich mir die Lasten näher beäuge. Herrgott, was hätte da nicht kaput zu sein brauchen!

Das war mein erstes „Rhinozerosdebüt".

Eines Tages suche ich wieder einmal mit dem Glase die Steppe ab. Viel Wild steht umher: Giraffen, Zebras, Oryx- und andere Antilopen. Und dort neben den Dornenbüschen stehen auch zwei Nashörner; das eine tut sich gerade nieder. Unter günstiger Deckung kleiner Sträucher erreiche ich einen bewachsenen Termitenbau und kann nun die wunderlichen Tiere gut beobachten.

Neben dem niedergetanen Stücke, das ich für ein weibliches halte, steht wiederkäuend der starke Bulle. Bei beiden klappen die Gehöre hin und her. Auch die kleinen, von vielen Fliegen gepeinigten Lichter zwinkern unausgesetzt. Auf dem stehenden Nashornbullen klettern drei rotschnäblige Madenhacker umher. Ein kleiner Frechdachs will ihm an seinen ziemlich zerfransten Gehören herumpicken, aber mit energischem Kopfschütteln wehrt ihn der Bulle ab.

Diese zudringlichen, Maden und Insekten suchenden Stare scheinen eine ständige Plage für das arme Wild zu sein. Wie die Kletten hängen sie sich an jeder beliebigen Körperstelle mit ihren spitzen Krallen fest und quälen das Tier durch schmerzende Schnabelhiebe mitunter bis zur Raserei. Die anfangs kleine Wunde wird immer größer; Entzündung. Vereiterung und Fliegenplage tun dann das übrige, um die Heilung auszuschließen. Aber damit noch nicht genug, es kommt auch noch alle Augenblicke so ein Quälgeist und arbeitet in der schmerzhaften Wunde emsig herum. Was nützt es da, wenn sie auf Augenblicke von ihrem Wirte vertrieben werden. Ich habe Wild gesehen, das unter dieser Plage förmlich raste und sich erst beruhigte, als die Quälgeister weitergeflogen waren.

Diese Vögel sind in jeder Beziehung von unverschämter Dreistigkeit. Sah ich doch einmal auf den Rücken einer zahlreichen Herde Ziegen eine Menge Madenhacker. Diese Gelegenheit wollte ich benützen, um mir einen solchen für meine Sammlung zu schießen. Ich ging an die Herde heran in der Annahme, daß nun die Vögel auffliegen würden. Aber den Gefallen taten sie mir nicht, sie hüpften nur ein paar Ziegen weiter. Viele Male ging ich in Anschlag, soviel der Hirt auch scheuchte — ebenso häufig mußte ich absetzen. So gelang es mir tatsächlich nicht, einen dieser rotschnäbligen Halunken zu erwischen, wollte ich nicht auch die betreffende Ziege zur Strecke bringen. —

Nun tut sich auch der Nashornbulle nieder, wovon die Madenhacker keine Notiz nehmen. Ohne merkliche Bewegung bleiben sie sitzen. Der Bulle hat indessen seinen bewehrten faltigen Schädel mit stupidem Pusten auf den mit einer Schlammkruste bedeckten Widerrist des Weibchens gelegt.

Da ertönt ein mehrmaliges feines Quietschen, und bald darauf erscheint ein Junges, das bisher hinter einem Strauche verborgen war. Es ist nicht viel über einen Meter hoch. Es schreitet auf die liegende Mutter zu, beschnuppert ihren Kopf und dehnt und schrubbert sich dann an ihrem Körper herum. Alles unter Gequietsche.

Das Nashorn-Kleine äußert in seiner Gebärdensprache einen Wunsch, und er wird ihm erfüllt. Die Mutter steht auf. Im selben Augenblick fährt ihr der Sprößling ans Gesäuge.

Der Alte bleibt ruhig liegen. Nach einer Weile dreht er sich nur auf die Seite, dann wälzt er sich etwas, setzt sich wieder auf, und schließlich streckt er den Kopf auf der Erde geradeaus. Dabei fegt sein starkes Pusten aus dem Windfang zwei lange, kerzengerade Staubwolken weg.

Gesättigt kommt das Kleine zum Bullen. Er ist zweifelsohne „der Vater von dem Kind". Es stellt sich neben ihn ins Gras und schnuppert an ihm herum. Dabei höre ich wieder den fiependen Ton. Vielleicht will es sagen, daß ihm das vertrocknete Gras gar nicht gefällt. Aber der Herr Vater hat so seine Gedanken für sich und beachtet es nicht. Darum macht das Kleinchen kurz entschlossen kehrt und wendet sich nochmals an die Frau Mama.

Nun hat das Junge wohl genug gespeist. Es kommt wieder zum Vorschein, gefolgt von der Mutter. Während es sich in den spärlichen Schatten des Alten legt, tut sich die Alte etwas abseits im dürftigen Schutze des Dornenbusches nieder. Ein Madenhacker streicht zu ihr hinüber; er kehrt aber bald wieder zurück. Alle drei Vögel verlassen jetzt ihre Stätte.

Da ruht die Familie und hält ein friedliches Nashornschläfchen. Das heißt, sie tun zum Teil bloß so. Denn die beiden Alten lassen ihre Umgebung durchaus nicht aus den Augen.

Lange Zeit bleibt das Bild unverändert. Und die schwere Büchse liegt längst im Anschlage. Ich habe schon x-mal visiert, aber den Finger immer wieder vom Drücker genommen, weil ich nur sehe und sehe. So günstig habe ich Nashörner überhaupt noch nicht beobachtet. Ich kann es nicht übers Herz bringen, gerade dieses Familienbild jäh zu zerstören. Ich will es auch die beiden da drüben nicht entgelten lassen, was mir bisher ihre Sippe an schlechter Behandlung zuteil werden ließ.

Nun fängt aber das platte Liegen auf dem schrägen Termitenhügel doch an, ungemütlich zu werden. Meine Glieder sind steif wie ein Stück Holz. Schon will ich meinen Posten aufgeben, da steht der Bulle, und gleich darauf das Junge neben der Alten auf. Ein Weilchen scheinen sie sich noch zu besinnen, dann ziehen sie seitlich ab.

Steif und schwer erhebe ich mich und ziehe gleichfalls von dannen.

In der Ferne stehen Herden Zebras. Ich schätze, die ich vor mir habe, auf mindestens 700—800 Stück. Und nun zeigen sich auch noch Hunderte von Weißbartgnus! Dicht gedrängt steht die dunkle Masse. Ich muß den Genuß noch haben, diese gewaltige Herde flüchtig zu sehen. Deshalb nähere ich mich ihnen, so lautlos das geht, und mache mich plötzlich bemerkbar.

Zuerst gibt es ein allgemeines Sichern, eine kleine Unruhe. Wie ich aber jetzt laufend heranzukommen versuche, gehen sie geschlossen unter dumpfem Gepolter ab, viele in wilden Kapriolen. Schon nach hundert Metern bleiben sie alle stehen und verhoffen. Ich immer nach. So wiederholt sich das gleiche Spiel noch mehrere Male.

Zwei Warzenschweine gehen trollend ab. Ein Ducker schlüpft noch schnellstens unter einen Busch. Dann findet ein Mann eine große, gelb-schwarz gezeichnete Schildkröte, die sogleich in den Rucksack wandert. Eine duftende Mockturtlesuppe habe ich ja noch nie verachtet.

* * *

Eine Marschstunde ist bereits im lichteren Gelände ohne besondere Ereignisse vergangen, da sichte ich in der Ferne ein einzelnes, ziehendes Nashorn. Es entpuppt sich als ein Bulle. Nun gibt es keinen Halt mehr für mich.

Ich gebe den Leuten Befehl, zurückzubleiben, und nehme nur den Gewehrboy mit. Dieser meint zwar: „Herr, das „faru“ wird uns annehmen!“

„Ja, mein Sohn,“ belehre ich ihn, „das will ich ja gerade! Aber das eine sage ich dir jetzt schon: wenn du Knabe etwa den leisesten Versuch machst, auszukneifen, erhältst du einen kräftigen Denkzettel. Also los — einen Schritt hinter mir, nicht weiter, sonst — — —“

Er scheint mich genau verstanden zu haben.

Das Gras steht in einzelnen lichten Büscheln; auch Sträucher sind vorhanden, die zum Teil recht gute Deckung geben. So habe ich mich bereits unter günstigem Winde bis auf ungefähr 80 Gänge angepirscht. Da bleibt der Bulle stehen und sichert nach der entgegengesetzten Richtung. So leise wie möglich pirsche ich mich noch näher heran. Nun habe ich einen morschen, zusammengebrochenen Dornenbusch erreicht. Ich bin auf knapp 40 Schritt heran.

Verdammt! Knackt doch so ein verwünschtes, unsichtbares Ästchen unter dem weichen Grase!

Mit schlechtem Gesicht, aber dafür unheimlich scharfem Gehör ausgestattet, hat der Bulle dieses winzige Geräusch sofort wegbekommen. Im Nu fährt er herum, stellt sich spitz und sichert mit erhobenem Kopfe zu mir. Dann zwei oder drei Schritte nach rechts — ein geringes Pusten — — ein Moment gegenseitigen Anstarrens — — —

Imposant, gleich dem Elefant und Büffel eine urgewaltige Erscheinung, hebt sich die riesenhafte Silhouette vom flimmernden Himmel ab. Ich weiß, sowie das Nashorn den Kopf senkt — die übliche Angriffsstellung —, ist es auch schon da wie der Blitz. So stehen wir beide einen Moment, Auge in Auge, Jäger und Wild, nicht wissend, was die nächsten Sekunden bringen werden.

Mein Schuß löst die Spannung aus.

Durch den starken Rauch der Büchse sehe ich nur ganz undeutlich, wie der Bulle plötzlich herumschwenkt und sich im Kreise dreht. Dann kommt er auf mich zu. Da kracht der zweite Schuß und bringt den Riesen zu Fall.

Gebrochen ist der Bann — das erste Nashorn zur Strecke gebracht! Welch unbeschreibliche Freude! Nun wird die Beute eingehend besichtigt, befühlt und betastet. Dann kommen die Leute, die natürlich das ganze Jagderlebnis lang und breit besprechen. Und wenn sie auch keine ideelle Freude an der Sache haben, so desto größere materielle im Vorgenuß der vollen Fleischtöpfe. Ich freue mich auch jetzt wieder über ihre kindliche Ausgelassenheit; meine ganze Garde tanzt um den Dickhäuter herum. —

Diesem Bullen folgten schließlich noch mehrere, und es „klappte" im allgemeinen immer dabei — Gott sei Dank! So kann ich von den üblichen Nashorngruselgeschichten nichts erzählen. Nur einmal wäre es beinahe sengerig geworden.

Es war Regenzeit, und was für eine! Fast ein halbes Jahr kostete ich sie in allen Potenzen durch. In der unter tiefem Morast und Wasser stehenden Mkatasteppe saß ich tagelang in geradezu fürchterlichen Verhältnissen fest. Es ging weder vor- noch rückwärts.

Endlich finde ich in der Nähe eines felsigen Berges namens Nguru ya Ndege günstigere Geländezustände und einen Platz, wo das Zelt wenigstens nicht mehr im Morast zu stehen braucht. Abends und nachts noch furchtbarer Regen. Ich habe aber in den letzten Tagen beobachtet, daß es fast regelmäßig von mittags bis zum nächsten Morgen in Strömen gießt, vormittags aber im allgemeinen regenfrei ist. Darauf baue ich meinen Plan für morgen.

Wie ich frühzeitig aufbreche, lagert noch schwerer, feuchtkalter Nebel über der ganzen Landschaft; ich ziehe in die Steppe hinab mit der stillen Hoffnung, daß es wenigstens von oben trocken bleiben wird.

Kaum haben wir das Lager hinter uns, schlängelt sich eine starke Puffotter über den Weg. Ich erlege das unheimliche Reptil und hänge sie an einen Strauch.

Es ist absolut keine Fernsicht, wir tappen im Nebel kreuz und quer umher. Dabei flüchtet eine verspätete gefleckte Hyäne keifend über das Geröll und verschwindet sofort hinter einem mächtigen Felsblock. Dann geht ganz nahe ein starkes Rudel Schwarzfersenantilopen ab.

Auch ein Flüßchen wird an geeigneter Stelle überschritten. Noch ist das Gelände ziemlich eben; bald wird es jedoch kupierter und buschig.

Als ich einen kleinen, dicht bewachsenen Erdhügel umschlage, höre ich plötzlich aus dem gegenüberliegenden Hügel lautes, schnarrendes Gequietsche. Beim Nähergehen entdecke ich im Dickicht zwei Honigdachse, die sich heftig bekämpfen. In der Hitze des Gefechts haben sie unser Nahen nicht bemerkt; sie keifen ganz entsetzlich. Auf meinen blinden Schuß aus dem kleinkalibrigen Karabiner saust der stärkere Dachs kreischend ins Dickicht. Sofort renne ich um den Hügel herum in der Annahme, das Tier jetzt besser sehen zu können. Noch stehe ich gebückt da und gucke hin und her. Da stürzt plötzlich der rabiate Dachs aus dem Busche heraus und will mich mit allen Regeln der Kunst annehmen. Nu, du Frechdachs! Mit einem Kopfschuß quittiert er hart zu meinen Füßen seine übereilte Attacke.

Der „njegäre", wie ihn die Eingeborenen nennen, ist ein starkes, ausgewachsenes Männchen mit schönem, grauweißen Rücken und Kopfsattel. Seiner Schwarte entströmt ein durchdringender Moschusgeruch. Keiner der Leute will das Tier tragen. Aber im Lager betteln abends zwei meiner Wanyamwesiträger dringend um den Kadaver. Es sind ältere Leute, die für solche seltenen Leckerbissen stets große Vorliebe zeigen. Sie lieben alle kleinen Raubtiere, und man könnte sie um ihren Appetit beneiden. Und der empfindlichste Hautgout — sie merken ihn wirklich nicht.

Wie ich mir dann den Fall „Honigdachs" während des Weitergehens in mein Taschenbuch notiere, fällt mein Blick zufällig auf den Kalender: — Ostersonntag!

Bald bringt mich aber ein „Memento mori" aus der kurzen Osterstimmung. Der sehr starken Zähne beraubt, liegt das schneeweiß gebleichte Skelett eines kapitalen Elefanten in einem Busch vollständig beisammen. Es könnte jedem Museum zur Zierde gereichen.

Nun pirsche ich wieder an einer anderen Stelle des Flüßchens. Alte Fährten von Giraffen und Büffeln zeigen sich; sehr verwaschene vom Nashorn. Die Ufer sind hier felsig und zerklüftet; mit allerlei verworrenem Stachelgestrüpp, Büschen und einzelnen buschartigen Palmen bestanden, machen sie einen recht wilden Eindruck. Ich winde mich dicht am Ufer entlang und komme an Sandbänke, auf denen weiße, rundliche Felsblöcke herumliegen. Dabei schwelgt mein Malerauge in vielen herrlichen Bildern. Hätte ich jetzt mein großes Malgerät zur Hand, sofort setzte ich mich an die Arbeit. Aber diese Plätze will ich mir für später merken, heute soll nur das Jägerherz bedacht werden. Sind doch die vielen Nashorn- und Löwenspuren recht beachtenswert. Sie scheinen von gestern abend zu stammen. Abseits vom Ufer kann ich sie aber leider des schlechten Geländes wegen nicht mehr verfolgen. Trotzdem pirsche ich bei Windstille weiter; etwas Wind dazu wäre mir natürlich lieber.

An einer nassen Regenrinne entdecke ich im hohen Grase frische Büffelfährten vom Morgen. Ich folge ihnen; dabei stoße ich mit dem Fuße auf ganz warme Nashornlosung. Wenige Schritte weiter abermals. Aus dem ganzen Befunde bestätige ich zwei Nashörner, die ganz in der Nähe sein müssen. Leider läßt sich keine Spur von Luftzug feststellen. Es ist eine feuchte, schwüle Gluthitze. In der Ferne rollt der Donner, sonst die übliche Stille vor dem Gewitter. Der Rauch meiner Pfeife steigt gerade in die Luft.

Nun halte ich von einem nahen Baume aus Umschau nach den Tieren; nirgends

eine Spur. Überall hohes Gras und lichter Baumbestand. Vorsichtig nehme ich die Fährten wieder auf. Und ich habe Erfolg.

Nach etwa einer Stunde eräuge ich auf kurze Zeit zwei graue Rücken und sehe, wie sich ab und zu die Büsche bewegen. Der Wind, wenn auch erst nur ein ganz feiner Luftzug, scheint doch die rechte Richtung zu haben. Ich sage mir, mehr wie abgehen oder annehmen können die beiden nicht. Also frisch drauflos!

Bis auf 30 Schritte bin ich glücklich heran. Ich höre sogar die Tiere deutlich. Anscheinend verhoffen sie jetzt. Von dem größeren kann ich in dem hohen Grase nur die Hornspitze und die Gehöre sehen. Eine fatale Situation! Steht es spitz von vorn oder von hinten zu mir? Alle Augenblicke senkt es den Kopf. Und wenn dann die dürftigen Erkennungszeichen wieder einen Moment auftauchen, ist es mir doch nicht möglich, in dem hohen Grase die Stellung klar zu erkennen. Mein Begleiter meint, das große Tier steht von vorn; ich behaupte das Gegenteil.

Ohne es sehen zu können, merke ich jetzt, daß sich das kleinere Nashorn legt. Es ist die Mittagszeit, wo sich diese Tiere überhaupt gern niedertun.

Ich bin noch ein paar Schritte nähergegangen, aber das Bild ist dadurch nicht im geringsten klarer geworden. Was soll ich machen? Von leichtsinnigen Schüssen bin ich gar kein Freund, aber haben muß ich das Nashorn!

Ich bin auf alles gefaßt. Vom rechten Gehör eine Kleinigkeit heruntergehend, gebe ich ihm eine Kaliber 9,3 und gleich darauf eine zweite. Kaum sind die Schüsse heraus, macht der Koloß kehrt und poltert auf mich los. Das alles geschieht in derselben Sekunde. Ich kann unmöglich mehr laden oder die zweite Büchse ergreifen. Es bleibt mir gerade noch so viel Zeit, mich auf meinem Platz rückwärts in einen Strauch zu werfen, und schon rast das wütende Tier in voller Fahrt auf zwei Schritt Entfernung an mir vorbei.

Mein Jagdboy, der bei der Attacke gerade noch hinter den Strauch geraten war, aber frei dastand, kommt nun an die Reihe. Kaum ist das Nashorn an mir vorbei, nimmt es auch schon den Boy an, der schleunigst auf einem bedenklich wackligen Baume Rettung sucht. Wild umkreist das Tier den Hochsitz, dann geht es nach dem Busch ab. Unmittelbar darauf hören wir das zweite im Bogen ankommen; es bleibt uns aber unsichtbar.

Nun erscheint der Boy von seinem Baume, und auch ich bin aus meinem Dornenbusch gekrochen. Recht nett sehe ich aus! Mein linker Arm blutet, weil er der Länge nach

aufgeschlitzt ist. Oberhalb der Augen rieselt das Blut übers Gesicht — ich kann kaum sehen —, und am übrigen Körper dringen rote Flecke durch die dürftige Kleidung. Mein Boy fragt voller Schrecken, ob mich das Nashorn so zugerichtet hat. Ich erzähle ihm kurz die Hauptsache, daß ich mich schleunigst rücklings in den Busch werfen mußte, daß das vorbeirasende „faru" einen dornigen Ast beiseite trat und mir mit aller Wucht über Arm und Gesicht schlug, und daß ich mein Augenlicht jetzt lediglich meinem zur Abwehr erhobenen linken Arme verdanke. —

Für den Laien macht so ein Nashorn den Eindruck größter Schwerfälligkeit, und nur der Kenner weiß, mit welcher fabelhaften Fixigkeit so ein Dickhäuter rennen kann. Da merkt man nichts mehr von Größe, Schwere oder Unbeholfenheit; man sieht ihn laufen und staunt. Häufig rast das Nashorn in voller Flucht ein Stück am Jäger vorbei und wendet sich dann erst, wenn es wirklich annehmen will. Die Kenntnis dieser Eigentümlichkeit war wenigstens immer meine Rettung. Das Nashorn besitzt nach meinen Erfahrungen aber auch die Fähigkeit, im Augenblick auf dem Fleck zu wenden, wie das z. B. der Büffel tut.

Noch stehe ich mit dem Boy neben dem Strauche und reinige mir die Augen. Als ich dann lade, sehe ich zu meinem Schrecken, daß das 300-Meter-Visier hochgeklappt ist. Habe ich nun damit schon diesen nahen Schuß abgegeben, oder ist es nachträglich bei dem Angriff durch irgendeine Berührung aufgeklappt? Beides ist möglich; ich finde keine Erklärung.

Plötzlich hören wir abermaliges Brechen, und ehe wir überhaupt noch die Richtung feststellen können, rast auch schon das größere Nashorn abermals zwischen uns hindurch. Wir spritzen auseinander und ich gebe dem Tiere sofort beide Schüsse, wobei ich auch das andere, unsichtbare flüchten höre.

Nach diesem zweiten Angriff bleibt es still; die beiden Unholde sind endgültig verduftet. Auf dem Anschusse findet sich wenig Schweiß; auf der Anfangsfährte nur stellenweise. Ohne jeden Zweifel ist das Nashorn also krank, darum muß es zur Strecke, koste es, was es wolle.

Zuerst führt die Fährte durch hohes Gras, später über eine etwa 300 Meter breite, kurzgrasige und sumpfige Niederung. Nirgends mehr Schweiß. Scheußlich! Dann geht es im Busch aufwärts, von dort wieder fast 4 Meter steil hinunter in einen schluchtigen Regenbach, und schließlich wieder in die Höhe in dichten Busch. Hier hat das Tier gestanden. Schweiß und etwas flüssige Losung verrät das.

Strömender Regen setzt ein, und bald bin ich bis auf die Haut durchnäßt. So arbeite ich mich, gefolgt von meinen Leuten, mühsam durch das Pflanzengewirr. Da bricht und poltert es wenige Meter vor uns und wird flüchtig. Schießen ganz unmöglich. Ich sehe nur für eine Sekunde etwas Grauschwarzes.

Das Hosenknie geplatzt, das Hemd quer über den Rücken aufgerissen, über und über schwarz vor Schmutz, dabei ganz ohne Atem von dem Rennen und Folgen, erreiche ich endlich lichteres Gelände. Die Fährte bringt mich fast zur Verzweiflung; zuerst läuft sie an einer Erdspalte entlang, dann in der Spalte weiter, schließlich steigt sie wieder heraus und kehrt im großen Bogen durch das höhere Gras wieder zurück zur Erdspalte. Am

Rande liegt Schweiß. Etwa 100 Meter läuft dann die Fährte nochmals in der Rinne, dann führt sie nach jenseits in kupiertes, steiniges Gelände mit reichlich Buschwerk und ohne Fernsicht. Das Gewitter ist im vollsten Gange. Blitze krachen, Donner rollen und rauschende Regengüsse hüllen die Landschaft in nebligen Wasserstaub. So übertönt das Tosen der Elemente das abermalige Nahen des Verfolgten.

Zum dritten Male werde ich angenommen. Infolge der Büsche ein ungünstiger Schuß. Wieder schwenkt das Nashorn ab. Und abermals geht es hinterdrein, was das Zeug hält. Einmal im Winkel, einmal im Halbkreis, dann wieder geradeaus, so geht es über eine Stunde lang im verschiedensten Gelände immer hinterher. Wie lange soll das so weitergehen? Die schwarzen Regenwolken täuschen bereits den Abend vor, aber die Uhr zeigt erst auf einhalb fünf. Mit Anspannung aller Kräfte geht die wilde Jagd weiter.

Eben hat uns ein kleines Dickicht mit vielen Schlingpflanzen aufgenommen. Gehen kann ich nicht mehr darin, nur noch kriechen. Wie ich mich dann einmal aufrichte, erblicke ich plötzlich auf etwa 15 Meter durch das Geäste mein Nashorn wieder. Breit und nach mir sichernd steht es auf einer kleinen, grünen Blöße. Blitzschnell gebe ich ihm Fangschuß. Es steigt in die Höhe und bricht auf dem Flecke zusammen.

Wie atme ich auf!

Morgens zehn Uhr war es, als ich die Fährte aufnahm, und jetzt zeigt die Uhr etwas nach einhalb sechs! Über sechs Stunden war ich also dem Recken durch dick und dünn im rasendsten Tempo gefolgt. Nun bin ich aber wirklich ausgepumpt und fertig. Aber ich habe die Genugtuung, mein Ziel erreicht zu haben; das läßt alle Unbill vergessen.

Meine Leute sinken apathisch ins Gras. Keiner freut sich wie sonst, keiner schwadroniert, keiner hätte gar Lust zu tanzen. Nur der Jagdboy, der mir diesmal brav auf dem Fuße gefolgt ist, steckt ein schwaches Lächeln auf.

Und trotzdem raste ich nicht lange. Denn der Rückweg ist weit; es gießt weiter. So wird das Nashorn nach Besichtigung der Schüsse zur Abwehr des Raubzeuges dicht mit Dornen bedeckt. Im Geschwindschritt geht es heimwärts; bald umgibt uns finstere Nacht. Strömender Regen hindert unser Fortkommen, nichts von den Tücken des Weges ist zu sehen, und nur ab und zu zeigen uns die aufleuchtenden Blitze die Richtung. Um einhalb zehn Uhr erst treffen wir in arg verwahrlostem Zustande im Lager ein, aber es wird nach Verrichtung der unerläßlichen Lagerarbeiten spät nach Mitternacht, ehe ich die müden Glieder bei Blitz und Donner ausstrecken kann. So endete ein erster Osterfeiertag, aber ich möchte die Erinnerungen an ihn nicht missen. —

Nach den Erlebnissen und Ergebnissen dieses Tages muß ich mir wieder die alte Frage vorlegen: warum benehmen sich diese Tiere so grundverschieden? Erst regelrechtes Attackieren, dann wiederum nicht die leiseste Notiz bei meiner Annäherung, und wieder ein anderes Mal beim geringsten Laut sofortige Flucht.

Es ist schon viel über die Psyche des Nashorns geschrieben worden, und in den gegenteiligsten Ansichten ist trotzdem ein Körnchen Wahrheit. Darum möchte ich behaupten, daß viel menschlich Individuelles bei allen diesen Beurteilungen der Tierpsyche mitspricht. Der eine Beobachter steht der Gefahr absolut kalt und gefaßt gegenüber. Der andere neigt bereits bei einer noch gar nicht bestehenden Gefahr durch seinen aufgeregten Zustand zu Überschätzungen, die das ganze Bild des Tatbestandes verändern. Hier spricht zu vieles mit: Mut, schnelle Entschlossenheit und Vertrautheit mit den Lebensgewohnheiten und Lebensbedingungen des Tieres. Jeder Beobachter beurteilt das Tier nach seiner persönlichen Verfassung, der eine im größten Affekt, der andere in größter Seelenruhe. Dazu kommt, daß gerade afrikanisches Tropenleben eine hochgradige Gereiztheit zeitigt, die dann bei solchen Gelegenheiten leicht zu Phantasievorstellungen führt. Ich rechne das Nashorn unbedingt mit zu dem gefährlichen Wilde, aber doch nicht so ganz, wie es in der Allgemeinheit schlechthin dargestellt wird. Die Fälle, wo Jäger Schaden litten oder zugrunde gingen, sind jedenfalls seltener, als allgemein angenommen wird. Ihre Ursachen sind wohl meist auf persönliches Pech, Leichtsinn oder Unerfahrenheit zurückzuführen. Auch Zufälligkeiten können das Urteil trüben. Wenn einer z. B. den zweifelhaften Vorzug genießt wie ich, gleich bei seiner ersten Begegnung dreimal attackiert zu werden, dann liegt die Annahme nahe, daß er das Nashorn für ein ganz fürchterliches Ungeheuer ansehen wird. Vielleicht mit Recht. — Manchmal sieht ja so ein anscheinend ganz unmotiviert und blödsinnig daherrasendes „faru" nicht gerade liebenswürdig oder vertrauenerweckend aus; ein anderes Mal aber gibt es wieder eine höchst harmlose Begegnung.

Ein wirklich treffendes Urteil hat der Neger; er sagt kurz und bündig: „kifaru wasimu" — die Nashörner sind verrückt! Der Ausspruch ist ja etwas hart, aber er stimmt. In gleicher Gegend und in kleinster Zeitspanne habe ich gänzlich verschiedenes Betragen beobachtet.

Z. B. ein alter Bulle in offener Steppe. Er steht ganz frei und bewegt sich nicht, man könnte ihn für eine Statue halten. Da rückt ihm die kleine Karawane nahe auf den Leib. Nun erst wendet er sein Haupt, stellt sich spitz, pustet, und — geht in entgegengesetzter Richtung flüchtig ab. Warum nimmt er — nicht — an? . . .

Das gleiche passiert bei einer Begegnung am Hange eines Berges, nur mit dem Unterschiede, daß dieses Nashorn bei dem geringsten Geräusch sofort den steinigen Hang hinunter poltert.

In noch anderen Fällen sah ich die Tiere unverhofft mit wahrer Berserkerwut und ohne jede sichtbare Veranlassung aus dem Grase stürzen, dabei alles über den Haufen rennend, was sich ihnen in den Weg stellte. Was war hier die Ursache?

Ich habe mir aus meinen eigenen Erfahrungen die Sache so zurechtgelegt: Irgendwo steht oder liegt im dichten Busch oder Grase das Nashorn. Da hört es plötzlich das fremde Geräusch. Es sieht nichts, weiß nicht, aus welcher Richtung es kommt, und stürzt nun in seiner Ratlosigkeit und der nicht abzuleugnenden Bosheit blindlings auf den vermeintlichen Ruhestörer los. Als Gegenbeweis dient mir, daß ich bei meinen nicht wenigen Begegnungen niemals derartige Attacken — in ganz offener Steppe erlebt habe. Die Angriffe geschahen stets im Busch oder hohem Grase, wo das an sich schon geringe Sehvermögen noch weiter herabgemindert wurde.

Daß das Nashorn ein nicht zu unterschätzender gefährlicher Gegner ist, steht zweifellos fest, von einer gewissen Schreckhaftigkeit kann es sich aber nicht lossagen. Gut — es soll die Bezeichnung „wild" behalten —, aber so absolut läßt es sich nicht immer entscheiden, welche Untugend bei ihm mehr vorherrscht. Mir gegenüber hat es sich jedenfalls so verschieden gezeigt, daß ich nicht anders urteilen kann. Bei meinen vielen, z. T. nahen Lockversuchen bei Nashörnern und Elefanten konnte ich so recht die Verschiedenheit des Betragens beobachten; erstere waren ausnahmslos beim leisesten Laut oder einem Geräusch blitzartig auf den Beinen, letztere dagegen drehten sich in aller Gemächlichkeit und Ruhe herum oder traten hin und her. Jedenfalls habe ich den Eindruck gewonnen, daß das Nashorn, abgesehen von seinen anderen Eigenschaften, zu den schreckhafteren Tieren gehört. Trifft der Jäger mit diesem kapitalen Wilde zusammen, so muß er, da es absolut unberechenbar ist, auf alles gefaßt sein. Ruhe — und abermals die allergrößte Ruhe ist hier die erste Vorbedingung.

So sehen wir, das Nashorn ist ein Sonderling in seinem Charakter, gerade wie in seiner Erscheinung. Bei all seiner verschrienen Häßlichkeit möchte es übrigens wohl kein einziger Verehrer afrikanischer Tierwelt missen. Ist dieser noch lebende Dickhäutertyp, wenn er noch dazu in seiner freiheitlichen Umgebung dem Beschauer entgegentritt, mit seiner wuchtigen Gestalt und dem behornten Kopf nicht wirklich eine imposante Erscheinung? Welche Fülle von Kraftbewußtsein verkörpert sein Anblick!

Und dennoch — auch er wird der unaufhaltsam fortschreitenden Kultur über kurz oder lang weichen müssen, wenn es auch noch einige Zeit dauern wird.

Ein findiger „Kirongozi“

Endlich!

Nach dreiundeinhalbstündiger Verfolgung kann ich auf 50 Schritt diesem kapitalen Gnubullen — dem Streifengnu — den Fangschuß geben.

Seit sechs Uhr morgens streifte ich in der Steppe umher. Aber so viele Mühe ich mir auch gab — es wollte nicht klappen. Die Hauptschuld trug wohl der fortwährend umspringende Wind.

Giraffen, Wasserböcke und verschiedenstes anderes Wild sah ich während der Vormittagsstunden genügend, aber mein Sinn stand nach dem Streifengnu, das ich wohl schon mehrmals gesehen, aber noch nie so recht zu Schuß bekommen hatte. Und wie vom Wasserbock, wollte ich jetzt auch vom Gnu die andere Art besitzen.

Meine Uhr zeigt kurz vor elf, da gewahre ich in weiter Ferne das ersehnte Wild. Die Leute lasse ich zurück; im großen Bogen pirsche ich mich näher. Schon bei 300 bis 400 Meter gehen sie ab; und das geschieht jedesmal so. Sowie sie losgaloppieren, verfalle auch ich in einen tollen Trab und stoppe in demselben Augenblick, wenn sie es tun. So zwingen mich die „nyumbu“ in der entsetzlichen Mittagshitze viermal zu solchem unfreiwilligen Flachrennen, bis ich ihnen endlich auf 200 Meter nahegekommen bin.

Aber kaum will ich anbacken, machen sie von neuem kehrt. Ich finde gerade noch Zeit, dem letzten sich zur Flucht wendenden Bullen im Moment des Herumschwenkens einen schnellen Schuß anzutragen. Weidwund zeichnend geht er mit den anderen ab.

Am Anschuß liegt reichlich Schweiß. Nun ihnen wieder nach in vollster Schnelligkeit!

Nach einer Viertelstunde kann der Kranke seiner Herde nicht mehr folgen und sondert sich ab. Des schlechten Windes wegen kann ich ihm aber nicht nahe genug kommen; auf einige hundert Meter wird er stets flüchtig. Aber ich lasse nicht locker — weiter geht es auf der Schweißfährte — einmal muß ich doch endlich zu Schuß kommen!

Da sehe ich den Bullen in etwas freierer Steppe neben einem Strauche stehen, und nun legt ihn mein Schuß endgültig um.

Als ich nach dieser dreiundeinhalbstündigen Hatz wie eine Maschine keuchend neben meiner Beute stehe, muß ich unwillkürlich an meinen prächtigen Araberschimmel in Ägypten denken. Wie wohl hätte er mir jetzt getan! Aber leider ist das Jagen mit Pferden in unserem ostafrikanischen Schutzgebiet nicht gut durchführbar. Denn erstens halten sich Pferde dort überhaupt schwer, und dann erlauben es die Bodenverhältnisse meist nicht, längere Strecken in schärfster Gangart zurückzulegen. Wegen der zahllosen, meist unsichtbaren Erdlöcher oder Unterwühlungen des Bodens besteht die dauernde Gefahr des Sturzes und Knochenbrechens für Reiter und Pferd. Schon zu Fuß hat man ständig damit zu kämpfen.

Nun kommen meine Leute; sie finden, der Bulle sehe aus wie ein Büffel. Und ganz so unrecht haben sie wirklich nicht; außerdem hat das Tier durch das blauschwarze Fell etwas Ähnlichkeit mit einem schwächeren Büffel. Auf einige Entfernung werden häufig Gnus von den Leuten als Büffel angesprochen. —

Meine Lippen brennen und kommen mir vor, wie mit einer trockenen Masse bestrichen. Die Feldflasche enthält nur noch einen winzigen Rest, der gerade dazu reicht, die Lippen zu befeuchten. Und das zweite der beiden mitgenommenen gekochten Eier ist faul; nur ungern werfe ich es im weiten Bogen fort. So bleibt mir nur noch ein letzter, steinharter Schiffszwieback. Aber in seiner Trockenheit ballt er sich im Munde zu einem Kloß zusammen und will beim besten Willen nicht rutschen. So muß der Hüftriemen wieder fester gezogen werden. Dann geht's ungesäumt an die Arbeit.

Nach meiner und auch der Leute Ansicht müssen wir vom Lager sehr weit entfernt sein. Deshalb schicke ich sogleich den Führer und einen Mann zum Holen der nötigen Träger ab.

Eine Stunde später umzieht sich der Himmel vollständig, und es dauert gar nicht lange, so regnet es recht nett. Dadurch ist meiner Arbeit Einhalt getan. Aber eine Farbenstudie und einige Skizzen habe ich doch eingeheimst.

Damit aber keine Zeit verloren wird, zerwirke ich indessen mit den paar Leuten das Gnu. Vom Regen durchnäßt, lasse ich ein Feuer anfachen. Bei dieser günstigen Gelegenheit werden sofort von den Leuten einige Därme reinigend durch die Finger gezogen, zu einem regelrechten Zöpfchen geflochten, dann ein dünnes Stäbchen durchgestochen und ans Feuer gesteckt. Das „Gebäck" geht natürlich schnell auf und wird als harter, prasselnder Leckerbissen mit hohem Genuß verspeist. Auch kleine Steaks, an Stäbchen gebraten, werden mit lautem Schmatzen vertilgt.

Und wie ich die Gesellschaft so vergnügt und beschaulich schnabulieren sehe, erfaßt mich mit meinem ausgehungerten Magen ein derartiges Verlangen, daß auch ich der Versuchung nicht widerstehen kann, und mir ebenfalls eine Scheibe saftigen Fleisches ans Feuer stecke. Bald ist es gar, und ich muß gestehen, es schmeckt, auch ohne Salz und „Zutaten", wenngleich ich nicht in Abrede stellen will, daß es der Hunger auch mit hineintreiben hilft.

Nun könnten die Leute kommen; das Wildbret ist in Lasten eingeteilt. Es ist überhaupt die höchste Zeit, fünf Uhr vorüber, da müßten sie eigentlich schon da sein. Das Lager kann ich sowieso bei Tage nicht mehr erreichen.

Es wird sechs — es wird sieben Uhr! Längst ist es so stockfinster geworden, daß man keine Hand mehr vor Augen sieht. Um den Leuten unsere Stelle zu zeigen, und um uns auch zu erwärmen, lasse ich das Feuer noch größer anfachen.

Nach wieder einer halben Stunde wird mir die Sache bedenklich. Ich gebe einige Alarmschüsse ab, aber nichts meldet sich. Nur eine Hyäne heult in weiter Ferne. Neben der Unruhe packt mich auch die Langeweile. So gehe ich fortwährend mit fertiggemachter Büchse etwas abseits, wo das Feuer nicht so prasselt, hin und her, und gebe in Pausen weitere Alarmschüsse ab.

Da kommt mein Jagdboy, der es merkt, daß mir das Warten nicht behagt, zu mir und sagt:

„Herr, wir wollen doch nicht länger warten, sondern nach dem Lager gehen. Wer weiß, ob uns die Träger in dieser Finsternis heute noch finden. Und hier im Pori können wir doch mit dem Fleische der wilden Tiere wegen auch nicht bleiben; wenn wir aber hier vor Müdigkeit einschlafen, holen sie uns auch noch!"

Er hat nicht unrecht; dasselbe ging auch mir schon mehrere Male flüchtig durch den Kopf. Aber immer denke ich noch, die Leute jede Minute aus der Finsternis auftauchen zu sehen. Mein abermaliger Schuß verhallt jedoch wieder ohne Antwortzeichen in der Stille, und so gebe ich Befehl zum Aufbruch. Vorher lasse ich das Wildbret in den nahen Bäumen bergen, damit es die Leute schließlich morgen früh holen können. Ein Leopard wird wohl nicht gleich kommen, und vor anderem Raubzeuge ist es da oben ganz sicher. Schnell haben wir alle Fleischlasten am Fuße eines Baumes niedergelegt, dann klettern die drei Leute hinauf und ziehen sie, die ich unten mit einem Tau umschlinge, einzeln hinauf.

Um unterwegs etwas Beleuchtung zu haben, schlagen wir Rindenstücke von den Stämmen. Das gibt zwar keine Fackel, aber sie glimmen wenigstens, und das ist besser als gar nichts.

Nun geht's hinaus in die stockfinstere Nacht. Nur einer der Leute trägt eine Last, den abgeschnittenen Gnukopf. Nach wenigen Minuten schon gehen unsere „Fackeln" aus. Es ist zu windig, und außerdem sprüht bereits wieder der Regen. Weitere Zündungsversuche gebe ich auf, zumal meine Schweden zur Neige gehen. Wie bedaure ich es jetzt, keine Laterne mitgenommen zu haben. Sie sollte eigentlich nie fehlen, und sie war auch immer da, wenn man sie — nicht brauchte.

Trotz aller Finsternis sieht man aber eigentlich so noch besser als bei unserer „künstlichen Beleuchtung", wenn man auch manchmal einen dornigen Ast plötzlich erst vor der Nase konstatiert; dann merkt man ihn sofort, auch im Finstern.

Der Boy macht den „kirongozi", den Führer. Er ist seiner Sache, die genaue Richtung zu haben, durchaus sicher. Wir schlagen dieselbe Richtung ein, wie die beiden Leute am Nachmittag. Aber ich bin überzeugt, er kennt die Gegend genau so wenig wie ich, überlasse ihm jedoch ruhig die Führung, weil ich denke, so ein Schwarzer besitzt in seinem eignen Lande vielleicht rein instinktiv mehr Orientierungsvermögen als unsereiner.

Ich erlebte zwar auch Fälle, wo sie sich am hellen Tage gewaltig irrten. So sagte mir einmal ein Führer: dahin müssen wir zum Lager zurück! — Nein, sage ich darauf, gerade entgegengesetzt, dort an den blauen Bergen liegt unser Lager; da gibt es nichts zu zweifeln! Und wir streiten hin und her. Doch mein Malerauge hatte die Bergsilhouette nicht vergessen. Wir gingen nach meiner Richtung, und — ich hatte recht! Auch recht landeskundige Eingeborene verlaufen sich in ihrem eigenen Lande. —

Zwischen Bäumen, Sträuchern und Dornen tasten wir uns weiter durch. Dabei ge-

Kämpfende Gnus.

raten wir häufig vor rabenschwarzes Dickicht, das uns den Weg versperrt. Dann müssen wir stets seitwärts zurück und Umwege machen. Es ist äußerst ungemütlich, in dieser stockfinsteren Nacht so herum zu tappen; ein Strauch gleicht dem anderen. Und wenn leises Brechen von Zeit zu Zeit den Schritt hemmt, da späht man unwillkürlich wie gebannt umher, ob nicht irgendwo aus der Dunkelheit die phosphoreszierenden Lichter eines Raubtieres auftauchen. Das Geheimnis der urwüchsigen Wildnis bei Nacht übt einen unbeschreiblichen Reiz aus, der mich einigermaßen mit diesem Abenteuer versöhnt.

Eben sind wir wieder um so einen pechkohlrabenschwarzen Busch herum, da blitzt es unten ganz tief durch die Sträucher, wie ein kleiner Feuerschein. Ich kann es in der Finsternis nicht ausmachen, ist es ganz nahe, oder in weiter Ferne?

Rums — bricht mein Schuß donnernd durch die Nacht. Alles lauscht — Totenstille! Ich sehe durchs Glas, das Feuer ist leer, keine Menschenseele in seiner Nähe. Nun steuern wir flott dem Lichtschimmer zu. Dabei kalkuliere ich folgendes: Die Leute konnten uns nicht finden, und rasteten hier, wobei sie sich Feuer machten. Da wurden sie durch meine Schüsse vom Gnuplatze alarmiert und brachen wieder auf. Und nun irren sie vielleicht noch umher, oder haben unser Feuer erreicht, wie wir jetzt das ihrige — — —

Nach 150—200 Meter stehen wir an den verglimmenden Feuerresten. Gespannt mustere ich den Platz — ist es ein Spuk? Doch nein! Und nun schreie ich meinen Boy an:

„Salim — Mensch — wir sind ja wieder an unserem eigenen Feuer angelangt! Da stecken die Stöckchen, wo ihr die Därme geröstet, und dort oben im Baume hängt das — nyama . . ."

Ich habe schon eine Menge dummer Negergesichter gesehen, aber die Visage meines lieben Boys jetzt, das ist eine Rekordfratze. Und auch die anderen bemühen sich, es ihm gleichzutun. Doch nur einige Augenblicke, dann platzen sie aus und wollen sich schier totlachen. Noch immer steht der Brave entgeistert da; fast kann ich ihm nicht böse sein. Da klopfe ich ihm auf die Schulter und flüstere ihm ins Ohr:

„Du bist ja ein „kirongozi kubwa kabissa sana" — ein ganz hervorragender Führer — du kannst darin noch Großes leisten! Denn du hast den Erdenrundmarsch, wo man wieder an derselben Stelle ankommt, unglaublich abgekürzt!"

Aber sie haben es alle gehört und brüllen von neuem. Nun lacht er auch mit.

Zehn Uhr! So hat also unser Steppenrundmarsch um das Lagerfeuer herum etwas über fünfviertel Stunden gedauert. Jetzt bleiben wir hier bis zum Morgen, sage ich. Und wenn wir müde werden, setzen wir uns auf einen Baum und binden uns an. Dann kratze ich in meinem Tabaksbeutel das letzte Häufchen Tabakstaub zusammen und verleibe es der treuen Pfeife ein. Der Magen knurrt unheimlich, und dieser Durst!

Wir bringen unser Feuerchen wieder instand und hocken uns im Kreise darum. Auch einige Schüsse gebe ich noch ab. Der Wind weht jedoch aus der Richtung, in der ich das Lager vermute. Sollten die Leute also wirklich unterwegs sein, dürften sie wenig hören.

Am allermeisten ärgert mich die Leere meines Tabakbeutels. Läßt sich doch mit brennender Pfeife so manches leichter ertragen. Ich bin nicht mehr bei Stimmung — —

Sinnend betrachte ich das knisternde Feuer. Meine Gedanken gehen spazieren, und plötzlich sind sie der Wildnis entronnen und daheim im Elternhaus. Wie mag es allen den Lieben gehen; ob sie alle wohlauf sind? Ein volles halbes Jahr habe ich nun keine Nachrichten mehr von ihnen infolge des Aufstandes. Und die liebe Mutter! Was würde sie sich ängstigen, wenn sie mich jetzt hier in dieser Situation sitzen sähe. Da überfällt mich im selben Augenblick eine furchtbare, nie gekannte Unruhe. Ich springe auf, wandle hin und her, zwinge mich zu anderen Gedanken, aber alles umsonst — das Bild der guten Mutter taucht immer wieder vor meinem geistigen Auge auf, und mein Zustand steigert sich zur Angst.

— Drei Monate später, nachdem alle weiteren Postsachen verloren gegangen waren, sollte ich erst durch Zufall erfahren, daß das treue Mutterherz am Tage nach jener denkwürdigen Nacht zu schlagen aufgehört. Ihre letzten Worte galten mir — im fernen Afrika — — —

Sollte es, so frage ich mich seither, nicht dennoch eine Gedankenübertragung geben?

Noch marschiere ich in meiner Erregung auf und ab, da vernehme ich in weiter Ferne menschliches Rufen. Sofort gebe ich einen Schuß ab und lasse die Feuer anfachen. Meine Begleiter springen auf, sie rufen ebenfalls, so laut sie können. Unsere Rufe werden erwidert — sie kommen, die treuen Seelen, trotz Nacht und Finsternis.

Und wie kommen sie angesprungen auf meinen Ruf! Unter wahrem Freudengeheul lösen sich in breiter Linie, vom großen Lagerfeuer rot beschienen, ihre dunklen Gestalten aus der Finsternis los, und dann stürmen sie auf uns zu. Es ist ein unbeschreibliches, unheimlich schönes, nächtliches Bild; meine trüben Gedanken sind verscheucht.

Schneller, als wir uns mit dem Wildbret hinaufgeplagt haben, besorgen es die Träger wieder herab, und ritsch — ratsch, hat auch schon ein jeder einen tüchtigen Fetzen am Feuer stecken. Das hält mich aber nicht ab, ihnen kund und zu wissen zu tun, daß ich jetzt endlich dieses unfreiwillige Lager zu verlassen gedenke, und ich pfeife zum sofortigen Abmarsch.

Damit niemand zurückbleibt, mache ich den Schluß der Kolonne. Der jetzige Führer, der die Spitze hat, sagt, das Lager sei sehr weit. Aber er habe sich auf dem Wege zu uns auch etwas verlaufen. Er habe sich jedoch unterwegs Zeichen an Büschen gemacht, und so würden wir ganz gut vorwärts kommen.

Aber bei der noch immer herrschenden Finsternis gibt es trotz aller schönen Zeichen eine Menge Irrgänge um jene Büsche, die wahre Wände von Dornen bilden, und wo kein Durchkommen möglich ist. Zur Abwechslung geraten wir auch in zwei knietiefe Sümpfe, die die Leute aber vorher nicht passiert hatten. Doch das tut der guten Laune meiner Mannschaft keinen Eintrag. Mit fröhlichem Singsang behandeln sie ihr Thema, das ungefähr besagt: wir werden noch heute viel Fleisch essen können, denn wir haben unseren bana gefunden. Daß sich etwa ein Raubtier anschleichen könnte, brauche ich nicht zu befürchten, denn die Fröhlichkeit der Leute hält es schon von weitem zurück.

Endlich — endlich atme ich auf. Durch das dichte Buschwerk vor uns blinken die ersten Blitze unseres Lagerfeuers hervor. Es ist dreieinhalb Uhr morgens.

Man wird es verstehen, daß mir mein bald darauf aufgetragenes afrikanisches Mahl unglaublich gut schmeckt. Der Koch hat alles bereitgehalten.

Na — und ich? Wenn man einundzwanzig und eine halbe Stunde gefastet hat — das einzige kleine Hühnerei kann man reeller Weise hier nicht mitrechnen —, da darf man sich selbst zu so später Nachtstunde rechtschaffen satt essen. Ich hab's getan!

Nur eins wundert mich. Daß ich nämlich trotz nur halbstündigen Schlafes am nächsten Morgen frischer aufstehe, als am Tage vorher. So sitze ich um sechseinviertel Uhr bereits wieder an der Arbeit, und später — pirsche ich, bis die Sonne untergeht!

Hyänen und Leoparden

Es regnet wieder einmal Bindfaden!

Auf meinem Zeltdache trommelt der Tropenguß seine monotone Musik, und auch die Frösche geben sich alle mögliche Mühe, um in diesem Höllenspektakel nicht zurückzustehen.

Ist es da wunderlich, wenn man wach wird? Und — brrr — die Hitze im Zelte, das reine römische Bad! Zum Glück strömt wenigstens durch die beiden Dachluken und das kleine seitliche Maschenfensterchen ein Lufthauch in mein sogenanntes Schlafgemach, sonst wäre es wirklich zum Umkommen.

Was — noch nicht ganz zehn Uhr? Na, dann schnell auf die andere Seite gelegt!

Wieder bin ich munter geworden. Aber diesmal ist es nicht der tosende Regen, der mich weckt. Es ist ein recht lautes, knirschendes Beißen auf Knochen, und zwar unter dem Zeltdach auf meiner rechten Bettseite. Mitunter kracht und knallt es ganz bedenklich. Also für einen ohne künstliche Schlafmittel Schlummernden ein verzeihlicher Grund zum Aufwachen.

Es ist noch zu Anfang meiner Reise, aber trotzdem liegen in allernächster Nähe ein Nilpferd- sowie einige Wasserbock- und Swallahgehörne. Diese ersten Trophäen sind wohl gereinigt, für eine feine Tiernase duften sie aber noch mehr als genug. Und ich liebe meine Trophäen wie jeder Weidmann. Aber im allgemeinen hänge ich sie mir nicht in unmittelbarer Nähe meiner Schlafstätte auf, sondern tue das nur dann, wenn ein sicheres Unterbringen anderen Ortes nicht möglich ist.

Mein Zelt steht ganz frei. Die Leute dagegen liegen 10—20 Meter weiter auf einer kleinen Bodenerhebung neben einigen dürftigen Büschen und schnarchen, was das Zeug hält.

Sofort bin ich mir über die Natur meines nächtlichen, ungebetenen Gastes klar. Eine „fisi" — Hyäne — schmaust auf meine Kosten — es können auch ihrer zwei sein! Erwachen, hören und in die Hände klatschen, ist eins. Dabei schreie ich, so laut ich nur kann: „oh!"

Aber soviel Radau ich schlage, es knirscht ruhig weiter.

So eine freche Bande!

Raus bin ich aus dem Bett, stopfe zwei Patronen Nr. 0 in die Läufe, öffne lautlos ein paar Schnallen der Zelttür und schleiche mich hinaus. Draußen ist es stockfinster, aber ich sehe doch, wie sich unter dem Zelte ein großer, dunkler Klumpen loslöst und flüchtet.

So verschwommen das alles ist, meine beiden Patronen machen dennoch über das Zeltdach hinweg kräftig: bum — bum! Gleichzeitig ein grausiger Aufschrei, der bald in nächtlicher Ferne verhallt. Meine Schrotschüsse haben gut gesessen; am nächsten Morgen liegt eine „fisi" in 80 Meter Entfernung im Grase.

Und meine lieben Leute — sie schnarchen ruhig weiter und scheinen die Schüsse kaum gemerkt zu haben. Sie aber wegen der erloschenen Feuer jetzt zu wecken, hat keinen rechten Sinn, denn draußen ist doch alles quatschnaß. So ziehe auch ich wieder zum wärmenden Baue.

Beinahe bin ich wieder einig mit Freund Morpheus, da kommt eine neue Überraschung. Eine Anzahl Schakale jaulen, daß man sich fürchten könnte. Von der anderen Seite meldet sich eine neue „fisi" an mit ihren Teufelstönen, und — last not least — Herr „simba" — der Löwe — will auch nicht fehlen!

Soweit ich es aus meinem Bau beurteilen kann, zieht er nicht weiter als 100 Meter am Lager vorbei. Seine tiefe, sonore Stimme klingt erschütternd, beherrschend. Warum kommt er nicht näher? Siebenmal zähle ich seinen nächtlichen Ruf — dann schlummere ich hinüber — — —

Da — ein furchtbarer Schrei! So unbeschreiblich furchtbar, wie ihn die wahnsinnigste Phantasie nicht auszudenken vermag. So schreit ein Mensch wohl nur im wildesten Entsetzen.

Mit einem Satz bin ich aus dem Bett und bei der Büchse. Hat sich denn heut nacht alles gegen mich verschworen? Mein erster Gedanke ist, der Löwe hat einen Mann geschlagen. Da höre ich auch schon im Leutelager eifrig sprechen und — lachen. Nun pfeife ich und frage, aus dem Zelt eilend, was los sei. Noch völlig schlaftrunken kommt als erster der Boy an und sagt:

„Zwei Hyänen sind bei uns durchgelaufen und haben dem einen Träger ganz furchtbar auf den Bauch getreten. Er hat ein Loch im Bauch und ist ganz „wazimu" — verrückt."

Beim Scheine meiner Laterne erkenne ich auch wirklich Hyänenspuren. Auf dem Bauche des völlig aus der Fassung geratenen Mannes kann ich aber beim besten Willen keine Verletzung, geschweige denn ein Loch feststellen. Sein rundes Bäuchlein ist so prall, daß es gar nicht erst eingetreten werden kann. Damit aber die ihm vom Boy nachgesagte Verrücktheit nicht etwa doch noch zum Ausbruch kommt, verabreiche ich ihm ein sanftes Schlafmittel.

Wieder ziehe ich zu Baue. Der Wecker zeigt erst auf zwölfeinhalb Uhr. Ach, wäre es doch erst Morgen!

Ich versuche zu schlafen, und schließlich gelingt mir's. Aber wie lange! Himmel — es ist entsetzlich —, soll ich denn in dieser verwünschten Nacht gar keine Ruhe haben?

Wie ein Blitz bin ich abermals aus dem Bett, denn die Ursache der neuen Störung habe ich sofort erfaßt: es sind Elefanten, und zwar anscheinend recht nahe am Lager! Also schnell ein paar Schreckschüsse, damit mir die Gesellschaft nicht noch mein Zelt umreißt.

Zwei Donnerkrache dröhnen durch die stille, feuchte Luft der Regennacht. Nichts ist zu sehen, aber drüben geht der Trupp unter dumpfem Gepolter flüchtig ab. Nun sind sie fort — Gott sei Dank, denke ich im stillen. Denn was ich bereits von anderer Seite über einen solchen nächtlichen Elefantenbesuch weiß, reizt mich gar nicht, das gleiche mit meinem Zelte und meinen Lasten zu erleben.

So liege ich zum fünften Male in dieser Nacht auf meinem Lager und kann trotz aller Müdigkeit nicht schlafen. Im Halbschlafe höre ich — oder träume ich vielleicht auch — alle möglichen nächtlichen Tierlaute und empfinde es endlich als eine wahre Erlösung, als plötzlich die Weckuhr rasselt.

Ich werde an diese abwechslungsreiche Nacht noch lange denken! —

Die Freßgier einer Hyäne ist wirklich unheimlich. Diese Tiere räubern, stehlen und fressen alles, was nur erreichbar ist.

Nirgends litt ich so unter der Hyänenplage wie am nördlichen Kisigo. Eines Abends, ich bin gerade eingeschlafen, brüllt so ein „fisi" dicht neben mir an der Stirnwand meines Zeltes, während gleichzeitig drei oder vier solcher Biester sich dem anderen Ende des Lagers nähern.

Ein Mann ruht unter seinem kleinen, fadenscheinigen Zeltchen mit dem Kopfe auf einem dicken Stamm, den er als Kissen benützt. Er hat daran einen tagelang mitgeführten schneeweißen Hahn an einem Beine angebunden. Eine „fisi" greift in dieser Nacht schnell zu und läßt dem Manne nur noch den angebundenen Schenkel des armen Hahnes als Andenken zurück. Natürlich großes Halloh! — Am nächsten Morgen findet der unglückliche Besitzer die weißen Federn des Gockels nur 70 Meter vom Lager.

Eine Stunde später ist wieder Radau. Gegenüber dem „hahnlosen" Träger schreit plötzlich einer laut auf: „Meine Kleider — meine Kleider!" Hat ihm doch eben eine Hyäne seine schöne, bunte, europäische Weste, darin einige Negerpreziosen, und ein kleines weißes Hemdchen direkt unter dem Kopfe weggezogen. Und das war riesig heimtückisch von dem Vieh. Die Hühnerfedern ließ es zurück, von den Kleidern aber keine Spur, trotzdem der arme Teufel mit seinen Freunden alles daran setzte, seine Schätze wiederzufinden. Das Hemd war — das weiß ich genau — ganz rein gewaschen, und die Weste auch nicht etwa jahrelang getragen und fettig, so daß man auf eine für die „fisi" wohlriechende Anziehungskraft hätte schließen können. Was also mag der Räuber mit diesen Sachen angefangen haben? Und das weiße Hemd blieb trotz seiner auffallenden Farbe und trotz des günstigen Geländes verschwunden.

Wie es dann Tag geworden, fehlen einem dritten Leidtragenden seine schönen Büffelsandalen. Aber er hatte sie auch zu verführerisch draußen an einen meterhohen Ast gehängt.

Nur gut, daß ich meine Gehörne in dieser Nacht durch einen undurchdringlichen Dornenverhau so sorgfältig verwahrt hatte! Was nützte es aber, daß ich in der gleichen Nacht zwei der Räuber ins Jenseits beförderte; morgen nacht sind wieder andere da. Es gibt ihrer zu viele!

Im Dorfe des berüchtigten, jetzt längst verstorbenen Sultans Simbodja in Masinde sitzt eine Frau mit ihrem Kinde vor der Hütte. Es ist kurz vor Dunkelwerden. Plötzlich kommt eine Hyäne und schnappt das zu ihren Füßen futtersuchende Huhn weg. Und ich, ohne Gewehr, muß dem dreisten Raube zuschauen.

Gestreifte Hyänen.

Die Hyäne ist eben immer ein dreister Schleicher, ein Dieb sondergleichen. Wo nur angängig, schleicht sie in Hütten, um zu stehlen, was sie gerade erwischen kann, und wenn es auch nur ein altes, hartes Stück Leder ist. Denn sie ist kein Kostverachter. Sie frißt, wie ich mehrmals sah, Kot und Aas, auch ausgegrabene menschliche Leichen, und verschmäht sogar nicht ihresgleichen. So nehmen sie die Kadaver der eigenen Art ebenso ganz frisch, wenn sie kaum erlegt, wie auch nach vielen Tagen, wenn sie aufgetrieben wie ein kleines Nilpferd und von Millionen dicker, gelber Maden buchstäblich wimmeln, mit stets gleicher Gier an. Der Pesthauch, den solch ein Leckerbissen auf weite Entfernung hin ausströmt, ist zum Ohnmächtigwerden. Nun vergegenwärtige man sich einmal die Geschmacksrichtung eines solchen Untiers, das mit Hochgenuß daran herumarbeitet! Da kann man wirklich mit Recht behaupten: de gustibus non est disputandum. —

Mehrmals begegnete ich Leuten, die Verletzungen durch Hyänen besaßen. Der eine zeigte mir recht tüchtige Bißwunden auf der Brust als von einer Hyäne stammend, die ihn in seiner Jugend in der Hütte überfallen hatte, und einem anderen war der linke Zeigefinger verstümmelt worden.

In der Gegend nördlich von Uvimbi hatten die Leute einen wahren Heidenrespekt vor den Schandtaten der Hyänen. Natürlich vernahm ich auch anderwärts genug Klagen über dieses Räubergesindel. Mehrmals wurde sogar behauptet, daß die „fisi" nicht nur Kinder geraubt, sondern auch Erwachsene getötet haben sollen. Ob daher die nächtlichen Besuche, die sie meinen Leuten abstatteten, vielleicht nicht gar auf einen Leuteraub abzielten, aber glücklicherweise mißlangen, ist nicht ganz sicher zu entscheiden. Daß die Leute dann beim plötzlichen nahen Auftauchen dieser Bestien wie wahnsinnig aufschrien, ist zu erklärlich. Jedenfalls kann es keine angenehme Überraschung sein, von solchem Tier im schönsten Schlafe auf den Bauch getreten oder gar an der Kehle gepackt zu werden.

In unserem ganzen ostafrikanischen Gebiet kommen von Norden bis Süden beide Arten vor: die ungleich größere und stärkere gefleckte, und die etwas kleinere gestreifte Hyäne. Einmal sah ich sie sogar beide am selben Aase tätig.

Noch bis vor wenig Jahren wurde das Vorkommen der gefleckten Art in Deutsch-Ostafrika in Abrede gestellt, weil ihr Balg von dort noch in kein Museum gelangt war. Und trotzdem hatten viele Reisende sie schon gesehen! Auch ich stellte sie bereits im Sommer 1891 am Jipesee fest; später sah ich sie in der Masaisteppe. Es war überhaupt nichts Besonderes, wenn man sie des Morgens, meist zu zweien, durch die nyika trollen sah. Ja die Gefleckte beobachtete ich auf freier Wildbahn zuerst, noch vor der Gestreiften.

Aber das genügte alles nicht; meine Beobachtungen wurden damals in Berlin mit Mißtrauen angehört! Denn da ich keine Fallen mitgenommen, und mir damals eine gefleckte Hyäne nie zu Schuß gekommen war, konnte ich auch ihre wohlriechende Schwarte nicht als Beleg heimbringen. Meinem doch immerhin etwas geschulten Malerauge traute man einfach nicht zu, runde Flecken von langen Streifen zu unterscheiden.

Ähnlich erging es mir mit der schwarzen Varietät der Ginsterkatze, die ich 1891 bei Moschi und Marangu schoß. Ihre Felle, die ich jahrelang besaß, und die noch heut in meinem Besitz befindliche Studie — genügten nicht! Daß es da bei vielen anderen Wild-

arten ebenso ist, darf dann nicht überraschen. Der Zoologe am grünen Tisch hat eben andere Ansichten als der Beobachter in freier Gottesnatur.

Welchen Genuß hatte ich stets, wenn ich die schöne, schwarzweiß gestreifte Hyäne mit ihrer mächtigen Rückenmähne, die auch nicht entfernt so gefährlich ist wie die gefleckte, auf freier Wildbahn beobachten konnte. Wie ich sie aber einmal auf der letzten Reise südlich von Uvimbi eines Morgens gleich nach Sonnenaufgang sah, werde ich nie vergessen. Sie stand inmitten des dichten, wundervoll lilafarbenen Blumenteppichs, und das Schwarzweiß und Grau ihres Felles gab dazu einen herrlichen malerischen Vorwurf.

Anders die Gefleckte mit ihrem ruppigen, räudigen Aussehen. Kein Fell der von mir erlegten Stücke hat die gleiche Farbe. Diese stuft sich vom Schwarz zum hellsten Gelb in allen schmutzig-braunen Übergängen ab. Zudem gewinnt die kleinere sehr durch ihr langhaariges Fell, das sie stets viel sauberer hält als ihr großer Vetter.

Aufgetriebene, von Maden bevölkerte Äser nehmen übrigens auch Leopard und Löwe an. Und wenn diese ekelhafte Nahrung auch nicht ständig Regel ist, so wird sie eben — je stärker sie duftet, desto besser — niemals verschmäht.

Der „chui" — Leopard — gleicht auch darin der Hyäne, daß er den ihm hingeworfenen Kadaver seinesgleichen frißt. Solche Kost ist dem Raubzeug — Schakalen, Geiern usw. — kurzweg Futter. Keine dieser Bestien empfindet irgendwelchen Widerwillen, ihr eignes Fleisch und Blut zu verzehren. Mit dem Augenblick des Todes erlischt bei ihnen jegliches verwandtschaftliches Zusammengehörigkeitsgefühl. — Der Wolf, der vom Schlitten herunter niedergeknallt wird, verfällt augenblicklich dem Fraße seiner Raubgenossen.

Der Leopard ist eine echte Katze, und darum im Vergleich zur Hyäne ein ungleich gefährlicheres Raubtier. Seine unglaubliche Gewandtheit im Springen, und hauptsächlich seine fabelhafte Geschmeidigkeit beim Klettern machen ihn allen großen Raubtieren überlegen. Wie dieser Turnkünstler leicht und elegant einen geraden, hohen Baum zu erklimmen vermag, macht ihm kein Löwe oder Tiger nach! Und mit dieser Kletterkunst paart sich eine furchtbare Mordlust und Raubgier.

Der „chui" ist auch nicht wie der Löwe ausschließliches Nachttier. Er zeigt sich ebenso bei Tage, wie nach meinen Erfahrungen einwandfrei feststeht, und er nimmt auch jede Gelegenheit wahr, am hellen Tage zu jagen. Hier nur kurz einen solchen Fall aus meinen eigenen Beobachtungen:

Ich bin vom Tagalalasee gekommen und befinde mich einen Tagemarsch hinter Behobeho qwa Muhinde. Da ich noch eine Studie malen wollte, habe ich meine Trägerkolonne an diesem Morgen mit dem Befehl vorausgeschickt, am Rufidji zu lagern.

Gegen neuneinhalb Uhr breche auch ich mit den letzten drei Mann auf und erreiche nach einer Stunde einen alten Weg, den meine Karawane ebenfalls passiert hat. Ihre Spuren sind deutlich zu sehen. Nach einer weiteren halben Stunde tauchen, rechter Hand am Wege beginnend, langsam ansteigende Berge auf. Sie weisen lichten, krüppeligen Baumbestand auf, eine Menge Steinblöcke, und dazwischen üppig wucherndes, fast meterhohes Gras. Auf einem der Bäume des Hanges, vielleicht 100 Meter von meinem Standpunkte entfernt, entdecke ich eine zahlreiche Herde der „mbega" — Weißschulterseidenaffen.

In dem Augenblicke, als ich das Glas ans Auge setzen will, sehe ich, wie sie plötzlich unruhig werden und flüchten. Ein Affe aber springt ganz nach rechts zu in einem herrlichen, kühnen Satze zur Erde, wobei sein schneeweißer Mantel wie ein Schleier nachweht. Gleichzeitig fliegt im selben Meistersprunge ein Leopard hinterdrein. Leider kann ich von meinem Standpunkte aus nichts weiter sehen als die in den Bäumen verschwindenden Affen.

Schnell will ich nach der Stelle. Aber das Chaos von Steinen erfordert die größten Anstrengungen, zumal das hohe Gras alles verdeckt und man bei jedem Schritte strauchelt. Endlich bin ich oben. Da sehe ich gerade noch auf wenige Meter Entfernung den Leopardenschwanz im Grase verschwinden. Kaum eine Sekunde war's — bum — bum, werfe ich zwei Schüsse in der Richtung, wo ich den Körper vermute, nach. Schon mache ich mich bei der nahen Entfernung darauf gefaßt, angenommen zu werden, erwarte ein Fauchen als Antwort zu hören — nichts von alledem! Wie ich auch lausche und spähe, ich kann bei dem Winde, der das Gras hin und her bewegt, nicht einmal die Fluchtrichtung ausmachen. Und Schweiß finde ich nirgends, also — vorbei!

Ein paar Schritte weiter liegt der tote Affe; ich beachte ihn aber nicht und suche fast eine Stunde lang den ganzen Umkreis mühsam ab. Vom Spüren ist in diesem Steinmeer keine Rede. Einmal finde ich wohl etwas zertretenes Gras, das die Richtung der Flucht andeuten könnte, das ist aber auch alles! Das Absuchen all' der Sträucher und Kusseln bleibt erfolglos; der Gesuchte ist verschwunden und hat seine Haut in Sicherheit gebracht. Wäre ich ihm nur etwas auf den Leib gerückt, so hätte er zweifelsohne gefaucht und gerollt, wie ich das stets beobachtete, wenn ich ihn frei stellte. Sollte ich mich jetzt auf dem Baume ansetzen und seine Rückkehr abwarten? Wie lange konnte das dauern, wenn er nach dieser Behandlung überhaupt noch wiederkehrt! Und dann muß ich auch meinen Leuten folgen, die ohne Aufsicht sind, zumal wir noch mehrere Stunden Marsch vor uns haben.

Wie ich mir den toten „mbega" jetzt besehe, finde ich nur an der rechten Halsseite einen kleinen Schweißtropfen, sonst aber keine Verletzung. Wir nehmen ihn mit als Beute des „chui".

Ich erkläre mir den Vorgang so: Der Leopard hatte sich auf dem dürren Baum, der einem kleinen, krüppeligen Apfelbaum sehr ähnlich sah, auf die Lauer gelegt. Die Gabelung, von der ich ihn auftauchen und abspringen sah, liegt in knapp 4 Meter Höhe über dem Boden. Hier erwartete er die Annäherung der Affen, die sich im Gezweige umhertummelten, und schlug den ersten, der sich ihm näherte. Er mußte sich jedenfalls so ruhig wie ein lebloser Gegenstand verhalten haben, denn sonst wären die äußerst vorsichtigen Affen auf ihn aufmerksam geworden. Merkwürdig bleibt, daß der Baum sehr wenig belaubt war.

Wie ich von meinen Leuten nach Eintreffen im Lager erfahre, haben sie weder an dieser Stelle, noch sonst unterwegs etwas von Affen und Leoparden gesehen oder gehört. Das ist also ein Beweis, daß die Tiere erst später dorthin gekommen sind. Und bei dem Spektakel der Karawane, die allein des Weges zog, also gewiß recht ausgiebig lärmte, hätten sich die Tiere niemals so frei gezeigt, wie bei mir. Daß mir darum dieses interessante Schauspiel als völlig unbemerkter Beobachter zuteil wurde, verdanke ich meiner althergebrachten Gewohnheit, allein stets lautlos zu marschieren.

Leoparden schlagen Affen mit Vorliebe; das bestätigen mir auch überall die Eingeborenen. Es ist auch allgemein bekannt und verbürgt, daß sie mit den großen und starken Hundsaffen — Pavianen — erbitterte Kämpfe führen. Zweimal war ich Zeuge davon; allerdings nur Ohrenzeuge in finsterer Nacht. Man schien ganz verzweifelt zu kämpfen. Das wüste Geschrei der Paviane und wütende Rollen des Leoparden war genau zu hören. Bei den meist sehr zahlreichen Trupps großer Affen und der Kraft ihrer Männchen, dürfte ein unvorsichtiges Anbandeln für den Leoparden mitunter recht unangenehme Folgen haben.

Gleich am ersten Abend, als ich 1891 in Tanga afrikanischen Boden betreten, war ich Zeuge, wie ein Leopard eine Meerkatze holte. Diese wohnte in einer alten Kognakkiste, die in etwa zwei Meter Höhe vor einem Europäerhause angebracht war. Samt der Kiste geht der Räuber mit dem Affen ab. Ich habe kein Gewehr zur Hand; die liegen noch auf dem Zoll. Mein freundlicher Wirt schläft nebenan. Ehe er aber mit der Flinte kommt, ist der „chui" längst im Kokospalmenwalde verschwunden. Durch das zu ebner Erde gelegene vergitterte Fenster sah ich bei hellstem Mondschein den Räuber mit der nachschleifenden Kiste fortspringen. Einige Tage später holte er vor demselben Hause einen Hund.

Auf der Boma — Station — dieses Ortes halten die Herren einige Strauße. Die Balkeneinfriedigung für selbe ist mehrere Meter hoch und so dicht, daß kein Tier hindurch kann. Eines Morgens ist ein alter Strauß verschwunden. Als man nachsieht, werden draußen wie drinnen Leopardenspuren gefunden. Unterwühlt ist die Einfriedigung nicht, denn die „boriti" — Balken — sind tief in die Erde gerammt und sie bilden eine dichte Wand. So unterliegt es also keinem Zweifel, der „chui" ist mit dem großen Strauße über die Palisade gesetzt — eine unglaubliche Leistung!

Daß der Leopard des Nachts gemächlich durch die Straßen eines Ortes bummelt, wenn die Bewohner schlafen, ist nichts Neues. Auf seinen Streifen scheut er die begangensten Straßen und Wege nicht; man kann ihm da sehr bald einmal begegnen.

Er ist als Sohlengänger ein unübertroffener Schleicher, und sein Kommen verrät sich nicht durch das leiseste Geräusch. So geschah es zweimal, daß er mir eine fette Ziege holen konnte, ohne daß meine Leute das geringste gehört haben. Und diese Tiere waren über Nacht mitten unter ihnen im Lager angebunden.

Außer für Affen scheint der „chui" auch eine ganz ausgesprochene Vorliebe für Hunde zu haben. Jede sich bietende Gelegenheit benützt er sofort, um sich einen Köter zu holen. Aus meiner eigenen Beobachtung sind mir allein fast zwei Dutzend solcher Fälle bekannt.

Auf der Marangustation am Kilimandjaro ist es.

Mein Zelt steht neben dem Hauptgebäude in etwa 8—10 Meter Entfernung. Am anderen Ende befindet sich die „Hütte". Diese suche ich zwei- oder dreimal mit der Laterne auf, und dann noch zweimal, als es bereits so hell ist, daß man auf 20—30 Meter jeden Gegenstand gut erkennen kann.

Unter der Veranda des Hauses, nahe der Tür, schläft die große graue Dogge des

Dr. Karl Peters. Ich muß jedesmal an dem treuen Wächter des Stationshauses vorüber, ohne daß er besondere Notiz von mir nimmt. Als ich das letztemal vorüberkomme, sehe ich nur noch eine große Blutlache — der Hund ist verschwunden!

Zu diesem fast rätselhaften Vorgange muß ich noch bemerken, daß alle meine Gänge in einem Zeitraume von höchstens 30 Minuten stattfanden und die Entfernung meines Zeltes von dem Hunde nur 15—16 Meter betrug, also durchaus in Hörweite lag. Und daß ich während der kritischen Zeit nicht geschlafen habe, darf man wohl als selbstverständlich betrachten. Der „chui" muß also schon lange in einer Hecke des angrenzenden Gartens, den aber ein ziemlich geräumiger Hof vom Hause trennte, auf der Lauer gelegen haben. Da ferner meine beiden letzten Gänge fast unmittelbar hintereinander geschahen, muß die Bestie in meiner allernächsten Nähe gewesen oder mir auf dem Fuße gefolgt sein, und muß dann sogleich den Hund geschlagen haben. Alles das muß sich blitzschnell abgespielt haben und mit großem Kraftaufwand geschehen sein. Hätte der Hund nur den leisesten Aufschrei getan, er wäre mir bei der großen Nähe nicht entgangen. Und die Stelle im Hause, wo die Herren der Station schliefen, war auch nur gegen 6 Meter von dem Hundelager entfernt. Außerdem sind die Wände eines nach afrikanischer Weise gebauten Hauses so schalldurchlässig, daß man alles hindurchhören kann.

Da mich der Vorgang sehr interessiert, nehme ich bei Tageshelle die Fährte auf. Sie führt schnurgerade vom Hause nach dem gegenüberliegenden Gemüsegarten. Hier kroch der Räuber mit seiner Beute durch den in fußbreiten Abständen gezogenen Stacheldrahtzaun, ging den Mittelweg entlang bis zur Hauptumzäunung und durchkroch auch diese. An allen den Stellen hängen im Stacheldraht Haare von Hund und Leopard sowie etwas Schweiß. Nun führt die Schweißspur den steilen Bergabhang hinunter zum Unnafluß. Hier, in diesem Urwaldchaos, komme ich aber nur eine kleine Strecke vorwärts. Ganz abgesehen von dem unheimlich dichten, hohen Kraut und Unterholz, in dem vom Spüren überhaupt keine Rede sein kann, hätte ich Stunden gebraucht, um nennensweit vorzudringen. Und da ein Wegbahnen nicht geräuschlos vor sich gehen kann, ist die Verfolgung eines derartig geschmeidigen, in solchen Fällen sich immer drückenden Raubtieres von vornherein aussichtslos. Kann man doch in diesem Wirrwarr auch nicht mit fertiger Büchse vordringen. Gesetzt nun den Fall, ich stieße plötzlich auf den Räuber, so ist es ganz wahrscheinlich, daß er sogleich angreifen würde. Dann stünde ich da, eingekeilt in den Pflanzenwuchs, und könnte meinen Schuß nicht anbringen.

So sage ich mir, hier muß Erfahrung und trockene Überlegung entscheiden, also aufgeben — zurück, so brennend gern ich auch die Stätte seines Mahles und ihn selbst gefunden hätte. Nur der Neuling würde hier wie wild den ganzen Tag hinterher sein. Hat er's dann mehrmals durchgekostet, läßt er den Spaß.

Ein Fall ist mir bekannt, wo der Leopard des Nachts durch ein Europäerzelt spazierte. Dieses Zelt stand in der Richtung der „barra-barra"-Karawanenstraße, und es war allerdings leichtsinnigerweise zu beiden Seiten offen gelassen worden. Der festschlummernde Herr merkte den Durchmarsch erst am nächsten Morgen an den Spuren. Er soll nach diesem Besuche sein Zelt trotz größter Hitze immer hübsch geschlossen gehalten haben.

Von einem anderen Zeltbesuche berichtete mir ein früherer Zahlmeister der Schutztruppe in Mahenge. Er war auf dem Urlaubsmarsche zur Küste. In seiner Begleitung befand sich sein treuer, aus Deutschland mitgebrachter schwarzer Dackel, den ich damals auf der Station ebenfalls kennen lernte. Wie im obenerwähnten Falle, stand auch hier das Zelt auf der Straße, und zwar in der Nähe des Postens Kiberege.

Um acht Uhr begab sich der Herr zu Bett, seinen Dackel wie allabendlich auf den langen Stuhl neben sich bettend. Dabei fällt ihm auf, daß der Hund fortwährend unruhig hin und her guckt. Unter dem Sonnensegel des Zeltes schlafen die Boys und der Koch; in der Richtung des Weges liegen die anderen Begleitmannschaften, Askaris und Träger. An beiden Zelteingängen lagern ferner zwei große Haufen Stationselfenbein, das zur Küste gebracht wurde.

Kurz vor zehn Uhr wird er plötzlich aus dem Schlafe geschreckt. Sein Zelt schwankt, der lange Stuhl fällt um, dazu ein erstickter Laut seines Hundes. — Im selben Augenblick gibt es draußen eine Schießerei.

Der Posten hatte den mit dem Dackel flüchtenden Leoparden davonspringen sehen und selbstredend sofort blindlings nach- und vorbeigefeuert.

Traurig über den Verlust seines treuen Tieres legt sich der Herr wieder zu Bett, kann aber nicht schlafen. Da hört er plötzlich den Anruf des Betschaus: „Halt — wer da!?" Dann kracht es.

Nun stellt es sich heraus, daß ein zweiter Leopard neben dem Elfenbein aufgetaucht war. Ob dieser schon mit dem ersten gekommen war und sich bei der ganzen Affäre hinter das Elfenbein gedrückt hatte, oder erst nachher angeschlichen, ließ sich nicht mehr feststellen. Ersteres wäre allerdings bei dem Lärm und Geschrei eine ziemliche Frechheit gewesen.

In dem eben geschilderten Falle ist nun das Zelt an beiden Seiten geschlossen gewesen. Man nahm an, daß der Boy den untersten Knopf der Zelttür nicht geschlossen hatte, wodurch dem ersten Leoparden das Eindringen möglich wurde. Nach meinen Erfahrungen muß ich dieser Ansicht beistimmen. Bei einem sorgfältig geschlossenen Zelt ist ein Eindringen ohne merkbares Geräusch fast unmöglich.

Es soll aber auch Leute geben, die das schwerste Gewitter verschlafen können; diesen kann es dann unter Umständen recht schlecht ergehen, wenn sie erst im Rachen des Räubers erwachen — — —

Wie jedes große Raubtier, ist auch der Leopard mehr oder weniger Menschenjäger. Wie häufig erzählen es doch die Eingeborenen, daß wieder einer von ihnen geschlagen und verzehrt worden sei.

Nach dem, was ich persönlich aus dem Munde der Leute vernommen habe, handelte es sich im allgemeinen immer nur um Kinder, Frauen und ältere Leute. Ich kann mich da nicht eines einzigen Falles entsinnen, wo ein kräftiger Mann zum Opfer gefallen sein sollte. Daß einer aber einmal im Schlafe oder im betrunkenen Zustande weggeholt werden kann, glaube ich ohne weiteres.

Einst wurden mir die Überreste eines steinalten Mannes gezeigt, den ein Leopard kurz vor Dunkelwerden vor seiner Hütte geholt und am Flusse verspeist hatte. Ein anderes

Mal war es ein 7—8 Jahre altes Mädchen, das dann auf einem Felsen zerfleischt wurde.

Werden nun Fleisch- resp. Wildreste auf Bäumen gefunden, wie auch ich das mehrere Male sah, so sind das typische Leopardenspuren. Ein Mensch, irgendein anderes Raubtier oder Raubvogel kommt da nicht in Betracht; es kann sich immer nur um den Leoparden handeln.

Meine Fundobjekte waren in einem Monat: eine weibliche Swallahantilope, ein Flußschwein und eine „kenge" — Rieseneidechse. Ihre Überreste fand ich in einer Höhe von 6—10 Meter in knorrigen Ästen liegen; sie waren meist nicht frisch, sondern älteren Datums.

Aber im Jahre 1894 erlebte ein Offizier der Schutztruppe den seltenen, doch keineswegs vereinzelt dastehender Fall, daß der Leopard nicht bloß den Menschen raubte, sondern ihn auch noch auf einen Baum schleppte.

Es war am Mukondokwaflusse, in dessen Nähe genannter Herr Stationslager hatte. Eines Abends gegen zwölf Uhr vernimmt er einen kurzen, menschlichen Aufschrei. Er kommt aus der Richtung einer Behausung, die in nur ungefähr 50 Meter Entfernung von seinem Zelte am Fuße eines Hügels zur Aufnahme einer Menge kriegsgefangener Wahehe dient. Am nächsten Morgen bringt ein schwarzer Soldat die Meldung, daß nachts ein „chui" einen Menschen geholt habe.

Vor dem Wahehehause befindet sich eine große Blutlache, daneben die kapitalste Leopardenfährte. Diese läßt sich durch den Europäergarten bis an das Grasdickicht am Mukondokwaufer verfolgen. Hier hört sie plötzlich auf. Man sucht hin und her, da zeigt ein Askari nach oben und ruft: „Dort ist sie, Herr!"

Und richtig, hoch oben in dem Baumriesen, weit ab vom Hauptstamme, lagert der Leichnam eines Mheheweibes. Ihr Kopf ist in die Astgabelung eingezwängt, sonst liegt sie wie schlafend auf dem horizontalen Aste. Aber einzelne Rippen sind völlig bloßgelegt, und lange Darmteile hängen seitlich herab. Es ist ein furchtbarer Anblick.

Am Hauptstamme haben die Pranken des Leoparden mächtige Risse in der Rinde hinterlassen, und der Leichnam liegt so weit vom Stamme ab, daß alle Versuche, ihn herabzuholen, scheitern. So muß der Ast abgeschlagen werden, wobei die Leiche in den Fluß fällt.

Dieser Vorfall beweist wohl — ganz abgesehen von der Raubgier — zur Genüge, über welche außerordentliche Kraft und Kletterkunst der Leopard verfügt. Diese Eigenschaften ermöglichen es ihm, die Beute in besonderen Fällen so unterzubringen, daß sie für das andere, auf den Erdboden angewiesene Raubzeug unerreichbar, ja unsichtbar wird. Da könnten also höchstens noch die Geier in Betracht kommen. Bei einigen meiner Fundstücke bemerkte ich aber, daß der schlaue Räuber auch dieser Gefahr zu steuern weiß. Dann zieht er seine Beute in derartig dichtes und unzugängliches Astwerk, daß weder das scharfe Raubvogelauge etwas davon sieht, noch der Vogel selbst herankommen kann.

Warum der Leopard aber seine Beute das eine Mal in den Baum schafft, das andere Mal auf ebener Erde verspeist, dahinter bin ich trotz angestrengtester Bemühungen noch nicht gekommen. Wie häufig fand ich Reste von solchen Erdmahlzeiten, die er meiner Meinung nach ebenso leicht auf dem Baume hätte abhalten können, zumal solche überall in Menge vorhanden waren. Nur ein erwachsener männlicher Wasserbock, den ich seinem Befunde nach einwandsfrei als vom Leoparden gerissen feststellen konnte — es war am Rufidji —, wäre ihm zu schwer gewesen für den Baumtransport. Das war auch der einzige Fall, der mir bewies, daß der „chui" sogar solch große Antilopen schlägt. So bin ich auch überzeugt, daß ein alter, starker Leopard eine fingerdicke Eisenstange umbiegen oder glatt abbrechen kann. Ist es ihm vermöge seiner Gewandtheit und Urkraft durch einen guten Sprung geglückt, sich sogar im Genick einer riesigen Elenantilope festzubeißen, so wird ihn diese nur schwer los werden. Man soll ja den Erzählungen der Eingeborenen immer zweifelnd gegenüberstehen, aber bei ausgesprochenen Jagdvölkern haben sie doch noch manches Glaubhafte für sich. So wurde mir mehrmals versichert, daß dem Leoparden häufig Großantilopen zum Opfer fallen, ebenso daß zwischen ihm und dem Löwen Kämpfe stattfänden! Warum nicht? —

Nur ein einziges Mal ist es auch mir vergönnt gewesen, den Leoparden an seinem Raube, einer frisch geschlagenen Swallahantilope, zu überraschen. Es war eine Stunde nach Sonnenaufgang am Ruvu. Er hatte seine Beute noch nicht angeschnitten und kehrte mir, als ich ihn erblickte, die Rückseite zu. Da bekommt er plötzlich Wind von mir. Er macht einen Satz über seine Beute, steht noch eine Sekunde, dann duckt er sich fauchend. Allem Anschein nach ist er sehr hungrig und daher unschlüssig, ob er seinen Raub im Stiche lassen soll oder nicht. Da — mit einem Seitensprung verschwindet er schnell hinter einem Dornenbusch im hohen Grase.

Dieser seltene Anblick des Räubers an der Beute ließ mich als Maler begreiflicherweise vergessen, den Finger krumm zu machen, und als ich das wollte, da war es zu spät! Aber das war ja auch wirklich nicht die Hauptsache. Denn die wenigen Sekunden

Bei der Beute.

dieser Beobachtung waren mir mehr wert, als eine Trophäe. Bin ich doch gar kein Freund von jener Jägerei, die mit dem Momente des Erblickens auch schon das Wild stürzen sehen will. Selbstredend „schmeiße" ich auch mitunter, wo es eben sein muß, meinen Schuß a tempo hin, sonst bekäme man manches Wild überhaupt nicht. Ich bin aber stets darauf bedacht, meinen Schuß möglichst lange hinauszuschieben, um desto länger beobachten zu können. Und spielt es denn wirklich eine so große Rolle für mich, ob ich 19 oder 29 Leoparden erlegt habe? Ganz anders fällt es doch bei mir ins Gewicht, ob ich das Doppelte an Beobachtungen und Studien zur Strecke gebracht habe oder nicht!

Diese wütigen Schießer liebe ich nicht — ich muß ihnen hier einige Worte ins Ohr flüstern.

Sowie ein Lauscher oder eine Gehörnspitze — mitunter ist es überhaupt keine — sichtbar oder vermutet wird — rumms — fällt der Schuß. Da hat man es manchmal so eilig, daß man es erst zu spät entdeckt, wenn sich ein — Mensch in seinem Blute wälzt. Sind aber, wie so häufig, noch unglückliche Zufälle dabei, dann kann sogar der vorsichtige Jäger recht großes Unheil anrichten. Hier nur kurz ein solcher Fall, der mir selbst passierte.

Ich jage in einem offenen, mit strauchigem Unterholz und Kraut bestandenen Waldgelände, in dem sehr viel Windbruch liegt. Plötzlich flitzen im Dickicht zwei Zwergantilopen an mir vorbei. Ich kann sie aber nicht beschießen. Da ich weiß, daß sie häufig bereits nach kurzer Flucht wieder verhoffen, spüre ich ihnen nach. Dabei kreuze ich einen schmalen, kaum begangenen Negerpfad. Er führt im kupierten Gelände nach rechts zu mehrmals hinauf und hinunter. Ungefähr 30—40 Meter weiter liegt ein gefallener Baumstamm quer über den Weg.

Kaum bin ich auf dem Pfade, flüstert mir mein Begleitmann zu: „Dort, Herr, ist das kleine Wild! Dabei zeigt er nach rechts auf den Weg. Und richtig — jenseits des Stammes bewegt sich ganz leise ein hell-zimmetgelbes Etwas. In der Sonnenbeleuchtung könnte das zwischen einzelnen Halmen auftauchende Rot sehr leicht der runde Rücken einer kleinen Antilope sein, die dort äst.

Der Wind steht gut, so pirsche ich gebückt auf dem Pfade näher. Es sind nur zirka 15 Meter, dann kann ich besser über den Stamm sehen. Da erhebt sich an jener Stelle ein langer — — Mgogomann und halst sich in aller Seelenruhe seine schwere Salzlast von neuem auf!

Über die Schulter des Eingeborenen hängt ein mit Erdfarbe getränkter roter Lappen, der, beim Bücken sich glattziehend, einen runden Antilopenrücken völlig genau vortäuschen konnte. Hätte ich beim Anpirschen sogleich mein Glas benützt, so wäre die furchtbare Täuschung allerdings nicht möglich gewesen. Aber da ich aus alter Gewohnheit stets erst schieße, wenn ich gesehen habe, daß das Wild vier Läufe, zum mindesten einen Kopf oder Gehörn hat, pirschte ich mich auch hier so weit heran, um zunächst die Tiergattung zu erkennen.

Und dann kamen mir auch noch andere Gedanken. Wie manche, die mit ihrem Schießeisen herumrennen und sich so gern Jäger nennen, hätten hier sofort hingefunkt! — „Es hat sich doch bewegt und sah aus wie — eine Antilope!" Möchte doch da jeder, ehe er fliegen läßt, sich erst recht genau vergewissern, ob sein „etwas" die vermutete Art — irgend eine ist ja leider stets möglich — oder überhaupt ein Tier ist.

Nun etwas anderes, das Fangen der Raubtiere in Fallen. Ich muß sagen, daß ich dieser Erbeutungsweise keinen Geschmack abgewinnen kann. Ich suche doch zehnmal lieber einen Löwen oder Leoparden auf und schieße ihn dann, als daß ich so ein hilfloses, an die Falle gekettetes Unglückswesen niederknalle. Bei dieser für meine Begriffe unweidmännischen Jagdart ist dann aber die Beute nicht entfernt das, was sie mir sonst bedeutet.

Und doch muß ich gestehen, daß ich mich anfangs auch einige Male der Fallen bedient habe. Wie ich aber zweimal die abgeschlagenen Pranken der unglücklichen Tiere, anstatt die Leoparden selbst, in der Falle vorfand, da erfaßte mich ein wahrer Ekel.

„Ein anderes Mal war's wieder anders!"

Ich hatte meine Falle zwischen vier oder fünf im Kreise stehenden Bäumen angebracht und die Umzäunung so dicht gemacht, daß der Räuber unbedingt die Falle passieren mußte — wenigstens nach meiner Meinung! Er machte es aber noch geschickter! Der Leopard sprang auf einen der Bäume, dann in die Umzäunung hinunter. Hier schlug er das stattliche Kalb und ging mit ihm auf demselben Wege wieder ab. So war mein schönes Kalb futsch, und ebenso der Leopard.

Hat man aber wirklich eines Morgens so ein Tier in der Falle und schießt es mit der Browning vor den Kopf — was ist das dann? — Und wie sieht das ganze Tier aus! Im Fang keinen heilen Zahn mehr, nur Fragmente. Die Krallen und Tatzen total verunstaltet, das Fell verdorben!

Wie ganz anders, wie blitzsauber sah dagegen der Leopard aus, den ich einst bei Tagesgrauen erlegte. Er drückte sich am Rande einer Eingeborenenschambe entlang, und wie er flüchtig wurde, brachte ich ihn mit einem sehr guten Schusse zur Strecke. Wie staunte ich ein ums andere Mal über sein herrliches Fell, das trotz aller Dickichtkriecherei, trotz seines Alters, so wundervoll sauber und sammetweich erhalten war!

Und welche große Weidmannsfreude hatte ich wiederum eines anderen Tages zu späterer Stunde. Ich pirschte an einem trockenen, tiefen, kaum 8 Meter breiten Flußarme. Am Rande steht ein alter morscher, zum Teil seiner Rinde entblößter und weit überhängender Baum. Und wie ich genau hinsehe, erblicke ich etwa in Augenhöhe einen stattlichen, mit übereinandergeschlagenen Vorderpranken ruhenden Leoparden. Wie ich mich durch das vom Hochwasser angeschwemmte Astwerk zwänge, vernimmt er dessen unvermeidliches Knacken und springt im selben Augenblick nach der anderen Seite ab. Aber auch ich rutsche sofort die Uferböschung hinab und folge dem Flußbette, in dessen Mitte sich ein nur fußbreites Rinnsal dahinschlängelt. Auf dem flaumweichen, morastigen Boden erreiche ich lautlos auf 100—120 Gänge eine Biegung. Vorsichtig drücke ich mich an der rechtsseitigen Böschung entlang, dann spähe ich um die Ecke. Und richtig, nur 25 Meter vor mir steht der „chui" und will augenscheinlich nach links abschwenken. Zu spät! In der Sekunde des Verhoffens erhält er eine Ganzmantel 9,3 Kaliber, die auf der anderen Seite seines Blattes mit scharfem Pfiff in das Gras fegt. Glatt durchschossen saust er noch 4 Meter geradeaus — ehe ich vorsichtig an ihn herantrete, ist er verendet.

Im Süden unseres Schutzgebietes war es mir einmal möglich, das genaue Gewicht festzustellen. Ich schoß den Leoparden in der Nähe einer Mission, und mit der deutschen Dezimalwage ermittelte ich ein Gewicht von 124 Pfund. Der Körper war mit dicken Fettschichten durchwachsen; der Magen mit einer braunen Flüssigkeit und völlig mit Schweinsborsten gefüllt. Außerdem enthielt er kleinere Knochenteile, fünf Schalen von Schafen und Krallen eines kleinen Säugers. Aus dem fast verdauten Mageninhalt ging hervor, daß der Leopard die letzte Nacht und auch einige Stunden zuvor nichts gefressen hatte.

Freuden und Leiden des tropischen Sommers

„Masika" die große, und „vuli" die kleine Regenzeit, so nennt sie der Suaheli. Wenn ich ehrlich sein soll, so bekenne ich mich lediglich als fanatischer Feind dieser beiden, für mich eigentlich ganz gleichen afrikanischen Jahreszeiten. Ausgesprochener Feind deshalb, weil sie mich in der Ausübung meiner Arbeit nicht nur stören, sondern sie meistens sogar zum Teil oder völlig unterbinden.

Der moderne Mensch hat schon viele Beweise seines Geistes und seiner Kunst erbracht, nur eines wird ihm niemals gelingen, und wenn er alt würde wie das Weltall: den launischen Wettergott zu bändigen! Hier versagt seine gerühmte Intelligenz ganz schmachvoll, hier verblaßt der schöne Glorienschein über seinem genialen Haupte. Da geht eben alles seinen Gang — bis ans Ende aller Dinge. So bleibt dem „Krümelchen Mensch" nichts anderes übrig, als sich zu fügen. Aber schimpfen darf er!

Und das tue ich dann immer ganz gehörig. Nützt es auch nichts, so erleichtert's doch! Und das ist schon viel wert, zumal in den Tropen.

Als Jäger und Mensch ist mir das Wetter im Grunde genommen ziemlich gleichgültig, als Maler aber könnte ich seinetwegen manchmal bersten. Wie gut haben es da die Kollegen und Jäger in der lieben Heimat! Wird es ihnen draußen zu arg, beziehen sie einfach den warmen Bau, oder sie verbringen wenigstens die Nacht in schützender Hütte. Wer machte sich da viel Sorge in dieser Beziehung?

Aber hier — — —!

Einige Proben dieser lieblichen Regenzeiten, und was sie mir an Gutem und Bösem spendeten, sollen hier erzählt sein.

„Masika" und „vuli" treten in den verschiedenen Distrikten ganz abwechselnd auf. So kommt es vor, daß es in einem Bezirke bereits täglich gießt, fünf bis sechs Tagemärsche weiter aber noch das prachtvollste, klarste, trockene Wetter herrscht. Nicht selten ist es, daß die kleine Regenzeit ganz ausbleibt.

Häufig ist es morgens beim Abmarsch und auch noch 2—3 Stunden später herrlichster blauer Himmel. Da tauchen ganz urplötzlich, man weiß nicht, woher sie so schnell kamen, überall kleine weiße Wölkchen auf. Sie sind eben da und vergrößern sich schnell. In einer knappen Stunde haben sich dann die harmlosen Wölkchen zu ganz enormen, vom leuchtendsten Weiß bis zum tiefsten Blauschwarz abschattierten Gewitterwolken zusammengeballt. Nun werfen die unheimlichen Gebilde weite Schatten auf die Erde.

Eine kaum erträgliche, glühend heiße und schwüle Gluthitze lagert erdrückend über der müden Landschaft. Immer noch sendet die Sonne ihre vernichtenden Strahlen durch die Wolkenfetzen. Verschwindet sie dann wieder, so ist dennoch kein Temperaturunterschied zu merken.

Der steinharte, zerrissene Boden gleicht heißen Kohlen. Berührt man ihn mit der flachen Hand, fährt man erschrocken zurück, und hätten die Leute nicht so dickhäutige Fußsohlen, so müßten sie furchtbar leiden. Trotzdem tragen sie noch ihre schützenden Sandalen gegen solchen heißen Boden.

Auch ich kann ein Lied von diesen Bodentemperaturen singen.

Es war auf einem Rückmarsch zur Küste. An diesem Tage trug ich meine langen Wasserstiefel — übrigens meine letzte Fußbekleidung, die ich überhaupt noch besaß neben einem Paar zerlumpter Leinwandschuhe.

Eben habe ich einen weiten, drei bis vier Fuß tiefen Morast durchwatet und mache Rast. Meine Leute trinken das Moderwasser. Während dieser Zeit zieht mir der Boy die schlappigen, nassen Stiefel aus, um sie etwas „auszugießen".

Ach — ich Unglücksmensch!

Der Tanz, der jetzt mit den quatschnassen Scheusalen beginnt, um sie wieder an die Füße zu bekommen, wäre ein lohnendes Thema für eine Kinoaufnahme gewesen. Es ist zum Heulen und doch alles umsonst. Ich ziehe, daß die Knöchel und Finger krachen, werde immer veilchenfarbiger im Gesicht und bin bald so weit, daß mir die Augäpfel herunterfallen — die infamen Lederstrümpfe wollen trotzdem nicht.

Nun habe ich's aufgegeben, aber was soll ich tun? Meine total invaliden Segeltuchschuhe kommen gar nicht erst in Betracht. Da versuche ich mein Glück mit einem Paar der Leutesandalen. Aber nach wenigen Schritten habe ich auch schon Wunden zwischen den Zehen. Jetzt wickle ich Tücher und Lumpen um meine Pedale; auch dieser Versuch versagt.

So marschiere ich nun mit ganz dünnen Socken — die dicken Strümpfe waren längst hin — geschlagene vier Stunden auf dem spröden, scharfen Boden bei der Gluthitze! Nach der ersten Stunde besaß ich schon keine Sohlen mehr. Mehr tot als lebendig komme ich im Lager an und ziehe die wunden Füße bis zum Schlafengehen nicht mehr aus dem kühlenden Wasser.

Am Morgen darauf bin ich natürlich nicht marschfähig und setze, da die Langschäfter trotz liebevollster Behandlung und einer unglaublichen Menge von Schmiere bockbeinig bleiben, einen Ruhetag an. Dieser wird ausgiebig benützt, meine alten, braven Leinwandschuhe mit je einem schönen Stück Wasserbockfell „vorzuschuhen" und „zu besohlen". Und ich kann sagen, Hans Sachs hätte mir ein Lob erteilt!

Wieder auf dem Marsche, geht mir das alte Burschenlied nicht aus dem Sinn:

„Wenn bei mir bei Mutt' bei wüßt',
Wie bei mir bei Fremd' bei ging,
Schuh' bei Strümpf' bei sind bei riss',
Durch bei Hos' bei pfeif' bei Wind!" — — —

Und höher steigt die Sonne, apathischer werden die Träger; ihre alte Geschwätzigkeit ist allmählich von selbst eingeschlafen. Nun hört man nur noch als einziges Geräusch das regelmäßige Schlurfen ihrer trockenen Sandalen auf dem harten Boden.

Da fährt plötzlich ein leises, dumpfes Rollen durch die Stille. Abwechselnd kommt es aus Osten und aus Norden. Im Moment werden die Leute lebendiger. „Radi karibu" — Gewitter ist nahe — ruft einer dem anderen zu. Und das Rollen nimmt noch weiter an Stärke zu und hält den ganzen Tag über an.

Dieses Stadium dauert verschiedene Tage. Der Donner rollt und grollt ohne Unterlaß. Alle Lebewesen suchen ängstlich nach einem Plätzchen mit spärlichem Schatten und brüten stumpfsinnig vor sich hin. Kaum ein Vogel läßt sich am Mittag hören. Die ganze Vogelwelt scheint überhaupt von der Bildfläche verschwunden — weggeblasen zu sein.

Nur die unermüdlichen, unzähligen Zikaden schrillen ihr lautes, summendes, endloses Lied über die erschöpfte Landschaft.

Geht dann der Marsch an solchen Tagen durch öde, sogenannte Durststrecken, die absolut schattenlos und nur mit dürftigen, niedrigen Dornenbüschen bestanden sind, so bekommt man nach dem vielstündigen Marschieren manchmal das scheußliche Gefühl, man sei völlig ausgetrocknet. Wehe dann dem, der nicht haushälterisch mit seinem Wasservorrat umgegangen!

So versagte mir einmal mein größter und dickster Träger. Er warf sich auf die Erde, schrie, er habe Hunger und Durst, und trieb es so, daß ich wirklich glaubte, der Kerl würde mir verrückt. Sein Puls ging etwas beschleunigt, das war aber bei dem sehr anstrengenden Marsche ganz erklärlich, und ging uns anderen ebenso. Nach kurzer Ruhepause erhielt der Mann eine wirklich kinderleichte Last. Kaum aber waren wir zehn Minuten unterwegs, kam dasselbe Manöver, nur mit dem Unterschied, daß sich der Kerl mit unglaublicher Fixigkeit nach dem Hinwerfen den Mund mit brauner Lateriterde vollstopfte und sie gierig verschlang. Dabei hatten am Abend zuvor alle Leute überreichlich zu essen gehabt. Ich ging daher nicht fehl, wenn ich bei diesem Knaben meine Diagnose auf chronische Faulheit stellte. Da er ferner weder auf gütliches noch auf energisches Zureden zu reagieren beliebte, blieb mir nichts weiter übrig, als ihn vorläufig unter einen leidlich schattigen Dornenbusch zu legen und ihn später nach dem einundeinhalb Stunde entfernten Lager holen zu lassen. Ich konnte mich unmöglich länger von dem Patron aufhalten lassen. Als ihn dann meine Leute glücklich nach dem Lager geschleppt hatten, war er plötzlich wieder fidel. Er aß nicht bloß — er fraß! Und wohlgefälliges Grinsen lag auf dem feisten Backpfeifengesicht. So war es mir nicht zu verargen, daß ich ihm schon jetzt seine morgige Strafe zudiktierte: eine seiner Bärenknochen würdige Last, und zwar an der Spitze der Karawane.

An einem anderen, ähnlichen Gluttage war die allgemeine Stimmung aber wirklich trostlos. Es sollte Lager geschlagen werden, ich wollte unbedingt eine Studie malen; wo aber war Wasser? Zwei-, dreimal war bereits gerastet worden, hatte ich die Leute nach verschiedenen Richtungen auf die Suche nach Wasser geschickt. Immer kamen sie leer zurück. Nochmals rafften wir uns auf und schlichen weiter; das war schon kein Gehen mehr. Aus der leeren, weiten Steppe kommend, erreichen wir endlich mehrere mächtige

„buyu's" — Affenbrotbäume. Es ist bereits dreieinhalb Uhr. Wieder lasse ich ausschwärmen. Da kommen nach etwa 50 Minuten ein paar Leute im Trabe mit gefüllten Kalebassen gerannt und melden: „Dort, Herr, in dem dicken Stamme des buyu hat sich oben so viel Wasser gesammelt, daß wir für heute alle genug haben!" In einer halben Stunde sind wir bereits am Fuße des Glücksbaumes und schlagen Lager. Dann steige ich auf einer selbstgefertigten Leiter 4—5 Meter am Baume hoch und bestaune die merkwürdigste aller Wasserstellen. Ich habe vor mir eine Vertiefung wie eine längliche Wanne. Das fast klare Wasser darin ist beinahe kühl zu nennen. Diese wunderbare Entdeckung meiner Leute ist mir riesig interessant, und wie ich danach frage, gibt man mir zur Antwort: „Ja, bwana, da wir keine Tümpel fanden, so haben wir alle buyus hier abgesucht, weil sich „manchmal" Wasser drin befindet, und nun haben wir Glück gehabt. Sieh aber diesen Baum dort — da mußten wir schleunigst ausreißen, denn da waren Bienen drin, die uns sofort verfolgten." — Es waren d o c h brave, brauchbare Jungens, meine Leute! Sie teilten mit mir viele heitere, mitunter aber auch recht ernste Episoden auf allen meinen Expeditionen, aber kein einziger Mann ist mir entlaufen oder hat mich sonstwie im Stiche gelassen. Sie waren, abgesehen von kleinen erwähnten Schlapp- und Faulheiten, treu und zuverlässig und teilten willig Freud' und Leid mit ihrem bwana. — — —

Von Tag zu Tag bezieht sich nun der Himmel immer früher und das Rumoren nimmt an Stärke zu. Auch wird es abends und nachts nicht wieder klar, wie anfangs. Jetzt jagt häufig schon am Vormittage ein Staubsturm gleich einer braunen Rauchwolke über die Steppe. Da werden Bäume, Sträucher und Gräser entwurzelt und hoch in die Lüfte davongetragen. Der Staub und Schmutz ist häufig so unerträglich dick, daß man glaubt, ersticken zu müssen.

Eines Spätnachmittags überraschte mich ein solches Wetter im Lager. Da flog plötzlich mein nicht gerade zierlicher Klapptisch mit allem, was drauf stand, in die Lüfte. Zum Glück konnte das Zelt noch schnell genug festgepflockt werden. Aber ein unbeschreibliches Durcheinander war entstanden, und was nicht niet- und nagelfest verschlossen war, dem hatte der Sturm böse mitgespielt. Natürlich war auch die noch nasse, im Zelt liegende Ölstudie mit einer vernichtenden dicken Staubschicht bedeckt. Eine mühsame Tagesarbeit war hin.

* * *

Tropengewitter! Feurige Schlangen durchschneiden ringsumher die schwarzen Wolkenwände. Ich zähle im Umkreise mehrere Gewitter, die sich nun alle mit unerhörter Wucht entladen. Zuerst fallen die üblichen dicken Tropfen. Jetzt aber die Katastrophe! Das prasselt, rauscht, gießt und stürzt — so benimmt sich nur ein Tropenwolkenbruch.

Manchmal gehen solche Gewitter sehr schnell vorüber; ein anderes Mal toben sie stundenlang. Ich habe aber auch Tage erlebt, wo es von morgens früh an volle 24 Stunden, also bis zum andern Morgen 6 Uhr, durch wie mit Kannen goß, dann eine zweistündige Erholungspause machte und dann mit frischen Kräften bis abends 6 Uhr fortsetzte. Ja, ein solches phänomenales Riesenunglückstropenwetter beglückte mich auf einer Reise einmal mit ganz kleinen Unterbrechungen ungefähr sechs Monate lang. Da war bei mir alle feucht-fröhliche Stimmung verschwunden!

Nach solchen mehrstündigen Gewittergüssen jagt das Wasser bald in richtigen Strömen durch die Steppe und verwandelt das eben noch knochenharte, scheinbar nicht zu erweichende Erdreich in fußtiefen, schlüpfrigen Brei. Dann bedauere ich jedesmal die armen Träger, wenn ich sehe, wie schwer es mir als Unbeladenem wird, weiter zu kommen. Da sind mitunter große Strecken zurückzulegen, wo wir stundenlang riesige Morastklumpen an den Füßen mitschleppen müssen, die von unheimlicher Schwere, nur durch abwechselndes Schleudern der Beine einigermaßen entfernt werden können. In dieser Verfassung gleichen die Füße unwillkürlich einer starken Elefantiasis. Würde man diese Schlammassen also nicht ab und zu wieder entfernen, könnte man solche Strecken überhaupt nicht bewältigen. Darum stellen Märsche zu solcher Zeit und in solchem Gelände ganz außerordentliche Ansprüche an die Leistungsfähigkeit des Menschen.

Ist die Gegend aber hügelig oder gar bergig, so kommt es vor, daß sich die ungeheure Wassermenge infolge schlechten Abflusses anstaut. Meist aber rast sie mit elementarer Gewalt und Schnelligkeit der Ebene zu, wobei sie sich Rinnen bis 10 Meter Tiefe gräbt. Das Durchschreiten dieser Regenflüsse ist meist lebensgefährlich. Denn das tosende Wasser jagt mit solcher Gewalt dahin, daß es den stärksten Mann fortspült. Nur wenn sich mehrere zusammentun und dabei mit kräftigen Knütteln stützen können, gelingt dann der Übergang. Hat man aber, wie es mir häufig erging, an einem Tage sechs bis zehn solcher Regenströme zu durchwaten, dann hat man am Abend gerade genug. Eine ganze Reihe solcher lieblicher Tage stehen mir noch in frischer Erinnerung.

Ich komme von Ka-mfumbas — dem Sassi —, zirka acht Tagereisen nördlich von Iringa. Mein Ziel ist zunächst Fariapadas-Malangali, sieben Tage südlich der Militärstation Iringa. Der Zweck — dort stehende Elefanten.

Es ist der erste Weihnachtsfeiertag, als ich diesen Ort nach wenigen Stunden Rast bei strömendem Regen wieder verlasse. Bei Mtaki vorüber führt mich die steinige Straße abwärts. Nach etwa dreistündigem Marsche schlage ich in Anbetracht des ersten Tages bald Lager; es ist das ganz in der Nähe des früheren Sultans Kwawa-Mahinya. Noch sieht man die kärglichen Überreste seines „Palastes" als Zeugen der erbitterten Kämpfe, die dieser einstmals so mächtige und gefürchtete Hehehäuptling mit unserer Schutztruppe geführt.

Nun ist es Spätnachmittag geworden, und bei dem trüben Wetter sieht die Gegend doppelt schwermütig aus. Die Berge von Usombue erscheinen fast tintenschwarz. Schwere Gewitterwolken umkrönen die Höhenzüge dahinter. Aus dem tiefen Grün der Bergeshöh zur Linken lugen Kirche und Gebäude der Mission Tossemaganga hervor, und der Wind trägt das Geläute zur Nachmittagsandacht klar zu mir herüber.

Welch eine wundersame Stimmung! Rings um mich her in dem buschigen Gelände Totenstille. Über das bewachsene Ruinengelände huschen flinke Eidechsen und fahren erschrocken in ihre Schlupfwinkel. Rechts der Mauerreste auf einem kleinen, freien Plätzchen aber ragt einsam und verlassen ein schlichter Obelisk auf. Darauf steht:

„Hier fiel für Kaiser und Reich — Leutnant Maaß —"

Und von drüben klingen die friedlichen, zitternden Schläge des Glöckleins — — —

Ich habe einen Sudansoldaten bei mir, der die sämtlichen Kwawagefechte damals mitgemacht. Nun erzählt er mir des langen und breiten, wo die Geschütze standen, von welchen Bäumen die Leute gefochten, und so vieles andere, was sich damals hier abgespielt. Inzwischen sind Jahre vergangen. Dichtes Gras wuchs indessen über die Ruinen.

Kurz vor Dunkelwerden beglückt mich noch ein ausgiebiger Husch, so daß ich schleunigst ins Zelt flüchten muß. Da stelle ich nun meine Betrachtungen an. Das soll nun Weihnachtswetter sein und Weihnachtsstimmung aufkommen lassen! Hockten die Schwarzen nicht um mich herum, so könnte ich ebenso in einem kalten Mai auf einer verregneten Landpartie in Deutschland sitzen. Die Temperatur ist recht frisch! Denn mein Lagerplatz befindet sich in ungefähr 1300 Meter Höhe, und die feuchte Regenluft macht es nicht gemütlicher. Da wird dann — ganz wie zu Hause — das warme Unterzeug und eine dicke Kamelhaarjacke hervorgeholt und eine Tasse heißen Tees genommen. Kurz vor dem Insbettkriechen aber steigere ich die Körperwärme noch durch gründliches Reinigen und Fetten aller Gewehre. Das ist nützlich und angenehm. Dabei staune ich immer wieder, mit welcher Schnelligkeit sich hier in den Tropen der vermaledeite Rost bildet. Gestern hatte der Boy alles Schießzeug sorgfältig gereinigt und nachgesehen, heute sind die Gewehre stellenweise fuchsrot! Da muß nun alles wieder auseinandergenommen und wieder zusammengesetzt werden. So sorgen schon allein die Gewehre für ausreichende tägliche Arbeit.

Rost und Schimmel spielen in den heißen Zonen leider eine große Rolle. Da gibt es unter den Gegenständen richtige Spezialisten, die immer an „Rostkrankheit" leiden. Solche chronischen Patienten sind z. B. alle eisernen Charniere der Holzkisten. Es ist ganz unglaublich, wie schnell so ein Ding durchgerostet ist — im Handumdrehen!

Der heutige Morgen ist für afrikanische Verhältnisse bitter kalt. Zum Glück regnet es nicht. Was aber der Regen seit gestern abend versäumt hat, das scheint er schleunigst nachholen zu wollen. Kaum sind wir eine Viertelstunde unterwegs, da gießt es nur so. In wenigen Minuten bin ich „durch". Und was schadet es? Zwei Stunden später reicht mir das Wasser sowieso bis zur Brust, und jetzt stehen wir vor einem beinahe mannstiefen, breiten Regenflusse. Rechts und links suchen die Leute, ob sich nichts „Seichteres" findet. Vergeblich! Also Rock aus, Uhr und Taschenkleinigkeiten auf den Kopf unter den fest aufgedrückten Tropenhelm — und nun durch! So merke ich es jetzt als waschechtes Regenzeittouristenamphibium kaum, daß ich nässer geworden bin, wenn ich im Wasser stehe. Nun wird von beiden Ufern ein dicker Strick gespannt, den einige kräftige Leute halten; das Durchwaten der Träger kann beginnen. Aber es sind einige kleine oder auch zaghafte Kerle dabei. Die nimmt jetzt der große „simba" — Löwe — auf seine Arme oder Schultern und bringt sie schreitend oder schwimmend hinüber. Dann holt er deren Lasten. Aber er ist ein Schalk! Da stolpert er plötzlich und läßt seinen Reiter tüchtig Wasser schlucken. Das geschieht natürlich immer aus Versehen, aber das „Versehen" geschieht fast bei jedem der Angstmeier. Der klammert sich dann in seiner Heidenangst an den Riesen, als wollte er ihn erwürgen. Ohne solche Scherze geht es bei Simba nicht ab, und so sorgt er dafür, daß trotz des schlechten Wetters die gute Laune nicht ausgeht.

Am zweiten und dritten Tage gießt es ununterbrochen weiter. Überall dieselben

Zebras in blumiger Steppe. (Nach einem Gemälde)

Schwierigkeiten auf dem Marsche. Die Schwarzen zittern vor Kälte und sehen dann in der Nässe blau und grau aus. Es ist gräßlich — häßlich — scheußlich! Auch die „Epidermis" meines ganzen lieben Ichs beginnt infolge des Amphibientums in tausend schmalen Fältchen zu schrumpfen. So mag der alte Methusalem in seinen „besten Jahren" ausgesehen haben.

Der nächste Tag ist nicht besser. Im Gegenteil!

Da schlägt seit einiger Zeit ein eigentümliches Rauschen an mein Ohr, und nun stehe ich vor dem wild daherrasenden Ndemberafluß. Sonst ist er in dieser Gegend kaum 10 Meter breit, heute mißt er das doppelte. So macht mir das Hinüberkommen der Karawane schwere Sorge. Zum Glück finde ich endlich eine Stelle, wo das Wasser dem — größten — Träger nur bis zum — — Kinn reicht. Mit Ach und Krach habe ich bereits einen Teil der Gesellschaft drüben, da stiefelt doch, ohne daß ich es noch schnell verhindern kann, ein kleiner, unternehmungslustiger Stift, der Mitläufer eines Trägers, mit seiner Last in den Fluß. Er trägt einen mir gehörigen, schön geschnitzten Eingeborenenstuhl und zwei daraufgebundene Gehörne. Kaum ist der Knirps ein paar Meter drin, reißt ihn auch schon die Strömung mit unglaublicher Geschwindigkeit fort. Am anderen Ufer stürzen sich auf das Geschrei hin sofort Simba und der Jagdboy in den Fluß. Ich sehe bloß noch ab und zu eine Hand oder ein Bein sowie die Last im rasenden Wirbel des Wassers auftauchen. Durch Nachschwimmen ist nichts zu erreichen, so renne auch ich, was die Beine hergeb'en, am offenen Ufer entlang. Da taucht der Junge nach etwa 60 Meter wieder auf. Es ist nur ein Augenblick, aber er genügt. Die Strömung

Schlagen einer Brücke.

trieb ihn dem Ufer näher. Im selben Moment bin ich im Wasser und bekomme den Kleinen auch glücklich zu fassen. An seinen Lappen nehme ich ihn zwischen die Zähne und kämpfe mich schwimmend und stoßend zum Ufer. Nach meiner Meinung ist er aber schon tot. Da machen sich auch schon die nachgeeilten Leute über den Knaben her, um ihn noch schleunigst nach ihrer Methode zu retten. Man stellt ihn auf den Kopf und verabfolgt ihm eine gehörige Tracht Schläge. Und richtig, im Verein mit meinen etwas humaneren Wiederbelebungsmitteln kommt der Gerettete wieder zu sich. Wie er aber jetzt, genau wie jeder andere Träger, über den Fluß transportiert wird, bekundet er eine begreifliche Wasserscheu. Meine Last bin ich los. Das eine Gehörn, mein kapitalster Riedbock, den ich je erlegt, ärgert mich furchtbar.

Abermals stehen wir vor einem Fluß. Diesmal ist er jedoch so tief, daß er auf keine Weise durchgangen werden kann. Eine Furt ist nirgends zu finden, und so bedauere ich es auch jetzt wieder, kein tragbares Faltboot zu besitzen. In aller Schnelligkeit wird nun ein „Floß" gefertigt. Die erste Last, der etwas Nässe nichts schaden kann, geht als Probeobjekt mitsamt dem „Floße" sofort schnöde unter. Aber wir waren vorsichtig! Am Stricke ziehen wir das Ganze einfach wieder an Land. So müssen wir es jetzt einsehen, daß das vorhandene Material für ein Floß, das 50—60 Pfund schwere Lasten tragen soll, nicht ausreicht. Aber einige 70 Meter rechts drüben am anderen Ufer habe ich einen Baum entdeckt, der uns eventuell helfen könnte. Er ist zwar nicht sehr gerade gewachsen, aber wenn er gefällt wird, gibt er sicher eine starke Brücke als Übergang. Schnell geht es nun ans Werk. Zuerst wird das diesseitige Ufer vom Schilf und niedrigem Buschwerk befreit. Und wäre die Sache nicht gar so wässerig, könnte man bei den drei tapferen Kerlen, die sich nun in die Fluten stürzen, von Biereifer reden. Namentlich der eine mit dem Tau zwischen dem schneeweißen Gebisse verdient besonderes Lob. Die Neger kennen unsere Schwimmtempos nicht. Sie schlagen mit ausgestreckten Armen seitwärts ins Wasser, was aber ebenso fördert. Manche von ihnen sind ausgezeichnete Schwimmer, und sie wagen sich in jedes Wasser. Natürlich gibt es auch unter ihnen Hasenfüße. Aber diese drei hier sind Prachtkerle! Nun sind sie drüben. Jetzt faßt ein Träger auf unserer Seite das Tau, die drüben ziehen, und schon ist er hinüber. Wer Furcht hat, dem wird der Strick einfach um die Brust gebunden, und ehe er richtig zu Verstande kommt, ist er auch schon ebenfalls drüben angelangt. Der Abwechslung halber und trotzdem es in dem Wasser keine Krokodile gibt, rufte ich plötzlich „mamba"! Wie fix geht es da auf einmal mit dem Betreffenden. Er arbeitet und pustet wie eine kleine Dampfmaschine und ist verdammt schnell drüben. Als die genügende Anzahl dort beisammen ist, lasse ich mich ebenfalls hinüberziehen. Nun beginnt die Arbeit des Fällens. Nach einundeinerhalben Stunde angestrengter Tätigkeit stürzt der Riese mit lautem Krachen in der beabsichtigten Richtung zum anderen Ufer. Ein paar hindernde Äste müssen noch gekappt, ein primitives Lianengeländer gezogen werden, dann kann sich nach einer weiteren Stunde die Karawane wieder in Bewegung setzen. Während des Fällens benütze ich die Gelegenheit, mir zwei „kwale" Frankoline — für die Küche zu schießen.

Je nach der Gegend kehren derartige Marschhemmnisse häufig wieder. Und wenn sie sich am selben Tage nicht allzu oft wiederholen, überwinde ich sie mit einem gewissen

Humor und Gleichgültigkeit; nur wegen des unvermeidlichen Zeitverlustes sind sie mir ärgerlich.

Auch einige traurige und für mich unvergeßliche Expeditionstage sollte ich erleben. Das war während meiner ersten Reise im Jahre 1891 auf dem Rückmarsche zur Küste.

Tagelang tobte bereits am Fuße des Pare Kisingogebirges das Wetter. Alle Naturelemente scheinen sich gegen mich verschworen zu haben; es war der wahre Hexensabbat. Die Blitze und Donner waren von ganz besonderer Gewalt. Und wenn sich der zur Nacht gewordene Tag wirklich einmal etwas aufhellte, dann brachte die nächste Viertelstunde ein nur um so stärkeres Wetter.

Mein selbstgefertigtes Zelt hält diesen katastrophalen Güssen schon längst nicht mehr stand. So bin ich trotz meiner verschiedenen Decken stets ziemlich feucht gebettet.

Spät am Nachmittag erreiche ich endlich nach einem ganz verzweifelten Marsche den Ort Gonja mit seinem schönen Wasserfalle. Unweit einiger Hütten schlage ich am Rande eines kleinen, aber schon sehr hochgehenden Gewässers mein Lager auf. Ist auch der Platz naß, so ist er doch nicht überschwemmt.

Kurz vor dem Dunkelwerden schlage ich den Zelteingang nochmals zurück, um nach dem Wetter zu sehen. Unaufhörlich fahren die Blitze durch das schwarze Gewölk, rollt der Donner, daß man sein eigenes Wort nicht versteht.

Da zuckt ein furchtbarer Strahl links dicht neben mir zur Erde; der Bruchteil einer Sekunde sagt es mir noch klar: so nahe war der Tod noch nie — — dann taumle ich —

Wie ich erwache, ist es stockfinstere Nacht. Draußen rauscht der Regen; es gießt wie mit Kannen.

Und meine Augen brennen, ich kann sie kaum öffnen. Auf meinem Körper scheinen Zentnergewichte zu liegen.

Wenn ich nur wenigstens wüßte, wo ich bin!

Mühsam richte ich mich auf. Ich liege auf meinem Bett in einer vom spärlichen Feuer verqualmten Negerhütte. Mein erster Blick fällt auf ein uraltes, mir gegenübersitzendes Negerweib. Sie ist splitternackt und sitzt mit gerade ausgestreckten Beinen, vor sich hinstarrend, auf dem Boden. Um das schwelende Feuer sitzen aber — und das empfinde ich als doppelt wohltuend — bekannte Gesichter, meine kraftstrotzenden Leute im Geplauder mit anderen Eingeborenen. Ohne sie hätte mich diese vertrocknete, hexenhafte Matrone nicht so schnell in die Wirklichkeit versetzt.

So gebe ich mir also Mühe, meine Gedanken allmählich zusammenzuklauben. Weshalb liege ich denn überhaupt in dieser Negerhütte? Nun berichten es mir meine braven Leute:

„Herr, als du aus dem Zelt sahst, fielst du plötzlich zurück. Der Boy Saidi, der dir gleich darauf die Laterne brachte, fand dich am Boden liegen. Du schienst tot zu sein. Da nun auch noch der Bach über die Ufer zu laufen begann und dein Zelt unter Wasser zu setzen drohte, da schafften wir dich mit deinem Bett hierher. Das Zelt haben wir abgebrochen; es liegt mit allen Lasten draußen auf der Veranda der Hütte. Jetzt steht das Wasser draußen fast bis zur Hütte."

So vollkommen hatte mich also der Schlag betäubt, daß ich von alledem nicht eine

Spur gemerkt hatte. Jetzt bemerke ich auch an Kopf und Schulter einige unbedeutende Verletzungen, die lediglich Folgen meines Falles sein können. Nach einem Weilchen erhebe ich mich und sehe draußen nach dem Rechten.

Strömender Regen — die wahre Sintflut!

In der rauchigen, stinkigen Hütte will ich um keinen Preis die Nacht verbringen, deshalb lasse ich das Bett unter die Veranda ins Freie bringen. Den peitschenden Regen müssen die aufgestapelten Lasten und das Zelt einigermaßen abhalten. Dann noch eine Tasse heißen Tee, ein Schlafmittel, und wieder hinein ins Bett!

Am nächsten Morgen bin ich zwar noch etwas schlapp, aber immerhin leidlich auf dem Posten. Es sollten bald weitere unangenehme und traurige Stunden kommen — —

Weite Strecken der Ebene stehen unter Wasser. Die vielen unsichtbaren Löcher sind eine empfindliche Plage für mich und die Träger. Tritt man in ein solches bis metertiefes Loch, so schlägt man natürlich hin oder verschwindet sogleich unter Wasser. Oder ein Träger steht plötzlich mit einem Bein tief unten und macht nun verzweifelte Anstrengungen, mit seiner Last das Gleichgewicht zu halten und baldigst wieder hoch zu kommen. Das gelingt natürlich nicht immer, und wie häufig fliegt die Last ins Wasser! Deshalb lasse ich den Mann mit der Studienlast nicht von meiner Seite, und damit überhaupt keiner zurückbleibe, bilde ich mit diesem Träger den Schluß der Karawane.

Wieder einmal stehe ich vor so einem infamen, zum reißenden Flusse angewachsenen „Bach" und kann nicht hinüber. Der größte Teil meiner Leute hat einen Vorsprung und ich sehe, wie sie einen für derartige Fälle scheinbar schon früher viel benützten, schräg über das Wasser gewachsenen Baum besteigen, um hinüber zu kommen. Ich höre auch den üblichen Radau, der mich aber nicht wundert. Je näher ich komme, desto größer wird der Spektakel. Nun werde ich aufmerksam, denn ich finde für das Gebrüll keine Erklärung. So beeile ich mich und bin in wenigen Minuten heran.

Der größte Teil der Leute ist bereits drüben. Ihre Lasten haben sie des hohen Wassers wegen in den Sträuchern niedergelegt. Ich erfahre nun, daß ein Träger während des Überganges von dem nassen, schlüpfrigen Stamme abgerutscht und in die Fluten gefallen sei.

„Wer — wo?" so schreie ich — — —

„Polangeti — da — Herr!"

Ein kalter Schauer überläuft meinen durchnäßten Körper. Polangeti — der Mann mit der Vogelbälgekiste und der Skizzenbuchtasche! Doch schleunigst ihm nach — ihn suchen — ihn retten! Aber wie?

Schon hat der Boy meine Büchse, schon schlüpfe ich kriechend durch das verworrene Geäst bis zur Mitte des Brückenbaumes; oben knorriges Buschwerk, unten tosender Wasserschwall. Nach wenigen Sekunden bin ich zurück. Wie ein Wilder rase ich mit einigen Leuten durch das Uferbuschwerk und springe blindlings ins Wasser. Und während mich die Strömung eilends forttreibt, halte ich Ausguck und rufe den Namen des Unglücklichen. Da packen mich die Wellen mit unwiderstehlicher Gewalt, in rasendem Taumel werde ich unglaublich schnell fortgerissen, und plötzlich mit voller Wucht gegen eine aus dem Wasser ragende dicke Baumwurzel geschlagen.

Und das war mein Glück!

Wie ich mich an die Wurzel klammere, erkenne ich, daß sich in diesem noch vor mir liegenden Strudel kein Schwimmer halten könnte. Schon hier zerrt und stößt die Strömung an mir herum, als hätten unzählige kräftige Arme meinen Körper umfangen. So irren meine Blicke über den springenden, hüpfenden Wellentanz, ratlos — machtlos — hoffnungslos — — —

Ich habe nichts mehr von dem Manne erblickt, und auch keine Spur von seiner Last. Mir ist unendlich weh ums Herz.

Unter größten Schwierigkeiten arbeite ich mich glücklich aus dem Wasser. Fast alle Leute sitzen auf den beiderseitigen Uferbüschen und halten Ausschau. Einige sind weit stromabwärts geeilt. Ich renne ihnen nach, vielleicht — aber nein — auch sie haben weder von Mann noch Last etwas gesehen. Am Unglücksplatze stockern behende Leute von den Bäumen herab mit Stangen das Ufer ab, in der Hoffnung, daß vielleicht Mann oder Last im Wurzelwerk hängen könnte. Aber alle unsere Mühe ist umsonst. Und schließlich begraben wir auch noch die letzte leise Hoffnung, daß der Mann fortgetrieben und sich doch noch selbst gerettet haben könnte — dann müßte er aber schon längst zurück sein — — —

Vorsichtig kriechen die letzten der zurückgebliebenen Leute über den schlüpfrigen, runden Stamm, und ich folge ihnen, vorsichtshalber aber ohne Schuhe. Dabei sehe ich erst jetzt so recht, wie gefährlich dieser Übergang ist, und gar noch mit Lasten!

So ziehe ich schließlich traurigen Herzens im strömenden Regen weiter. Aber ich blicke immer wieder zurück und quäle mich mit Gedanken, ob ich auch alles getan, was zur Rettung hätte dienen können. Und dabei muß ich auch des anderen Verlustes gedenken. Aber diese Tasche mit dem größten Teil meiner wertvollen Marschskizzen wollte ich gern verschmerzen, die Kiste mit den vielen mühsam gesammelten und präparierten Vogelbälgen gern hingeben, käme der Träger nochmals zurück — — —

Auf dem Weitermarsch erlege ich einen Riedbock und zwei Warzenschweine. Das bestimmt mich, auf dem ersten besten sich bietenden trockenen Platze Lager zu schlagen. Denn erstens müssen die Leute baldigst etwas zu essen bekommen, und dann will ich morgen in aller Frühe doch nochmals zur Unglücksstelle zurückgehen.

Es ist umsonst — —

Am zweiten Abend nach jenem Unglückstage schlafe ich trotz des Hundewetters den Schlaf des Gerechten. Plötzlich fahre ich auf. Ich liege unter den naßkalten Lappen meines Zeltes begraben, und der Wind schlägt mir die Leinwand ermunternd um die Ohren. Mühsam versuche ich, aus dem entsetzlichen Chaos herauszukommen. Dabei höre ich trotz des tobenden Wetters das tausendstimmige Froschkonzert draußen, aber auch noch etwas anderes, das mir nicht unbekannte Geräusch einer umherrennenden „panya" — Ratte! Meine Kerle schlafen, fest und beneidenswert. So dauert es recht lange, ehe sie auf mein lautes Pfeifen kommen.

Als erster kriecht endlich mein Boy unter dem nassen Zeuge zu mir. Nun trampelt er wie besessen herum, wobei ich fürchte, daß er mich selbst als Tanzplatz benützen will. Auch die „panya" scheint recht besorgt um ihre Haut zu sein, denn sie läuft mit unglaublicher Geschicklichkeit zwischen den Boysfüßen umher. Nun kommen ein paar verschlafene Athleten und heben die nasse, flatternde Hülle hoch, dann schlagen sie die gelösten Zeltpflöcke wieder in den weichen Boden und befestigen die Stricke von neuem daran. Und ich liege noch immer, aller Bewegung beraubt, in meinem Moskitonetz vergraben!

Aber alles nimmt ein Ende, so auch dieser liebliche Vorfall. Ich stehe wieder auf meinen Füßen, der Boy hat seine „panya" endlich erwischt und ermordet, und mein Zelt steht ebenfalls. Doch wie sieht es bei mir aus!

Brrrrr — — —

Daß alles drunter und drüber liegt, überrascht mich ja nicht, warum aber die infame Teekanne gerade über meinen Büchern und Skizzen umfallen und ihren Inhalt freigebig verteilen mußte, will mir nicht recht einleuchten. Zum Glück hatte ich von jeher mit einem Zelteinsturz gerechnet und die Gewehre nicht an die Zeltriegelstange gehängt, sondern handgerecht auf einen Blechkoffer neben mir gelegt. So geschah kein Unglück damit; wenn auch gesichert, so waren sie doch stets geladen.

Und schließlich muß ich lachen. Denn so wenig angenehm die ganze nächtlich-nasse Katastrophe war — sie war doch auch recht spaßig. Das Tohuwabohu meiner Habseligkeiten, die wilde Jagd nach der verirrten Ratte, und meine Wenigkeit im Bett. Und trotz dieser heilsamen Lehre erlebte ich auf meiner zweiten Reise einen ähnlichen Zelteinsturz, nur die „panya" fehlte! Ich bin aber jetzt klug geworden: ellenlange Zelthechte und — in der Regenzeit wenigstens — alles selbst nachsehen!

Am nächsten Abend ist mein Zelt in wundervoller Ordnung, und ich nehme mir vor, mal recht herrlich zu schlafen. Doch mit des Geschickes Mächten — —

Kaum zwei Stunden liege ich süß entschlummert, da gibt's einen furchtbaren Ton unter meinem Bett. Wie vom Leibhaftigen besessen zetert was unter mir los. Auf meinen Pfiff erscheint der Boy und befördert den riesigen, vorlauten „Ochsenfrosch" unsanft an die Luft. Und ehe ich einschlummerte, dachte ich an die Weisheit Abraham a Santa Claras: Ein Frosch wird nie wie ein Kanarienvogel singen!

Heut morgen liegt der arme Wicht zerschellt unterm nächsten Baumstamm.

Diese lieblichen Ungeheuer! Bei ihrer Größe sind sie, noch dazu des Nachts, recht ungebetene Gäste im engen Zeltraume. Bei Tage läßt man sich ihren hüpfenden Besuch noch eher gefallen, und wenn sich die kleineren Kerlchen in ihren mitunter recht bunten Röckchen einfinden, hat man sogar seine Freude daran. Aber so ein echt afrikanisches Froschkonzert in überschwemmter Steppe zur Regenzeit — man muß es eben selbst gehört haben, denn beschreiben läßt es sich eigentlich nicht. — Es ist ein ohrenbetäubender, sinneverwirrender, unaufhörlicher Höllenlärm.

Und trotzdem finde ich jeden Besuch eines solchen kleinen, kalten Frechdachses immer originell. Er kommt mir da manchmal vor, als böte er sich zum Modell an. Aber einmal spielte mir ein anderer, hinterlistiger Patron einen schlimmen Possen. Ich bin gerade dabei, in meine bereits früher unrühmlichst erwähnten Langschäfter zu fahren, die umgefallen neben meinem Bett gelegen hatten. Mit einem flotten Zug fahre ich hinein, noch flotter bin ich aber wieder draußen! Durch meine sehr dünnen Socken hatte ich etwas Glattes, Kaltes gefühlt, und nun fliegt im Bogen eine niedliche Schlange aus dem Stiefel. Zum Glück war sie ungiftig, sonst hätte sie mich sicher gebissen. So war mein Schreck größer als die Gefahr.

Damit ist aber die Zahl der ungebetenen Gäste noch nicht erschöpft. Hier eine andere Episode.

Gleich nach Beginn der Regenzeit suche ich am frühen Morgen mit meinem Boy in der Nähe des Lagers nach einer Löwenspur. Der Löwe hatte des Nachts unsern Lagerplatz umschlichen. Da fallen mir während des Spürens eine Unmenge, etwa vier Zentimeter breiter Löcher im Boden auf. Sie haben die Form, als wenn man mit einem länglichrunden Gegenstand, dessen eine Seite aber gerade ist, ein schräges Loch in den Boden stößt. Bei näherer Untersuchung merken wir, daß in manchen Löchern etwas krabbelt, und plötzlich entdecken wir, daß es dort drinnen von riesigen, tintenblauschwarzen, fast 20 Zentimeter großen Skorpionen wimmelt. Mit dem Speer des Boys töte ich in kurzer Zeit 125 Stück, dann zähle ich nicht mehr weiter, und der Boy bringt mindestens ebensoviele um. Trotzdem krabbeln aber noch unzählige dieser Giftviecher herum. Bei der allabendlichen Zeltrevision vor dem Schlafengehen finde ich auch manchmal ungebetene Gäste dieser edlen Sippe am Moskitonetze hängend.

Die größte Angst aber haben alle meine Leute vor einer Art der Tausendfüße. Wenn sich so ein fünf bis sechs Zentimeter langer, ein Zentimeter breiter und ganz flacher Skolopender wie ein geschmeidiges Band in das Zelt schlängelt und vermöge seiner unglaublich flachen Gestalt unter dem Wellenspiel seiner unzähligen Fußpaare im feinsten Spalt eines Gepäckstückes verschwindet, sind die Leute ganz rasend. Angstvoll springen sie zur Seite und versichern jedesmal, daß dieses Tier sehr giftig sei. Dann wird es mit allergrößter Vorsicht getötet. So gibt es eine Menge nicht allein unangenehmer, sondern auch gefährlicher Besucher im Zelt, was man landläufig für sich allein zu haben glaubt.

Und doch räume ich all' diesem Ungeziefer noch einen gewissen Vorzug vor anderen ein. Denn sie benehmen sich ruhig, ohne die Nachtruhe zu stören; ihr Kriechen und ihre sonstige Tätigkeit gehen lautlos vor sich. Ganz anders treiben es die Ratten und Mäuse! Mit absoluter Pünktlichkeit erscheinen sie gleich nach Dunkelwerden zwischen den Lasten und durchsuchen alles, was unter dem Zelt verstaut liegt. Der dadurch verursachte Spektakel, zumal des Nachts, erhöht nicht besonders den Genuß der Nachtruhe, auch wenn die neugierige Bande bloß auf dem Zeltdache wie toll herumspringt. Und hört man ihnen erst zu, ist's mit dem Schlafe vorbei. Hier plumpst etwas, dort fällt ein Gegenstand um, und da hört man das nagende Gekritzel scharfer Zähne. Und dann der Schaden! Geradezu wütend war ich damals, als mir so ein Vieh mein letztes großes Stück Radiergummi, das ich auf dem Tische liegen gelassen, bis auf ein winziges Restchen aufgefressen hatte. Übriggebliebene, nicht gut verwahrte Eßwaren wurden restlos wegstibitzt.

Und nun der harmlose, aber dafür unglaublich zahlreiche Insektenbesuch, der sich beim Lichte der Tischlampe einstellt. Hier kann der Entomologe wahre Orgien feiern! Da kommen sie in endlosem Zuge aus der nächtlichen Finsternis: die winzige, punktgroße Fliege, der surrende Nachtschmetterling, die hüpfend-fliegende Mücke wie das bunte Käferchen, und schließlich saust mit Ungestüm ein fünf Zentimeter großer Brummer mitten in meine Suppe. Zuviel des Guten! Auch die Gottesanbeterin erscheint in den verschiedensten

Größen und Arten. Sie scheint die Situation ausnützen zu wollen und geht sogleich an der Glasscheibe meiner Laterne auf Jagd. Jetzt sitzt sie mit erhobenem Vorderkörper und zum Zupacken bereiten Fangarmen nahe vor einem schwarzen Insekt. Nicht die leiseste Bewegung macht der Räuber. Da schnellt er blitzartig die scharfen Greifklauen vor und führt sein Opfer an die behenden Freßwerkzeuge. Doch kommen auch lieblichere Gäste, Schmetterlinge, groß und klein, prächtig und schmucklos. Einer von ihnen hat Flügel, als wären sie aus reinstem Silber! So sitze ich mitunter noch lange und freue mich im Betrachten der herrlichen Farben und Formen der nächtlichen, leicht beschwingten Gästeschar, und jedesmal kommt mir die Frage in den Sinn: was würde mancher Sammler darum geben, könnte er nur eine Stunde an meiner Lampe jagen! Ich denke aber auch daran, wie mancher durch die „Geographie" stiefelt und so vieles Schöne in dieser Tropennatur teilnahmslos übersieht.

Eine recht interessante Beobachtung machte ich Anfang Januar nach einem Regentage kurz vor Dunkelwerden. Ich sitze noch schreibend im Zelt und blicke dabei einmal über den Tisch nach der Erde draußen. Da sehe ich, wie plötzlich ein Insekt mit langen, hellen Flügeln aus einem kaum bleistiftstarken Loch hervorkommt und fortfliegt. Ich schenke nun der Sache etwas mehr Aufmerksamkeit und entdecke jetzt überall solche winzige, runde Löcher im Boden, aus denen fortwährend Tiere dieser Art emporfliegen. Viele der Insekten verloren bei diesem ersten Flugversuche sogleich die Flügel; unbekümmert darum, liefen sie weiter. Die davonschwirrenden Tiere sind aber so zahlreich, daß sie einer Wolke gleichen. Sie machen auf mich den Eindruck, als wenn ihnen das Fliegen schwer falle. Und so ist es auch, denn es sind — Ameisen, die ihren Stock verlassen, um nie wieder dorthin zurückzukehren.

Sogleich finden sich viele Glanzstare und andere Vögel ein, die nun fleißig Jagd auf die Emigranten machen. Aber auch zwei kleine Frösche kommen aus dem nahen Grase herangehüpft und setzen sich sogleich vor je einem solchen Flugloch regulär an. Schwupp — schwupp — kaum vermag ich so schnell zu folgen, wie die beiden Schlecker jetzt zu tun haben, und ich bin starr, welche Quantitäten dieser Ameisen in den kleinen Froschleibern Aufnahme finden können. Endlich geht die Mühle aber doch langsamer; die kugelrunden Bäuchlein können nichts mehr „schaffen".

Da erscheint ein neuer Gast aus dem Grase, eine kleine, graugelbe Maus. In unmittelbarer Nähe der beiden Dickwanste stoppt sie ab, sieht was los ist und beginnt im selben Augenblick ebenfalls loszufuttern. Dabei rückt sie den Fröschen immer näher auf den Leib. Nun trennen sie bloß noch drei Zentimeter von den Hüpfern, aber keins aus dem gefräßigen Kleeblatt nimmt vom andern Notiz. Da gestattet sich das nahesitzende Fröschlein nochmals, eine Ameise zu „genehmigen", blitzschnell fährt jedoch die Maus zu und frißt dem Breitmaul seinen bereits gefaßten Bissen direkt von den Lippen weg. Und immer wiederholt sich dasselbe dreiste Manöver. Zum Platzen voll sitzen die kleinen, dummen Dinger breitspurig da, schnappen nur ab und zu mal nach Luft oder einem neuen Bissen und lassen sich alles ruhig gefallen. Ja bei ihrer jetzigen Leibesfülle scheint ihnen dieses Wegfressen seitens der Maus — so kommt es mir beinahe vor — eine Wohltat zu sein.

Gewitterwolken. (Nach einer Ölskizze)

Aber auch meine Leute halten die Ameisen für einen Leckerbissen und vertilgen sie in Mengen.

Allmählich versiegt der Auswandererstrom und es dauert gar nicht lange, so erscheint keine einzige Ameise mehr aus den Löchern. Sie sind sämtlich ausgeschlüpft, und — — Maus und Frösche verduften wieder.

Die eben geschilderte Naturerscheinung so kurz vor Abend und zur Regenzeit scheint typisch zu sein. Die beginnende Regenzeit zaubert überhaupt mit einem Schlage ein ganz neues Kleintierleben aus dem Boden hervor. Überall krabbeln, kriechen und laufen fremdartige Lebewesen umher, die das aufmerksamste Auge in der Trockenzeit nie gesehen.

So ist z. B. mit dem ersten einsetzenden Regentage der Boden mancher graslosen, ebenen Strecke, wohin man auch sehen mag, mit unzähligen, rotleuchtenden, sich langsam bewegenden Punkten besät. Hebt man so ein Ding auf, so hat man zuerst den Eindruck, ein wundervoll hell-purpurrot gefärbtes Stückchen feinsten Sammets in der Hand zu haben. In Wirklichkeit ist es aber eine etwa bohnengroße, prachtrot gefärbte Milbe mit dem Namen Trombidium tinctorum.

Am Großen Ruaha, wo ich sie zuerst antraf, steckte ich mir ein solches Exemplar in eine leere Streichholzschachtel. Im Lager legte ich sie in den Koffer und vergaß schließlich drauf. Das war Mitte November. Ende September des nächsten Jahres war ich wieder in Deutschland, und wie ich meine Sachen auspacke, kommt mir das Schächtelchen wieder in die Hände. Ich öffne und traue meinen Augen kaum: das Tier lebt und hat noch dieselbe prächtige Farbe wie vor zehn und einem halben Monat! Noch lange zeige ich dann das Monstrum meinen Freunden; immer das gleiche Bild. Im April wieder des nächsten Jahres hole ich es abermals aus meinem Schreibtische hervor — da war es tot, sein einst so schöner Leib farblos —

Nun nochmals die Ameisen! Daß sie hochinteressante Tiere sind, weiß jedes Schulkind. Mir aber macht es besonderen Spaß, diese geschäftigen Tierchen zu beobachten. Eines Tages — mein Lagerplatz ist gerade sauber gerodet — sitze ich während des Zeltaufrichtens auf dem Dreibein, die Arme auf die Knie gestützt, und gucke auf den Erdboden. Da liegen noch einzelne frische, grüne Grashalme verschiedener Länge vom Säubern umher. Auch einzelne erbsengroße Erdlöcher erblicke ich — Ameisenlöcher. Ihre schwarzen Bewohner sind durch unser Getriebe in Aufruhr geraten. Erregt laufen sie hin und her. Sie scheinen aber auch die Sache zu erfassen, denn nun bekunden sie plötzlich großes Interesse für die umherliegenden Grashalme. Noch rennen sie ratlos darauf herum, befühlen diesen oder jenen Halm und erzählen es den Genossen. Nun wird ein langer Halm rückwärts schreitend nach dem Loch gezogen, aber anscheinend ist er zu schwer. Indessen ist eine Ameise nach unten gelaufen und hat Hilfe geholt. Bald darauf erscheinen eine Anzahl Arbeiter. Nun geht's! Unter vereinten Kräften verschwindet der Halm langsam in der Tiefe. Wieder andere — ich rede mir ein, es ist die liebe Jugend — schleppen leichte, kurze Grasstückchen herbei bis zum Loch. Dann kommen andere von unten und holen sie hinab. Dabei habe ich mir die Pfeife angesteckt und das rote Streichholz achtlos weggeworfen. Da stößt eine des Weges rennende Ameise drauf. Sie stutzt, macht aufgeregt kehrt, läuft zu dieser und jener, berichtet das Ungeheure, und kehrt dann wieder zurück,

Nun sind im Handumdrehen fünf „Mann" um den „Balken" versammelt. Sogleich wird vorn, hinten, an den Seiten, gehoben und geschoben; so geht es flott nach dem einen Meter entfernten Eingangsloch. Endlich hier angelangt, vergrößert sich die Hast. Alles schiebt, hebt und stemmt, schlimmer als es Akkordarbeiter tun. Nun steht der Balken senkrecht im Loche. Auch unten scheint man mit allen Kräften daran zu ziehen, denn er schwankt hin und her — da ist er auch schon verschwunden. Darauf kommen andere Ameisen mit neuen Grasstücken an. Am Loche werden sie abgelegt und von den im Bau Befindlichen hinabgeholt. Zum Schluß wird ein toter Genosse in die unterirdische Behausung transportiert. Kaum ist die kleine Leiche verschwunden, wird das Loch von innen mit Erde vermauert. Dasselbe geschieht auch mit den anderen Löchern; man scheint mit der Außenarbeit fertig zu sein. Gern hätte ich noch weiter gesehen, was drinnen mit dem Streichholz und dem Grasmaterial geschieht. —

Unsere ostafrikanische Kolonie weist eine Menge Ameisenarten auf, große, schwarze Riesen und allerwinzigste, zarte Zwerge. Aber gerade die letzteren können verheerend wirken, wenn sie in Mengen auftreten. Wo sie dann hingeraten, ist ein Tin Zucker, Zwieback oder dergleichen in kurzer Zeit vernichtet. Manche Arten sind harmlos, andere wegen ihres empfindlichen Bisses sehr gefürchtet. Mitunter begegnet man endlosen, riesigen Zügen wandernder Ameisen.

Den größten Wanderzug sah ich auf meiner ersten Reise bei Mombo im Usambaragebirge. Da das Wetter schön war, stellte ich ausnahmsweise mal mein Bett nicht im Zelt, sondern in einer „Panda" — Rasthütte — auf. Zu beiden Seiten lagerten die Leute. In der Nacht gibt es plötzlich großes Halloh. Alles im Lager ist auf den Beinen, und wie besessen schlagen die Kerls mit Feuerbündeln um sich auf die Erde.

„Chungu — chungu — — —" Ameisen!

Im selben Moment springe auch ich aus meiner „kitanda" — Bett —, denn am ganzen Körper juckt, beißt und zwickt es. Alles tanzt und springt wie verrückt umher. Und nun laufen durch unser wildes Durcheinander die Millionen von Ameisen ebenfalls durcheinander und verbreitern die Zugstraße ins Ungemessene. So bleibt uns kein anderer Ausweg, als das Lager in der finsteren Nacht an einen anderen Ort zu verlegen. Aber auch hier tauchen die Viecher noch auf, denn wir haben sie mit oder vielmehr in den Lasten hergeschleppt. Am nächsten Morgen konnte ich genau den Weg des Wanderzuges erkennen. Der Schwarm war von der Anhöhe im Bogen herabgekommen, und seine Straße, die er gezogen, war fast einen Meter breit.

Noch mehr als das Tierleben tritt bei Beginn der Regenzeit naturgemäß die Pflanzenwelt in die Erscheinung. Sprungweises, rapidestes Wachstum, wie man sich das in unseren Breitengraden gar nicht vorstellen kann, macht sich überall geltend. Und gar das Gras! Man kann es im tropischen Afrika buchstäblich wachsen sehen. In kürzester Zeit erreicht es seine volle Länge, und während des Sprossens zeigt sein Grün eine frappierende, brillant saftige Leuchtfarbe.

Die Bäume machen einen gleich raschen Veränderungsprozeß durch. Vor wenigen Tagen noch dürr und kahl, prangen sie sehr schnell im üppigsten Laubschmucke und verbreiten dann häufig, je nach der Art, den würzigsten Blütenduft. Mancher Gegend gibt dieser Duft ein individuelles Gepräge, und ich kenne Bäume von solch lieblichem Blütenduft, der mir viel lieber als unsere Parfüme ist.

Bei dieser Gelegenheit muß ich an eine Reise in Ubena denken. Aus dem satten Grün der Landschaft ragt ein Baum, größer wie unsere Eiche, hervor. Er allein ist noch völlig kahl, während alle anderen Bäume ringsumher im schönsten Blätterschmucke stehen. Es ist ein „Lipogoro"-Baum, ein Sonderling! Denn wenn seine Nachbarn bereits wieder ihres Schmuckes beraubt sind und die Landschaft kaum noch ein Fleckchen bescheidensten Grüns aufzuweisen hat, da ist er derjenige, der nun seine ganze Pracht so recht zu entfalten versteht. Aber auch jetzt gibt er in seinem kahlen Zustande mit den feinen, dichtstehenden Ästchen, die auf die Entfernung in geschlossener Masse grauviolett wirken, zu dem mitunter recht schweren Grün der Umgebung eine hübsche Abwechslung. Hier hat also die Natur einen gerechten Ausgleich geschaffen.

Ich traf diesen Lipogoro stellenweise in recht geschlossenen Beständen an. In seinem Gezweige fand ich häufig den großen, grauen Uhu. Sein grauschwarz gesprenkeltes Gefieder stimmt prächtig mit der Färbung der Umgebung überein, und deshalb hält es äußerst schwer, ihn zu entdecken. Sein tiefes „hu-hu-hu" hört man den ganzen Tag.

Und schließlich die Blumen! Wer wollte sich unterfangen, ihre Pracht und Mannigfaltigkeit auch nur annähernd zu beschreiben? Was die Gießkanne des Tropenregens zuwege bringt, das kann kein Kunstgärtner der Welt in seinen bescheidenen Gewächshausprodukten erreichen.

So sehen wir, „Nässe", und zwar in genügender Menge, ist nun mal im großen Haushalte der Natur ein unentbehrliches Erfordernis. Wo sie fehlt, da fehlt das Leben, fehlen Tier und Pflanze, da breitet sich die Wüste. Und wo sie in reichem Maße von oben gespendet wird, da grünt und blüht es, da regt sich tausendfaches Leben.

Und auch der Wechsel der Zeiten gehört dazu. Wo kein Vergehen — da kein Entstehen! Selbst die katastrophalen Naturereignisse, sie haben ihre Mission, sie gehören zum Wandel der Zeiten, der Naturepochen. So war es seit Entstehung der Erde, und so wird es bleiben immerdar, bis das letzte Lebewesen untergegangen — — — —

Solchen Philosophistereien hing ich mit Vorliebe auf allen meinen Reisen nach, wenn ich wieder einmal die Allgewalt der Naturelemente gespürt. Und dann sagte ich mir stets: suche sie zu überwinden — bekämpfen lassen sie sich nicht!

Wie unzählige Male wurden meine schönsten Arbeitspläne über den Haufen geworfen, manchmal durch scheinbar recht geringfügige Umstände, und doch waren es unabweisbare Naturgewalten. Wie häufig zog ich durch Gegenden, die ich brennend gern ausgenützt hätte, aber es gab keine Möglichkeit selbst zum kürzesten Verweilen. Wie viele Wochen, ja Monate sind vergangen, in denen ich unter Anspannung aller Kräfte dennoch jede Hoffnung begraben mußte. Und wie vieler Reisen und Opfer bedurfte es mitunter, ehe ich endlich in den Besitz ganz bestimmter Motive gelangte. Welche Sprache sprechen dann so ein paar recht unbedeutend erscheinende Striche — — —

Vom afrikanischen Hornwild

Es sind meilenweite, schier endlose, sonnenverbrannte, gelbe Grassteppen, die wir zunächst durchwandern wollen. Kein Baum, kein Strauch, keine Bodenerhebung ist im weiten Umkreise zu erblicken — der Horizont bildet eine schnurgerade Linie — — —

So wenig abwechslungsreich sich auch im ersten Augenblick das Landschaftsbild zeigt, so schnell wird der Wanderer eines besseren belehrt, denn schon beim Betreten dieser Graseinsamkeit entdeckt das geübte Auge überall stehende dunkle und sich bewegende Punkte, dann wieder geschlossene Massen, und erkennt, daß hier in dieser Öde eine überaus große Tierwelt ihr Dasein verbringt.

Dort etwas über dem Horizont — eine eigenartige Erscheinung. Fünf bis sechs schwarze, rundliche Punkte tanzen in schwingender Bewegung nach rechts. Man glaubt zunächst an große Raubvögel; es sind — Strauße. Auf die große Entfernung hin verschwinden in dem Licht Hals und Beine, so daß dem Auge nur noch der kugelige Körper erkennbar bleibt, und so glaubt man, daß der große Vogel Strauß in der Luft daherschwebe.

Pirscht man weiter, so fallen zwei Wildarten besonders auf. Erstens das Gnu. Es ist tatsächlich eine „Erscheinung"! Wer es betrachtet, dem kommt wohl stets der Hintergedanke, daß bei seiner Erschaffung möglicherweise ein kleiner Fehler passiert sein könne. Welches Tier besitzt einen derartig ungearteten Kopf, eine so mißgestaltete Muffel, wie eben das „nyumbu" — Gnu! Tritt dann so ein Bursche im Abenddämmerlicht langsam hinter einem Busch hervor, so daß zuerst nur der dunkle Kopf und Hals sichtbar werden, dann könnte man glauben, der leibhaftige Teufel mache seine Visite.

Aber die Sache ist noch verzwickter: Dieser unförmige Kopf sitzt auf gutgeformtem Körper mit sehnigen Läufen. So erkennt man beim näheren Zusehen auch hier, daß die Natur kein Geschöpf ganz stiefmütterlich behandelt hat, irgendeine Schönheit hat jedes.

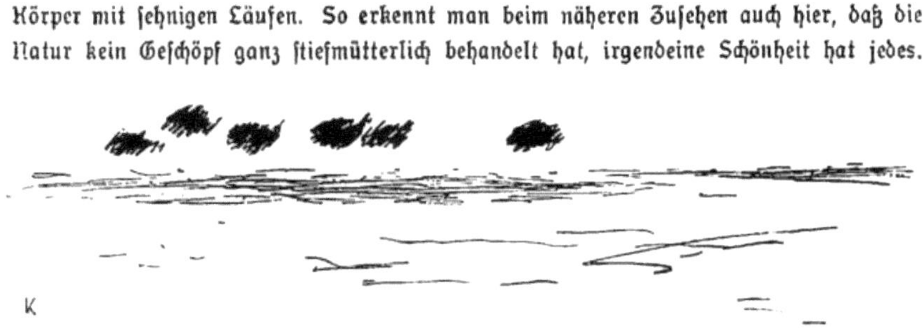

Strauße.

Beobachtet man eine große Herde Gnus, so sieht man, wie sie sich gern in grotesken Sprüngen gefallen. Häufig traben sie im Kreise herum, das macht dann immer den Eindruck, als spielten die Tiere „Zirkus". Wenn sie dann in stolzem Stechtrabe abgehen, tun sie das sogar mit einer gewissen Grazie. Aber die anderen Antilopen können sie damit nicht überbieten. Dagegen übertreffen sie, wie mir scheint, alle ihre Vettern in der großen Verwandtschaft durch ihre unglaubliche Kampflust. Ist es auch meistens nur Spielerei und Neckerei, so lassen doch manche Zusammenstöße auf recht ernsthafte Fehde schließen. Einmal waren sie so hart aneinander, daß ich nahe herankommen und sogar eine Skizze machen konnte*).

Zweitens die Kuhantilope. Häufig trifft man sie einträchtig neben den Gnus, mit denen sie Freundschaft halten. Alle in Ostafrika lebenden Arten dieser Gattung nennt der Neger kurz — Kongoni.

Gnubulle.

Anfangs meiner ersten Reise kannte ich noch nicht das Wörtchen „wazimu" — verrückt —, das ich mehrmals von den Leuten beim Sichten von Kuhantilopen hörte. Aber bald hatte ich es erforscht; sie meinten damit das Gebaren der Kongoni. Wirklich! — Diese widersinnigen Kapriolen, diese verrückten Sprünge, die sie unter sich zum besten geben, berühren den Beschauer recht komisch. Erhöht wird diese Komik noch durch den eigenartigen langen Kopf mit dem etwas blöden Auge, der im spitzen Winkel am Halse ansetzt, was sich bei keinem anderen Tiere wiederfindet. Hat man ausgiebig Gelegenheit, sie in ihrem Gebaren zu beobachten, ist das Urteil der Leute nicht ganz unrichtig. Kam es mir doch selbst mitunter so vor, als wären manche dieser schnurrigen Gesellen im Oberstübchen nicht ganz richtig. Die Sache kann aber auch ernstere Gründe haben.

Im Schädel einer erlegten Kuhantilope (Bubalis cokei) entdeckte ich einmal durch reinen Zufall viele längliche, weißliche Larven. Diese mögen wohl oft die furchtbaren Peiniger sein, die den armen Tieren zu solchen Sprüngen Anlaß geben.

Aber merkwürdige Geschöpfe sind sie doch! Wirkt es nicht beinahe wie militärisches Exerzieren, wenn ein Trupp von 15—20 Stück im vollsten Lauf dahergestürmt kommt, urplötzlich wie auf Kommando Halt und Kehrt macht, sich eins neben das andere regulär in Front stellt, und so nach dem Beschauer sichert? Lief ich sie dann mehrere Male an, wurden sie flüchtig. Aber nach ein paar hundert Metern machten sie immer wieder Front. Dieses merkwürdige Manöver wiederholte sich regelmäßig.

Die schönsten Beweise von Anpassung — Mimikry — gibt wohl die Kongoni. Man denke sich in der Savanne einen braunroten Termitenhügel, bewachsen mit einzelnen dürren Dornensträuchern, die krüppelhaft von dem Bau abstehen. Wir nähern uns ohne viel Vorsicht und kommen auf etwa 20—30 Meter an das Gebilde heran. Da wird plötzlich der linke hohe Zacken lebendig und — läuft weg. Zu spät werden wir gewahr,

*) Siehe Bild auf Seite 113.

daß einer der vermeintlichen Termitenzacken der Kuhantilopenkopf, und das Stück knorrigen Astes oben quer ihr Gehörn war. Das Gelbrot des Hügels aber konnte gar nicht besser mit der Farbe des Felles stimmen; ebenso die Formen des Tieres mit der Umgebung. Das Ganze ein Schulbeispiel für Mimikry.

Ganz prächtige Bilder bieten sich dann, wenn unsere Tiere mit ihrer zahlreichen bunten Gesellschaft von Zebras, Giraffen, Gazellen und auch einigen Straußen, mit denen sie gern Gemeinschaft halten, durch die weite, sonnendurchglühte Steppe jagen. Es ist Regel — wird eine Herde erst einmal flüchtig, so reißt sie mehr oder weniger alles andere Wild der näheren Umgebung mit sich, und das ergibt dann ein mannigfaltig buntes Bild. Viele Hunderte von Köpfen kommen schließlich zusammen, gewaltige Herden von unbeschreiblich fesselndem Reiz. Dann dröhnt der trockene Boden unter den stampfenden Tritten, eine ungeheure Staubwolke steigt zum Himmel, bis das wunderbare Schauspiel im Dunstschleier verschwindet wie ein schöner Traum — — — Wildniszauber!

Weiter geht die Wanderung durch die mit Milliarden Wildspuren bedeckte heiße Steppe.

Da leuchtet in einiger Entfernung ein sehr heller Punkt am Boden auf. Wir kommen näher — ein kreideweiß gebleichter Menschenschädel. Vielleicht ein Opfer der großen Katzen. Durchstreift man die Steppen kreuz und quer, so finden sich solche einzelnen Dokumente nicht selten; sie sind meist von Hyänen und Schakalen verschleppt. Wie viele gebleichte Tierknochen, wie viele von Bohrwürmern vernichtete kapitale Antilopengehörne fand ich. Diese Funde reden eine eigene Sprache, sie dürfen wohl fast ausnahmslos als Beutestücke des Raubwildes anzusprechen sein.

Die Steppe hat etwas mehr buschigen Charakter angenommen. Wenn auch hier vorgenanntes Wild vertreten ist, so begegnen wir hier auch noch anderen schönen Gestalten. Durch die langen, etwas gebogenen Hörner fällt mir ein kleines Rudel Oryxspießböcke auf, das sich unter einem spärlich schattenspendenden Baum eingestellt hat. Zwei der Böcke knabbern sich nach Pferdeart gegenseitig an der Halsmähne. Dabei tummeln sich einige Grants und Thomsongazellen. Schwer läßt sich sagen, welchen von ihnen man den Schönheitspreis zuerteilen soll. Obwohl ich als Maler keiner einzelnen Antilope das Wort reden möchte — ich verehre sie alle insgesamt —, so möchte ich doch hier die Gazellen als die schönsten Geschöpfe bezeichnen, und an allererster Stelle unbedingt unsere ostafrikanische Grantgazelle nennen! Wie scharf äugen die schönen großen Seher, wie wundervoll ebenmäßig ist der licht-graurötlich gefärbte, weiß abgesetzte Körper. Und die eleganten stolzen Bewegungen! Ihr Anblick in der verbrannten goldigen Steppe muß die Bewunderung eines jeden Naturfreundes erwecken.

Im Verlauf einer weiteren Stunde zeigen sich die nicht minder graziösen, hellockergelb gefärbten Schwarzfersenantilopen oder Swala, wie ich sie lieber nenne. Diese Antilope ist überall zahlreich vertreten. Nach meinen Beobachtungen reihe ich diese unter die größten Springer. Alle Antilopen sind bekanntlich sehr behende, aber solche zwei Meter hohen Sätze, wobei sie sich fast im Kreise drehen oder sich gegenseitig in den verzwicktesten Bewegungen hoch überspringen, das sind doch erstaunliche Leistungen. Eine solche Akrobatenfertigkeit habe ich bei keiner anderen Antilopenart jemals wahrnehmen können.

Wilh. Kuhnert

Als ich in Afrika meinen ersten Wasserbock sah, der spitz von vorn auf mich zukam, erinnerte er mich ungemein an unseren Rothirsch. Läßt sich sein Gehörn auch nicht mit dem Geweih des Hirsches vergleichen, so steht er diesem an Figur, Haltung und Benehmen nicht nach. Stolz und würdevoll schreitet der alte Bock einher und wiegt dabei nach Hirschart seinen Kopf.

Ich habe Cobus ellipsiprymnus und Cobus defassa erlegt und sehr viel beobachtet. Letzteren nennt die Wissenschaft — Hirschantilope, weil sie in Lebensweise und Erscheinung sehr an den Hirsch erinnert. Das unterschreibe ich gern, doch möchte ich diese Eigenschaften auch auf die anderen Wasserböcke übertragen wissen. Selbst wenn ich den Sudanwasserbock noch hinzurechne, so muß ich sagen, daß ich kaum merkliche Unterschiede in ihrer Lebensweise wahrgenommen habe. Wenn ich die Wasserböcke häufig als Standwild in bergigem Gelände sehe, denke ich — warum heißen sie nicht ebensogut — Bergantilopen?

Aber das geht mich schließlich nichts an, mich interessiert jedes Tier nur als malerisches Objekt.

Ein Haupterfordernis für den Wasserbock ist freilich Wasser oder Sumpf. Verschiedene Male beobachtete ich, wie Wasserböcke im Wasser standen. Im Papyrussumpf des Jipesees steckte einer so tief in den Schlammassen, daß sein Rücken nicht mehr als zwei Hände breit herausragte.

Das Gesicht ist nicht sehr ausgeprägt, das wurde ich gewahr, als ich eines Vormittags eine kurze Strecke die barra-barra — Straße — nach Kisaki beging. Über die Straße wurde ein Rudel von 20—25 Stücken flüchtig. Während alle nach links im hohen Grase verschwanden, bleibt ein Tier mit Kalb plötzlich mitten auf der Straße stehen. Sie sichern und lassen meine Karawane auf der absolut geraden, freien barra-barra bis auf — sage und schreibe — „vierzig" Meter herankommen. Ich gebe dem nächstfolgenden Mann mit dem Arm nach hinten ein Zeichen zum Stehenbleiben, gehe ganz langsam noch etwa zehn Meter näher und bleibe dann ruhig stehen. So äugen wir uns einige Zeit gegenseitig an — keiner zuckt auch nur. Vorsichtig, kaum merkbar, schiebe ich mich nun noch weiter vorwärts. Endlich, nach mehreren Sekunden, bequemt sich die Alte dazu, in gemächlichem Tempo abzuspringen. Das Kalb tut es aber erst, nachdem die Mutter schon im Grase verschwunden ist. Witterung hatten sie infolge des günstigen Windes nicht bekommen können, also mußten sie uns sehen. Jedenfalls war dieses vertrauliche Betragen höchst seltsam. Gewitzigt durch dieses habe ich später überaus wertvolle Nahpirschen erlebt und so manchen alten Bock überlistet.

Ein ganz rätselhaftes Betragen legt eines Morgens ein männlicher Wasserbock an den Tag. Er erhält in offener Steppe auf zirka 130 Meter in vollster Flucht einen Schuß und flüchtet mit kaum sichtbarem Zeichnen nach den einige hundert Meter entfernten Büschen. Meines Schusses sicher, gehe ich auf den Anschuß und finde ein paar Tropfen Schweiß. Ich folge der Fährte etwa 300 Meter, da erblicke ich das Stück plötzlich ganz nahe im Wundbett. Es ruht in einer Erdfurche neben einem Buschkomplex. Ohne die geringste Notiz von uns zu nehmen, läßt es mich und zwei der Leute bis auf einen Meter heran; es dreht sich nicht einmal merklich um. Ja, es gestattet sogar, daß ich mich vor ihm niederhocke und ein paar Striche skizziere. Schnellstens aber erhält es den Fangschuß. Mein erster Schuß aus einem Karabiner (K. 6) saß im linken Lauf oben am Ansatz und hatte etwas schräg den Stich durchschlagen.

Hier möchte ich etwas einfügen: Wie häufig höre ich, daß manche Antilopen außerordentlich hart seien und nicht fielen, trotz mehrerer „tödlicher" Schüsse.

Abgesehen von obigem ungünstigen Fall, der das Stück aber doch bald zur Strecke brachte, habe ich in einer ganzen Reihe von Schüssen mit K. 6 die gleichen Schußwirkungen erzielt wie mit K. 9,3. So ist es mir auch beim allerbesten Willen nicht gelungen, ein Wild mit „absolut tödlichen Schüssen" — — lebend zu erhalten. Das gelang mir bisher nur, wenn die Schüsse einmal, ehrlich ausgedrückt, „schlecht" saßen. „Sehr weit" ging ein tödlich getroffenes Tier niemals!

Hier ein Beispiel solcher schuß-immunen Antilope.

Auf der Station Mahenge kommt eines Abends das Gespräch auf die Sesseantilope, eine Moorantilope — Adenota vardoni —, in der Größe zwischen Rot- und Damwild. Ihr Fell zeigt eine wundervolle goldgelbe Farbe. Das Gehörn ist dick und wulstig. In der Ulangaebene ist sie besonders häufig, sie hält sich dort in den überschwemmten morastigen Grasdickichten auf.

Ich hatte sie bisher weder erlegt noch gesehen, und einige Herren erzählten mir, diese Antilope sei überhaupt nicht „tot" zu kriegen. Einen halben Gurt Patronen oder noch mehr hätten sie verknallt, aber immer noch lebte sie. Und das, soviel ich mich entsinne, mit Modell 88! Bescheiden wende ich ein, daß doch jedes Wild, vom Elefanten abwärts, zum mindesten mit Kopfschuß im Feuer liegen muß, und mache mich in meiner Oppositionslust verbindlich, um alle Schätze der Welt zu wetten. Damals führte ich auch den vorhin erwähnten Karabiner K. 6 in Ganz- und Halbmantelgeschoß. Ich bleibe also dabei, daß ich den Bock mit diesem Geschoß glatt im Feuer umlegen würde. Das konnte ich nach dem gehabten Erfolge mit gutem Gewissen behaupten. Aber da es auf der Welt doch mitunter Wunderdinge gibt, über die man nicht so glatt wegkommt, gebe ich schließlich klein bei. Ist es doch nicht meine Art, etwas zu behaupten, was ich noch nicht weiß. Wenn also diese Antilope nun eine ganz besondere Ausnahme machte? So denke ich diplomatisch: abwarten!

Kurze Zeit darauf bin ich dann selbst in der Ulangaebene. Der Zufall führt mich für einige Tage in die Gesellschaft eines Offiziers und eines Feldwebels unserer Schutztruppe; ersterer hatte an der fraglichen Abendunterhaltung teilgenommen, und wir marschieren zusammen. Da sichten wir des Vormittags genannte Moorantilopen. Das Rudel überfällt dann unsere Richtung von links auf 127 Schritte. An der Spitze marschierend, schieße ich sofort mit dem Karabinerstutzen auf die in voller Flucht befindlichen Antilopen, und — im Feuer liegt mit Halsschuß ein ganz kapitaler Bock! Eine Stunde später lege ich mit demselben Gewehr auf 100—150 Meter zwei Stücke mit je einem Blattschuß um. Nur eine kleine Flucht machten sie, dann lagen sie. Wieder geht es weiter. Da steht links von uns, schön breit, auf zirka 120 Meter, abermals ein Bock. Der Offizier getraut sich nicht zu schießen. Der Feldwebel, ein sehr guter Schütze, will schießen, aber sein Boy ist leider mit dem Modell 88 zurückgeblieben. So biete ich ihm meinen

Schwarzfersenantilopen im Sprunge.

Stutzen an. Freihändig, wie ich, legt er an. Blattschuß! Ein Meter Fahrt — da liegt der Bock, mausetot. Nach diesem Erfolg kommt das Mahenger Gespräch wieder auf den Plan, und die Herren sind nicht nur von der Waffe, sondern auch von der Wirkung eines gutsitzenden Schusses bei der als so zählebig verschrienen Moorantilope überzeugt.

Ich habe diesen einen Fall aus so vielen anderen herausgeschildert, weil ich hier zwei einwandfreie Zeugen für meine Behauptungen ins Feld führen kann.

Und noch etwas anderes möchte ich erwähnen. Ich will mit dem Vorhergesagten durchaus nicht der kleinkalibrigen Büchse für alle Fälle das Wort reden. Damals hatte ich sie nur mitgenommen, um sie auszuprobieren. Wenn ich nun auch durchaus befriedigt von ihr wurde, so ist und bleibt meine Leibwaffe unbedingt Kaliber 9,3! Mit ihr erlegte ich alles Wild. Auf jeder Reise führte ich aber auch noch je ein schweres Kaliber mit, und zwar vom kanonenähnlichen „Paradox 8" abwärts. Mein Ideal unter diesen Donnerbüchsen ist jetzt K. 450, das Otto Bock-Berlin mir ganz großartig gebaut hat.

* * *

Im südlichen Schutzgebiet auf der Streife vernehme ich einen ziemlich lauten, scharfen Pfeifton, fast wie von einem Menschen herrührend. Ich gehe ihm vorsichtig nach und erblicke zwischen stacheligen Dornenbüschen und hohen Grasbüscheln einige sich bewegende tiefschwarze Punkte. Noch näherschleichend, kann ich durch ein Strauchloch auf zirka dreißig Schritte sieben der stattlichen palla-halla — Rappenantilopen — erkennen. Zwei Böcke mit dicker Nackenmähne tragen mächtige, im großen Halbkreis nach hinten gekrümmte Hörner; die mehr braun gefärbten weiblichen Tiere dagegen geringere.

Ein schönes Bild:

Unbeobachtet tummeln sie sich umher. Der stärkste Bock steht aber fest wie ein Steinbild; — von ihm vernehme ich noch mehrmals den Pfeifton. Bedeutet er einen Schrecktoh? Jedenfalls sind die Antilopen von meiner Richtung nicht beunruhigt. Der Wind steht ausgezeichnet und ist auch ziemlich stark. Nach etwa einer Viertelstunde drücken sie sich gegen den Wind in das unübersichtliche Dickicht. Tags darauf erblicke ich in offener

Steppe, fast nebeneinander stehend, einen starken Wasserbock und eine Rappenantilope. Sie geben sich beide, als wenn sie zusammen gehörten.

Überall, wo ich diese stattliche Antilope in der Gefangenschaft sah, benahm sie sich im Vergleich zu allen anderen Antilopenarten überaus bösartig und fuhr beim vorsichtigsten Vorbeigehen sofort wild mit den Hörnern schlagend gegen das Gitter. Von verschiedenen Seiten empfahl man mir allergrößte Vorsicht bei der Jagd. Infolge dieser vielen Warnungen sah ich begreiflicherweise der ersten Begegnung mit den Bösewichten recht gespannt entgegen, und auf der letzten Reise waren die Begegnungen durchaus nicht selten. Einmal hatte ich sie sehr nahe, ein andermal weiter; einmal traf ich zufällig mit ihnen zusammen, dann wieder pirschte ich sie unter den verschiedensten Umständen an, oder ich verfolgte sie im bergigen Gelände fast bis zur Erschöpfung. Immer wurden sie beim geringsten schlechten Winde oder Geräusch sofort flüchtig. Da hatte ich schließlich eine wahre Sehnsucht danach, daß sich doch wenigstens einmal eine wenden und angreifen möchte. Aber nein — sie alle ohne Unterschied rissen, wie man so schön zu sagen pflegt, wie Schafleder aus; nicht einmal auf „Reizung" wollten sie reagieren. So sprang ich z. B. fünf Stück, auf die ich während der Büffeljagd auf knapp 15 Meter zufällig stieß, energisch an. Ein spielendes Schwenken mit dem Kopfe, und — im Galopp ging's von dannen. Welches Gebaren sie angeschossen zeigen, kann ich leider aus eigenen Beobachtungen nicht verraten.

Ein starker Bock, der mich auf zirka 40 Meter anäugte, bekam die Kugel Blatt und machte Kehrt. Als ich dann sofort nachgehe, liegt er bereits nach einigen vierzig Schritten verendet. Er war ein Einzelgänger, stand absolut frei und unternahm nichts, was auf Bosheit hätte schließen lassen können, obwohl er mich und meine paar Leute unbedingt gesehen hatte. Wären diese „palla-halla" so aggressives Wild, wie es z. B. der Büffel ist, so hätte ich doch zum mindesten einen Fall erleben müssen, wo sie angriffen, zumal ich doch auch urplötzlich mit ihnen zusammenprallte. So kam ich eben sehr bald dahinter, daß sie auch nicht mehr Vorsicht beanspruchen als jede andere Antilope. Und wie manches andere Geschöpf in der Gefangenschaft unliebenswürdige Eigenschaften entwickelt, so mag das die Rappenantilope vielleicht ganz besonders tun.

Von manchen anderen Antilopen vernahm ich gleichfalls, daß sie bösartig seien, aber stets waren meine Beobachtungen in dieser Beziehung gleich Null. Keine einzige Art machte auch nur die allergeringste Miene, aggressiv zu werden, wenn sich ein Mensch zeigte. Freilich, im angeschossenen Zustande ist das Geschöpf nicht mehr das natürliche Wesen — es kämpft um sein Leben bis zum letzten Atemzuge. Sind doch Fälle bekannt, wo unser Hirsch oder der Rehbock dem unvorsichtigen Jäger arg mitgespielt und ihm einen ganz gehörigen Denkzettel hinterlassen haben.

Nur einmal wäre mir in Afrika beinahe ein Ähnliches passiert. Ich hatte eine Doublette auf Lichtenstein-Hartebeester gemacht. Der linke Bock lag im Feuer; der rechte brach ebenfalls zusammen, wurde aber wieder hoch und ging schwerkrank ab. Im nahen Grase war er verschwunden. Sofort folgte ich und finde ihn gleich darauf im Wundbett. Das geschah aber so unvermutet, daß mich kaum zwei Schritte von ihm trennten. Im selben Augenblick schlug er aber auch, sich etwas erhebend, mit aller Wucht nach mir.

Zum Glück war ich doch noch der schnellere Teil, sonst wäre es um mein Schienbein geschehen gewesen. In derartigen Situationen braucht man sich also nicht zu wundern, wenn es zu einem kleinen Zusammenstoße kommt, an dem schließlich der Jäger nicht die kleinste Schuld trägt.

Ein prächtiges Seitenstück zur eben beschriebenen Art ist die Pferdeantilope. Genau so stark wie jene, unterscheidet sie sich nur durch die Isabellfarbe, die weniger lang nach hinten gebogenen Hörner und die kürzere Nackenmähne. Auch in ihrer Lebensweise gleichen sich diese beiden, einen gemeinsamen Typ darstellenden Antilopen sehr. Nach meinem Geschmack ist die Pferdeantilope aber noch schöner als die andere.

Bei verschiedenem Wilde habe ich Veranlassung gehabt, starke Hälse zu bewundern; mein zuletzt erlegter Elenbulle ließ mich in dieser Beziehung aber staunen. Das war am Ruhudje.

Mein Pirschgang sollte eigentlich einer ganz anderen Antilope gelten. Da treffe ich ganz zufällig diesen Recken mit einem schwächeren Bullen. Welch ein Prachtkerl ist der Bursche! Die lange Stirntolle, pechschwarz, und dieser gewaltige Stiernacken! Der tief blaugraue Hals ist absolut prall und hat keine weiche, herunterhängende Wamme. Das stelle ich zunächst mit dem Glase fest. Aber der Wind kräuselt, und jedesmal, wenn ich denke, glücklich so weit herangekommen zu sein, um anbacken zu können, werden sie in dem ungünstigen Gelände flüchtig. Endlich nehmen sie Richtung in höheres Gras. Lichter Busch, dazwischen einzelne Sträucher und gestürzte Bäume — nun habe ich nach heißem Ringen gewonnen!

Von einem Erdhaufen aus kann ich ausmachen, wo die beiden stehen. Bald bin ich heran, aber leider ist des hohen Grases wegen rein nichts zu sehen. So schiebe ich mich vorsichtig auf den schrägen Stamm.

Richtig! Auf 70—80 Meter steht der Alte breit da und sichert nach mir. Das andere Stück hält sich etwas dahinter und ist ganz uninteressiert. Viel Zeit darf ich nicht verlieren, sonst geht die Hatz nochmals von vorn los. Aber ich muß doch zunächst mal etwas sehen! Da macht der Starke zwei Schritte vorwärts. Allerhöchste Zeit! — Kugelschlag! Die Kugel 9,3 hat er Blatt, und Herumwerfen und Verschwinden sind eins. Der andere natürlich mit.

Weit kann er nicht kommen, ich bin beruhigt. Durch dichtes Gras folge ich der Fährte. Nach 97 Schritten liegt er verendet inmitten eines kleinen, freien Rondells. Unzählige Fliegen sitzen bereits an dem winzigen Einschuß. Sofort ist das Bandmaß zur Hand. Sein stärkster Halsumfang in der Runde mißt 215 Zentimeter.

Als Kopf und Hals vom Körper getrennt werden, erwarte ich, eine beträchtliche Fettschicht vorzufinden, sehe jedoch zu meinem Erstaunen, daß die Stärke des Halses lediglich aus massivem Muskelfleisch besteht.

Leider läßt sich in der Wildnis das Gewicht eines solchen Tieres nicht genau feststellen, man ist nur auf Schätzung angewiesen. Zwischen 20—25 Zentner glaube ich aber das richtige Gewicht getroffen zu haben. Der alte, ausgewachsene Elenbulle überragt unser zahmes Haustier um ein gut Teil in der Widerristhöhe.

Trifft man die Elenantilopen in größeren Herden an — ich zählte von 30—200 Stück —, so machen sie unwillkürlich den Eindruck einer zahmen Rinderherde. Ruhig und vertraut, ziehend und äsend oder durcheinander stehend oder sitzend, bietet die Herde im Schatten der Bäume oder auch in freier Steppe ein Bild beschaulichsten Daseins. Würde sie ein Neuling oder ein flüchtiger Beobachter im ersten Augenblick für eine bayerische Rinderherde halten — die Farbe ist fast die gleiche wie die des Frankenviehes —, so wäre das nicht im geringsten zu verwundern.

Ganz auffällig ist es, wie verschieden — im Gegensatz zu anderen Antilopenarten — die Gehörne der weiblichen Elen im Wuchse sind. Man trifft selten zwei sich gleichende normale Stücke; und keine Antilope trägt wohl ein so unschönes, manchmal krüppeliges Gehörn, wie das weibliche Elen. Es bedurfte daher recht vieler Pirschen, ehe es mir gelang, ein Exemplar von leidlich ebenmäßigen Formen zu erlegen.

* * *

Und nun eine Streife in etwas höhere Regionen.

Kommt man vom Utschungwegebirge östlich nach dem Bergland Uhehe, so fällt die Verschiedenheit der Landschaft recht scharf in die Augen. Die Berge, stellenweise wild zerklüftet und mit undurchdringlichem Urwald bestanden, zeigen hier im Hochland einen völlig anderen Charakter. Da sind hauptsächlich die großen grauen, mit einer weißlichen Flechte bewachsenen Felsblöcke. Auf ihnen sonnen sich die wundersamen, im schönsten Ultramarinblau schillernden Felsenagamen. Zwischen den Blöcken grasbestandene Geröllhalden, in deren Verstecken Stachelschweine, Mangusten und manches andere kleine Getier ihr Wesen treiben. Die kegelförmigen Berge bedeckt lichter Miombowald und viele Euphorbien.

Manche Täler sind durchfurcht von tiefen Schluchten, die der starke und anhaltende Tropenregen in den ziegelroten, von Mergel durchsetzten Lateritboden gerissen hat. Die weichen Teile sind fortgespült, die harten stehengeblieben. So entstehen schließlich die wunderlichsten Formationen; Wind und Wetter helfen sie noch weiter ausbauen. Da sieht man manchmal eine richtige Ruinenstadt. Wie künstliche Bauten sehen sie oft aus, und es gehört wenig Phantasie dazu, um sich etwas dabei zu denken. Schnurgerade Reihen von 6—8 Meter hohen Säulen zaubern dem Beschauer längst zerfallene Tempel oder Hallen mit orgelähnlichen Gebilden vor. An manchen dieser Säulen hängen tropfsteinartige spitze Zapfen, die den Eindruck machen, als könnte sie der leiseste Wind abbrechen. Schlägt man aber dagegen, muß man über ihre Festigkeit staunen. Viele der Säulen tragen auch bizarr geformte Kapitäle. An ihnen läßt sich genau feststellen, daß die obere horizontale Fläche der Säulen die frühere Erdoberfläche war. Wer die katastrophalen Regengüsse Afrikas kennt, wird es begreifen können, wie solche ungeheuren Erdauswaschungen in einer einzigen Regenperiode entstehen können. Als Laie will es mir aber auch scheinen, als wenn da — und zwar an einzelnen Stellen ganz bestimmt — der Zahn der Zeit alljährlich etwas abgenagt hat und so diese Wunderbauten mit schuf. Und nun gar die Färbung! Vom hellen Ockergelb bis zum schönsten satten Ziegelrot wetteifern sie mit den wirklich fabelhaften Farbentönen des lichten Baumbestandes. Nicht grün, auch nicht herbstlich orange, in richtig feurig-leuchtendem Purpurrot prunken diese

Großes Kudu. (Nach einem Ölbilde)

Bäume. Sieht man dann gar noch von unten gegen die Sonne in dieses Blättermeer, dann hat man ein Farbenspiel von wirklich unbeschreiblicher Pracht. Das bleibt so bis zur Wende der Trockenzeit, bis das Laub abfällt und frischem Grün Platz machen muß. Ich kann mich nicht entsinnen, irgendwo Ähnliches gesehen zu haben.

Verliert man in diesen wilden Bergen nicht die Geduld, dann stößt man endlich auf ein Wild, dessen Anblick alle Strapazen vergessen läßt. Dieses Wild ist der große Kudu oder „tandalla". Von der Größe eines mittleren Pferdes, verbildlicht der alte Bock mit seinem kapitalen Schraubengehörn, seinem wundervollen Körperbau und seinen herrlichen Bewegungen für mich einen Typus höchster Schönheit und Eleganz. Ziemlich scheu, bevorzugt der Kudu tagsüber lauschige, schattige Bergwinkel. Hier tut er sich dann nieder und äst auch zwischendurch umher.

Es ist wirklich ein Anblick für Götter, dieses prächtige Wild! Man muß es am schluchtigen Bergabhange in stolzester Haltung sichernd gesehen haben; wenn es sich frei gegen den Himmel abhebt, oder abwärts trollend, den kapital behörnten, stolz gehobenen Kopf etwas nach rückwärts beugt. Dieses Bild größter Schönheit muß man sich dann noch durch die überaus reizvolle Farbenstimmung der Umgebung vervollständigt denken. Und einmal sah ich einen Bock vom Rot der Blätter und dem gelben Grase derartig umstrahlt und reflektiert, daß von dessen eigener Farbe rein nichts mehr zu sehen war. Überhaupt verschwindet die „tandalla" unter gewissen Beleuchtungsbedingungen und in bestimmten Geländen auf einige Entfernung so in seiner Umgebung, daß er sehr schwer zu sichten ist. Da er ferner mit äußerst gutem Gesicht und Gehör ausgestattet ist, geht er in den meisten Fällen schon ab, ehe man ihn noch bemerkte. Wie häufig kommt folgendes vor: man biegt um einen großen Felsen oder Hang, beachtet die allergrößte Vorsicht, denkt an alle Möglichkeiten. Da geht plötzlich ein Rudel oder einzelnes Stück polternd ab. In dem dichten, knorrigen Baumbestand gelingt es dann nicht einmal, einen schnellen Schuß nachzuwerfen. So bedarf es also in dem steinigen, trockenen, total unwegsamen, mehr oder weniger steilen Gelände, wo es sich häufig gar nicht fährten läßt, der allerpeinlichsten Sorgfalt, um den Kudu zu Schuß zu bekommen. Hier ging oder stand ich mitunter an derartig steilem Hange, daß die größte Vorsicht beim Pirschen und Schießen geboten war.

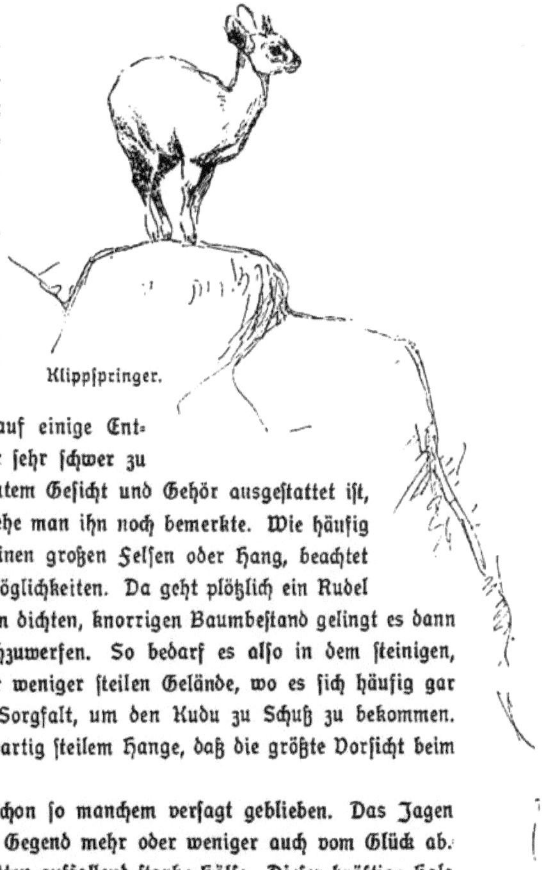

Klippspringer.

So ist die prächtige Kudutrophäe schon so manchem versagt geblieben. Das Jagen auf dieses Wild hängt eben je nach der Gegend mehr oder weniger auch vom Glück ab.

Zwei von mir erlegte alte Böcke hatten auffallend starke Hälse. Dieser kräftige Hals trägt viel dazu bei, dem Tiere sein wuchtiges Aussehen zu geben.

In Irolo beobachtete ich eines Morgens einen ziemlich starken Bock, dessen linkes Horn im Winkel zur Seite gebogen war. Mit diesem Horn arbeitete er unten in den Sträuchern herum. Leider bekam ich ihn nicht zu Schuß, da einige etwas vor ihm stehende weibliche Stücke Wind erhalten hatten und mit dem Bock abgingen.

Auch von dem Kudu wurde mir wiederholt berichtet, daß er gefährlich sei. Aus meinen eigenen Erfahrungen weiß ich nichts davon. Es wird wohl also auch hier, wie meist, der Zufall seine Rolle spielen. Dagegen bestreite ich entschieden, daß er aus freien Stücken angreift. Angeschossen benimmt sich natürlich jedes Wild anders, da kann das harmloseste zur Bestie werden.

Daß der Kudu trotz des wehrhaften Gehörns auch dem Löwen zum Opfer fällt, konnte ich mehrmals aus Fundstücken erkennen. Besonders im vorhin erwähnten Irolo erzählten mir auch die Eingeborenen, daß sie häufig, je nachdem die Löwen durchkämen, gerissene Stücke fänden.

Das spiralförmige Gehörn wird von den Leuten sehr geschätzt und zur Kriegstrompete hergerichtet. Es erhält seitlich der Spitze ein Loch, und die Trompete ist fertig. Ihr Ton ist unheimlich und weithallend. Ein sehr schönes Kuduhorn sah ich in der Masaisteppe bei den Wanderobbos. Es war reich mit geschnitzten Ornamenten bedeckt und unten mit blauen Perlen verziert. Der Mann wollte es mir aber nicht verkaufen, trotzdem ich ihm für seine Verhältnisse ein kleines Vermögen bot. Wahrscheinlich war es eine Reliquie für ihn.

Habe ich bislang der großen und größten Antilopen Erwähnung getan, so möchte ich hier doch noch einer kleinen Art gedenken, die gerade wegen ihrer von allen anderen Antilopen abweichenden Lebensweise auffällt — das ist der Klippspringer. Schluchtiges, felsiges Berggelände ist ganz besonders typisch für ihn. Da steht das Kerlchen mit gekrümmtem Rücken auf seinem erhöhten Felsenausguck wie ein kleines Bildwerk. Im selben Augenblick schnellt es sich herab oder hinauf von seinem hohen Standpunkt, von Felsblock zu Felsblock geht es weiter, und schon ist das Geschöpf auf Nimmerwiedersehen im Dickicht verschwunden. Das alles geht so fix, wie man es nicht schildern kann. Ein Folgen hat da wenig Sinn; nur der schnell hingeworfene Schuß kann dieses kleingehörnte Böckchen zur Strecke bringen.

Was die Klippspringer an Behendigkeit auf dem Felsen leisten, das erreichen die noch kleineren Zwergantilopen an Geschwindigkeit auf dem Erdboden. Pfeilschnell sausen sie dahin, wenn sie aufgeschreckt werden; ehe man sie genau erkennen kann, sind sie um die nächste Buschecke.

Im vorstehenden wollte ich nur einen allgemeinen Überblick über die Hauptarten dieses Wildes geben. Wollte man die ungeahnte Fülle von Beobachtungsmaterial, das diese große, vielgestaltige Familie der Antilopen bietet, nur einigermaßen eingehend schildern, so gehörten Bände allein dazu.

Recht schmerzlich berührt es mich immer, wenn man daheim über die afrikanische Tierwelt die allerunglaublichsten Ansichten hört. Absolute Unkenntnis erzeugt da den größten Blödsinn. Was erlebt man da zum Beispiel für herrliche Geistesblüten, wenn man afrikanische Bilder ausstellt — vom „κριτικός"! Es ist meist himmelschreiend!

Man schreibt ein paar nichtssagende Worte und nimmt sich nicht einmal die Mühe, den richtigen Namen, der doch darunter steht, richtig zu schreiben. Tiere erhalten plötzlich Namen, daß man das Grauen kriegen könnte. So zum Beispiel: ich hätte mir wohl das — „Reh"! nicht genügend angesehen!! — — schrieb einst ein sehr angesehener alter Herr Kritiker in Ermangelung sonstiger Befähigung über ein Gemälde „Löwe und Gazelle!" Stimmt! — er hatte recht, für ein „Reh" war meine dargestellte Gazelle zu — gazellenhaft. Afrika und — — Reh!?! — er mußte ja wissen, wie dieses Tier aussieht — —

Und sind gar Vögel auf einem Bilde, so können das selbstredend nur — „Wüstenvögel"! sein . . . .! usf.

Lieber Herrgott, wie ist dein Tierreich groß . . . .! Die Wüste — ja, die Wüste — du geliebtes Land, wie kenne ich dich, wie verehre ich dich in deiner grenzenlosen Kultur — und Weltabgeschiedenheit! Nur wenige gibt es, die dich lieben — und doch — mir — gabst du Unvergeßliches — dich brauche ich . . . .

Aber — das frage ich mich ein ums andere Mal, wenn so ein Kritikus ein beliebiges ostafrikanisches Landschaftsmotiv in eine Wüste verwandelt — was hat unser üppiges tropisches Deutsch-Ostafrika mit einer — Wüste zu tun? Wohl könnte man die weiten Grassteppen Ostafrikas zum Teil öde und endlos nennen, das heißt, weil streckenweise nur kurzes Gras darauf wächst, und in diesen oder jenen kein Baum oder Strauch zu erblicken ist.

Und doch, nein — in keiner wirklichen Wüste gibt es solche Tierparadiese, wie in den unermeßlichen Steppen Ostafrikas. Das ist der Unterschied.

Das tropische Ostafrika ist und bleibt nun mal augenblicklich das an Arten und an Zahlen reichste Tierland unserer Erde. Aber den Kenner schaudert es doch, wenn er daran denkt, daß es dereinst einmal das Los anderer, früher ebenso gesegneter Länder teilen könnte, die die letzten kümmerlichen Reste ihres Tierreichtums nur durch Schutz erhalten müssen. Siehe Südafrika! Möge dies Schicksal für Ostafrika noch in sehr weiter Ferne liegen, damit auch spätere Geschlechter noch diesen allgewaltigen, auf der ganzen weiten Welt sich nirgends mehr bietenden Naturgenuß unverfälscht genießen können.

„Simba"

Unweit des Lagers, jedoch völlig außer Sicht- und Hörweite, habe ich mir einen sicheren und festen Dornenverhau als Anstands- und Beobachtungsposten hergerichtet. Er liegt hart am hohen Uferrande des Flusses. Schräg gegenüber befindet sich eine 12—15 Meter breite Wildtränke, die ich von hier oben gut übersehen kann. An der linken Seite zieht sich ein breiter Streifen hohen Schilfes hin, in dem einzelne große Bäume stehen. Das diesseitige Ufer umsäumt dichter Galeriewald. Mein Platz ist also ganz gut gewählt und verspricht mit seiner sorgfältigen Verblendung bei den zu erwartenden Mondnächten die besten Aussichten.

Wie ich bereits festgestellt habe, laufen eine Menge Spuren und Fährten der verschiedensten Tierarten über das Ufer der seichten und sanft abfallenden Tränke. In erster Linie bin ich erpicht auf meinen speziellen Freund „simba" — den Löwen. Und vielleicht habe ich Glück! Ich bin überzeugt, an diesem günstigen Platze wird es immer etwas zu sehen geben. Es liegt mir nicht daran, Strecke zu machen, beobachten will ich, und das soviel als möglich. Wenn es mich dann als Jäger eine gehörige Portion Überwindung kostet, nicht anzubacken, so macht es mir auf der anderen Seite der Maler wieder leichter, das Schießen zu unterlassen.

Daß zu solchem Ansitzen guter Wind gehört, ist wohl selbstverständlich; im anderen Falle kann man ruhig zu Hause bleiben.

So beziehe ich mit Gewehren, Feldstuhl, Laterne und dicken Sachen für die Nacht mit zwei Leuten gegen einhalb vier Uhr meinen Posten. Noch wirft die Nachmittagssonne warme Lichter durch die Zweige und gaukelt die mannigfaltigsten Reflexe auf die trüben, ruhig dahinziehenden Fluten. Ich habe es mir bequem gemacht und mein Pfeifchen brennt.

Zunächst ist es die gefiederte Welt, die mir die Zeit angenehm vertreibt. Prächtige orangefarbene Feuerweber treiben vor mir ihr Wesen. Zahllose Nester hängen von den Zweigen direkt über den Fluß. Es sind merkwürdige, etwa doppelt faustgroße, birnenförmige, wie an einem dünnen Faden hängende Gebilde; und sieht man sich so ein kleines Kunstwerk näher an, so möchte man glauben, es sei von geschickten Menschenhänden geflochten und um das Aufhängeästchen gewickelt. Das Flugloch befindet sich auf der Unterseite. In unzähligen Exemplaren umschwärmen die kleinen, finkengroßen Baukünstler unter ohrenbetäubendem Gezwitscher ihre Wohnstätten, hängen sich von unten an, schlüpfen ein und aus und schaffen Futter herbei. Die Männchen in ihrem Prachtgefieder sind wirklich fesselnde Erscheinungen. Es ist ein bezauberndes, farbenfreudiges Bild, wenn man eine Anzahl dieser feuerroten und sammetschwarzen Kerlchen auf ihrem Ästchen beisammensitzen sieht. Dann wirkt ihre Schönheit wie kühn aufgesetzte Farbenkleckse.

„Türütürütü — türütürütü!" ruft es da plötzlich, und schon sitzen ein paar reizende, gelbgeperlte Bartvögelchen auf einem wenige Meter von mir entfernten Aste. Gar wichtig sträuben sie die Kopffedern und wippen unter ständigem „türütürütü" mit dem Schwänzchen. Auch sie sind reizende Gesellen.

Da erscheint an der Tränke der erste Gast, eine große Trappe. Sie hält sich nicht lange auf und geht stolz wieder ab. Zwei kleine Mangusten schlüpfen, sich jagend, über den holprigen, von Fährten zertretenen Platz. Nun locken Perlhühner. Bald darauf erscheinen sie abseits in ansehnlicher Zahl, nippen scheu und vorsichtig von dem ersehnten Naß und verschwinden hastig.

Nun kommt ein wirklich komisches Intermezzo. Schlägt doch dort drüben so ein kleiner, blauvioletter Glanzstar einen großen Geier regelrecht in die Flucht! Der Kleine hat Mut!

Aber allmählich wird's ungemütlich auf meinem Platz; die Moskitos kommen. Was hilft's, ich muß diese überflüssigen Quälgeister mit in den Kauf nehmen. Auch eine kleine, dünne Schlange ringelt sich über meine Stiefelspitze. Ich lasse sie gewähren; meinen dicken Tretern kann sie nichts anhaben.

Plötzlich raschelt es rechter Hand im Gezweige. Ich schiele hin. Da fährt auch schon in Gesichtshöhe eine riesige graue Eidechse, ein zirka zwei Meter langer Waran, in meinen Stand. Ich muß mich aber wohl doch etwas bewegt haben, sie bekommt einen gewaltigen Schrecken, keift laut auf, zeigt ihren rosaroten Rachen und sucht schleunigst im Gebüsch des Bodens das Weite.

Diese Warane, von denen es mehrere Arten gibt, fand ich streckenweise überaus häufig. Eine stumpfschwänzige Art kann recht kräftige Hiebe mit ihrem Schwanzende austeilen. Dabei sind sie gar nicht etwa so scheu, wie ihre kleinen Verwandten. Man sieht sie in dürren Steppensträuchern obenauf liegen, und sie scheinen es mit dem Flüchten gar nicht eilig zu haben.

Da wird es vor mir in den Bäumen lebendig. Von Ast zu Ast schwingt sich ein Trupp der netten, graugrünen Meerkatzen abwärts. Nun sind sie unten; äußerst vorsichtig wird gesichert. Schließlich tun sie sich einzeln mit gebeugten Vorderbeinen am Wasser nieder und schlürfen mit dem kleinen, feinbehaarten und gespitzten Mäulchen das erfrischende Naß. Aber es ist, als hätten sie nicht einmal zu diesem wichtigen Geschäfte Ruhe. Alle Augenblicke schnellen sie mit dem Köpfchen in die Höhe, um zu sehen, ob die Luft rein ist. Einige Mütter haben ihr Junges am Bauche hängen. Plötzlich verschwindet die ganze Gesellschaft. Und das war auch gut so. Denn unmittelbar darauf tauchen links von der Stelle, wo sie eben geschöpft hatten, zwei recht ansehnliche Krokodilköpfe auf.

Hoffentlich verderben mir die beiden Ungeheuer, die so manches Stück Wild an den Tränken wegholen, nicht den Ansitz.

Eben melden sich mit forschem Pusten auf der rechten Seite Flußpferde. Ich kann sie nicht sehen und höre nur ihr Schnaufen. Sie haben wahrscheinlich flußaufwärts ihren Wechsel.

Gänse und Enten streichen den Fluß entlang. Dann baumt drüben auf einem dürren Ast mein Liebling, der schöne Schreiseeadler auf. Jede Feder seines herrlichen schwarz-weiß-roten Gefieders zieht er durch den Schnabel, und abwechselnd schüttelt er es in Ordnung. Nun gesellt sich auch sein Ehegespons zu ihm.

Jetzt kommt großer Besuch! Etwa 70 Meter von mir entfernt fällt ein enormer Schwarm schwarzer Klaffschnäbel auf die Krone eines Baumes ein. Gleich darauf kommt von der anderen Seite ein ebenso großer Trupp weißer Ibise. Nun erscheint der Baum wie besät mit weißen und schwarzen Punkten.

Die kurze Zeit der Dämmerung rückt bedenklich näher. Ich schlüpfe vorsichtig in das erste dickere Kleidungsstück, weniger der Kühle, als der Moskitos wegen. Ihrer viele fanden bereits den Tod; dafür hinterließen sie mir so manche Beule.

Schnell wird es dunkel. Der klare Mond wirft schwache Schatten auf das Wasser, die sich zusehends vertiefen.

Das ist so die Zeit, wo der jaulende, meckernde Nachtaffe mobil wird und sein Baumversteck verläßt. Mit seinen übergroßen, kugelrunden Augen gleicht er wirklich einem kleinen Gespenst. Genießt man im Lager das zweifelhafte Glück, ein paar dieser Gesellen über sich zu haben, gehört ein fester Schlaf dazu, um Nachtruhe zu finden. Gewöhnlich machen sie sich erst bemerkbar, wenn es bereits recht schummerig ist. Da sie nun meist in sehr belaubten Bäumen sitzen, bleiben sie natürlich unsichtbar, unerreichbar — unstrafbar. Was helfen dann die blinden Schrotschüsse! Ein paar Blätter fallen, ein Augenblick Ruhe tritt ein, und dann geht das Konzert von neuem los. Nur wenn solchen Krakeeler doch mal ein verdientes Schrotkörnchen erreicht, wird endlich Ruhe.

Nun ist es ganz dunkel geworden. Meine Gedanken sind noch immer bei den Ruhestörern, da dringt lautes Rauschen an mein Ohr. Ich lausche und äuge. Da tauchen am oberen Uferrande die Köpfe einer zahlreichen Herde Zebras aus dem Grase auf. Das Leittier verhofft. Schließlich nähert sich der Trupp geschlossen und ohne die geringste Scheu dem Flusse. Dann gibt's ein Gedränge. Denn die Tränke ist nicht so breit, daß sämtliche Tiere zugleich ihren Durst löschen könnten. Aber es geht schließlich, wenn auch mit einigem Schubsen; dann kommen die Nachdrängenden dran. Die getränkten Zebras ziehen sofort wieder nach oben, verhoffen hier etwas, bummeln hin und her und werden unsichtbar.

Das war ein reizvolles Bild; viel packender, als ich es zu schildern vermag. Diese geschlossene, vom hellen Mondlichte beschienene schwarz-weiß gestreifte Tiermasse gegen das glitzernde Wasser und den nächtlich-dunklen Uferbusch. Dazu die unzähligen, herumblinkenden Glühkäfer! Das war eines jener Bilder, die man nie vergißt. Und ich habe Zeit, mir das eben Gesehene einzuprägen, weil eine mir viel zu lange Pause in meinem Naturtheater eingetreten ist. Doch — was ist denn das — — —

Wie aus der Erde gewachsen steht da oben am Ufer spitz von vorn ein ganz kapitaler Wasserbock. Er verhofft. Sollte er meine Bewegung bemerkt haben? Nein! Lange steht er da, wie aus Stein gemeißelt. Ich muß dabei unwillkürlich an unseren Rothirsch denken.

Es fehlt nur das leuchtende Hubertuskreuz zwischen den Hörnern — so majestätisch ist seine Erscheinung. Er schreitet mit großer Vorsicht zum Wasser, verhofft einige Male nach rechts und links, schöpft sich und zieht ebenso stolz wieder von dannen.

Mittlerweile ist es recht frisch geworden. Nichts ereignet sich, nur in der Ferne höre ich die verschiedensten Tierstimmen. Hyänenhunde und Schakale bellen und heulen, einige Zebras wiehern, der Laut eines Gnus dringt zu mir, und eine ganze Symphonie unbekannter Töne klingen um mich her, aber nichts läßt sich blicken, trotzdem die Pause bereits recht lange währt. Das nennt man Spannung, und die erhält bekanntlich wach, wenigstens in der ersten Zeit.

Cirruswölkchen schieben sich leise vor den Mond und verschleiern die blanke Himmelslaterne. Aber dabei bleibt es nicht. Kompaktere Wolkenstreifen kommen dahergezogen, verdunkeln das starre Mondgesicht vollständig und setzen die Landschaft in das allerbescheidenste Licht. Matt und undeutlich liegt die Umgebung vor mir.

Ich habe den Kopf auf die Arme gestützt und lausche. Etwas mehr möchte ich wirklich sehen. Dann denke ich an den unangenehmen Weg, den ich im Finstern zurücklegen muß. Und weiter warte ich geduldig; es wird eher noch dunkler. Es wird doch nicht etwa —?

Scharf äuge ich aus meinem stockdunklen Versteck hinüber, namentlich wenn der Mond zeitweise zwischen den Wolken auftaucht und für kurze Augenblicke sein helles Licht verbreitet.

Wieder ist es einmal hell geworden, da sehe ich kurz darauf einen dunklen Schatten, der sich neben dem Busche nach unten bewegt. Nur einen Moment war das, dann ist er auch schon wieder verschwunden. Totenstille . . . .

Ein Königreich für einen Scheinwerfer, ist mein stiller Wunsch.

Da — — da ist er wieder, der unheimliche Schatten! Ich kann nur sehen, daß es ein Tier ist, das aber mit seiner Umgebung zusammengeht, völlig verschmilzt.

Pochenden Herzens wird mir die Gewißheit: das ist — Freund „simba"!

Ein eiskalter Schauer überläuft mich. Und auch der Mond hat Erbarmen; er spendet mir wenigstens etwas von seinem magischen Lichte . . . .

Lautlos wie ein Schemen, den Kopf gesenkt, die Lefzen herabhängend — das alles sehe ich jetzt deutlich —, drückt er sich am Schilfe entlang nach dem Fluß zu. Nun duckt er sich und stillt seinen Durst. Das Schnalzen und Schlecken kann ich klar vernehmen. Und sein Durst ist groß!

Nun pausiert er. Er äugt nach mir herüber. Sollte er Wind bekommen haben? Unmöglich! —

Mit angehaltenem Atem sitze ich da und verschlinge in wahrer Gier den seltenen Anblick dieses königlichen Tieres.

Da — ein Ruck — der Löwe erhebt sich auf die Vorderpranken und beleckt sich vorn die beim Trinken benetzte Brustmähne. Lange putzt er so an sich herum. Nun steht er auf. Abermals sichert er zu mir herüber. Plötzlich fährt er nach der entgegengesetzten Richtung herum. Er sichert, brüllt mehrmals aus vollem Halse und — zieht auf seiner alten Spur wieder nach oben. Dreimal höre ich ihn noch in Pausen immer weiter, immer schwächer brüllen. Und noch weiter, in endloser Ferne, scheinen andere zu antworten. Dann wird es still ringsumher.

Ganz gebannt von dem seltenen Erlebnisse sitze ich noch über zwei Stunden, dann gebe ich die stille Hoffnung auf, vielleicht noch einen von seiner Sippe zu sehen. Es läßt sich auch sonst kein Lebewesen mehr blicken; der Allgewaltige hat sie wohl alle verscheucht. Verdächtige Stille überall — — —

So wandle ich schließlich wieder heimwärts und erreiche bald eine offene, in dem schwachen Mondlichte beinahe weiß erscheinende Steppenpartie. Plötzlich flüstert mir mein Begleiter zu: „simba!"

Und richtig, ungefähr 30 Meter vor mir bewegt sich ein mächtiges Tier. Sofort bin ich kniend im Anschlage. Es kommt noch einige Meter näher, dreht sich dann etwas seitlich und knurrt. Nun weiß ich aus Stellung, Bau und Stimme, daß ich nur — eine Hyäne vor mir habe.

* * *

Meinen Ansitz am Flußufer bezog ich seitdem an verschiedenen Abenden; immer mit wechselndem Glück, und manches neue Bild wurde mir zuteil. Dabei fiel mir stets die unglaubliche Pünktlichkeit auf, mit der die Trappe, die Perlhühner und die Meerkatzen zur Tränke kamen.

Heute bin ich abermals kurz vor Sonnenuntergang in meinen Stand gekrochen. Das Wetter ist klar. Nachdem ich aber drei Stunden gesessen habe, verdunkelt sich die Vollmondscheibe und es wird recht schummerig.

Da ertönt ganz unerwartet aus dem Grase oben dumpfes Knurren. Gleich darauf lösen sich sechs Löwen aus der Dunkelheit los. Wenn auch ihre Körper bei dem zweifelhaften Lichte sehr undeutlich erscheinen, so vermag ich sie dennoch als solche zu erkennen. Schon ihr fortwährendes Rollen und Knurren sagt mir genug. Ihr Benehmen zu beobachten, ist ungemein fesselnd. Wie geisterhafte Schatten drücken sie sich, schleichen sie durcheinander. Dabei gehen ihre Umrisse zeitweise völlig in die Umgebung über, um sogleich wieder schwach aufzutauchen. So macht ihre Beobachtung recht große Schwierigkeiten.

Je nach der Bewegung oder Stellung oder je nach der Dunkelheit des Ortes, an dem sie sich gerade befinden, blitzen ihre smaragdgrünen Seher auf. Das gibt dann dem ganzen Bild im Verein mit dem magischen, bald heller, bald dunkler werdenden Mondlichte ein geheimnisvolles Gepräge.

Sie schöpfen reichlich und gucken unschlüssig umher. Leider rollt sich das packende Schauspiel an der Tränke viel zu schnell ab. Nun ziehen sie gemächlich, einer hinter dem anderen, wieder von dannen.

Eine halbe Stunde später vernehme ich draußen in der „buga" ihr vielstimmiges Nachtkonzert — — —

* * *

Hell-lichter Tag — genau elf Uhr!

Ich pirsche im zerklüfteten Berggelände auf Büffel, da brüllen unten in der Steppe zwei Löwen. Und ich höre sie nicht nur, ich kann sie jetzt sogar mit meinem vorzüglichen Glase erkennen. Eben ziehen sie neben einem Baume durch das trockene Gras.

Die zärtliche Löwenmutter.

Aber ich bin fünf Büffeln hart auf der Fährte und suche sie nicht auf. Wie ich nun weiterpirsche hinter meinen Büffeln, beschäftigen mich aber allerlei Gedanken.

Hatte mir nicht damals ein zoologischer Reisender vor meinem in Berlin ausgestellten Löwenbilde ironisch gesagt: „Da haben sie ja wieder Löwen bei Tageslicht gemalt!" Dieser Herr wollte es nach seinen Erfahrungen durchaus nicht gelten lassen, daß Löwen in „diesem" Lichte dargestellt würden. Was soll man da noch weiter verhandeln?

Jeder intime Kenner afrikanischer Verhältnisse weiß, daß es Stimmungen gibt, wo nach Sonnenaufgang noch graue, dunstige oder nebelig-trübe Beleuchtung vorkommt, trotzdem es längst heller Tag ist und daß es sich dann erst später völlig aufklärt.

In einer solchen trüb-bleiernen Stimmung waren meine Löwen dargestellt. Und wenn ich sie in prallster Mittagssonne male, so ist das auch richtig. Richtig deshalb, weil ich mir das nicht suggeriert, sondern weil ich es in der freien Natur nicht einmal, nein, viele Male so erlebt habe! Seither muß ich immer lächeln und jenes Herrn gedenken, wenn ich wieder einmal Löwen im schönsten Sonnenscheine sehe.

Es ist überhaupt nicht die Regel, daß sich der Löwe noch vor Tagesgrauen in seine Höhle oder Versteck verzieht. Das hört sich ganz überzeugend an, stimmt aber durchaus nicht immer mit der Wirklichkeit. Wie er Laune hat, bummelt er — allerdings in unberührter Wildnis — noch viele Stunden vormittags, manchmal sogar den ganzen Tag über im Revier herum. Hier nur ein kleines Beispiel:

Die Mittagszeit ist nicht mehr fern. Ich folge mehreren Elefanten und bin ihnen bereits so nahe, daß ich sie jenseits einer Blöße schon in höherem Grase verschwinden sehe.

Die Kal. 450 in der Hand, nähere ich mich mit langen, leisen Schritten dem jenseitigen Hochgrase. Eben will ich in dieses eindringen, da ertönt plötzlich ein langes, rauhes „rrrrrrr" von links. Im selben Augenblicke springen auch schon meine zurückgebliebenen Leute durcheinander, und einer ruft wie toll: „simba — simba!" Als ich mich umdrehe, sehe ich gerade noch in der linken Ecke auf etwa 150 Meter ein Löwenpaar flüchtig werden. Wenige Meter fehlten noch, dann wären sie im hohen Grase gewesen.

Der Gewehrträger sollte infolge meines raschen Vordringens zurückbleiben; so kann ich leider die Büchse nicht schnell genug auswechseln. Nun habe ich mit der schweren Elefantenbüchse, die für Weitschüsse aber nicht ganz sicher ist, hingefunkt.

Der Alte muckt, er schlägt mit seiner Lunte einen Bogen durch die Luft; zum zweiten Schuß komme ich gar nicht mehr, denn in wilder Flucht sind beide im hohen, dichten Schilf verschwunden.

Zu weit vorgehalten, sage ich kurz. So ein Pech! Elefanten futsch — Löwen dito!

Vorsichtig gehe ich nach dem Anschuß. Nichts! Nach weiteren 40 Gängen finde ich im kurzen Grase — das Lager! Ein Lager ohne jeglichen Schatten und völlig der prallen Sonnenglut ausgesetzt! Das Löwenpaar muß also von hier aus in aller Ruhe das Hinüberwechseln der Elefanten und mich über die Blöße hin beobachtet haben. Und das zur Mittagzeit in einer Hitze, wo der Boden glüht. Hier sonnten sich die großen Katzen.

Wieder ein anderes Mal ist es zehn Uhr vormittags. Da sehe ich einen Löwen durch die freie, offene Steppe bummeln. Gemächlich schreitet der Alte daher, er bleibt auch einmal stehen, windet, beschnuppert etwas am Boden und trottet schließlich weiter. Dabei werden alle unbequemen Äste oder Steine vorsichtig überschritten oder umgangen. Dann besteigt er seinen Lieblingsausguck, einen Termitenhügel. Und weiter geht es über Felsblöcke und andere Erhöhungen, bis er sich auf einer solchen niedertut. Diese erhöhten Punkte liebt er ganz besonders auf seinen Streifzügen. — —

* * *

Abermals ist der Mond voll geworden. Noch fehlen zwei Stunden bis Sonnenuntergang, und bummelnd pirsche ich nach der offenen, mit niedrigem Graswuchs und wenigen trockenen Dornenbüschen bestandenen Steppe hinaus. Eine Menge verschiedensten Wildes steht hier, und allabendlich brüllen die Löwen in der Ebene.

Unter günstiger Deckung einer kleinen Regenrinne pirsche ich weiter. Drüben werden viele Kiebitze hoch. Sie vollführen genau nach heimischer Art und Weise ihre Flüge unter dem bekannten jämmerlichen Geschrei. Doch diesmal beruhigen sie sich bald und fallen an anderer Stelle wieder ein. Dabei finde ich eine einzelne alte, scharf getretene Löwenspur. Etwas weiter liegen die Überbleibsel eines Wasserbockes. Die Hörner sind bereits von unzähligen Bohrwürmern durchlöchert; Schädel und Knochen sind kalkweiß. Diesen Wasserbock hat jener Löwe offenbar in der Regenzeit gerissen.

Frischere Löwenspuren kann ich leider nicht auffinden. Bei dem harten, völlig trockenen Boden ist das auch kein Wunder.

Nun trübt es sich auch noch; die Aussicht auf einen Mondscheinbummel schwindet damit ziemlich. Es will nicht „buttern"; auch meine Kerle sind heute ganz schlapp. Um die Büsche laufen lockende Perlhühner und vergrämen mir das andere Wild. Da werde ich fuchsteufelswild und mache eine Dublette auf sie. O — — da drüben steht ein guter Swallahbock — 200 Meter —, also etwas näher heran, bis dort an den Strauch. So, dahinter muß er mit den Seinen stehen.

Als ich im Anschlage einen Meter vortrete, erblicke ich statt seiner drei Wasserböcke auf 100 Meter, alle spitz von vorn nach mir herübersichernd. Und die Swallahs haben sich auf 300 Meter weiter verzogen.

Rrums — — —

Der stärkste Wasserbock liegt mit Stichschuß im Feuer. Freihändig! Der Schuß macht mir wieder Stimmung.

Schnell flitzen zwei Leute nach dem Lager zurück. Indessen streife ich noch etwas umher. Doch den mein Herz begehrt, kann ich nicht finden. So pilgere ich langsam lagerwärts.

Drei Tage später bin ich schon wieder seit früh um fünf Uhr auf den Beinen. Ich habe noch immer „Löwenstimmung". Die ganze Gegend suche ich ab. Ich möcht's erzwingen, trotzdem ich weiß, daß das nicht geht. Alles andere finde ich, nur keine Löwen. Die ganze Nacht habe ich ihr Gebrüll gehört. Irgendwo müssen sie doch stecken!

Nun laufe ich schon bis tief in die Mittagsgluthitze hinein. Meine Wasserflasche ist längst geleert, von den Lippen und der Zunge löst sich die Haut; ich stehe wieder auf meinem eigenen Schatten.

Meine Leute ergehen sich in weisen Ratschlägen, die alle in durchsichtigster, egoistischer Weise darauf hinzielen, die Sache für heute aufzugeben; die Löwen wären doch wohl zu weit.

Ich kehre um.

Kurz vor Sonnenuntergang habe ich noch eine Nachtpirsch vor. Eben will ich das Lager verlassen, da kommen zwei Träger zurück, die draußen in der Steppe nach Baumrinde waren. Sie melden mir, daß sie soeben kurz vor dem Lager in der Richtung nach den Bergen zu Löwen brüllen hörten.

„Jungens, das ist ja fein! Nun kommt mal gleich mit und zeigt mir die Richtung, woher!"

Da werden plötzlich ihre Wahrnehmungen ganz bedeutend unschuldiger. Und dann meinen sie mit der bekannten dummen Geste: „O, sie sind sicherlich sehr, sehr „bali" -- weit." Dabei dehnen sie das „i" so lang aus, daß mir unheimlich wird, wenn ich an diese Weite denke.

Aber das ist so recht bezeichnend für die Ausdrucksweise der Neger. Wenn ein Mann z. B. etwas in weiter Ferne zeigt und dabei das Wort „jule" gebraucht, so wird er das „u" unendlich in die Länge ziehen, das „e" aber im höchsten Fisteltone noch unendlich länger ausklingen lassen. Dann erst glaubt er die Entfernung leidlich verständlich ausgedrückt zu haben.

Meinen Schächern hilft aber das atemraubende „bali" diesmal gar nichts. Außerdem haben sie ihr Jagdkostüm schon an, deshalb kommandiere ich einfach: „Los!"

Und es sind gerissene Knaben. Wissen sie doch ganz genau, daß ich sie in ihrem neusten, siegellackroten Fez und den schneeweißen Gewändern nicht brauchen kann, weil sie dann meilenweit leuchtende Schreckgestalten für das Wild wären. Deshalb muß jeder meiner Jagdbegleiter in seinem Werktags„anzug", in seinen alten, braunen, schmutzigen Lumpen antreten. Das weiß jeder. Aber zu gern versuchen sie sich dadurch zu drücken, daß sie versichern, sie hätten nichts „Altes" mehr.

„Schön," sage ich dann, „pumpe dir einen dunklen Lappen von deinem „rafiki" — Freunde!"

Grinsend springt der Wicht von dannen und erscheint bald darauf als dunkler Ehrenmann.

„So — nun kannst du mitgehen."

Auf diese Weise kommt jeder einmal dran; es geht der Reihe nach durch. —

Nun geht's im lautlosen Gänsemarsch hinaus. Die Dämmerung ist bald vorüber und der klare Mond scheint auf das zum Teil graslose Gelände. Hier und da ragen einzelne geisterhaft zackige Termitenhügel oder dunkle Dornenbüsche aus dem Hellen heraus. Lautlos huschen Ziegenmelker durch die Luft. Manchmal gaukeln sie in ihrem gespensterhaften Fluge so nahe vorüber, daß man nach ihnen greifen könnte. Dann huscht wieder aus diesem oder jenem Busche etwas heraus, was man nicht erkennen kann. Welch ein unendlicher Reiz liegt doch in einer solchen Nachtstreife durch die öde, menschenlose Wildnis! Natürlich gibt es auch Leute, die jetzt sagen würden: die Nacht ist keines Menschen Freund. —

Zwei Stunden sind wir marschiert, dann mache ich an einer freien, mit vielen weißen Kieseln bedeckten Stelle unter einem Busche halt und setze meine paar Leute im dunklen Gesträuch an. Ich habe das Gefühl, mein Platz sei recht gut gewählt.

Der Wind steht etwas spitz von links. Und der Mond, dieser alte, gute Geselle, er spendet heute sein Licht in fabelhafter Helligkeit. Nur das Wild, das mir im Rücken anläuft, kann mir nicht sogleich zu Gesicht kommen.

Als erster Laut ertönt das ominöse Hyänengeheul. Dann wird es lebhaft. Auf der rechten Seite wechselt eine große Herde Swallahantilopen in die Steppe hinaus. Fast gleichzeitig zieht aus dem jenseitigen Grase, meinen Busch auf etwa 25 Schritt passierend, ein unglaublich starker Warzenschweinkeiler vorbei. Er ist so kapital in den Gewehren, wie ich das noch niemals gesehen habe. Ich lasse ihn trotzdem ungeschoren.

Nach ganz kurzer Zeit kommen plötzlich die Swallahs in voller Flucht wieder zurück. Dann lösen sich rechts aus dem Dunkel drei rabenschwarze Punkte los. Bald erkenne ich sie als Rappenantilopen. Sie nehmen Richtung auf mich zu, verhoffen jedoch nach wenigen Metern und gehen im Winkel nach links ab. Fast dasselbe tun bald darauf eine kleine Herde „punda mlia" — Zebras.

Mir erscheint das Benehmen aller dieser Wildarten höchst befremdend. Eine Erklärung finde ich aber bald — ich höre in der Ferne mehrstimmiges Löwengebrüll.

Ich vernehme sogar genau, daß der Ton von links nach mir zu steht und anscheinend näherkommt. In tiefen, ausholenden Akkorden setzt das Gebrüll ein, dann steigert es sich zur dröhnenden Kraftleistung, um schließlich stoßweise zu verklingen. So tönt es in bestimmten Pausen immer wieder durch die helle Mondnacht. Und die heutige Mondnacht ist an sich schon märchenhaft schön, um wieviel grandioser, packender wirkt sie jetzt noch.

Es ist einige Zeit still. Nur ein schwaches Raulen, etwa so, als wenn sich die Löwen katzbalgen, ist ab und zu vernehmbar. Dazwischen krächzen in weiter Ferne mehrere Kronenkraniche.

Da sehe ich etwa 50 Meter direkt vor mir einen Tierrücken aus dem Grase auftauchen und sich fortbewegen. Was kann das sein? Einer Hyäne sieht es nicht unähnlich. Häßlich, diese Ungewißheit!

Ein schärferer Windstoß tut sich auf und weht mir den Geruch des trockenen Grases entgegen. Über mir blinken Milliarden winziger Sternchen am Tropenhimmel, der Zauber nächtlicher Wildnis hat mich völlig in seinen Bann genommen. Und in dieser Umgebung kommt nun auch noch jene Spannung des Ungewissen dazu, die alle Sinne auf irgendeine Überraschung einzustellen sofort bereithält.

Da tauchen wenige Meter vor mir zwei Bandiltisse auf. Zeternd und kreischend balgen sie sich wie ein lebendes Knäuel herum, einer schlägt den anderen in die Flucht, und — verschwunden sind sie alle beide.

Wie ich dabei mit dem Kopf nach links herumfahre, rollt es plötzlich langgezogen, rauh und knurrend vor mir:

„Rrrrrrrr—r—r—r— — —"

Meine Leute wollen unruhig werden. Mit vorsichtiger Gebärde veranlasse ich sie zum Ducken und behalte die vermeintliche Richtung scharf im Auge. Instinktiv fasse ich die Büchse fester. Das Knurren war mir gut bekannt.

Im Grase bewegt sich etwas — Hörner darf ich nicht erwarten. Dann löst sich die Spannung, die erkennbare Gestalt ist — ein männlicher Löwe!

Ich muß sagen, das Auftauchen dieser großen Katze hat stets faszinierenden Beigeschmack: und dennoch, hier bin ich enttäuscht! So ganz ohne jegliche „königliche Würde", genau wie ein Hund mit gesenktem Kopf und Schwanz, tritt er aus dem Grase heraus. Rein nichts kann ich hier von der vielgepriesenen Majestät wahrnehmen. Wie er da so gemütlich jetzt ankommt, hat er alles andere, bloß nichts Königliches an sich. Dieser Löwe zeigt sich als die große Katze, die freilich durch ihre Größe und Kraft zu imponieren vermag, die im allgemeinen aber nicht anders, als in dieser ungraziösen Haltung durchs Leben wandelt. Nimmt sie jedoch dabei einmal einen erhöhten Standpunkt ein, etwa auf einem Felsen oder hohen Termitenbau, und hebt dort sichernd das bemähnte Haupt, dann ändert sich das Bild allerdings mit einem Schlage. Dann darf der Löwe seine Rolle als „Majestät" unter den Tieren spielen. —

Jetzt bummelt er etwas auf meinen Busch zu, biegt aber bald nach rechts ab und geht gemächlich am Grase entlang über die vor mir liegende breite Blöße.

Der in so vollkommen ungestörter Ruhe daherschreitende Löwe in heller Mondnacht, dazu das Brüllen anderer Löwen, das ist ein Bild und eine Stimmung, die mir unvergeßlich bleiben werden. Dürfte ich sie nur länger genießen! Aber so langsam der Löwe auch schreitet, in wenigen Sekunden wird er im Grase verschwunden sein. Blitzschnell muß ich überlegen, wenn ich handeln soll. Schießen oder beobachten?

Ersteres ist wenig verlockend, weil ich das Tier bereits stark von hinten habe; letzteres aber hat den Vorteil, daß ich vielleicht noch weitere Löwen zu Gesicht bekomme. Vielleicht! So rast das Für und Wider im kleinen Zeitraume der Sekunde durch mein Hirn, und — — schon hallt der scharfe Knall meiner Büchse durch die stille Mondnacht.

Kugelschlag! Rasendes, unbeschreiblich wildes Gebrüll tönt schaurig über die Landschaft, während sich der Gewaltige schwerkrank in Todeswut am Boden wälzt. Aber sofort wird er wieder hoch und nimmt Stellung zu mir. Schon wirft ihn ein zweiter Schuß abermals zusammen. Er tobt noch rasender. Jetzt mache ich ein paar Sätze, um mich ihm seitlich zu nähern. Da versucht er es, wild fauchend und grollend, mich anzunehmen, aber seine Kräfte reichen nicht mehr, und er kippt dabei um. Mein dritter Schuß auf den Stich läßt ihn mit kurzem, dumpfen Rollen verenden.

Mit etwas pochendem Herzen stehe ich in kurzer Entfernung noch schußfertig vor dem Gefällten und schiele links hinüber nach dem Busche, wo meine Getreuen weilen. Doch dort ist alles still.

Kaum richten sich meine Blicke wieder auf den liegenden Löwen, da — — was huscht denn dort in einiger Entfernung vorbei? Es rollt — — Löwen, noch mehr Löwen!

Als sie sich vor dunklem Hintergrund vorüberbewegen, erkenne ich zunächst die Rückenlinie einer flüchtigen Löwin, und in ihrem Schatten noch andere, die sich anscheinend drücken. Kimme und Korn kann ich auf diese Distanz nicht mehr gut zusammenbringen, trotzdem lasse ich zweimal fliegen.

„Rrr" klingt es kurz, dann herrscht lautlose Stille um mich her. Ob noch ein zweiter Löwe liegt?

Vorsichtig trete ich an den Erlegten heran; er ist verendet. Nun bin ich überzeugt, daß der erste Rücken, den ich im Grase auftauchen sah, einem Löwen gehörte. Es war eben eine ganze Gesellschaft, die gemeinsam auf dem Raubzuge war. So ziehe ich mich, rückwärts gehend, nach meinem Busche zurück. Vorsicht ist bei Herdenlöwen, noch dazu in der Nacht, immer am Platze. Gerade wenn einer geschossen, streifen andere noch gern in der Nähe umher. Im Nu hat man sie dann auf dem Halse!

Mein Feldstuhl liegt am Boden. Drei Meter über mir bewegt sich etwas Dunkles im dürren Geäste. „Nani?" — wer? — frage ich; „mimi" — ich — antwortet es leise.

„Wapi ingine watu?" — wo sind die anderen?

„Sote amekimbia" — alle sind geflohen! Dabei zeigt er auf einen nahen Baum. Meine „Torpedo" holten die dunklen Klumpen schleunigst herunter.

Am nächsten Morgen sende ich den „vivu" — „Leibjäger" — mit einem Eingeborenen nach der Stelle zurück, wo ich die letzten Löwen beschossen hatte, um nachspüren zu lassen. Vielleicht finden sie „damu" — Schweiß — oder gar einen Löwen. Das Wörtchen „Backschisch" impft ihnen den nötigen Biereifer ein.

Erst gegen Abend kehren sie zurück. Der eine bringt einen Grashalm, auf dem ein Schweißtröpfchen gehaftet haben soll. Der andere schleppt einen weiblichen Kuhantilopenkopf mit Gehörn. Sie erzählen:

„Das „damu" haben wir auf dem Anschuß gefunden. Nachdem haben wir auf der schlecht zu haltenden Fährte in Abständen noch mehr „damu" gefunden, dann aber nicht mehr. So sind wir den ganzen Tag umhergelaufen, bis wir nachmittags unter einem Busche diese Wildreste gefunden haben, die den Spuren nach von Löwen stammen."

Meine Inaugenscheinnahme nächsten Tages bestätigt das.

Solche Fundstücke findet man in löwenreichen Gegenden sehr häufig. Nur die wirklich großen Säuger wie Elefant, Nashorn und Nilpferd fehlen. Vom Büffel und der Giraffe abwärts, also Antilopen, Zebras, Schweine und Haustiere, verschmäht der Löwe rein nichts. Selbst ihr eigenes, von Maden wimmelndes Aas gilt dem königlichen Räuber als Leckerbissen. Alle diese genannten Tiergruppen fallen ihm unschwer zum Opfer. Davon macht der starke Büffel keine Ausnahme, wie ich mich an Fundstücken überzeugen konnte. —

* * *

Wieder einmal haben heut nacht in Lagernähe Löwen gebrüllt, darum bin ich schon recht früh auf der Suche. Alle Mühe scheint aber vergeblich zu sein. Dabei gerate ich in schauderhaftes Dornendickicht und stoße ganz unerwartet hinter dem Busche auf Giraffen. Ist mir auch recht!

Näher pirschend, fällt in der Ferne ein Schuß. Ich bekomme einen Schrecken; meine Giraffen ebenso. Glaubte ich doch immer, ich wäre allein auf weiter Flur.

Es ist gleich Mittagszeit. Schließlich sehe ich in weiter Ferne eine große Rinderherde, der wir uns nun langsam nähern. Und nun erzählt uns der Hirte, er habe seine Herde weit in die Steppe hinausgetrieben. Da sei plötzlich eine starke Löwin aufgetaucht und habe den kühnen Versuch gemacht, ein großes Rind zu schlagen. Er habe sie daher niedergeschossen. „Da liegt sie," meint der Hirt. Und richtig, ich beneide den Kerl und bedaure, nicht in seiner Nähe gewesen zu sein. Sein Schuß fiel genau um 11¾ Uhr!

So ist mir das abermals ein willkommener Beweis dafür, daß Löwen zu jeder Tageszeit jagen. Auch der Hirt erzählt mir, so etwas sei gar nichts Seltenes. Ich höre überhaupt auf meinen Streifen die wundersamsten Löwengeschichten.

Einige Tage von der Küste entfernt, zeigt mir eines Morgens ein Eingeborener in seinem Gehöft zwölf vom Löwen gerissene Schafe und Ziegen. Der Räuber war des Nachts über ein hohes Staket gesetzt und hatte dann alles gerissen, was ihm in den Weg kam. Meine Feststellungen bewiesen aber deutlich, daß es zwei Löwen waren, die hier gehaust hatten.

Ein paar Sultane sagten mir gleichlautend: „Herr, wenn du Löwen schießen willst, so mache es wie sie — begleite die Büffelherden.

Das tue ich nun. Ich möchte aber auch ebenso gern in dieser Gegend einen Büffel schießen. Leider ist es wieder einmal wie verhext; es will nicht klappen, trotzdem ich seit frühestem Morgen auf den Beinen bin. Nun ist es bereits Mittag geworden, und ich halte mit meinen Leuten auf einem hohen Termitenbau Ruhepause. Dabei bummelt ein Mann bis auf etwa 100 Meter vor uns ins hohe Gras. Behaglich rauche ich meine Zigarre, da kommt der Kerl wie von Furien gejagt angepreſcht und schreit: „Simba, bana — simba!"

Sofort bin ich bei ihm. Er kann vor Aufregung kaum erzählen. Wie er da einmal „verschwunden" sei, sei plötzlich neben ihm im dichten Grase ein großes Tier aufgesprungen. Das kann nur ein Löwe gewesen sein; da — nach links sei er gesprungen, zeigt er.

Nun gehe ich los. Die ganze Ecke pirsche ich ab, soweit es das hohe Gras zuläßt. Dann besteige ich eine etwa fünf Meter hohe Bodenerhebung. Nichts zu sehen. Jetzt stelle ich einen Mann auf einen der nahen Bäume, die anderen schicke ich im großen Bogen vor und lasse das Gras anzünden. Nun brennt es.

Eine Weile vergeht, da bricht es im Grase und die Leute rufen: „Da ist der Löwe!" Aber der Mann im Baume, der am ehesten etwas sehen müßte, kann nichts melden. Wieder höre ich das Geräusch im Grase; der Brand kommt merkbar näher. Plötzlich stürmt in voller Flucht, mit erhobenem Kopfe, aber auf der Hinterhand leicht zusammenknickend, ein halbwüchsiger Büffel auf mich zu. Spitz von vorn erhält er eine Kal. 9,3, worauf er in seinem rasenden Tempo wenige Meter vor meinen Füßen zusammenkracht.

Das war schnelle Arbeit!

Bei Besichtigung des Stückes entdecke ich zu meinem Staunen, daß der Oberschenkel des Hinterlaufes in der Mitte total gebrochen ist. Ein paar spitze Knochensplitter sind durchs Fell gedrungen. Oben auf den Hinterkeulen, etwa bis zu einem Drittel der Rückenhöhe, verlaufen eine Menge tiefer und langer Rißwunden; ebenso ein paar leichtere seitlich des Halses. Das sind also unverkennbar die Spuren der breitgespreizten Löwenpranke.

Ich kann mir den Vorfall nur so erklären, daß der Löwe hier einen Fehlsprung getan, und der junge, kräftige Büffel ihn dabei abzuschütteln vermochte. Dabei mag er sich

durch irgendeine unglückliche Bewegung oder durch den schweren Schlag des Löwen den Lauf gebrochen haben. Nun konnte er aber auch nicht mehr seiner Herde folgen. Die Verletzungen sind ganz frisch und sicher erst vom heutigen Morgen. Das beweisen mir die noch weißen, noch nicht vertrockneten Risse auf dem Fell und die Wunden am Bein.

Bei dieser Gelegenheit bin ich also in den Besitz eines jüngeren Büffels gelangt, dessen Erlegung ich noch immer gescheut hatte. Und es ist gut so. Das arme Tier muß große Qualen ausgestanden haben; es wäre auch bestimmt in der Nacht einem Raubtier zum Opfer gefallen.

Büffel und Löwen zeichnen sich überhaupt gegenseitig eine Menge „Andenken" auf den Leib. Auch ein alter, von mir erlegter Büffelbulle hatte im Genick und Widerrist die unverkennbaren Rißwunden eines Löwenangriffs vermerkt. Daß es bei solchen Treffen nicht bloß dem Büffel, sondern auch dem Löwen, oder beiden Teilen recht schlecht ergehen kann, ersah ich aus gelegentlichen Fundstücken. Einst sahen meine Leute von weitem Skeletteile liegen. Als ich hinzutrete, erkenne ich die gebleichten, zum Teil noch zusammenhängenden Knochen beider Arten. Zweifellos hatte hier ein Kampf mit dem Tode beider Rivalen seinen Abschluß gefunden.

Von anderer Seite sind mir Zweifel geäußert worden darüber, ob der Löwe eine starke Giraffe schlagen könne. Ich habe zweimal die Beweise dafür gefunden. Das eine Mal war es ein alter Bulle, das andere Mal eine Kuh. Im lehmigen, vom Regen aufgeweichten Boden, nunmehr steinhart, waren die Spuren scharf wie in Gips abgedrückt.

Kaum möglich ist es allerdings, daß er das große Wild im Stehen überfällt. Der Überfall geschieht meist im Augenblick der Ruhe, z. B. wenn sich die Giraffe im Schatten eines Baumes niedergetan hat und sorglos wiederkäut. Dabei läßt sie häufig aus Müdigkeit oder Behagen den langen Hals herunternicken, oder sie legt ihn gar nach Kamelart lang auf den Boden.

Springt so der Löwe einen starken Giraffenbullen an, und sitzt er ihm erst mal mit Rachen und Pranken fest an Kehle und Hals, dann ist es vorbei mit dem Opfer. Wohl springt die Giraffe infolge ihrer riesigen Körperkraft und in der Todesangst nochmals auf die Läufe. Das ist dann der bekannte „Löwenritt", der aber nur eine kurze Strecke währt, dann bricht die schöne, schaurige Gruppe zusammen.

Als Regel kann man annehmen, daß sich der Löwe seine Beute unter dem ungleich leichter zu bewältigenden Wilde auswählt. Er verschmäht wohl kein Wild, aber je nach der Gegend scheint sich eine gewisse Geschmacksrichtung geltend zu machen. So schlägt er, wie mir die Fundstücke bewiesen, den großen Kudu und die starke Rappenantilope. Das begehrteste Mahl scheint ihm aber das Zebra zu liefern. Ich hielt mich in Gegenden auf, in denen alles Wild vertreten war und wo ich sehr häufig gerade ein von Löwen gerissenes Zebra fand. Um nur ein Beispiel herauszugreifen, sei erwähnt, daß ich in einer solchen Gegend in 7—9stündigem Umkreise vom Lager innerhalb zweier Wochen sechzehn von Löwen gerissene Zebras durch Zufall, ohne danach zu suchen, fand. Dagegen dauerte es recht lange, ehe es mir vergönnt war, noch dazu aus unmittelbarer Nähe, einen solchen Angriff mitzuerleben.

* * *

Die große Regenzeit ist im besten Gange. Täglich öffnet der Himmel seine Schleusen, täglich fallen unerhörte Mengen Wassers hernieder, und schließlich ist die ganze weite Ebene ein riesiger schlammiger Morast. Die enormen Regenmassen ergießen sich in breiten, rasend daherschießenden Wildbächen und Strömen, die Sträucher und Buschwerk mit sich führen, über die weite Steppe.

Auch die heutige Nacht goß es bis etwa 4 Uhr wie mit Kannen. Dazu brüllten die Löwen bis kurz nach 5 Uhr andauernd und in großer Nähe des Lagers. Natürlich habe ich bei dem Spektakel nicht schlafen können. Ich stand auf, machte Licht und vertrieb mir die Zeit mit der Feststellung, daß die Löwen in regelmäßigen Pausen von 10—12 Minuten das Brüllen wiederholten.

Ähnliches habe ich schon früher beobachtet. Es fiel mir auch stets auf, daß sie bei schlechtem Wetter häufiger und ausdauernder konzertierten. Regen scheinen sie also nicht zu lieben. Ferner machte ich verschiedene Male die Beobachtung, daß sie vor dem Ausbruch eines Gewitters sogleich zu brüllen begannen. Das gab dann mit Donnerbegleitung eine ganz besondere Musik.

Die Löwen brüllten also heute nacht fünf- bis sechsmal in der Stunde. Bald nach 5 Uhr, als ich aus dem Zelt trete, verhallt ihr letzter Ruf. Ich habe mir die Richtung ganz genau gemerkt, um sie eventuell aufzusuchen.

Schwarze Wolkenfetzen treiben am nächtlich-dunklen Himmel dahin, und als ich das Lager noch vor Tagesanbruch verlasse, weht es mir feuchtkalt entgegen. Es geht direkt der nassen Steppe zu. Die ersten 200 Meter Weges sind leidlich, dann hemmt plötzlich so ein böser, sechs bis sieben Meter breiter Regenfluß unsere Schritte. Schließlich findet sich aber eine seichte Stelle, wo ich „nur bis zum Kinn" naß werde. Uhr und Taschenkram unter dem Hut, die Büchsen im hochgehaltenen Arm, so muß ich durch. Die Leute haben es besser. Sie gehen, wie sie Gott erschaffen, mit der hochgehaltenen Last hinein und wieder heraus. Ganz anders ich! Die nassen Kleidungsstücke kleben mir unangenehm am Körper und ich fühle die geschöpfte Last des kalten Wassers nachher zentnerschwer. In der ebenso kalten Morgenluft kein Genuß!

Doch vor mir liegt eine wirklich charakteristische Szenerie. Große und kleine Baum- und Buschgruppen, niedrige Dornensträucher und lichte, dünnstämmige Akazienbestände. Dazwischen überall Termitenhügel, bewachsene und kahle. Streckenweise ist der Boden sandig und eben, fest wie eine Tenne. In den Senkungen wird er plötzlich weich und glitschig, sofern er nicht ganz unter Wasser steht. Hier und da glänzen große und kleine, mit grauem, verdorrten Grase umsäumte Tümpel. Auch einzelne wettergestürzte, gebleichte Baumleichen liegen umher. Dann kommen weite, mit etwa 50 Zentimeter hohem, grünen Gras bewachsene Flächen, auf denen unzählige hochstengelige, lilafarbene Blumen blühen. Viele mächtige Affenbrotbäume stehen umher. Ihre schwulstigen Gestalten prangen jetzt im jungen, saftig-frischen Blätterschmuck. Über dem Ganzen lagert eine graue, neblige Dunstschicht, ein schwerer, dunkler Regenhimmel. Ein seltenes, eigenartiges Landschaftsbild!

Abermals habe ich einen Wasserlauf durchquert, einen Busch umschlagen, da steht plötzlich auf zirka 170 Gänge ein einzelner, starker Swallahbock, breit und herübersichernd, vor mir. Wie eine Bronzestatue erscheint er mir vor seinem Busche in dieser Landschaft. Mag er die Löwenjagd eröffnen! Meinen Blattschuß quittiert er in kurzer Fahrt im Feuer.

Weiter geht die Suche durch verschiedenstes Gelände. Die Sonne macht erst vergebliche Versuche, sich aus dem dicken Grau loszulösen, bis es ihr leidlich gelingt. Nun erhalten die nassen, schlammigen Kleider einen warmen Sonnenstrahl und können langsam trocknen.

Wenn ich jetzt wenigstens eine frische Löwenspur fände! Weiter also in der alten Richtung.

Einen halben Kilometer weit steht die Gegend jetzt wieder unter Wasser. Durch! Herrgott — nun rutschen wir wie auf glattem Eise! Aber bald sind wir wieder auf dem Trockenen.

Hier ist der Boden mit frischen Zebrafährten bedeckt. Und hier müssen die Tiere durch irgend etwas urplötzlich aufgeschreckt und flüchtig geworden sein. Sogleich folge ich diesen merkwürdigen Anzeichen und komme an eine Stelle, wo das Erdreich von den im schärfsten Trab und Galopp ausgreifenden Hufen zerstampft ist. Kreuz und quer laufen die tiefen Eindrücke. Und unmittelbar daneben — — Löwenspuren verschiedener Größe!

Ich bin am Platze meiner Wünsche, an jenem Orte, wo sich das wilde Drama im Morgengrauen abgespielt, nachdem das Löwenkonzert verstummte. Jetzt liegt die Stelle da, unauffällig, frei und ohne jede Deckung.

Auf dem speckigen Boden steht eine deutliche Schrift für den, der sie zu lesen versteht. Hier die wuchtigen Hufeindrücke mit den Auskratzern und der fortgespritzten Erde. Dort die genaue Spur, wie das Zebra seitlich auf den Boden stürzte und die anderen wirr durcheinander galoppierten. Unmittelbar daneben die tiefen Eindrücke scharfer Krallen, gespreizter Löwentatzen. Und dort, einen Meter weiter — drei große Schweißlachen und Haufen von Mageninhalt.

Immer furchtbarer werden die Zeugen des mörderischen Überfalles. Zehn Meter weiter viel Schweiß; daneben eine tadellos herausgelöste, vollkommen unbeschädigte Leber und ein leerer Magen.

Von Schweißlache zu Schweißlache führen Schleifspuren. Von der letzten, wo die Organe liegen, biegt die Spur im rechten Winkel nach einem acht Meter entfernten

Dornenbusch ab. Unter diesem hatte sich ursprünglich eine Pfütze Regenwasser befunden. Jetzt ist ein dicker Brei von drei Meter Durchmesser daraus entstanden. Deutlich sind die runden Rührtrichter zu sehen, die zweifelsohne nur davon stammen, daß die Löwen hier mit ihrer toten, der Leber und des Magens beraubten Beute gespielt haben. Daß das gerade an dieser nassen Stelle geschah, mag Zufall sein; ihren Appetit hat es sicher nicht gestört. Von hier aus geht die Schleife nach rechts und umschlägt verschiedene Dornensträucher.

Jetzt muß ich in gebückter Haltung folgen. Nur so habe ich einigermaßen Durchblick, denn oben schlagen die Dornen zusammen.

Zehn Meter bin ich so halb geschlichen, halb gekrochen, da knurrt es plötzlich vor mir. Aber ich muß noch eine Kleinigkeit vor, dann erst kann ich etwas ausblicken, und was ich erspähe, belohnt alle heutige Mühe.

Etwa 30 Meter hinter dem Gebüsch sind die Löwen — eins, zwei, drei, vier, fünf zähle ich. Davon machen sich zwei noch an den Überresten des Zebras zu schaffen, ein jüngerer liegt daneben, und zwei bummeln herum.

Die Tafel scheint sozusagen bereits aufgehoben zu sein. Die beiden Alten zerren wohl noch an dem Kadaver herum, aber es lohnt wahrhaftig nicht mehr, soweit ich das beurteilen kann. Knochen — nichts als Knochen!

„Er" zeigt ein gewisses Phlegma, „sie" dagegen entwickelt bei der Bearbeitung des Zebrakopfes ein ungleich größeres Temperament. Alle Augenblicke wenden sie die Köpfe hin und her. Am häufigsten sichern sie in entgegengesetzter Richtung von mir. Was sie dort wittern mögen! Ich halte es für nicht ausgeschlossen, daß sich dort noch einer oder mehrere ihrer Genossen, die vielleicht schon abgezogen sind, befinden.

Der Wind ist günstig. So gut es geht, versuche ich besseres Schußfeld zu gewinnen. Wo ich jetzt stehe, habe ich ein Netz feiner Dornenäste vor mir; ich sehe also nur zeitweise ein paar gelbe Flecken von den Löwen. Nach links aber, wo das Gelände offener ist, darf ich leider nicht; da würden sie sofort Wind erhalten. Deshalb drücke ich mich behutsam nach rechts, in der Hoffnung, dort günstigere Bedingungen zu finden.

Ich habe mich getäuscht. Dort verdichtet sich das Gebüsch noch viel mehr. Ein Stückchen geht es wohl noch im Bogen herum — nein — es geht nicht! Ich muß zurück, und zwar schnell, sonst ist es zu spät. Vorwärts ginge es vielleicht noch, aber nicht geräuschlos. Die Dornenäste stehen bis zur Erde dicht und wagrecht vom Stamme ab. Nur mit rücksichtslosester Wucht könnte ich mich hier durchwerfen. Dieses Hin und Her bringt mir naturgemäß etwas Aufregung.

Indessen zeigt sich der alte Löwe nicht anders als fast von hinten. Nun verläßt die Alte ihre Mahlzeit. Ich merke es ihnen an, sie wollen sich empfehlen. Jetzt wird es Zeit, wenn ich noch schießen will.

Und die Flugbahn ist recht ungünstig. So gut es geht, suche ich über Kimme und Korn freies Ziel. Wenn doch die pendelnden Blättchen nicht fortwährend dazwischenkämen! Schließlich lasse ich aber doch auf den Alten fahren.

Ein kurzes, einmaliges Aufbrüllen, ein wütendes Durcheinander, und weg ist die Gesellschaft nach der entgegengesetzten Seite zu. Im selben Augenblick sause auch ich wie

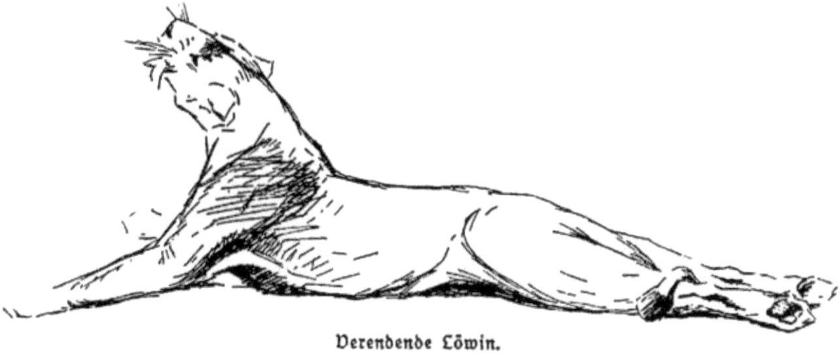

Verendende Löwin.

ein Wilder mit ein paar mächtigen Sätzen durch die Dornenbüsche und stehe nunmehr auf der großen, ebenen Blöße bei den Überresten des Risses.

Kein frischer Schweiß liegt hier — wundert mich auch gar nicht. Vorbei!

Da stehe ich nun vor den kümmerlichen Überresten des schönen, starken Zebrahengstes. Sein Fell ist durch das Schleifen fast grau geworden wie beim Esel; nicht ein weißes Fleckchen ist geblieben. Nun sehe ich deutlich, daß die Löwen auf der Bauchseite angeschnitten und geöffnet haben. Sonst ist das ganze Fell bis auf einige Kratzer völlig intakt. Dagegen ist das Fleisch gänzlich aufgezehrt. Vier Rippen sind gebrochen. Am Kopfe fehlt der beiderseitige dicke Backenmuskel (Musculus buccinator) samt Fell, ein Stück Muffel und die beiden Lichter. Die Läufe sind bis zu den Kniegelenken zerbissen. Sie haben also reinen Tisch gemacht, die Hyänen und Geier schlecht bedacht mit dem Fell und mageren Knochen. Und dennoch wird dieses Gelichter noch auf seine Kosten kommen.

Nach kurzer Besichtigung nehme ich sogleich die Verfolgung auf. Zunächst sind es gespreizte Spuren im feuchten Sande. Nach etwa 22 Metern führen sie in einen großen, hohen und dichten Buschkomplex. Er bildet vorn einen großen Halbkreis und ist in seiner Ausbuchtung mit frischem, hohen Pflanzenwuchs und Gras bestanden. Wegen der Dichtigkeit läßt es sich am Boden nicht spüren, nur einzelne niedergetretene Stengel und Gräser sowie die abgestreiften Regentropfen lassen die Richtung erkennen, die die Flüchtlinge genommen haben.

Meine Ansicht ist die, daß sich die vollgefressenen Löwen höchstwahrscheinlich in diesem großen Busche festgelegt haben. Hätte ich nun jetzt viele zuverlässige Leute, würde ich das Dickicht einfach abtreiben lassen und dann sicher gute Strecke machen. — Hätte! Mit meinem Stamm ist da natürlich nichts anzufangen. So sage ich mir: du gehst einfach drauflos!

Das ist freilich ein tolles Stück. Fünf Löwen sind gerade genug, wenn sie mir in diesem hundsgemeinen Durcheinander auf den Leib rücken. Es ist ein großer Unterschied, ob man sich Löwen frei in offener Steppe gegenüber befindet, oder wie hier in dem fatalen Dickicht fast auf sie tritt. Und auch die Ungewißheit erhöht die Gefahr, weil man nie weiß: nimmt er an oder geht er ab. Eines ist so wahrscheinlich wie das andere. In solcher Enge und Nähe ist ersteres so gut wie sicher. Dann kann das kleinste persönliche Pech, die geringste Unvorsichtigkeit unter Umständen katastrophale Wirkung haben.

Wie mancher hat durch ein dummes Stolpern sein Leben gelassen, wie mancher ist durch eine winzige Unachtsamkeit zum Krüppel geworden. — —

Aber ohne mir viel mit solchen Gedanken den Kopf zu beschweren, gehe ich mit der denkbarsten Vorsicht drauflos. Ich weiß nur, daß ich jetzt bestimmt mit einem plötzlichen Zusammenstoß zu rechnen habe. Nun hat mich das Dickicht aufgenommen.

Dreißig Meter bin ich wohl vorgedrungen, da höre ich plötzlich wütendes Knurren. Noch ein paar Schritte — es hilft nichts. Nun erblicke ich endlich auf ungefähr 10 Meter unter dichtem Laube die kauernde alte kapitale Löwin.

Den breiten Schädel mir nach rechts zugewandt, die Lefzen böse knurrend nach unten gezogen, zeigt sie mir ihr volles Körperprofil. Was dahintersteht, kann ich nur ahnen. Ich sehe nur gelbe Flecken. Dort stehen oder liegen also die anderen, raulend und in schlechter Stimmung. Ich kann auch nicht so schnell ausmachen, wo der Alte steht.

Nun will sich die Löwin erheben. Ihr Gesicht ist nicht gerade freundlich. Darum überlege ich nicht lange, ob ich etwa den Alten noch fassen könnte, sondern gebe ihr a tempo einen Blattschuß.

Blitzschnell fährt sie nach rechts herum und rutscht, für mich unsichtbar werdend, in das laubenartige Dickicht. Die anderen brechen wild nach hinten und seitlich aus. Ohne Schußfeld kann ich auch nichts weiter sehen, aber ich sende ihnen dennoch einen Schuß nach.

Ich brenne vor Erwartung, ich kann mich nicht meistern — mir ist alles gleich. So schleiche ich nach rechts vor, wo ich das kleine Loch im Busch sehe.

Und nun durchfährt mich ein freudiger Schreck — vor mir liegt die Löwin auf dem Flecke, wo ich sie geschossen habe. Platt auf dem Bauche, mit vorgestreckten Vorder- und lang nach hinten ausgestreckten Hinterläufen, liegt sie da. Sie hatte sich also nach dem Schuß nur im Winkel herumgeworfen und war sofort verendet. Jedenfalls eine seltene Stellung.

Meine Kal. 9,3 hat das Blatt glatt durchschlagen. Die Schußdistanz, die ich hier abschreiten kann, beträgt 17 kleine Schritte.

Wäre mir nun auch der Alte lieber gewesen, so bin ich doch voller Freude über das widerfahrene Weidmannsheil. Eine ganz kapitale alte Löwin — sie trägt zwei Junge und ist außerdem unglaublich im Feist — der starke Swallahbock, auf dem Heimwege noch eine Blaurake, drei Perlhühner und fünf Tauben, das ist der Erfolg meiner heutigen Morgenpirsch. Ich bin recht zufrieden.

Nun rasen einige Leute nach dem Lager, um Träger zu holen. Schnell sind sie zurück. In der Zwischenzeit lasse ich Äste schlagen und eine Trage anfertigen. Dann wird die Beute aufgeladen. Mit lautem Singsang, der abwechselnd mir und der Löwin gilt, geht es fast im Laufschritte heimwärts.

Ein jeder der Träger hat sich das Haupt mit Grün und Blumen geschmückt, dazu tragen sie einen langen Zweig in der Hand zum Wedeln. Dieser Zweig ist aber kein Dekorationsstück, sondern er dient lediglich praktischen Zwecken. Das Löwenfell wimmelt nämlich von linsengroßen, flachen, wanzenförmigen Zecken, die sich tief in den Haaren verkrabbeln. Vor diesen Dingern haben die Leute nun einen Heidenrespekt. Ich glaube es auch sehr gern, daß diese anhänglichen Tierchen einen solchen Negerwollschädel als Aufenthalt ebenfalls recht lieben. So sind die Zweige ganz prosaische Abwehrmittel.

Kaum ist der Löwe im Lager abgelegt, beginnt sofort ein neuer Freudentanz, an dem sich beteiligt, was Beine hat. Unter verrückten Körperverrenkungen, Nachahmen von Bewegung und Stimme des Löwen und blödsinnigstem Singsang umtanzen sie im Kreise den friedlich daliegenden Leu.

Das Bild aber — — wenn der plötzlich wieder lebendig würde!

Kafferbüffel

Heute ahne ich einen „großen Tag" voraus. Ich habe mein Lager am Kuhudjefluß aufgeschlagen und mich eben in gehobenster, rosigster Stimmung aus der Decke geschält. Es ist noch recht duster draußen, während ich vom Lager aufbreche. Aber im Osten lichtet es sich über den Büschen beinahe strahlend; das muß gutes Wetter geben!

Eine angenehme Frische liegt in der Luft. Der Tau hängt an allen Blättern und Zweigen, und ehe ich die 60 Meter vom Lager bis zum Boote zurückgelegt habe, bin ich „durch". Ich will aber nicht behaupten, daß mir die Erfrischung besonders zusagt, darum begrüße ich den ersten Sonnenstrahl mit aufrichtiger Freude.

Es ist ein wundervoller Morgen, dabei, wie in der Trockenzeit stets in der Frühe, absolute Windstille. Lautlos besteige ich mit vier meiner Leute das Kanu. Ich will nur hinüber zum jenseitigen Ufer. Dort spürte ich vor wenigen Tagen auf der Heimkehr von einer Pirsch die alte Fährte und trockne Losung eines ganz kapitalen Büffels, eines sogenannten Einzelgängers. Nun bringt mir gestern abend ein Mann die Meldung, daß er glaube, da drüben, hart am Uferrande, ganz frische Losung gefunden zu haben. Das war mir natürlich eine höchst willkommene Botschaft.

Mein Gang auf gut Glück soll also diesem unbekannten Recken gelten.

Jetzt steigt zu meiner Rechten der glühende Sonnenball hinter einer rotvioletten Wolkenkulisse auf, und wie durch Zauberschlag färbt sich der Fluß und seine Ufer mit warmem, orangefarbenen Licht. Und das Wasser dampft in der Morgenkühle.

Jenseits des Flusses sind die Geländeverhältnisse keine erfreulichen. Zuerst breitet sich hinter dem schmalen, struppigen und undurchdringlichen Ufergebüsch eine zirka 120 Meter lange und 70 Meter breite Fläche aus, die mit ihrem kurzen, krautartigen Pflanzenwuchs den Eindruck eines Kleestückes macht. Hinter diesem Fleck ragt im Umkreise 4—5 Meter hohes Schilf — Matete — empor.

Ich erklimme das Ufer und spüre zunächst nach links zu alles sorgfältig ab; dabei stoße ich auf die alte Losung. Eine kurze Strecke weiter treffe ich eine völlig frische Fährte, die nur vom heutigen Morgen stammen kann. Und jetzt, wenige Schritte weiter, stehe ich vor ganz warmer Losung. Mein Jagdboy schiebt mit Kennermiene seine große Zehe in den Haufen; das übliche Mittel zur exakten Erforschung der Altersverhältnisse. Die Diagnose lautet recht günstig: ganz frisch!

Eine solche Entdeckung löst sofort die eigenartigsten Gefühle aus, und stumm halte ich Umschau in der Runde, ob nicht irgendwo ganz in der Nähe der Gesuchte auftaucht. Den mächtigen Fährten nach muß es ein alter Herr sein; zweifelsohne sogar der vor wenigen Tagen gespürte Einzelgänger. Nun heißt es, in diesem häßlichen Grasgelände die allergrößte Vorsicht brauchen. Denn erfahrungsgemäß ist mit solch einem alten Büffelhypochonder nicht gut Kirschen essen.

Seine Fährte führt vom Uferrande über die Blöße und hinüber nach der linken Ecke in die hohe Matete. Unmittelbar davor stoße ich auf einen staubigen, trockenen Fleck, in dessen Mehl die kapitale Fährte sich wie ein Siegelabdruck scharf und klar abhebt.

Sonnenaufgang am Ruhudje.

Nun geht's in die dichte Matete. In gebückter Haltung dringen wir lautlos ein, und bald erkenne ich, daß wir uns auf einem regelrecht ausgetretenen Büffelwechsel befinden. Nach der ganzen Sachlage muß ich auf eine urplötzliche Begegnung mit dem Burschen gefaßt sein. Ein unangenehmes Gefühl, wenn man keinen Meter weit sehen kann. Die mich heute begleitenden Leute sind zwar die „Elite", ich habe sie aber ein gut Teil hinter mir gelassen. Nur der Gewehrträger und ein Eingeborener sind dicht hinter mir. Schußfertig habe ich das Dickicht betreten.

Auf Gummisohlen schiebe ich mich lautlos durch das hohe Gras. Zuerst läuft der Wechsel eine Strecke geradeaus bis zu einer kleinen Lichtung, die zum Verschnaufen benützt wird. Dann kommen mehrere Biegungen. Hier haben die jetzt steinhart getrockneten Fährten aus der Regenzeit tiefe Löcher zurückgelassen, die uns das Gehen ungemein erschweren.

Von der Lichtung an, und fast in seiner ganzen, später mit zirka 420 Meter abgeschrittenen Länge, bildet der Wechsel einen richtigen Hohlweg von knapp 1,5 Meter Breite. Stellenweise erreichen die steilen Seitenwände eine Höhe von 2—3 Meter. Diese Steilwände sind in ihrem oberen Teil von einer Unmenge, etwa vier Zentimeter breiter, runder Nisteingänge der Bienenfresser durchlöchert. Es sind wunderhübsche bunte Vögel von etwa Stargröße. Unablässig liegen sie eleganten Fluges dem Insektenfange ob, und ihre flötenden Stimmen klingen bald hier, bald dort; unablässig schlüpfen sie geschickt und mit großer Schnelligkeit in ihre Löcher, oder stürzen heraus zu neuem Beutezuge. Es ist ein hastiges Kommen und Gehen.

Als wir uns der geschäftigen Vogelkolonie nähern, gibt's ein großes Gezeter, und ich bin sehr in Sorge, durch das Lärmen verraten zu werden. So schleichen wir noch um vieles vorsichtiger und bleiben sogar von Zeit zu Zeit stehen. Der Graswuchs wird immer höher und dichter; kaum vermag ich noch ein Stückchen blauen Himmels zu erblicken. Dazu die nervenspannende Erwartung einer plötzlichen Begegnung. Jede Sekunde kann er hier vor mir auftauchen. Manchmal rede ich mir ein, den bekannten Büffelduft vor der Nase zu haben. Aber so angestrengt ich auch spähe, lausche und schnuppere, nichts verrät die Nähe des Gesuchten. Und dennoch habe ich das Gefühl, ihm hart auf der Pelle zu sein.

Weiter also, Gewißheit will ich endlich haben!

Langsam schiebe ich mich Schritt für Schritt vorwärts; da kommt schon wieder so eine vertrackte Biegung. Doch nun wird der Wechsel schnell breiter, mitunter 4—5 Meter, und ich erhalte einen freieren Ausblick, mindestens 25 Meter.

Da fahre ich zusammen. War das nicht ein leises Plätschern in einem mir nicht sichtbaren Wasser? Und jetzt — ein deutliches Schnaufen — — —

Meine Augen durchsuchen, durchbohren das Dickicht. Umsonst! Nirgends eine Spur.

Wieder kommt eine Kurve nach rechts. Ich weise meine beiden Begleiter hinter mir durch Zeichen an, zurückzubleiben und sich zu ducken. Nun lausche ich und bemerke dabei zu meiner Befriedigung, daß der Wind äußerst günstig steht. Aber das Herz pocht doch etwas schneller vor freudiger Erregung als sonst. Noch ein flüchtiger Blick auf die gespannte Kal. 450, dann drücke ich mich wie eine Katze wohl 15 Meter nach rechts an der Böschung entlang.

Doch nun: bis hierher und nicht weiter! Oder sollte ich wirklich noch näher dürfen, ohne mich durch eine Bewegung zu verraten? In erster Linie will ich doch beobachten, studieren, Modell genießen, und dann erst weidwerken. Aber dazu muß ich vor allen Dingen etwas *sehen*! So drücke ich mich mit verhaltenem Atem fünf Schritt nach links.

Himmel — Sankt Hubertus — ist das ein Anblick! — — —

Da steht, wie in Erz gegossen, der alte riesige Büffelbulle in überzeugendster, strotzender Urkraft mitten in einem mit kleinblättrigen Wasserpflanzen dicht bewachsenen Tümpel. Sein nach rechts leicht gehobenes Haupt trägt ein klobiges, wulstiges und weit ausgelegtes Gehörn. Mit nach innen gestellten Läufen steht er in seinem Pfuhl. Der kapitale Körper, zu dem der mächtige Schädel wiederum klein erscheint, trieft vom eben genommenen Schlammbade, und die Morgensonne zaubert grelle, tanzende Glanzflecke darauf.

Mit einer wahren Gier betrachte ich das seltene Bild, berausche ich mich an dem einzigen Motive. Nur schade, daß ich mit Sekunden rechnen muß. So studiere ich, die schwere Büchse im Anschlag, jede Linie, jede Bewegung des mächtigen Tieres, die ganze Umgebung — ich schlemme! Kaum 17 Schritt vor mir, ohne jede Deckung, steht mein herrliches Modell, der kapitalste Urbulle, den ich je gesehen!

Aber es kommt noch besser; ich soll mein Modell richtig auskosten. Noch immer stehe ich im Anschlag, die schwere Büchse merke ich nicht in meiner Begeisterung und halte begierig reichste Ernte. Da wendet mir der Alte plötzlich sein Haupt noch mehr zu, so daß ich ihn nun dreiviertel Profil habe.

Nie in meinem Leben werde ich diesen wilden, heimtückischen Blick, für den ich ihm herzlich dankbar bin, vergessen. Bereits während seiner Wendung sandte er mir ihn zu. Welche Bosheit lag darin!

Das kleine blutunterlaufene Auge scheint vor Tücke zu sprühen und ich lese unwillkürlich in ihm die zornige Frage: Weshalb wagst du es, mich in meiner Einsamkeit zu stören — flüchte, oder ich vernichte dich!

Nun geht ein Zittern durch den ganzen riesigen Körper; wir merken wohl beide, jetzt kommt der Augenblick der Entscheidung, die Parole: ich oder du — — —

Was würde ich darum geben, noch weiter beobachten zu dürfen, oder am liebsten gleich meine Staffelei vor dem Braven aufzubauen. Aber seinem ganzen Gebaren nach scheint er nicht die allergeringste künstlerische Neigung zu haben. Ich sehe es ihm an, nach Schlimmem steht sein Sinn. Und welch äußerst gefährlicher Gegner so ein alter Einzelgänger manchmal sein kann, ist mir hinlänglich bekannt. Wie unendlich viele wurden durch ihn zum Krüppel, wenn's noch glimpflich ablief, und wie viele schlummern, durch den mörderischen Stoß seiner Hörner getötet, unter afrikanischer Erde. So hängt halt leider nur zu häufig bei der Büffeljagd das bißchen Leben an einem dünnen, dünnen Faden!

Zur Strecke muß der alte Herr natürlich kommen, und zwar je schneller, desto besser. Blitzschnell kalkuliere ich: das wahrscheinlichste ist, daß er mich annimmt, oder aber, daß er kurz kehrt macht und sich im hohen Grase empfiehlt. Das letztere würde ihm ein leichtes sein, denn nur eine Körperlänge hinter ihm beginnt das Dickicht.

Denken und Handeln — ein Augenblick.

Wie ein Donnerschlag rollt der Krach meiner schweren Büchse über die friedliche, in Morgenstille noch träumende Landschaft. Blattschuß! Wie der Blitz fliegt der Bulle nach links herum und verschwindet in der hohen Matete. Da das Gelände vom Tümpel aus ganz wenig ansteigt, bekomme ich bei der Flucht nochmals auf eine Sekunde seinen breiten Rücken etwas von oben frei und sende ihm noch schnell eine Kugel aus dem linken Lauf in das wulstige Genick.

Nur ein paar Sekunden sind es, da trifft ein eigenartig grausiger, lauter Brüllton an mein Ohr, ein Schrei, der durch Mark und Bein geht. Ich kenne ihn genau, und jedesmal macht er einen gewaltigen Eindruck auf mich. Dieses Brüllen habe ich bisher nur bei bestimmten Schüssen beobachtet, z. B. Blattschüssen. Andere wieder, die ich durch Halsschuß streckte, muckten nicht mehr.

Durch meine beiden Schüsse ist die ganze Vogelwelt rings umher in hellen Aufruhr geraten; die Bienenfresser flöten wie toll. Nach zwei Minuten legt sich der Lärm; das Brüllen des Bullen ist verstummt. Nun ist es an der Zeit, die Fährte aufzunehmen.

Gleich nach Durchwaten des Tümpels stoße ich in der hohen Matete auf derartig dichtes Gestrüpp, daß ich mich kaum hindurcharbeiten kann. Zum Glück handelt es sich aber nur um wenige Meter. Ein ganz kleines Stückchen weiter, und — vor mir liegt der Gefällte. Wie ich feststelle, ist er nur 21 Gänge vom Anschuß gefallen.

Aber merkwürdig, der Körper des Büffels liegt mit dem Kopfe in der Richtung, aus der er gekommen war. Ist das nur ein Zufall, oder hat er den Versuch machen wollen, nochmals umzukehren, wobei er, weil zu schwer krank, zusammengebrochen ist? Im allgemeinen fällt doch jegliches Wild in der Fluchtrichtung. Möglich ist es aber auch, daß der schwerverwundete Stier in voller Flucht einhielt, im Taumeln sich drehte und dann zusammenstürzte. Nur diese beiden Fälle kann man hier annehmen. Merkwürdig ist es nur, daß ich diese Beobachtung schon wiederholt gerade beim Büffel gemacht habe. Aber dichter Dornenbusch oder hohes Gras verhinderte stets dermaßen das Sehen, daß es mir leider in solchen Fällen niemals gelang, den wirklichen Vorgang zu erkennen.

Mit freudigster Befriedigung stehe ich vor meiner imposanten Beute, einer Strecke, um die mich jeder, und der Kenner am meisten, beneiden würde. Nun befühle ich diesen Urrecken mit eigener Hand, diesen gefällten Riesen, der es doch so leicht gehabt hätte, mich Menschlein zu vernichten, trotz meiner raffinierten Waffe. Und die Gefühle, die mich beim Betrachten dieses Stückes beschleichen, sind schwer zu schildern. Vergessen sind alle Strapazen und Gefahren, all das Drum und Dran der vorangegangenen Pirsch; ich bin glücklich wie ein Kind. Eine solche große, freudige Erregung kann ich aber nur ganz auskosten, wenn ich wie jetzt meine Jagdpfeife in Brand setze und durch die blauen, würzigen Wölkchen hindurch die Ruhe des Beschauens genieße.

Zum ersten Male habe ich bei diesem Büffel das Weidmannsheil erlebt, in so großer Nähe vom Lager und in so kurzer Zeit am Ziele zu sein. Meist spielte sich der Schlußakt viele, viele Stunden weit vom Lager entfernt ab.

Hier so ein Fall:

Hinter den eben geschilderten Vorgängen liegt eine kleine Zeitspanne, und eine von jenen unruhigen Nächten, in denen man keinen Schlaf finden kann, ist beinahe vorüber. Die Störenfriede waren heute nacht Elefanten gewesen, die sich wieder einmal ausgerechnet in unmittelbarer Nähe meines Lagers zu schaffen machen mußten. So bin ich früher als sonst auf den Beinen und in nicht gerade rosigster Stimmung.

Noch ist es aber bei dem entsetzlich ungünstigen Gelände und in der großen Finsternis durchaus geboten, mit dem Aufbruch eine Weile zu warten.

Nun wird es schummerig, so daß man einigermaßen fährten kann. Lautlos breche ich auf.

Ungefähr 70 Meter vom Lager entfernt stoße ich auf den Platz, wo sich die Elefanten nächtlicherweise „benommen" haben. Er bietet jetzt ein Bild ärgster Verwüstung. Der einzige Baum und die wenigen Sträucher ringsumher sind zu wahren Jammergestalten geworden, ihrer Äste und Blätter völlig beraubt, zerbrochen und zerzaust; der Boden ist im Umkreise mit ihren Bruchstücken bedeckt und wüst zerstampft, das Gras wie gemäht.

Gleich dahinter stoße ich auf Büffelspuren, die sofort ins hohe Gras führen. Es ist ein äußerst strapaziöses Stück Arbeit, ihnen zu folgen und sie zu halten. Ich weiß nicht, was schlimmer ist: das hohe, unentwirrbare Grasdickicht oder die in Abständen immer wiederkehrenden, verwünschten schlüpfrigen Moräste. Balancierend, mitunter sogar brust-

tief drin, und manchmal fast 100 Meter weit, muß ich mich langsam durcharbeiten. Dazu brennt mir bereits die liebe Sonne wieder unbarmherzig auf den Pelz, und jetzt, nach Verlauf weniger Stunden, klebt mir die Zunge am Gaumen.

Auch meinen Leuten scheint die Kehle ausgetrocknet zu sein. Wasser haben sie natürlich nicht mitgenommen, und so sehe ich sie das graphitfarbene, modrig duftende Morastwasser schlürfen. Daß durch dieses Elefanten und Büffel gewechselt und ihre Visitenkarten darin zerweichen oder bereits aufgelöst sind, tut ihrem Genusse keinen Eintrag.

Ich stelle fest, daß die Büffel keinen großen Vorsprung haben können. Das genügt für mich, eine kleine Hetzjagd zu veranstalten. So geht es weiter, bald langsam durch Gras und Sumpf, bald im regelrechten Dauerlaufe, wenn es das Gelände gestattet.

Eine bleierne Atmosphäre lagert auf der Landschaft, die unbarmherzigen Sonnenstrahlen fallen senkrecht herab; man steht auf seinem eigenen Schatten. Kein Wunder, daß sich meine Lippen häuten und die Zunge schmerzt.

Da führen die Fährten in einen kleinen Steppenwald. Gottlob! Ist der dürftige Schatten des Wäldchens auch nur gering, so bedeutet er für mich, im Vergleich zur Siedehitze der freien Steppe, ein wahres Labsal. Die 2—3 Meter hohen Büsche sind fast durchweg mit einer großblättrigen Wucherpflanze dicht überwachsen, und sie sehen dadurch mit ihren flachrunden Kuppen wie künstlich beschnittene Lauben aus. Biegt man das Wirrwar auseinander, so strömt es wohltuend frisch daraus hervor. Zwischen diesen Naturbosketts winden sich kreuz und quer nach allen Richtungen die Verkehrsspuren alter Elefanten- und Büffelwechsel hindurch.

Elefanten scheinen nur wenige Meter vom Rande des Wäldchens verweilt zu haben. Hier war der Unterwuchs wieder dem Boden gleichgemacht.

Unter einer der Naturlauben gönne ich meinen Leuten eine kurze Ruhepause.

Aber kaum habe ich mich behaglich auf meinem Dreibein niedergelassen und die Pfeife angezündet, da vernehme ich links vor mir im hohen Grase Geräusche. Die Büchse fassen, aufspringen, lauschen — das alles ist nur ein Augenblick. Indessen raschelt und rauscht es drüben weiter, und mehrere Male klingt es kurz wie „mo — mo" aus dem fatalen, unübersichtlichen Grase.

Da läßt auch mein behender Führer seinen kurzen Speer und Stock im Stich, und schon ist er „wie ein geölter Blitz" auf dem nächsten Baum. Mit Katzenelegeanz windet sich sein geschmeidiger, splitternackter Körper von Ast zu Ast. Nun hat er die nötige Höhe erreicht, um über das hohe Gras sehen zu können, da duckt er sich blitzschnell und raunt mir mit furchtbarer Grimasse zu: „Nyati ningi, sana" — sehr viele Büffel — —

So schnell es mit mir geht, bin ich bei ihm oben. Donnerwetter — — —!

Etwa 70 Meter vor mir zieht eine dichte, schwarze Masse gemächlich von links nach rechts dahin — Büffel, eine ganze Herde.

Um vieles schneller bin ich unten.

Der Wind steht ausgezeichnet, so kann ich es wagen. Mit aller Vorsicht pirsche ich mich durch das hohe Krautgewirr, um dem Trupp zunächst in möglichst kleinem Bogen den Weg abzuschneiden, und außerdem vielleicht den dicken Baum da drüben als guten Beobachtungsposten zu erreichen.

Mein Plan gelingt aber nur zur Hälfte. Denn der erkorene Baum ist viel zu dick zum Besteigen. Sein Umfang mißt viele Meter. Aber er gibt eine gute Deckung; ebenso das darumstehende reichliche Unterholz. Und ich habe recht kalkuliert, der Standort ist äußerst glücklich gewählt. Das vor mir liegende, nur mit kurzem Grase bestandene Gelände bildet nämlich eine zirka 150 Meter lange, schmale Mulde, die ich jetzt von meiner kleinen Erhöhung aus sehr schön übersehen kann. Rings um die Senke beginnt wieder das hohe Gras.

Ich stehe wohl noch keine Minute hinter meinem Baume, da tauchen auch schon von links aus dem Grase die ersten Köpfe der Herde auf, und im Handumdrehen ist der ganze freie Platz mit dichtgedrängten Büffelleibern besetzt. Ich beginne zu zählen und komme dabei auf 80—90 Stücke; aber es sind sicher viel mehr. Eine solche, aus allen Größen und Altersstufen bestehende Herde, die sich fortwährend hin und her schiebt, beständig durcheinander drängt, auf den Kopf zu zählen, ist eben nicht möglich. Außerdem sind mir, dem Maler, solche statistischen Feststellungen doch nicht die Hauptsache. Mein Auge hat in solchen Situationen viel Wichtigeres zu sehen, zu erfassen und zu behalten; jede Sekunde bedeutet da Gewinn oder Verlust.

Wie ich ganz richtig vermutet, hat sich die Herde den Platz zum Verweilen auserkoren. Das kurze Gras und die alte Losung zeigen deutlich, daß sie das schon des öfteren hier getan haben.

Alle Altersstufen, vom bejahrten Bullen bis zum zarten Kalbe, sind vertreten. Letztere zeigen ihr Wohlbehagen und ihren jugendlichen Übermut durch allerhand Kapriolen und groteske Sprünge. Und dort die beiden jungen Bullen haben eine recht ernsthafte Kampfstellung eingenommen. Nun stemmen sie ihre, mit winzigstem Hornansatz bewehrten, grimmig gesenkten Häupter trotzig gegeneinander, aber plötzlich, als die Sache am gefährlichsten aussieht, rennt jeder von ihnen mit komischen Luftsprüngen in anderer Richtung davon. Dazwischen pufft und knufft ein anderes Kalb seinen etwas jüngeren Gespielen fortwährend hin und her, so daß das arme Ding ständig strauchelt. Endlich fährt die Mutter dazwischen und schlägt den Missetäter in die Flucht. Er scheint aber ein richtiger Taugenichts zu sein, denn schon hat er ganz in der Nähe einen anderen Altersgenossen vor. So treibt er es fort mit allen Kälbern, die ihm in den Weg kommen. Endlich gerät er mal an den Unrechten und bezieht einen nachhaltigen Rippenstoß.

Etwas abseits von den anderen steht wiederkäuend eine alte Kuh. Da kommt in hohen Bocksätzen ihr stakelbeiniger, brauner Sprößling dahergesprungen und stillt hastig seinen Durst.

Junge und alte Kühe, darunter manche anscheinend tragend, ziehen äsend hin und her. Andere haben sich bereits niedergetan und scheinen sich in der prallen Mittagssonne außerordentlich wohl zu fühlen. Aber bei allen Tieren ohne Ausnahme sind Gehöre und Wedel in steter Bewegung, und auch Kopf und Läufe schlagen unausgesetzt nach den kleinen, aber unbesiegbaren Peinigern. Denn auf der Herde lagert ein enormer Fliegenschwarm, der sie überallhin begleitet.

Während sich die holde Weiblichkeit wirklich recht bescheiden benimmt, kann man das vom stärkeren Geschlechte nicht gerade behaupten. So belästigt mancher der Schwerenöter seine Auserkorene mit recht deutlichen Liebesanträgen. Ist dann gerade der rechte

Rivale in der Nähe, so kommt es zu ernsten Zusammenstößen. Eben erst schlug so ein alter Kämpe seinem Gegner mit dem Horn derartig gegen den Leib, daß es laut knallte. Mir kommt es überhaupt vor, als ob die Fehde unter ihnen nie aufhörte.

Begleitet ist die Herde ferner von unzähligen weißen Kuhreihern. Über den Tieren fliegen sie umher und lassen sich auf ihnen nieder. Recht spaßig dekoriert sieht eine daherschreitende Kuh aus. Einen der Vögel trägt sie auf der Stirn, und vier stehen auf dem Rücken. So sind sie wie die kleinen Madenhacker die steten Begleiter der Büffel und Elefanten. Ob dann das Tier lagert oder langsam geht, ist ihnen einerlei, sie lassen sich absolut nicht in ihrer Tätigkeit, dem Absuchen von Parasiten, stören. Ich habe aber auch zeitweise Herden ohne diese Vögel gesehen. Im allgemeinen kann man sicher sein, daß dort, wo man die weißen Vogelgestalten schon von weitem in der Steppe sichtet, auch Elefanten oder Büffel stehen.

Mit Ruhe studiere ich das grandiose Bild. Dabei fällt mir auf, daß die meisten Stücke der Herde mit dicken, grauen Schlammassen bedeckt sind. Bei einigen ist sie trocken und geplatzt und hängt in Klunkern vom Leibe herab. Bei anderen läßt sich noch das frische Morgenbad erkennen.

Schon häufig habe ich Gelegenheit gehabt, zu beobachten, daß Büffel gern zu gewissen Stunden am Vor- und Nachmittage große, freie Blößen aufsuchen, die mit kurzem Grase bestanden sind und auf denen sich sandige Stellen befinden. Hier tummeln sie sich dann längere Zeit in der eben geschilderten Weise. Namentlich nach kühlen Nächten und dem morgendlichen Schlamm- oder Wasserbade (das sie übrigens auch zu anderen Tageszeiten nehmen), scheint ihnen dann die pralle Sonne ein wirkliches Bedürfnis zu sein.

In anderen Gegenden beobachtete ich wieder, daß sich die Büffel mit ziemlicher Sicherheit um die Mittagszeit unter schattigen Einzelbäumen oder in Waldungen einstellten und dort der Ruhe pflegten. Und was man heute am Morgen, Mittag oder Abend beobachtet, das kann man vielleicht schon am nächsten Tage in umgekehrter Reihenfolge sehen. Drum läßt sich auch hier keine feste Regel aufstellen.

Häufig sieht man auch einen alten Bullen oder Kuh regelrecht dösen. Eine Ewigkeit kann dann so ein Tier dastehen wie ein Ölgötze. Nicht von der Stelle rührt es sich, und nur das regelmäßige Klappen der Gehöre oder das stumpfsinnige Wiederkauen verrät, daß die Kreatur noch lebt.

Recht interessant sind im Bade ruhende Büffel. Es war an einem glühend heißen Mittag; die Sonne stach und brannte in unglaublicher Temperatur. An dem großen Sumpf weder Baum noch Strauch. Aber aus dem trüben, warmen Wasser ragten unzählige Köpfe und Rücken einer starken Büffelherde heraus. Abseits standen drei Stücke als Sicherheitsposten. Viele waren so tief eingesunken, daß man sehr genau hinsehen mußte, um das kleine Fleckchen vom Kopfe oder Horn zu entdecken. Wasser oder, besser gesagt, Morast und Sumpf sind nun einmal das Element der Büffel. In ihm recken und strecken sie sich, in ihm stöhnen sie vor lauter Wohlbehagen.

Wenn man eine solche unbeweglich-stupide Herde in ihrem Pfuhl beobachtet, glaubt man eine friedliche Rinderherde zu sehen, harmlos und dumm. Aber unter der friedlich-faulen Maske lauert die wildeste, unberechenbare Bosheit und Tücke. — —

Doch zurück zu meiner Herde in der Senke.

Mein Skizzenbuch bekommt reichen Zuwachs. Wohin auch meine Blicke wandern, überall kann ich in Motiven „wühlen". Indessen haben sich die meisten Stücke niedergetan. Das Bild wird ruhiger. Schließlich klappe ich das Buch zu und schiele nach meiner Büchse — das Jägerblut erwacht.

Aber der gute Bulle, den ich längst beliebäugele, hat dummerweise eine ganz ungünstige Stellung. Gerade er, der beste, auf den ich es abgesehen, hat sich ausgerechnet, wie in einer Vorahnung, so weit abseits niedergetan, daß ihm nur mit Kopfschuß beizukommen ist. Davon sehe ich aber beim Büffel von vornherein ab, weil ich großen Wert auf die tadellose Erhaltung des Schädels lege.

Doch ich fahnde ja auch noch seit langer Zeit nach einer alten Büffelkuh für Arbeit und Sammlung. Bisher hat es damit nie so recht klappen wollen. Entweder war das Stück tragend, oder es führte ein Kalb bei sich, oder ich war zweifelhaft und schoß darum lieber nicht.

Drüben steht nun abseits eine alte Dame, die mir recht gefällt. Ihr prächtiges Gehörn wäre für meine Zwecke hervorragend geeignet.

So gebe ich ihr einen Blattschuß. Da macht sie kehrt und wird nach links ins hohe Gras flüchtig.

Im ersten Moment herrscht allgemeine Verwirrung. Trotz der Nähe meines Schusses scheint die Herde nicht die Richtung heraus zu haben, woher der Donner gekommen. So wissen sie zunächst nicht, nach welcher Seite sie flüchten sollen. Plötzlich kommt Leben in die Gesellschaft, und wie von Furien getrieben stiebt die dunkle Masse nach rechts fort. Eine dichte Staubwolke ist alles, was übrig bleibt. Fort sind sie, wie ein böser Spuk —

Nun gestehe ich mir im stillen, daß ich allen Grund habe, froh zu sein. Denn hätte mich die Bande überrannt — ich brauchte kein Skizzenbuch und keine Leinwand mehr. Schon einige Male hat mein Malgerät bei kritischen Gelegenheiten allerkühnste Bogen durch die Luft beschrieben, und ich war in größter Sorge darum, weil es für solch Salto mortale nicht eingerichtet war. Außerdem wären hier der Angreifer gerade mehr als genug gewesen. Aber sie haben vernünftigerweise die richtige Richtung gewählt.

So darf ich also jetzt wohlgemut nach dem beschossenen Stücke sehen.

In dem 3—4 Meter hohen Grase ist Vorsicht geboten, wenn ich auch genau weiß, daß mein Schuß gut sitzt; so ist doch nicht ausgeschlossen, daß das Tier nur krank ist. Vorsichtig nehme ich also vom Anschusse aus die spärliche Schweißfährte auf. Wo der Büffel durchgeflüchtet ist, hat sich das Gras wieder geschlossen; nur der Schweiß verrät die Fährte. Dazu ist der Graswuchs an manchen Stellen so verfilzt, daß ich keinen Meter weit sehen kann. So ist es möglich, daß ich 47 Meter vom Anschuß fast auf den toten Büffel trete. Er zuckt nicht mehr. Zu meinem Glück; sonst wäre die Begrüßung nicht so friedlich abgelaufen.

„Mzee" — Alte —, sagt mein Führer bloß. Und er hat recht. Sie ist eine ehrwürdige, ausgediente alte Tante, deren Kopfschmuck mir aber große Freude macht.

Zwei Mann nur, den Führer und einen Boy, habe ich zur Nachsuche mitgenommen, die anderen alle ließ ich mit dem Arbeitsgerät am Beobachtungsbaume zurück.

Davonrasende Büffelherde.

Eine kurze Zeit verweile ich bei der Beute. Nun schlendern wir drei in Abständen von etwa zwanzig Schritten und in einer Linie bleibend, zurück. Die Büchse habe ich abgegeben. In bester Stimmung drehe ich mir eine Zigarette; will ich doch nur alle meine Leute zurückholen.

Nun sind wir gerade in der Mitte der Blöße. Da — — was bedeutet das — — —

Ein Rauschen im Grase, ein Schnaufen und Poltern. Ehe ich noch weiß, was geschieht, brechen auch schon rechts aus dem hohen Grase einige Bullen und unmittelbar dahinter eine ganze Herde Büffel hervor. Im schärfsten Galopp geht's direkt auf uns zu.

Meine Kerle — das sehen und ausreißen — ist eins! Wenn ihnen der leibhaftige Teufel auf den Fersen säße, kann's auch nicht fixer gehen. Und ich, bewaffnet mit Stock und Fernrohr — — — hinter ihnen her.

Donnerwetter! Was kann ich gut laufen! Soll ich mich etwa von der Herde überrennen und zu Tode trampeln lassen? Das wäre doch witzlos gewesen. So renne, rase, fliege ich wie ein Schnelläuferchampion. Doch nein — das war zuviel gesagt, denn schon liege ich auf der Erde. Ist mir doch von dem Büschelgrase so ein Ballen zwischen die Füße geraten! Und um die Annehmlichkeit eines solchen Hechtsprunges zu erhöhen, haut mir das umgehängte schwere Glas gleichzeitig ganz barbarisch „eins auf die Nase".

Aber schon bin ich wieder auf den Läufen und hetze hinter den beiden Kerlen her. Dabei schreie und brülle ich, sie sollen stehenbleiben.

Ja — Kuchen!

Doch nun habe ich den Halunken mit der Büchse erwischt und reiße ihm die 450 Kal. aus der Hand.

Dicht hinter mir galoppiert es bereits mit donnerndem Gestampfe. Im Handumdrehen erhält der erste flüchtige Bulle meine Kugel. Er schwenkt sofort nach links ab, in der Richtung, wo die Kuh liegt; ihm nach der ganze Troß — — —

Herrgott, war das Ganze ein Schauspiel gewesen!

Welch unwiderstehliche Kraft lag in dem Ansturm dieser wutschnaubenden Bande, wie sie eben im tollen Tempo, erhobenen Hauptes, die Flanken mit dem Wedel peitschend, an mir vorüberpreschte!

Und mich hatte wieder einmal mein guter Schutzgeist unter seine Fittiche genommen — — —

Beim Betupfen meines Riechorgans stelle ich die tiefgründigsten Betrachtungen an. So bin ich überzeugt, daß das die Herde war, aus der ich eben die Kuh herausgeschossen habe. Wie ich später feststellte, stimmte meine Annahme. Nach dem Schuß war die Herde nach rechts in weitem Bogen in die Steppe geflüchtet und dann schließlich auf dieselbe Blöße zurückgekehrt.

Daß sich einzelne Büffel häufig ebenso benehmen, um bei Argwohn im großen Bogen Wind zu holen, habe ich bereits mehrmals beobachtet; niemals aber bei einer so starken Herde.

Wenn ich jedoch die Windrichtung bedenke, die vorhin herrschte, als ich die Kuh schoß, so komme ich zur Überzeugung, daß die Herde während ihres großen Bogenschlages unbedingt Wind von uns erhalten haben muß. Warum, so frage ich mich wieder, ging der Trupp, nachdem er Witterung hatte, nicht ab? Bisher war das stets der Fall, selbst bei der schwächsten Witterung. Das waren dann aber nur Herdentiere; einzelne Büffel stellten sich meist. Ob also jetzt ein aggressiver Grund vorlag, oder ob ein reiner Zufall hier mitspielte, das muß unentschieden bleiben. Jedenfalls hat mein Schuß der ganzen Sache eine „andere Wendung" gegeben.

Meine Kugel quittierte der Stier nur durch schwaches Zusammenknicken der Vorderhand, dann machte er kurz kehrt und verschwand im hohen Grase. Meiner Meinung nach muß der Schuß gut gesessen haben. Das Gegenteil wäre aber auch verzeihlich, wenn man die vorangegangene Hetze und die ungeheure Aufregung berücksichtigt, während welcher ich die Kugel antragen mußte.

Die alsbald aufgenommene Fährte ergibt reichlichen Schweiß. So steht es also fest, der Bulle ist krank. Ich weiß von vornherein, daß diese Nachsuche in dem dichten Grase leicht verhängnisvoll werden kann. Aber ich bin in der Verfassung, wo man keine langen Erwägungen anzustellen pflegt. Im Gegenteil, die Sache reizt mich sehr. Ich kann es kaum erwarten, mit dem Gesuchten zusammenzutreffen und habe förmlich Angst, daß ich ihn nicht finden könnte.

Aber meine Gesellschaft jammert und bittet, ich solle doch unter keinen Umständen gleich folgen, denn der Büffel sei jetzt „mkali kabissa, sana" — äußerst böse!

„Dann bleibt hier," sage ich und gehe mit dem Reservegewehrträger los. Da sehe ich, wie sie unschlüssig und zaghaft — nachkommen! In ihrer Angst, die Herde könnte noch einmal auf der Bildfläche erscheinen, wählen sie schließlich das kleinere Übel und folgen mir langsam.

So angestrengt ich auch auf der Schweißfährte suche — nichts zu sehen und zu hören! Ist der Büffel schon verendet oder — über alle Berge? Jeden Grasstengel schiebe ich behutsam beiseite, mehr als vorsichtig winde ich mich vorwärts. So vergehen aufreibende, erwartungsvolle Minuten — eine Ewigkeit!

Nun kommt eine etwas lichtere Stelle, wobei ich durch das hellgelbe Gras in ungefähr acht Schritt Entfernung irgend etwas Dunkles am Boden liegen zu sehen glaube. Es kann aber auch eine jener flachen Bodenerhebungen sein, wie sich solche in den Steppen in Menge vorfinden.

Plötzlich wächst der vermeintliche Erdhaufen zu mächtiger Höhe an und wird blitzschnell lebendig. Da stürmt das Ungeheuer auch schon mit unbeschreiblicher Fixigkeit auf mich los.

Aber meine Büchse liegt bereits am Kopf. Ich muß mich nur etwas seitwärts biegen, dann gebe ich auf kaum drei Meter schräg von vorn Feuer. Mit Halsschuß rollt mir der Bulle in voller Wucht fast vor die Füße. Schnell springe ich zur Seite und gebe ihm noch eine Kugel.

Nur ein tiefes, grausiges Stöhnen, in so unmittelbarer Nähe doppelt ergreifend, beinahe unheimlich — und das Leben des Riesen ist entflohen.

Ich bin natürlich allein auf weiter Flur, und meine „treuen Begleiter" — heidi!

Die unschuldigen Lämmer hatten ja keine Ahnung! Und wie dann der Büffel vor mir aufsprang, auch keine Gelegenheit, an meine Ermahnungen zu denken. So verschwanden sie ebenso blitzartig, wie der Bulle auftrat, in hohen Sätzen nach allen vier Himmelsrichtungen. Während des Schusses sah ich nur, wie meine Malkastenlast zwischen mir und dem Büffel zur Erde sauste. Einen halben Meter weiter, und der Bulle bekam sie an den Schädel.

Als ich „Halali“ pfeife, erlebe ich Bilder schreiendster Komik. Da steckt ein Held nach dem anderen angstvollen Blickes den Kopf durch das Gras, und guckt und vergewissert sich, ob auch die Luft jetzt wirklich rein sei. Dann entfährt den breiten Mäulern ein leise aufatmendes „Allah“ zum Zeichen, was sie Schweres ausgestanden.

Und wie ich sie so alle wieder zusammenhabe, mache ich mir den Spaß, plötzlich beiseite zu springen, als würde der Tote nochmals lebendig. Und — rums — abermals wie weggeblasen sind die Helden!

Auf diesen Scherz sind sie bisher regelmäßig reingefallen. Aber das war dann immer Wasser auf ihre Mühle, und sie hatten danach wenigstens auf lange Zeit Stoff zum Lachen. Das Lachen hört bei den Naturkindern sowieso nicht auf.

Die Nachmittagszeit ist bereits stark vorgeschritten. Eben habe ich meinen behenden Führer, der die Gegend am besten kennt, nach dem Lager geschickt, um die nötigen Träger zum Fortschaffen des Wildbretes und der abgeschnittenen Köpfe holen zu lassen. Es ist ganz fabelhaft, mit welcher Ausdauer und Schnelligkeit manche Eingeborenen derartige Dauerläufe vollbringen. Ein solcher Schnelläufer ist mein eben davongeraster Führer.

Kaum hatte ich meinen Wunsch ausgesprochen, da schüttete er nur noch ein Häufchen Schnupftabak in seinen linken Handteller, warf ihn mit wippendem Ruck in den — Mund, zog sich sein dürftiges Lendenläppchen zwischen den Beinen fester und war auch schon mit Kurz-Kehrt aus meinem Gesichtskreise verschwunden.

So rennen diese Leute mitunter, wenn es darauf ankommt, in wahnsinnigem Tempo stundenlang durch dick und dünn. Wege nach unserem Sinne gibt es dabei natürlich absolut nicht, und die wenigen Eingeborenenpfade kommen fast niemals in Betracht.

Auch mein Bote läuft jetzt „schnurstracks querfeldein“ durch die weite, wegelose Steppe. Ich möchte unseren europäischen Schnell- und Dauersportsläufern ihren Ruhm nicht schmälern, glaube jedoch bestimmt, daß sie durch die besonderen Verhältnisse des Geländes und der Temperatur nicht mit diesen Naturkindern wetteifern könnten.

Nebenbei sind diese Kirongozi — Führer — auch meist sehr geübte Honigsucher. Streifen sie doch als solche ihr ganzes Leben lang durch das Land und kennen daher buchstäblich jeden Baum in der heimatlichen Wildnis. Daraus ergibt sich auch ihr fabelhaft erscheinender Orientierungssinn, und, was eng damit zusammenhängt, die vorzügliche Kenntnis der Wildverhältnisse. Deshalb sind mir diese Naturmenschen in ihrer ungetrübten Ursprünglichkeit stets so angenehme Reisegenossen. Kräftig und geschmeidig, von netter, bescheidener Zurückhaltung, unterscheiden sie sich vorteilhaft von dem an der Küste engagierten „Boyvolk“, das teils Mohammedaner, teils sogar Christ sein will. Sogenannte „Perlen“ sind jedenfalls sehr seltene Erscheinungen unter ihnen. Und durch die fortschreitende Kultivierung werden die Verhältnisse in dieser Beziehung immer unangenehmer. Jedem, der heut hinausgeht, möchte ich am liebsten raten, eine Menge Glacéhandschuhe zum Anfassen dieser „lieben Jungens“ mitzunehmen.

Rivalen (Kafferbüffel). (Nach einem Ölbilde)

Wie ungern entließ ich dagegen meist meine Führer, wenn ich die Grenze ihres eigenen Landes überschritt, weil sie darüber hinaus keinen Bescheid mehr wußten oder aus Furcht nicht über die Grenze gehen wollten. Leider leben viele Stämme in steter Fehde, und es gibt dann naturgemäß häufig Reibereien. Heute hat sich aber schon vieles gebessert; nur in einzelnen, sehr entlegenen Distrikten besteht noch eine solch liebevolle Behandlung der fremden Brüder. Im Jahre 1891 war ich nahe daran, Zeuge eines feindlichen Zusammenstoßes zu sein. — —

Die Sonne steht schon tief; es ist bereits 5½ Uhr. Da rückt der Führer mit der ganzen Trägerkolonne an. Er berichtet mir, daß ihn gleich nach seinem Fortgange ein einzelner Büffel attackiert habe und daß er tüchtig habe laufen müssen, um sich zu retten.

Mit dem üblichen Radau geht die Verteilung der Fleischlasten vor sich, und trotzdem ich das Wildbret schon in passende Lasten legen ließ, gibt es unter den braven Trägern selbstverständlich die unvermeidlichen Umstände und Bedenken. Da erscheint dem einen natürlich die Last als viel zu groß im Vergleich zu der seines Nachbarn; dem anderen wiederum gefällt ganz ausnehmend jenes Stück, von dem er sich unterwegs für seinen eigenen Haus- und Magenbedarf etwas zu mopsen verspricht. Ein paar andere Gemütsathleten sitzen in rührender Unschuld neben ihrer Last und säbeln gemütlich ab, was sie brauchen. Nun wollen sie gar Feuer machen! In ihrer mit beneidenswerter Seelenruhe gepaarten Freßgier haben sie keine Zeit, darüber nachzudenken, daß die Sonne in einer halben Stunde verschwunden sein wird, daß es dann stockfinster und das Lager noch weit ist. So etwas kann man eben von einem Neger angesichts solcher Fleischmengen nicht gut erwarten; es sind ganz und gar Augenblicksmenschen.

Da hat dann mein umnampara — Trägeraufseher —, obwohl seines Zeichens selbst ein Erzfaulpelz, seine eigene Art, die Gesellschaft citissime in Trab zu setzen.

Nun sind wir unterwegs.

Mein ganzes Augenmerk ist auf die gute Verschnürung der Köpfe gerichtet. Unter meinen Trägern sind einige wirklich anstellige, fleißige und sogar geschickte Leute. So ein bildhübsch gewachsener, riesenstarker Kerl mit dem schönen Namen Faume. Dieser Faume trägt, auf allen Märschen und in jedem Gelände stets an der Spitze der Karawane schreitend, meinen schwersten Blechkoffer. Ist er zum Pirschgang dran — er kommt auch häufig von selbst mit —, so brauche ich mich nicht ums Packen zu sorgen. Er versteht es ganz vorzüglich, abgeschnittene Köpfe an einer oder zwischen zwei langen Stangen so zu verschnüren, daß die Haut nicht verletzt wird und die Trophäe im besten Zustande ins Lager gelangt. Durch seine Bärenkräfte betätigt er sich außerdem noch beim Transport für zwei seiner Genossen.

Habe ich nun einmal besonderes Weidmannsheil, so bereite ich dann den notorisch Fleißigen in irgendeiner Form eine Freude. So kommt es, daß der Andrang für gewisse Arbeiten stets groß ist.

Auch jetzt beteiligt sich unter den Trägern ein kleiner Knirps — er ist sogar der kleinste unter ihnen — unter Aufbietung aller seiner Kräfte. Er schleppt und keucht. Aber nicht lange, da bricht er buchstäblich unter seiner schweren Bürde zusammen. Nun hat er mit sich allein zu tun, um sich bis ins Lager weiterzuschleppen. Dabei hänseln ihn die kräftigen Kollegen unausgesetzt. Endlich bekommt auch er für den guten Willen seinen Lohn.

Mit dem Führer an der Spitze habe ich ein flottes Tempo angeschlagen; wir rennen schon beinahe in der kurzen Dämmerung. Nun steht der sternenklare Nachthimmel über unseren Häuptern; die Sichel des zunehmenden Mondes vermag uns wenig auf unserem wegelosen Steppenmarsche zu leuchten. Dichtes Schilf und hohes Gras, Dornengestrüpp und Morast erschweren uns den Weg in lieblichem Wechsel. Und wenn sich auch mancher Brust ein ehrlicher Seufzer entringt, so bleiben die großen Kinder doch bei bester Stimmung.

Eben ging nahe vor mir Großwild ab. Dem Geräusch nach dürften es Elefanten gewesen sein. Und als wir gerade eine unter Sumpf stehende Bodensenkung durchquert haben und die holperige Böschung erklettern, macht urplötzlich aus nächster Nähe die gewaltige Stimme eines Löwen dem Lärmen der geschwätzigen Schar ein schnelles Ende. Was ich vorhin mit allen Mitteln nicht oder kaum erreichen konnte, das brachte dieser eine Brüllton restlos fertig: Schweigen, Folgsamkeit und Ordnung. Noch niemals schlossen sich die Nachzügler schneller an, als jetzt bei dieser aufmunternden Musik.

Der Löwe scheint in dem eben passierten Sumpf geschöpft zu haben. Jetzt entfernt sich sein Gebrüll schnell.

Über drei Stunden dauert schon unser Marsch durch die Dunkelheit. Wir erreichen den Fluß und es gibt einen kleinen Aufenthalt. Zwar liegt das Lager auf derselben Seite, der beträchtliche Weg dorthin bietet aber von hier bei der mehr als ungenügenden Beleuchtung so viele Geländeschwierigkeiten, daß ich vor den kommenden Strapazen zurückschrecke, im Interesse meiner Leute.

Da erzählt mir der Führer, er kenne jenseits des Flusses einen alten Eingeborenenpfad, der fast hart am Ufer in verhältnismäßig lichtem Gelände entlang führe. Dann müsse man allerdings wieder über den Fluß; zuletzt ginge der Pfad zwar durch einen dichtverwachsenen Krüppelholzbusch, aber das kleine Hindernis sei nicht schlimm.

In einem ziemlich großen, undichten Kanu setze ich nunmehr mich und einen kleinen Teil der Leute nach dem anderen Ufer über. Die übrigen Leute mit den schweren Büffelköpfen und dem Fleisch bringt das Kanu direkt ins Lager. Unterdessen ziehe ich weiter, denn mein braver Faume ist ja drüben, und er wird schon dafür sorgen, daß mir keine der Trophäen im Wasser verloren geht. Ich kann mich getrost auf ihn verlassen, obgleich ich weiß, daß ein solcher umfangreicher Fleischtransport die vielen Krokodile immer anlockt.

Nach abermals einer Stunde beschleunigten Marsches bin ich in dem fragwürdigen Gehölz, einem Dickicht, durch das meine Trophäen niemals hätten durchgebracht werden können. Denn wie ich am nächsten Tage nochmals durchkomme, ist es mir ein Rätsel, wie ich in der Finsternis durch all das Gewirr dicker und dünner Äste und Wurzeln durchgelangt bin.

Da blitzt ein kleiner, gelblicher Lichtschimmer durch die Zweige. Ich atme auf; wir sind am Ufer. Schräg links gegenüber auf etwa 100 Meter Entfernung leuchten hinter Uferschilf und Busch die gastlichen Lagerfeuer herüber. Die große Sandbank, auf der wir stehen, erstreckt sich zickzackförmig in den Fluß hinein. Unsichtbar zu meiner Linken, dafür desto hörbarer, geben einige Nilpferde durch kräftiges Wiehern laute Kunde von ihrer werten Anwesenheit.

Auch ich mache mich durch einen Pfiff aus der Jagdpfeife bemerkbar und alarmiere das Lager.

Schnell tauchen die Umrisse des herbeikommenden Bootes aus dem nächtlichen Dunkel auf, noch ein paar lange Stöße und das Kanu fährt knirschend auf die Sandbank.

Das kurze Niederkauern im Fahrzeug erscheint mir nach den stundenlangen Anstrengungen doch wie ein Labsal. Drüben wartet der Lagerboy mit der Laterne und geleitet mich zum mächtigen Maulbeerfeigenbaum, unter dessen Krone das Lager steht.

Unter den paar zurückgebliebenen Leuten herrscht ungebundene Freude; aber nicht über mich, sondern über etwas ganz anderes, wie mir ein zufälliger Blick nach links sofort verraten hat.

Braten doch an einem der Feuer da drüben mehrere Stücke Fleisch. Drei Kerle hocken grinsend darum und ein jeder bearbeitet mit mächtigem Gebiß ein nicht zu knapp bemessenes „Steak".

„Nanu — das ist doch nicht vom Himmel gefallen?" frage ich. Da zeigt der eine mit dem Daumen bedeutungsvoll nach seinem Nachbar zur Rechten: „Der hat uns das von dir aus dem Pori gebracht."

Wie ich nähertrete und mir den Nachbar zur Rechten genauer betrachte, erkenne ich meinen alten Drückeberger, der immer der erste ist, wenn es etwas zu futtern gibt, aber sofort verduftet, wo es zufassen heißt. Überhaupt besitzt der Bengel eine erstaunliche Fertigkeit in der „Vorspiegelung falscher Tatsachen". So hat er sehr gern allerhand Gebrechen, und zwar immer ausgerechnet an seinem Arbeitstage.

Jetzt erfahre ich nun, daß der Knabe wirklich mit draußen in der Steppe war. Er hatte mit einem anderen Eingeborenen zusammen gemeinsame Sache verabredet; beide haben gleich nach ihrem Eintreffen ein mächtiges Stück Fleisch gemaust und sich damit

Geier auf Felskuppe.

schleunigst auf die Socken gemacht. Dann waren sie mit Sturmschritten nach dem Lager geeilt. So hatte der Faulpelz keine schwere Last zu tragen gehabt, er war viel früher zurück und konnte weiter faulenzen und das große Wort führen.

Heute mag er froh sein, daß ich mit mir selbst genügend zu tun habe. Die Vergeltung kam später! Jedesmal, wenn es zu anstrengendem Pirschen hinausging, rief ich ihn stets als letzten zum Mitgehen auf. Hatte ich dann Wild zur Strecke gebracht, so ließ ich den Burschen nicht mehr aus den Augen, denn sonst würde er sich bei der ersten sich bietenden Gelegenheit sicher englisch empfohlen haben.

Im Zelte beim schwachen Scheine der Laterne betrachte ich zufällig meine äußere Erscheinung, und ich muß gestehen, es fehlt nichts mehr daran zur Maske des wilden Mannes. Nach einem solchen Tage ist es aber wahrhaftig kein Wunder. Und wenn ich jetzt, nach beinahe siebzehnstündigem absoluten Fasten dem Empören meines tobenden Magens folge und dem gedeckten Tische mich zuwende, anstatt in das im Zelte meiner gleichfalls harrende Bad zu steigen, so wird mir das niemand übelnehmen können.

Noch sitze ich, mit mir und der Welt zufrieden, beim „Braten", da klingt monotoner Singsang vom Flusse herüber. Die Leute kommen mit Wildbret und Trophäen!

Sofort beginnt trotz der vorgeschrittenen Nachtstunde die Verteilung des Wildbrets. Schnell steckt sich jeder das ans Feuer, was er baldigst zu verschmausen gedenkt; Kinderrationen sind es jedenfalls nicht, die ich da zurechtmachen sehe. Und nun sitzen die einzelnen Gruppen um ihr Feuer und schmausen, schnalzend und schmatzend nach Herzenslust. In ihrer gehobenen Stimmung schwatzen sie den unmöglichsten Blödsinn, sie lachen und scherzen und sind die glücklichsten Menschen. Dazwischen ertönt, als unbeachteter Kontrast, in gleichmäßigen Zwischenpausen das übliche grausige, im Ton langgezogene huuu—upp einer das Lager umschleichenden Hyäne.

Nur einer nimmt keinen Teil an der allgemeinen Freude. Nur einer hat sich sogleich nach Ankunft in seinen dürftigen Lappen eingewickelt und wunschlos neben ein Feuer gelegt. Was soll er essen in seinem Zustand, der arme Kleine, dem bereits unterwegs die Kräfte versagten! — Am nächsten Tage lag er noch so da — ein scheinbar schwer Lungenkranker in der Wildnis —

Mitternacht ist längst vorbei, da krieche ich ins „Bett".

Und wie habe ich geschlafen! Mit Tagwerden bin ich aber schon wieder auf den Beinen, denn meiner harrt eine große „ärztliche Praxis". Melden sich doch da, sage und schreibe: dreiundzwanzig Kerle! Alle haben Fußverletzungen, und dem einen ist sogar etwas ins Auge geraten. Heiliger Äskulap, hilf!

Das war allerdings für diesen Nachtmarsch reichlich viel an Beinschäden. Wie ich aber genauer hinsehe, handelt es sich fast überall um Kleinigkeiten. So kommt mein ärztlicher Ruf nicht in Gefahr. —

* * *

Es ist Trockenzeit.

Die kurzgrasige Steppe, hier und da mit kegelförmigen bebuschten Erdhügeln bestanden, prangt in den schönsten gelben und braunen Farbentönen.

Vom frühen Morgen an bin ich bereits unterwegs, aber die verschiedenen Büffel, die ich sichten konnte, haben sich leider alle bei näherem Hinsehen als weibliche Herdentiere entpuppt. Endlich entdecke ich nach langer Suche auf einer trockenen, sandigen Stelle eine ganz kapitale einzelne Fährte. Der Erdboden trägt deutliche Spuren eines genommenen Staubbades. Die vielen umherliegenden verlorenen Schlammklumpen lassen darauf schließen, daß der Bulle nach seinem Schlammbade sich hier im Sande gewälzt hat.

Ich nehme also die Fährte auf, was bei der brennend heißen Steppe — es ist indessen 11 Uhr geworden — und der Trockenheit äußerst schwer hält. Da entdecke ich nach endlosen Kreuz- und Quergängen weit vor mir einen verdächtigen dunklen Punkt, der aber auch bloß ein harmloser Erdhügel sein kann.

Der erste Blick durch mein gutes Glas zeigt mir jedoch zu meiner Freude einen schräg von hinten stehenden Büffel. Der Richtung nach könnte alles stimmen, aber in der Mittagshitze flimmert und glitzert es derartig über der Steppe, daß ich es auf die Entfernung von gut 300 Meter nicht ausmachen kann, ob es der Kapitale ist. Der Wind steht aber etwas ungünstig, so bleibt mir nichts weiter übrig, als zu versuchen, im Bogen unter Wind jenen Hügel, der eine brillante Deckung bietet und hinter dem das Tier steht, zu erreichen.

So pirsche ich mit meinem Führer, streckenweise kriechend, vorwärts. Wir sind kaum zehn Meter von jener linken Ecke entfernt, von der ich, falls sich der Bursche als kapital erweist, meine Kugel antragen will. Nichts verrät unsere Nähe.

Da wird es plötzlich rege hinter dem Busch, und wie aus der Pistole geschossen stürmt auch schon der ganz Kapitale gehobenen Hauptes und schnaubend auf mich zu. Gottlob trifft er mich gut vorbereitet und ich begrüße ihn dementsprechend. Im Augenblick ist es mir klar, mit wes Geistes Kind ich angebandelt habe und ich lasse fliegen. Mit Halsschuß, halbspitz von vorn, bricht er krachend zusammen und zuckt kaum mehr.

Dann schreite ich ab: kaum 19 Gänge — es war hohe Zeit! Trotz größter Vorsicht mußte er mich dennoch in seine feine Nase bekommen haben. Aber gerade darum bin ich dem Braven gar nicht undankbar.

Was war das wieder für eine herrliche Beobachtungsstudie, wie der mächtige Bursche da urplötzlich um die Buschecke fegte. Aber wie schon so oft, staune ich auch hier wieder über das Klobige und Gesundstrotzende der Wildnistiere, wogegen unsere zoologischen Gartenhäftlinge wahre Waisenknaben sind. Käme z. B. daheim einmal aus der Wildnis ein wirklich ausgewachsener Büffel zur Schau, das Volk wäre verblüfft. Eine gefangene Kreatur kann halt niemals einen Urtyp darstellen!

Nun habe ich den Büffel zum Zerwirken freigegeben. Sein Gewicht schätze ich auf gut 20 Zentner. Und da Zeit auch Geld für mich bedeutet, benütze ich sie, um an dem Hügel noch ein paar Striche zu arbeiten.

Drüben, etwa 50 Schritte von mir entfernt, zerwirken die Leute den Büffel. Ich sitze auf meinem Feldstuhl und drehe dem buschigen Hügel den Rücken. Ein Viertelstündchen mag ich mich wohl so beschäftigt haben, ohne zu merken, daß ich einen wenig angenehmen Zuschauer besitze. Da springt plötzlich mein links vor mir im Grase hockender Boy auf und brüllt: nyoka bwana — eine Schlange, Herr — — —!

Wie der Blitz fahre ich herum, und wirklich ragt da dicht hinter mir, kaum einen Meter entfernt, eine sich aufbäumende, ungefähr zwei Finger starke braunschwarze Schlange aus dem Grase hervor. Wie neugierig züngelt sie heftig nach mir herüber und schnellt bei meiner allerdings plötzlichen, aber leisen Bewegung sofort ins Gras zurück.

Nun tut mein Junge sehr wichtig und meint, ich solle mich da ja nicht wieder hinsetzen, denn sie sei sehr giftig und käme sicher wieder. So nehme ich die Schrotflinte und gehe ihr von der Seite nach.

Bald darauf raschelt es im Grase. Ich halte auf die kritische Stelle und gebe Feuer. Da springt das Tier fast mannshoch in die Höhe. Dabei peitscht und wirbelt der Körper in verzweifelten Kreisen durch die Luft. Noch zwei Patronen wende ich daran; endlich, nach dem dritten Schuß, fällt sie ins Gras. Die Leute streiten sich noch lange über die Gefährlichkeit dieser Art, ohne einig zu werden. Recht mögen aber doch wohl die Leute haben, welche behaupten, sie wäre nicht giftig.

Mir selbst ist es viel interessanter, darüber nachzudenken, warum sich diese Schlange trotz des Lärmens meiner Leute und des in der Nähe gefallenen Schusses aus ihrem Versteck gewagt haben mag. Ich muß dabei an verschiedene früher erlebte Fälle denken. So kam einmal eine große Schlange vor mein Zelt gekrochen trotz des Heidenlärms, den die Leute machten. Demnach müßte entweder das Gehör nicht sehr entwickelt, oder die Tiere sehr neugierig sein. —

Weidmannsheil und Wetter sind nun mal unzuverlässige Dinge. Nach einer Reihe erfolgreichster Tage kommt dann wieder plötzlich ein Dämpfer dazwischen, der dafür sorgt, daß man nicht übermütig wird.

Auch heute bin ich mehreren Büffeln nach und finde sie endlich um die Mittagszeit in einem Busche eingestellt. Auch ein ähnlicher Hügel, wie der eben beschriebene, ist dicht dabei. Die zwei stärkeren Bullen haben sich links sehr ungünstig niedergetan. Andere äsen frei umher. Wie mir das platte Liegen auf dem Bauche schließlich zu unbequem wird, krieche ich von meinem Ausguck auf dem Hügel wieder herab und strebe ganz vorsichtig einer Gruppe von drei zusammengewachsenen Bäumen zu. Der linke Stamm hat in Anschlaghöhe einen kleinen Ast, auf den ich nach einiger Zeit meine schwere Büchse auflege.

Soweit ist alles sehr gut. Aber dreiviertel Stunden warte ich bereits hinter diesem Baume, ohne daß sich etwas ereignet. Endlich erheben sich die beiden Bullen und machen sogleich Miene, rechts hinüber den anderen nachzuziehen.

Den zweiten will ich haben. Aufgelegt stehe ich und ziele. Aber vor die Kimme hat sich eben ein feines Ästchen gelegt, das mich stört. Behutsam schiebe ich es beiseite — rums — — — donnert mein Schießeisen los.

Unten war ein anderes Ästchen an den Abzug geraten, und raus war der Schuß!

Mehrere Meter vor mir stiebt von dem einschlagenden Geschoß eine mächtige Staubwolke auf, die Büchse fliegt zur Erde und ich habe eine Ohrfeige weg, daß ich rot aus Fang und Muffel quittiere.

Und die lieben Büffel? Fast schien es mir — wenn mir überhaupt etwas scheinen konnte —, als wollten sie meine Richtung nehmen; aber sie schwenken rechts ab.

. . . und im Galopp flüchtet er nach dem höheren Grase zu.

Einen zweiten Schuß anzubringen, wäre nutzlos. Aber die verpuffte Patrone will ich wenigstens ergänzen.

Leicht gesagt — —!

Ich ziehe, drücke, drehe und zerre, daß meine Finger beinahe abbrechen wollen — nichts rührt sich an der Malefizknarre. Sie verweigert ungeachtet meiner mit allem Nachdruck angewandten Titulaturen jedes Entgegenkommen; sie „klemmt" und ist trotz halbstündigen Herumquälens nicht aufzukriegen. Wenn die Büffel mich jetzt angenommen hätten, dann hätte ich wohl flüchten müssen. Und drüben sitzt indessen mein Boy am Hügel mit der Reservebüchse! Soll man da etwa nicht wild werden?

Aber das ist die gerechte Strafe für das dumme Auflegen. Hätte ich, wie sonst, freihändig geschossen, war der Prachtkerl von Büffel jetzt mein. Und was habe ich jetzt? Ärger, stundenlang Reparaturen im Lager und — eine kräftige Ohrfeige. —

Zum Glück sind solche Pechtage selten.

Bald erlebte ich aber einen, den ich nie recht verwinden konnte.

Die Pirsche galt einem alten Büffel. Die bisher mühsam gehaltenen Spuren haben sich plötzlich im graslosen, steintrockenen Boden verloren. Darum lasse ich die wenigen Leute zum besseren Auffinden ausschwärmen. Alles umsonst! Ratlos blicke ich zurück nach der Richtung, aus der wir gekommen sind. Drei Palmen ragen da aus dem über mannshohen Grase heraus und geben der weiten Ebene etwas Abwechslung. An ihnen bin ich vorhin links ganz nahe vorbeigekommen.

Da — sehe ich denn recht — steht jetzt neben den Palmen, wie aus der Erde gewachsen, ein rabenschwarzer Büffel! Er äugt nach uns; ich kann es auf die gut 300 Meter deutlich sehen. Der Wind steht „prächtig": von mir zu ihm! Und das Gras ist an jener Stelle so hoch, daß ich nur seinen erhobenen Kopf und eine schmale Rückenlinie zu sehen bekomme. Wo war er auf einmal hergekommen?

Wäre er schon bei unserem Vorübergehen unterwegs oder hoch gewesen, so hätten wir ihn unbedingt sehen müssen. Denn das Gras nach der Richtung zu, wo er stand, überragte ihn kaum und gewährte eine kilometerweite Fernsicht. Es bleibt also nur die Erklärung, daß er sich niedergetan und wir bei ihm, wie ich nachher auch feststelle, auf 20 Schritte vorübergelaufen sind. Dann aber bleibt es mir bis zum heutigen Tage ein Rätsel, daß dieser einzelne Büffel uns sechs Mann so nahe vorbeiließ, ohne sich bemerkbar zu machen, und dieses erst tat, nachdem wir mehrere hundert Meter weitergegangen waren.

Doch nun befinde ich mich in berechtigter Erregung. Soeben zeigt mir mein Glas, daß der wunderliche Büffel ein derart kapitales Gehörn trägt, wie ich es bislang noch nie gesehen.

Nur eine Sekunde sichert er. Dann wirft er herum, und im Galopp flüchtet er nach dem höheren Grase zu. Im freien Gelände hätte ich sofort fliegen lassen, aber in diesem verbrannten, hartstengeligen Grase hätte sich mein Geschoß bei der weiten Entfernung doch bloß versprengt. So laufe ich trotz des schlechten Windes, was die Beine herhalten, auf die Palmen zu, um entweder von dort die Richtung zu erkunden oder, falls er einen Bogen schlägt, nochmals unter Wind anzukommen. Dabei finde ich, wie bereits bemerkt, das Lager des Geflüchteten. Weiter geht die Hetzjagd. Es wird indessen Abend; ich bin der Erschöpfung nahe, und trotzdem habe ich ihn wegen des ungünstigen Geländes nicht ein einziges Mal mehr zu Gesicht bekommen.

Und was soll ich weiter sagen, dieser unglückselige, unglaublich kapitale Büffel hat mir noch manche schlaflose Nacht bereitet. Tag und Nacht ging er mir nicht aus dem Sinne; so hatte er es mir angetan. Und dabei vergingen Wochen!

Jeden Morgen, noch vor Sonnenaufgang, lauerte ich in seinem Revier, pirschte ich kreuz und quer unter den schauderhaftesten Verhältnissen. Umsonst!

Dann kam es vor, daß ich bei der frischen Fährte bestimmt dachte: jetzt kriegst du ihn! Aber so sehr ich mir alle erdenkliche Mühe gab, er ging mir durch die Wicken!

Ja, verschiedene Male bekam ich das Fabeltier auf kurze Augenblicke sogar zu Gesicht. Aber das war dann immer so weit oder so ungünstig gelegen, daß ich entweder nicht schießen wollte oder nicht konnte. Es war zum Verzweifeln, rein wie verhext.

Einige ortsansässige Eingeborene meinten, das sei ein Büffel, der sehr heimlich lebe, der nur des Nachts zur Äsung in offenes Gelände trete und der sich schon vor Tagesanbruch wieder in seine undurchdringlichen Verstecke zurückziehe, bei Tage aber bei der geringsten Störung abginge. Diesen Annahmen widersprach doch aber, daß er bei meiner ersten Begegnung in dichtem Grase sein Lager genommen hatte. So versagte bei dem geriebenen Burschen alle meine Kunst; ich mochte anstellen, was ich wollte, es klappte nicht. Manchesmal schrieb ich wieder den Mißerfolg den fortwährend umspringenden Winden zu.

Ganz unverständlich bleibt es mir, daß sich dieser Büffel nicht dazu bequemen wollte, mich anzunehmen, wie es doch andere häufig genug taten. Mein ganzer Respekt vor seiner Sippe ging durch ihn verloren. Wie schön wäre es gewesen, wäre er eines Tages nach der endlosen Lauferei einmal aggressiv geworden — es fiel ihm gar nicht ein. Hieraus ergibt sich wieder zur Genüge, daß man keine Regel aufstellen kann.

Ich war so erpicht auf seinen Besitz, daß ich viele Wochen buchstäblich nur seiner Verfolgung widmete und kaum etwas arbeitete. Einige meiner Leute waren bereits ganz kaput, andere streikten, und ich selbst glich infolge der wahnsinnigen Hetzerei beinahe einem Skelett. Täglich konnte mir das Glück endlich beschieden sein, und täglich betrog es mich!

Indessen kamen schon die ersten schweren Gewitter; die Regenzeit stand vor der Tür. Wenn ich also noch etwas arbeiten wollte, mußte ich — Vernunft annehmen und den Büffel aufgeben.

Aufgeben! Dieses heißersehnte, mit tausend und abertausend Schweißtropfen, unsäglichen Strapazen und Hoffnungen doch ehrlich verdiente Kapitalwild — aufgeben!

Ehe sich dieser Entschluß tatsächlich durchgerungen, kostete ich alle Pein der Überwindung sattsam aus. So hatte er mir's angetan, und war doch nur ein — Büffel! —

Nun habe ich mein Lager abgebrochen. Ich will nicht mehr in die Versuchung kommen, eines schönen Morgens wieder auf den Unvergessenen loszuziehen. Für mich bedeutet dieser Ort nur Ärger und Enttäuschung, beinahe ein Schmerzenslager. Aber meine Leute sind bei bester Laune, wenn auch mancher von ihnen bedenklich humpelt, als es weitergeht.

Mit einem letzten wehmütigen Blick umfasse ich den kleinen Lagerplatz, dann folge ich der heiteren Gesellschaft, von einem heimlichen Wunsche gepeinigt: Wie gern kehrte ich doch wieder um — — — —

* * *

Seit der großen Seuche Ende der achtziger Jahre hat sich der ungeheuer zusammengeschmolzene Bestand der Büffel fast überall wieder merklich gehoben. Dabei hat man sie durchaus nicht etwa seit jener Zeit geschont. Auch ist der Prozentsatz der erlegten Kühe sehr groß zu nennen.

Die alten Büffel sondern sich im allgemeinen bis auf wenige Stücke von der Herde ab und werden zu Einzelgängern. So ist es dann ganz natürlich, daß die harmloseren Kühe und junge Kälber gewissen „Jägern" desto leichter zum Opfer fallen.

Wie viele Herden traf ich an, unter denen kaum ein wehrhafter Bulle war! Bei den häufigen Begegnungen fiel es mir auf, daß die Tiere bei dem geringsten Geräusch oder Gefahr sofort flüchtig wurden und kein einziges Mal annahmen. So war von einer Gefahr für den Jäger niemals die Rede. An solche Herden pirschte ich mich dann, wo es das Gelände erlaubte, so nahe wie möglich heran und beobachtete oder arbeitete. Dabei gelang es mir einmal, bei gutem Winde und unter Deckung einiger Borassuspalmen bis auf genau sieben Schritt nicht nur heranzukommen, sondern auch längere Zeit zu beobachten.

Dieser Platz war fast frei vom kurzen Grase, und wären meine auf etwa 50—60 Schritt zurückgelassenen Leute nicht unvorsichtig gewesen, so konnte ich noch viel länger hinter meiner Palme stehen. Aber so gingen sie polternd ab.

In einem andern Falle trat ich langsam aus meiner Deckung heraus und stand nun der Herde völlig frei gegenüber. Ein äußerst interessanter Vorfall, besonders die dabei beobachtete große Ratlosigkeit. Sofort sicherten die mir am nächsten stehenden Kühe, wußten aber nicht, was sie aus dem Fremdling machen sollten. Eine von ihnen trieb die Neugierde sogar noch etwas näher auf mich zu, dann blieb sie spitz von vorn stehen; einige Kälber taten das gleiche. Schließlich, nach einiger Zeit, hoben sie alle die Köpfe, traten durcheinander und wurden unruhig. Plötzlich macht die ganze Gesellschaft kehrt und verschwindet im Galopp.

Eines anderen Tages gelang es mir, in unmittelbarer Nähe der sehr zahlreichen Herde einen Baum zu besteigen. Das merkten sie nicht, denn bald darauf verteilte sich die Herde friedlich äsend um meinen Baum, ohne von meiner „hohen" Anwesenheit Notiz zu nehmen. Ruhig zog sie dann weiter.

Hier wäre es also in allen diesen Fällen ein Leichtes gewesen, „Strecke" zu machen; dabei gefahrlos.

Mir kam es aber in vereinzelten Fällen recht schwer an, wenn ich für mein Studium die Büchse einmal auf ein weibliches oder jüngeres Stück anlegen mußte. Diese Schüsse waren aber ebenso gleichberechtigt, wie die für die Wissenschaft abgegebenen.

Auf meinen Streifen fand ich einst in einem Ort einen traurigen Platz. Es war ein richtiges Knochen- und Trümmerfeld mit allerhand „Trophäen"! Da kam ich beinahe aus meinem Gleichgewicht.

Vor langen Zeiten und in manchen Gegenden noch unlängst müssen ganz unglaublich gute Wildverhältnisse geherrscht haben. So erzählte mir einmal ein „Sultan", daß man früher die Büffel in die überschwemmte Steppe getrieben und sie dann vom Boote aus gespeert oder auch in diesen angefahren habe. Dann wären, sagte der Biedermann, immer so 30—50 Stücke, mitunter auch mehr, geblieben! — Manchmal sollen die Büffel in unmittelbarer Nähe des „Palastes" gestanden haben. „Das waren noch schöne Zeiten damals, aber heute: bali, sana — sehr weit muß man laufen," meinte er.

In meinem Innern aber raunte ich ihm zu: „Geschieht dir recht, du Lump! Warst du nicht der Schlimmsten einer unter den Massenschlächtern, und wärst du es nicht heute noch, wenn nicht das Gesetz einen Riegel vorgeschoben hätte?"

Benützen doch diese dunklen Herren noch immer jede Gelegenheit, trotz aller Gesetze, jedes sich bietende Stück mit ihren Vorderladern oder Speeren umzulegen. Trophäenjäger aber waren sie wohl noch nie gewesen.

Eine Königsreise nach dem Sudan

„Falsch verbunden!"

So ruft mir der vermaledeite Sprechkasten bereits ein paarmal zu, worauf ich dann mit einem Blicke der Verachtung wieder anhänge. Da rasselt es schon wieder in dem unheimlichen Dinge — Himmelkreuzdonn — — — ja doch — ich komme ja schon!

„Hier Leipzig — Illustrierte Zeitung — Hofrat Weber — — —"

Und nun geht's los. Ob ich morgen zu sprechen usw. Und ich sage zu allem Ja und Amen.

Tags darauf erscheint zur besprochenen Stunde der Chef der Firma J. J. Weber und legt mir die Frage vor, ob ich geneigt wäre, Seine Majestät, den König Friedrich August von Sachsen, auf einer Reise nach dem Sudan zu begleiten. —

So kommt mir also unerwartet ein gütiges Geschick entgegen. Obwohl seit einiger Zeit mit den Vorbereitungen zu einer neuen Reise beschäftigt, sage ich natürlich ohne weiteres zu. Und gerade Sudan! Ist doch der Sudan schon immer ein Traum meiner Sehnsucht gewesen!

So gehen auch die weiteren Verhandlungen mit dem Dresdner Hofe einerseits und dem Leipziger Verlagshause andrerseits schnell und befriedigend vom Stapel. Nun sind die letzten Besorgungen erledigt; der Tag der Abreise ist da.

Januar 1911! Seit vielen Tagen regnet es in Strömen bei Null Grad Thermometerstand. Alle Welt ist verschnupft, ein jeder niest, es ist just das rechte Wetter, um die Sehnsucht nach dem Süden anzufachen.

Wie ich abends Ludwigshafen erreiche, tritt urplötzlich andere Witterung ein. Eisig bläst der scharfe Wind aus Nordost. Und mit dem nächsten Morgen bricht ein sonniger, klarer, aber eiskalter Wintertag an. Dieses wundervolle Winterwetter begleitet uns bis auf italienischen Boden, und bis kurz vor Genua liegen rechts und links die herrlichsten Winterbilder an unserem Reisewege. Und wie uns schließlich die Winterpracht verläßt, bleibt uns immer noch der eisige Wind treu. Er bläst ebenso empfindlich kalt wie daheim.

Am nächsten Mittag Punkt zwölf Uhr dampfen wir mit dem Lloyddampfer „Großer Kurfürst" aus dem Hafen von Genua. Durch die Anwesenheit Seiner Majestät des Königs Friedrich August hat die Abfahrt naturgemäß einen ganz anderen Charakter angenommen. Auch der Kommandant von S. M. S. „Hertha" ist zum Empfang und gleichzeitigem Abschied erschienen, und wie wir jetzt an dem deutschen Kriegsschiff vorüberfahren, salutiert dessen ganze Besatzung. Hüben wie drüben spielen die Kapellen. Dreimaliges Hurra ertönt von der Mannschaft der „Hertha" zu uns herüber; unterdessen erklingen die bekannten Weisen: „Muß i denn, muß i denn zum Städtelein hinaus". So gleitet unser stolzes Schiff an seiner wehrhaften deutschen Schwester langsam vorüber. In aller Eile berauscht sich das Auge noch an dem im Sonnenglanz sich aufbauenden Hafen- und Stadtbilde Genuas, dann umfängt uns die Stille des blauen Mittelmeeres.

Aber das Wetter bleibt „recht frisch". Trotz der südlichen Lage Neapels ist auch dort das Thermometer noch nicht wesentlich gestiegen; es ist noch genau so kalt wie in Genua. Das hindert mich aber nicht, in der Stadt umherzuschlendern und alte Erinnerungen aufzufrischen. Dabei fällt mir auf, daß so viele alte malerische Gebäude am Posilipp verschwunden sind und einer Reihe stattlicher, aber moderner Bauten Platz gemacht haben. Dann genieße ich zum Abschied oben von San Martino einen unbeschreiblich schönen Sonnenuntergang. Prächtige Farben überfluten das weite Panorama mit dem ewig rauchenden Kegel des Vesuvs im Hintergrunde. Das alles ist so unerhört schön, wie ich es noch nicht einmal gemalt gesehen habe.

Und dann die Abfahrt um Mitternacht! Trotz der späten Stunde wimmelt es um unsern Dampfer von Booten mit bettelnden und musizierenden Völkchen. Endlos wie Grillengesang klingen und schwirren die Mandolinen durcheinander ihr „Santa Lucia" zu uns herauf. Zu guterletzt kommt es bei zweien dieser „Musikhähne" zu einer regelrechten Berufskeilerei, und wir sehen zu unserem Ergötzen, wie jeder der Kapellmeister dem anderen seine Mandoline mit südlicher Grazie um den Schädel haut, daß die Instrumente in Stücke fliegen.

Am nächsten Mittag wird der rauchende Stromboli passiert. Er zeigt sich im winterlichsten Gewande, und wir fahren bei klarstem Wetter so nahe vorüber, daß man glaubt, mit einem Steine hinüberwerfen zu können. Ich habe diesen mächtigen Vulkankegel noch nie so schön und so nahe gesehen.

Dann tauchen die Höhenzüge von Messina auf. Diese tiefbeschneiten Berge könnten im Winterkleide ebensogut einer Fjordlandschaft Norwegens angehören. Und wie schnell ändert sich das herrliche Panorama! Nun erkennt das bloße Auge bereits die zahlreichen Ruinenreste; kahle, graue, zerklüftete Mauern, die in die Lüfte starren. Die wenigen rauchenden Schornsteine dazwischen, die einzelnen bewohnten Häuser, und die kleine Anzahl Schiffe und Boote, sie vermögen das Ganze doch nicht zu beleben.

Drüben auf der kalabrischen Seite, in Reggio, sieht es nicht besser aus. Zerstörung überall! So durchfahren wir in recht trüber Stimmung ganz nahe der Küste eines der schönsten Fleckchen unserer Erde.

Eine Zeitlang geht die See recht hoch, und so mancher unserer Fahrgäste muß den üblichen Tribut zahlen. Aber der Meergott scheint Mitleid zu haben mit den Leidenden und — den schönen Frauen an Bord. Die nächsten Tage bringen ruhiges Wetter mit hellem, klaren Sonnenschein. Und die Folge? Ein paar Übermütige erscheinen mit weißen Pantalons! Doch bald sind sie wieder verschwunden und — wärmer gekleidet.

In Port Said wird es etwas wärmer; noch mehr hinter Suez, und im Roten Meer natürlich ganz reichlich. Wie könnte es hier auch anders sein!

Vom Kanal erblickt man auf der arabischen Seite enorme Schwärme Flamingos, Pelikane, Kormorane und Möwen, die die Salzseen dieser Strecke bevölkern. Und wer mit kunstsinnigem Blick zu schauen gelernt hat, dem bringt der öde Kanal mit seinen vielen, langweiligen Signalstationen dennoch eine Menge intimer Volksbilder von hohem Reiz. Da sprengt hart am Ufer auf seinem mit buntem Sattel- und Zaumzeuge ausgestatteten Schimmel ein schwarz gekleideter Araber daher. Nomadisierende, malerisch gekleidete Beduinen haben große Zelte aufgeschlagen. Weißblauer Rauch wirbelt aus ihnen empor; es ist noch früh am Morgen. Hier und dort tritt eine verhüllte, schwarze Gestalt heraus und reckt sich in der Morgensonne. Bald sind sie alle erschienen. In kürzester Zeit ist das Lager abgebrochen, sind die Kamele bepackt und die Karawane zieht in langer Reihe westwärts in die weite Wüste. Ebenso reizvoll sind die herrlichen Abendstimmungen. Und immer weiter südlich geht der Kurs.

Überwältigend schön ist der Anblick des Meeres an einem der nächsten Abende. Fast schwarz liegt die weite Fläche da. Nur hin und wieder, wenn der Mond aus den ziehenden Wolken tritt, blitzt es mit gespenstigem Leuchten auf. Eigenartig, wie phosphoreszierend, strahlt es aus der Tiefe heraus.

Am nächsten Morgen lagert eine unheimlich bleierne Stille über dem Meer. Keine Welle, die sich bewegt, kein Lüftchen, das sich regt — das Rote Meer in seiner bekannten, gefürchteten, bedrückenden Gestalt!

Aber wir haben nicht mehr viel zu befürchten. Am nächsten Morgen gegen neun Uhr taucht ein feiner Landstreifen am Horizont auf; wir nähern uns der afrikanischen Küste. Bald sind wir am Ziel. Ein Lotse erscheint an Bord, und nun gleitet der „Große Kurfürst" mit langsamer Fahrt in den Hafen von Suakin — Port Sudan. Am Kai wird festgemacht. Der Hafen macht einen durchaus europäischen Eindruck.

Viel Volk hat sich bei unserer Ankunft versammelt; meist schöne, schwarze Gestalten in schneeweißen Gewändern. Unter den Europäern taucht Exzellenz Freiherr von Slatin-Pascha auf und kommt gleich, nachdem festgemacht ist, mit dem Gouverneur Mr. Kerr und mehreren anderen Herren zur Begrüßung Sr. Majestät an Bord. Unter den Begrüßenden befindet sich auch General Hamilton.

Mich interessiert natürlich am meisten die schmächtige Figur Slatin-Paschas, des Helden von Omdurman. Aus seinem Antlitz leuchtet jene Energie, die den alten Afrikaner während seines kämpfereichen ägyptischen Lebens kennzeichnete.

Nach kurzer Begrüßung und schnellem Frühstück werden die bereitstehenden Pinassen zu einer Rundfahrt bestiegen. Da bewundern wir zunächst das großartige Bauwerk der eisernen Eisenbahnbrücke. Ein Druck auf den elektrischen Knopf, und die riesigen Eisenmassen gleiten herab, der Zug kann darüberpoltern. Und wieder ein Druck auf den Knopf, dieselben Eisenmassen steigen in die Höhe, der Schiffsverkehr kann frei hindurchgleiten.

Port Sudan ist in fünf Jahren erbaut worden. An den breiten Straßen stehen luftig gebaute, meist einstöckige Häuser mit vielen Läden. Die natürliche Vegetation fehlt völlig. Nur hier und da ein Strauch, ein paar Privatgärten und der Garten des Gouverneurs, das ist alles. Und doch muß man bei der kurzen Entstehungszeit über das bereits

Geleistete staunen. Anscheinend haben die Engländer diese Pforte zum Sudan gut angelegt. Die Zukunft wird es zeigen.

Schon um zwei Uhr besteigen wir den Zug, der uns nach Khartum bringen soll. Abgesehen von Ägypten, besteige ich in Afrika zum erstenmal eine innerafrikanische Bahn. Ich komme mir dabei ganz komisch vor, nach dem Innern nicht „zu Fuß" reisen zu müssen. Und nun sitze ich in einem mehr als geräumigen Wagenabteil mit Tisch und Korbstuhl vor dem Fenster. Ein breites Sofa dient nachts als Bett. Der Schaffner ist ein — Sachse, was Se. Majestät sehr erfreut.

In flotter Fahrt geht's hinaus in die wüstenhafte, felsige Wildnis — dem Berberland. Schier unerschöpflich sind die malerischen Motive in diesem unkultivierten Landstrich. Es fährt sich entschieden wundervoll, und das Vorwärtskommen fleckt auch, aber reizvoller natürlich und idealer wäre eine Kamelreise für mich als Künstler.

Nicht lange dauert es, da zeigt sich das erste Wild. Zwischen dürftigen Akazien stehen ziemlich nahe an der Bahnstrecke Gazellen und Trappen. Und dort tummeln sich einige Geier am Aase, andere kreisen hoch in den Lüften. Auf den kahlen Felsabhängen stehen Steinböcke. Immer wilder wird die Szenerie, ich schwelge in ihrem Genuß und bedaure gleichzeitig die Schnelligkeit unseres Dampfrosses. Dann kommt die furchtbar heiße und staubige Nachtfahrt.

Um zehn Uhr vormittags hält der Zug auf freier Strecke. Nahe vor uns liegen die Pyramiden von Meroe. Unter Leitung eines Liverpooler Archäologen werden hier Ausgrabungen am Ammonstempel vorgenommen, die wir besichtigen. Unter der Menge von Krügen, Vasen, Wandmalereien, Gemmen und anderen Funden interessiert mich am meisten ein etwas über lebensgroßer Kopf aus Bronze. Das Profil besitzt klassische Schönheit und hat nicht das Geringste vom ägyptischen Typus. Hohen Wert verraten auch zwei etwa 35 Zentimeter hohe Tonkrüge, die bis zum Rande mit Gold gefüllt sind. Auch eine winzige Gruppe zweier sich bäumender Pferde mag großen archäologischen Wert besitzen; sie ist aus einer Muschel gearbeitet.

Die nun folgende Wegstrecke erinnert mich streckenweise ungemein an die ostafrikanische Steppe. Um drei Uhr sind wir in Khartum, unserm ersten Ziel.

Am Bahnhof ist großer Empfang. Der Sirdar und Generalgouverneur Sir Reginald Wingate nebst Gefolge. Graf von Rex und ich nehmen Wohnung bei Slatin-Pascha, der hart am Ufer des Blauen Nil ein äußerst idyllisches Junggesellenheim besitzt. Und erst der Garten! Es ist erstaunlich, mit welcher Üppigkeit sich hier der Blumenflor trotz des wüstenhaften Geländes entwickelt. Die Sträucher, Palmen und andere Bäume sind von einem bunten Blütenmeer überwuchert. Zwei zahme Kronenkraniche schreiten stolz im Garten umher. Nicht minder üppig und interessant ist der Park des Sirdar.

Khartum als Stadt betrachtet ist licht und breit angelegt. Der ganze Ort atmet so recht den typischen englischen Kolonisationsgeist. Eine Anzahl englischer großer Läden erinnern an europäisches Geschäftsleben, und uns bietet sich hier nochmals Gelegenheit, manches fehlende Ausrüstungsstück zu ersetzen.

Der erste Tag ist schnell verstrichen. Es heißt, sich rüsten zum Essen, das der Sirdar zu Ehren des Königs gibt.

Der Gouvernementspalast ist im wahrsten Sinne ein Palast. Leider muß ich an dieser Stelle auf die genaue Schilderung dieses hochinteressanten Abends verzichten. Ich kann nur das eine sagen: der mächtige Speisesaal mit dem farbenreichen Gesellschaftsbild, den riesigen, schwarzen Dienern in bunter Kleidung, gab mehr als ein malerisches Problem.

Am folgenden Nachmittag bringt uns der Gouvernementsdampfer des Sirdar nilaufwärts nach Omdurman. Hier erwartet uns ein Troß Reitkamele, die uns nach dem berühmten Schlachtfelde von Omdurman befördern sollen. Kaum sind wir aufgesessen und die große Karawane in Bewegung, da bringt uns die sudanesische Weiblichkeit eine trillernde, die Ohren betäubende Huldigung.

Ein höchst fesselndes Bild ist unsere Karawane. Vorn als Spitze reiten sechs mit feuerroten Jacken, weißen Turbanen und ebensolchen Hosen bekleidete Kawassen aus der Leibwache des Sirdar. Ihnen folgen der König, der Sirdar, Slatin-Pascha, die Herren des Gefolges, und als Schluß eine Unmenge Eingeborener zu Kamel, Pferd und Esel.

Zunächst geht es über eine weite, mit dürftigem Grase bestandene Ebene. Nach flottem, einstündigen Trabe nähern wir uns einer Anhöhe, die ganz unvermittelt aus der Ebene aufsteigt. Wir befinden uns jetzt auf dem Schlachtfelde von Kerreri und besteigen den absolut felsigen, pyramidenförmigen Bergkegel. Von seiner Höhe beherrscht man das ganze Schlachtfeld. Hier also verloren die Mahdisten bei den mörderischen Kämpfen des 2. September 1898 gegen 30—40000 Mann. Sir Wingate wie Slatin-Pascha nahmen bekanntlich in hervorragender Stellung an dieser Schlacht teil. Und es sind Augenblicke von allergrößter Spannung, aus dem Munde dieser beiden Männer, an Ort und Stelle, eine Schilderung jener Kämpfe zu vernehmen. Wohl nicht unbekannt ist Slatin-Paschas Buch: „Feuer und Schwert im Sudan"! Von Gordon 1881 zum Generalgouverneur von Dar-Fur ernannt, blieb er in nicht weniger als 27 Kämpfen siegreich gegen die Mahdisten, bis er nach der Niederlage Hicks-Paschas 1884 in die Gefangenschaft des Mahdi geriet. Nach Omdurman gebracht, in Ketten gelegt, begann seine Leidenszeit, die bekannte „elfjährige Gefangenschaft". Schließlich gelang es ihm aber doch im Jahre 1895, Omdurman heimlich zu verlassen und unter ungeheuren Entbehrungen Assuan zu erreichen. Hier wurde er freudig begrüßt und vom Khedive zum Pascha ernannt. Seine überaus reichen Erfahrungen und Kenntnisse von Land und Leuten kamen ihm jetzt in seiner hervorragenden Stellung als Generalinspektor des Sudan glänzend zustatten. — Nie habe ich in wenigen Tagen so viel des Fesselnden gehört, wie hier aus Slatins Munde.

Gleichfalls höchst interessant gestaltet sich am Tage darauf der Ausflug nach der eigentlichen Kalifenstadt Omdurman. Diesmal erwarten uns an der Dampferanlegestelle sechs herrliche, schneeweiße Araberschimmel. Unserm Zuge voran sind wieder die gestrige Kamelreiterleibgarde. So geht es im flotten Trabe nach der Stadt, wo alles Sehenswerte in Augenschein genommen wird. Wir besichtigen das Wohnhaus des Kalifen, die Kasernen, in denen noch Unmengen alter Gewehre und Gerümpel aufbewahrt sind; so z. B. die alte Kutsche des Mahdi. Unser allergrößtes Interesse wird naturgemäß wach beim Hause resp. der Lehmhütte, in der Slatin-Pascha seine lange Gefangenschaft verbracht hat. Nun wird er in etwas anderer Verfassung als damals von verschiedenen Herren vor der Tür seines ehemaligen Gefängnisses geknipst —

Sofort nach Rückkehr von diesem schönen Ausfluge geht es ans Packen. Dann noch ein Abschiedsessen bei Slatin-Pascha, wo es mich freut, den bekannten Jäger Selous kennen zu lernen. Noch denselben Abend verläßt unser Dampfer Khartum. Ich preise mich glücklich, endlich in die Wildnis zu kommen, denn damit beginnt der Hauptteil der ganzen Reise.

Sr. Majestät ist ein stattlicher Nildampfer, der „Omdurman", zur Verfügung gestellt. Er besitzt geräumige Einzelkabinen für jeden Herrn und genügend Platz für die Dienerschaft. Ein netter Speiseraum fehlt ebenfalls nicht. Rechts und links ist je ein Beiboot festgemacht. Das Boot mit dem Moskitohause ist für den hohen Herrn und dessen Gefolge bestimmt. Das andere beherbergt einen Teil der Schiffsbesatzung und deren Schmorküche, die einer nicht sehr verführerischen, aber dafür um so geschwätzigeren Schönen unterstellt ist. Als lebendes Inventar seien noch genannt eine Reihe Reitesel, eine fette Zebumilchkuh, die dem duftenden Morgenkaffee die „Weißheit" verleihen soll, nebst Kälbchen, fette Ziegen und Hammel und schließlich eine stattliche Anzahl Hühner und Tauben. Diese gemischte Gesellschaft mit ihrem verschiedenartigen Stimmenmaterial erübrigt morgens jedes Wecken.

Geheizt wird der Dampfer mit Holz, das unterwegs an den verschiedenen Holzstationen an Bord genommen wird. Nur der Kapitän und der Ingenieur sind Engländer, die gesamte übrige Mannschaft Eingeborene.

Den jagdlichen Teil der Reise wird mit den üblichen ortskundigen Schikaris ein junger Böhme namens Machulka leiten. Er ist seit Jahren als Leiter von Jagdexpeditionen im Sudan ansässig.

So kann es also, wohlgerüstet und wohlversorgt, nun losgehen ins Unbekannte.

Die erste Nacht an Bord liegt hinter uns. Abgesehen davon, daß sie recht frisch war, wäre sie ungestört verlaufen, wenn die lieben Esel nicht ständig ihr leidiges „I—a—" hinausposaunt hätten.

Nun liegt ein sonnenklarer, herrlicher Morgen vor uns. Überall zeigen sich bereits Wasservögel. Se. Majestät eröffnet die Jagd mit einem prächtigen Geier und einer Nilgans.

Am Nachmittag erreichen wir El Dueim, einen interessanten Hafenplatz am Nil. Hier werden alljährlich gegen 150—200000 Zentner Gummi neben großen Mengen von Durra, Erdnüssen und Sesam ausgeführt. Auch heute herrscht überaus geschäftiges Treiben an diesem Platze. In hohen Stapeln liegen die Landeserzeugnisse am Ufer, und fortwährend werden von unzähligen Schwarzen mächtige Ballen unter dem üblichen Singsang durchs Wasser an Bord der Fahrzeuge geschafft. Dazwischen das sonstige malerische Volksleben. Hier wird gebadet, dort holen Frauen und Mädchen Wasser. Hier tränkt man das Vieh, und da steht ein baumlanger Kerl in den Fluten und scheuert seinen Schimmel rein.

Der nächste Tag bringt bereits ganz andere Bilder. Vor uns zeigen sich die ersten dunklen Rücken von Flußpferden im Wasser, die aber alle Herren durchaus als harmlose Felsblöcke gelten lassen wollen. Nur zu bald werden diese „Blöcke" lebendig und — verschwinden in der Tiefe.

Gegen Mittag machen wir in Jebelein, einem kleinen Ort am Nil, fest. Die wenigen grasbedeckten Hütten hier sehen sehr dürftig aus. Aber die Landschaft ist bereits steppenartig, und ausgedehnte Dornendickichte ziehen sich weithin. Aus der Steppenebene steigen unvermittelt einzelne kahle Felsenberge empor. In einer dieser Kuppen, die sich als Silhouette gegen die Sonne abhebt, erkenne ich ohne jegliche Mühe und Phantasie einen liegenden Löwen. Hier hat die Natur, auch für das ungeübte Auge, ein wirkliches Phänomen geschaffen, wogegen die vielgepriesene Löwensilhouette vom Kap Guardafui nur bei recht gutem Willen des Beschauers zu erkennen ist.

Am Nachmittag verteilen sich alle Herren strahlenförmig an Land auf Pirsch. Auffallend häufig zeigen sich Perlhühner.

Ich habe das Glück, als erste Spur die eines starken Löwen, und bald darauf die zweier Leoparden zu finden. Bei mir kribbelt es sofort. Ich folge, muß aber leider des anbrechenden Abends wegen umkehren — bin ich doch diesmal nicht mein eigener Herr. Und als ich zurückkehre, höre ich, daß hier fast allnächtlich Löwen in der Nähe des Ortes jagen und brüllen. Ich bin etwas mißgestimmt.

Gegen 1/29 Uhr geht es wieder weiter. Bald schafft der aufgehende Mond ein zauberhaftes Landschaftsbild; wie gern zöge ich jetzt bei diesem tageshellen Mondlicht in die geheimnisvolle Steppe . . .

Aber von dem großen Zauber der Nacht läßt der Spektakel des Raddampfers nicht viel Stimmung aufkommen. Unaufhörlich arbeitet die Maschine, ohne Unterlaß rauschen und mahlen die Wassermassen aus den Radkasten hervor, und dazwischen die Eselstimmen erfreuen kein Jägerherz.

Renk heißt die nächste Station, die wir am folgenden Vormittage erreichen. Eine große Überraschung soll uns hier zuteil werden. An der Anlegestelle harrt eine Menge festlich gekleideter Eingeborener unserer Ankunft. Trommeln ertönen, und die Frauen trillern, wie es so beim Empfang hoher Gäste Brauch ist. Der Urheber dieses interessanten Schauspiels wár der Sirdar, der am Morgen den Ort berührte und den Gouverneur von Kodok, Mr. O. Gullivan, zu der Ehrenbezeigung veranlaßte.

Nun betreten wir einen weiten Platz, auf dem sich Tausende von Dinkas und Schilluks in ihrem Kriegsschmucke versammelt haben. Es sind fast durchweg schlanke, hohe Gestalten von 1,80 bis über 2 Meter Länge. Die Dinkas kenne ich bereits von früher. Diese Leute bilden einen großen Negerstamm im Hinterlande von Renk, und sie fallen ganz besonders durch ihre sehr langen Lanzen auf, an deren Ende sie in Abständen schwarze Straußenfedern als Schmuck befestigen. Der Schmuck spielt überhaupt eine große Rolle bei ihnen; die Kleidung ist Nebensache, denn ein grauer Lappen ist alles, was man als Kleidung bezeichnen könnte. Dagegen wird viel Perlenschmuck um Kopf und Hals getragen; letzterer nach Art der breiten, fest anliegenden Halsketten unserer Damen. Breite Messingbänder vom Handgelenk bis zum Ellenbogen, Kupfermünzen auf der Stirn, Federn im Haar, und schließlich eigenartige Bemalungen im Gesicht und teilweise auf dem Körper erhöhen den malerischen Reiz ihrer langen Gestalten und verleihen ihnen ein wildes, kriegerisches Aussehen.

Geführt werden sie vom Scheich „Daehok", einem hageren, 2,20 Meter großen Mann mit weißem Turban und langem, feuerroten arabischen Mantel. In einer Frontbreite von drei bis zwölf Mann und einer Tiefe, die in dem heulenden und beweglichen Wirrwarr gar nicht zu bestimmen ist, wogt die geschlossene Masse mit rhythmischen Schritten vorwärts. Dabei werden die langen Lanzen nach vorn gestoßen und mit den hohen Schilden Bewegungen gemacht, die das Auffangen feindlicher Pfeile darstellen sollen.

Nicht minder interessant sind die Schilluks. Sie fallen besonders wegen ihrer merkwürdigen Haartracht auf. Die älteren Männer tragen einen aus ihren eigenen Haaren geflochtenen Kamm, der von Ohr zu Ohr breit abstehend über den Kopf geht. Bei den jüngeren Leuten ist der Haarkamm ausgezackt, und er legt sich von vorn nach hinten über den Kopf. Perlenketten, Straußenfedern, Schilde und Speere geben auch ihren schön gewachsenen großen Gestalten ein höchst malerisches Gepräge. Sie führen uns ebenfalls ihre Kriegstänze vor.

Ebenso interessant sind die berittenen Araber vom Stamme der Selims. Sie tragen weiße Burnusse und lange Lanzen, von denen mehrere Exemplare in einem Köcher auf der rechten Seite des Sattels hängen. Ihre Gestalten bieten auf den schönen, aber kleinen, sehnigen Pferden mit reichster Sattelung und Kopfzeug einen ganz wundervollen Anblick.

Kaum sind die Tänze der Schilluk und Dinka vorüber, bildet sich zwischen diesen eine breite Gasse, und nun führen die Selims im schärfsten Galopp ihre Reiterspiele auf. Die langen Lanzen schwingend, reiten sie im schnellsten Galopp direkt auf den König zu und parieren unmittelbar vor ihm. Mehrmals wiederholt sich dieses aufregende Reiterspiel, dann geben die Negerkrieger noch einige Kampfszenen zum besten.

Alles, was uns hier vorgeführt wird, ist unverfälschte Ursitte, nichts Gemachtes, wie man das leider meist von solchen Völkertrupps vorgemimt bekommt. Freilich, im eigenen Lande wirkt urechtes, ethnographisches Äußere und Volksleben ganz anders, packender, als unter theatralischer Leitung. Hier kommt man gar nicht auf den Gedanken, daß etwas „gemacht" sein könnte. Und ich sehe Typen darunter, die mich geradezu begeistern. Wie im Kaleidoskop reiht sich Bild an Bild, eins so wunderbar wie das andere, und ich gerate regelrecht in Ekstase.

Viel zu schnell geht es zur Weiterfahrt. Das Landschaftsbild bleibt ziemlich unverändert. Von Khartum südlich bis zu unserem Kehrpunkt Bar el Ghasal — eine Strecke von ungefähr 1000 Kilometer — bietet der Weiße Nil landschaftlich keine wesentlichen Reize. Wer dichtbewaldete Tropenflüsse mit ihren herrlichen Galeriewäldern kennt, wird hier sehr enttäuscht sein. Zu beiden Seiten des Nil, soweit das Auge reicht, nichts als endlose, ebene, weite Flächen, die nur ab und zu mit niedrigen, dürren Sträuchern und Büschen bestanden sind. Nur selten taucht einmal, weit vom Ufer entfernt, eine Gruppe größerer, geschlossen stehender Bäume auf. Die flachen Ufer sind fast durchweg mit hohem Grase, Schilf oder Papyrusstauden bewachsen. Diese Zone erstreckt sich häufig weit landeinwärts und geht dann meist in unergründliche Sümpfe über. Dann verbietet sich natur-

Schilluk.

gemäß jedes Anlandgehen von selbst. Alle Ufer sind flach, zum Teil bilden sie schmale Bänke, und man kann sicher sein, auf allen solchen Stellen Krokodile anzutreffen.

Wo es aber trocken ist, verschwindet das dichte Uferschilf, und an seine Stelle tritt hellgelbes Steppengras bis nahe an das Ufer heran. An solchen Plätzen stehen dann häufig kleine, rostrotstämmige Akazien am Wasser und täuschen ein bescheidenes Wäldchen vor, das sein Gezweige in den Fluten spiegelt. Man muß eben auch etwas Phantasie und guten Willen mitbringen, dann wird auch dieses Einerlei interessant und genießbar. Für mich als Maler — immer.

Schließlich aber ändert sich das Bild, das Gelände wird wilder. Geschlossenere Dornendickichte, weite, vertrocknete Grasflächen tauchen auf. Dann begegnen wir großen Strecken völlig verbrannten Grases. Alles Holz ist hier klingendürr, der Boden steinhart. Die glühende Sonne hat hier fast handbreite Risse geschaffen. Andere Stellen machen den Eindruck, als wäre gepflügt worden. Das Gehen in dünnsohligem Schuhwerk wäre hier eine mittelalterliche Strafe. Kommt dann aber die Regenzeit, verwandelt sich diese steinharte Masse in kürzester Zeit zum unergründlich tiefen Brei. Nur ganz vereinzelte Wildtümpel überdauern die Trockenperiode. Sonst findet man landwärts selten einen Tropfen Wasser. Über den unendlich weiten Grasflächen aber brütet und flimmert unglaubliche Hitze. Dann wird jeder Windhauch, und wenn er noch so schwach und noch so heiß sein mag, zur Wohltat, bringt er doch eine Spur von Erquickung in dieser Backofenglut.

Kommen dann windige Tage, so kommen andere Leiden. Jeder nicht feste Gegenstand fliegt dann über Bord, und das Arbeiten an Land wird zur Unmöglichkeit. Das sind die Vorboten des gefürchteten Habubs, jenes Staubsturmes, der mit seinen dunklen Staubwolken den Tag zur Nacht macht, und vor dessen Energie der dichteste Schutz nichts auszurichten vermag. Er ist bereits in schwacher Auflage recht unangenehm, das haben wir eines Tages in Khartum gemerkt.

Wenn dann in der Regenzeit die langanhaltenden Güsse beginnen, ändert sich das ganze Bild, die ganze Landschaft. Dann kommen die Fluten des Nils und überschwemmen unendliche Gebiete des Landes. Wo bisher fürchterliche Dürre herrschte, wo sich die tote Vegetation in gelben, braunen und schwarzen Tönen zeigte, erscheint plötzlich üppiges, saftigstes Grün. Kaum sind aber die letzten Regen gefallen, setzt auch bereits die starke Verdunstung ein, und damit beginnt das Vorspiel zur neuen Trockenperiode.

Von wirklich überwältigender Farbenpracht sind in der Trockenzeit die täglichen Sonnenuntergänge. Der Reichtum meiner Palette versagt gegenüber diesen natürlichen Farbenwundern, diesen Feuertönen. Und welche unglaublichen Kompositionen kommen dabei zustande! Gemalt würde sie niemand glauben.

Wie in der Regenzeit alles Wild landeinwärts zieht, kehrt es mit zunehmender Dürre zum Flusse zurück, streckenweise bis hart ans Ufer. So eintönig das landschaftliche Bild für das flüchtige Auge ist, so ist es in bezug auf die Fauna ein so mannigfaltig großartiges, daß der wirkliche Tierfreund nicht aus dem Entzücken herauskommt.

Das Gras und Schilf der Ufer, die breiten Flächen des Stromes sind von Tausenden und aber Tausenden von Vögeln belebt. Kraniche, alle möglichen Reiherarten, vom kleinen weißen Kuhreiher bis zum mächtigen Riesenreiher, Pelikane, unendliche Flüge von Nil-,

Sporen- und anderen Gänsen, viele Entenarten und dann das Heer der Strandvögel, die graziös im seichten Wasser des Ufers einherstolzieren. Über dem Wasser schwirren die schönen, schwarzweißen Graufischer. Senkrecht halten sie plötzlich den Schnabel nach unten gerichtet und plumpsen dann wie ein Stein in die Fluten. Drüben im Schilf sitzen komische Schlangenhalsvögel und sonnen sich mit ausgebreiteten Flügeln. Einer dieser merkwürdigen Gesellen hockt auf einer kaum metergroßen schwimmenden Grasinsel in der gleichen Stellung und läßt sich so von der Strömung weitertreiben. Auf einem dürren Aste thront der herrliche weißhalsige Schreiseeadler, und hoch in den Lüften ziehen Geier und andere Großraubvögel ihre wundervollen Kreise.

Aber damit ist das Vogelleben noch lange nicht erschöpft. Da fliegen schier unglaubliche Mengen kleiner, bunter Finken so pfeilschnell über den Fluß, daß man kaum erkennen kann, welcher Art sie angehören. In geschlossenen Gruppen sitzen Scharen wundervoller, rotgefärbter Bienenfresser auf den Kronen der Bäume und Sträucher.

Und weiter das andere Getier, das dem heiligen Flusse sein Dasein verdankt. Wo sich eine kleine, schilffreie Uferstelle oder eine kaum sichtbare Sandbank zeigt, dort entdeckt das geschulte Auge immer etwas. Graue, schlammbedeckte, alte und geborstene Baumstämme vermeint der ungeübte Blick zu sehen, leblos liegen sie da. Und doch sind es unheimlich fixe Räuber, große und kleine — Krokodile aller Altersstufen. Nicht selten liegen ganz alte Herren dazwischen. Einer hat seinen unbändig großen, langen Rachen direkt nach Osten aufgesperrt und läßt sich so die liebe, warme Morgensonne ins Gefräß scheinen. Das wäre nun noch nichts Besonderes, denn das machen die anderen Genossen auch. Aber auf seinem bemoosten Rücken sitzen, so lang wie er ist, dicht aneinander gedrängt, eine Reihe kleiner, bunter Enten. Sie haben alle den Kopf nach einer Richtung gewendet. Mit einer geradezu unglaublichen Sorglosigkeit trippeln emsig im offenen Rachen des Riesen die nach Schmarotzern suchenden hübschen, kleinen Krokodilwächter umher. Wüßte man nicht, daß der alte Räuber diese niedliche Gesellschaft auf seiner Sandbank braucht, so könnte man in Sorge um sie sein. Ein Bild wundersamen Tierlebens!

Die Krokodile sind hier ungeheuer zahlreich. Ich habe auf keiner meiner Reisen solche Mengen an einem Tage gesehen, wie hier im Sudan am Nil. Sowie sich aber der Dampfer nähert, gleiten sie blitzschnell in die Fluten. Und der Schuß muß sehr gut sitzen, wenn das Krokodil im Feuer liegen bleiben soll. Ich habe Schüsse gesehen, wo das Stück wie tot liegen blieb, und dennoch beim Näherkommen des Dampfers ins Wasser rutschte und verloren ging. Die Lebenszähigkeit dieser Tiere ist ganz außergewöhnlich.

Se. Majestät schießt vom Schiffe aus auf zirka 50 Meter mit gutem Kopfschuß ein starkes Stück, das sich nur ganz wenig auf einer seichten Sandbank im Flusse zeigte. Es liegt im Feuer. Aus der Nase schießen sofort zwei mindestens meterhohe Schweißfontänen empor. Nun wird es mit Hilfe zweier fingerdicker Taue ins Beiboot gebracht. Dann bringe ich es auf eine starke Schiffsplanke mit dem Kopf nach der Außenseite und quer zum Boot, vertäue es mit dicken Tauen und gebe ihm Halt und Stellung. Darauf wird dem Tier mit aller Gewalt der Rachen aufgerissen und ein zirka 40 Zentimeter langer, dicker Knüppel als Stütze hineingesteckt. Das 3,41 Meter lange Krokodil ist in seinen Gliedmaßen völlig schlapp, also verendet. Nun gehe ich an die Malerei. Um mich her

hocken die Schwarzen. Nach ungefähr einer halben Stunde geht ein leises Zittern durch den Tierkörper.

Weißohrantilopen.

Plötzlich kracht der dicke Knüppel in Stücke, der Rachen klappt zu und der mächtige Schwanz schlägt nach rechts und links, daß es an der Planke nur so knallt und klatscht. Das Tier macht untrüglich Versuch, sich zu befreien und vom Brett nach dem Wasser zu gelangen. Ich wie die Leute spritzen zur Seite; um ein Haar hätte mir der dicke Schwanz eine kräftige Ohrfeige verabfolgt. Zum Glück halten meine festgeschnürten Taue aus, sonst wäre unsere Beute trotz ihres fast einstündigen Todes ins Wasser geflitzt, verloren gegangen. Aber den Rachen bekomme ich trotz aller Kraftanwendung nicht mehr auf. Daß Todeszuckungen bei Krokodilen noch nachfolgen, habe ich häufig beobachtet, niemals aber nach so langer Zeit.

Renk liegt hinter uns; wir können von hier an täglich auf Großwild rechnen. Einzelne Antilopen zeigen sich bereits.

Eine der schönsten Arten ist die auf den Sudan beschränkte Weißohrantilope. Namentlich die Böcke sind herrliche Erscheinungen, deren Färbung — Orangeocker und tiefstes Schwarz — mit zunehmendem Alter immer schöner wird. Der Bock, an Größe ungefähr in der Mitte zwischen unserm Rot- und Damhirsch stehend, ist schön gebaut und trägt sich sehr stolz. Dieses Wild sieht man auf den weiten, sumpfigen Niederungen in zahlreichen Herden; vereinzelt bummelt auch da und dort ein alter, schwarzer Bock umher oder taucht hart am Ufer auf.

Se. Majestät schießt ein tiefschwarzes Stück, und auch die anderen Herren erlegen mehrere Weißohrantilopen. Jeder Tag bringt nun etwas Neues, Interessantes, und die Schußliste verlängert sich ganz gewaltig. Da stehen hinter Wasserbock und Weißohrantilope die Pferdeantilope, Ducker, Tiang und so manches seltene Flugwild verzeichnet.

Leider will es nicht gelingen, den prächtigen Wasserbock (Cobus maria) zur Strecke zu bringen. Ich persönlich kann ihn aber wenigstens gut beobachten und sehe seinen weißen Spiegel in der Sonne leuchten.

Endlich werden die ersten Wasserböcke gesichtet und erlegt. Und was für kapitale Burschen sind das! Stärker als unser Rothirsch und das Gehörn länger, ausladender als beim Ostafrikaner, dem Cobus ellipsiprymnus. Mehrmals stehen einzelne Böcke hart am Ufer und lassen unsern Dampfer ganz nahe herankommen. Bei solchen Anblicken erklären alle Herren einmütig die auffallende Ähnlichkeit des Wasserbockes mit unserem Rothirsch.

Se. Majestät, als Afrika-Neuling, pirscht mit großer Leidenschaft und Ausdauer.

Am Morgen des 22. Februar langen wir in Kodok, dem einstmals heiß umstrittenen Faschoda, an. Es ist ein langgestreckter, mit unzähligen gleichmäßigen Hütten bebauter Ort von beängstigender Öde.

Nächsten Tages erreichen wir die österreichische Missionsstation Tonga, die besichtigt wird. Hier entdecke ich in der Person eines alten Sudanesen einen ehemaligen Wißmannsoldaten, der jetzt von seiner „Rente" lebt. Die deutschen Kommandos kennt er noch ganz genau, und er läßt es sich nicht nehmen, fortwährend damit vor dem König zu glänzen.

Am Ufer tummeln sich eine Menge Schilluks in ihren merkwürdigen Booten. Diese sind $2^1/_2$ Meter lang, kaum hüftbreit und aus den federleichten Stauden des Ambatsch, der in Menge am Ufer wächst, gefertigt. Diese Stauden sind zwar äußerst primitiv zusammengebunden, aber sie besitzen eine erstaunliche Tragfähigkeit. Die aus zwei Mann bestehende Besatzung paddelt darin leicht und schnell durch die Fluten. Mitunter sieht man ihr Boot gar nicht einmal.

Bald hinter Taufikia macht der Weiße Nil eine Biegung nach Westen, teilt sich zwischen Inseln in Buchten und wird stellenweise sehr schmal. Da bringt die Papyrusvegetation etwas Abwechselung in das eintönige Uferbild, ebenso einzelne Dum- und Borassuspalmen. Bald wird der Lake No erreicht, dort, wo der Bahr el Jebel abfließt.

Mit seinen Papyrusmassen macht er einen lagunenartigen Eindruck. Einzelne kleine Schlangenhalsvögel und Kronenreiher bringen in das flache Landschaftsbild etwas Leben. Da die Ufer weit unter Wasser stehen, muß die unternommene Pirsche leider abgebrochen werden.

Am Nachmittage gibt's eine freudige Überraschung, der erste „Balaeniceps rex" — Schuhschnabel! Und doch — ich bin enttäuscht. In welch gänzlich anderer Umgebung habe ich mir immer diesen Wundervogel gedacht! Und jetzt steht er da, frei und offen, in dem weit ausgedehnten, niedrigen Uferschilfe.

Dieser merkwürdige Geselle mit dem unglaublichen Kopf! Von Marabugröße, mit schön blaugrauem Gefieder, wäre seine Erscheinung ganz normal. Aber dann der kurze, dicke Kopf mit dem schnurrigen Schopf und den großen, merkwürdigen Augen; vor allem aber jener wunderbare, schuhförmige, klobige Schnabel. So etwas von massiger Form

Schuhschnäbel.

gibt es in der ganzen Vogelwelt kaum wieder. Das Naturell dieses Tieres ist gemessen und würdig. Und wenn er mit eingezogenem Halse abstreicht, vergißt man das Wundergeschöpf sobald nicht wieder.

Der Schuhschnabel genießt in seiner Heimat absolute Ruhe, da er unter dem Schutze strengster Schonung lebt. Sr. Majestät wurde jedoch der Abschuß eines Exemplares freigegeben, der auch noch an demselben Abend erfolgte. Dazu kommen drei kapitale Wasserböcke und eine Weißohrantilope; kein Wunder, daß am Abend an Bord eine frohe Stimmung über diese Jagdresultate herrscht. Sie kommt auch beim Essen in anderer Weise zum Ausdrucke, denn es gibt ein Gläschen Bier — eine „furchtbare" Seltenheit — und Sekt auf Eis, auch kein alltäglicher Genuß!

Vor Sonnenuntergang zeigen sich in der Ferne die ersten Giraffen, etwa 40 Stück, und alle möglichen Antilopenarten.

Am Tage darauf, gegen drei Uhr nachmittags, sitze ich malend auf Deck. Da entdecke ich in nördlicher Richtung und weit draußen in der Steppe eine große Elefantenherde. Natürlich eile ich sogleich auf das obere Deck zu Sr. Majestät und höre, daß man dieses Wild hier oben ebenfalls schon gesichtet hat. Etwa 150 Stück zählt die Herde. Äsend zieht sie in der weiten, nur mit einzelnen Büschen bestandenen Steppe dahin. Ab und zu teilt sie sich. Die Rüssel winden in der Luft, beständig klappen die gewaltigen Gehöre. Es läßt sich sogar ganz deutlich beobachten, wie die Tiere das Gras herausreißen, sich damit peitschen und dann in die Luft werfen. Auf vielen Stücken stehen weiße Kuhreiher. Es befinden sich mehrere ganz kapitale Zahnbullen in der Herde. Der allerstärkste aber — seine Zähne reichen fast bis zur Erde — zieht ganz allein in einiger Entfernung hinterher. Wie ich das alles so sehe, kann ich meine innere Unruhe kaum bezähmen. Könnte ich da mal schnell heran, denke ich — — —

Jetzt werden auch junge Tiere sichtbar. Sie sind der Grund, weshalb von einer Jagd Abstand genommen wird. Der Jagdleiter behauptet nämlich, es sei zu gefährlich. Schade! Ich kann das nach meinen Erfahrungen nicht unterschreiben.

Indessen zieht die Herde immer näher zum Flusse, und in der Dämmerung fahren wir mit dem Dampfer noch näher vorüber. Bald haben wir die vordersten Stücke auf kaum 200 Meter vor uns. Jetzt erst bekommen sie Wind, und ab geht die ganze Gesellschaft unter wüstem Gepolter. Ein höchst imposantes Schauspiel.

Wir erreichen schließlich den westlichsten Punkt des Bahr el Ghasal; er liegt an der Stelle, wo der Bahr el Arab abfließt. Wir wenden, um hinter Tonga noch den Bahr el Zeraf — Giraffenfluß —, der vom Weißen Nil sich südwestlich abzweigt, zu befahren.

Hier ändert sich der ganze Landschaftscharakter. Abgebrannte dürre Steppe, niedrige, schwache Dornenbüsche, die Ufer aber dicht mit wenig hohem Schilf bewachsen. Hier wird auch der Bahr el Zeraf so schmal, daß sich kaum zwei Schiffe ausweichen könnten.

Es ist Mittag. Unbarmherzig sendet die Sonne ihre Strahlen hernieder, und stetig zieht der Dampfer seine Bahn. Zufällig bin ich heute derjenige, der Mittag zuerst nach Tisch das obere Deck betritt. Da — soll ich denn meinen Augen trauen — — —

Ragen doch da, kaum drei Meter vom Ufer entfernt, zwei mächtige Löwenköpfe aus dem Schilfe hervor! Sogleich wütendes Knurren. Darauf erscheint nahe hinter den beiden

noch einer und abermals einer. Der vorderste ist ein alter Mähnenlöwe mit seinem ebenfalls alten Weibchen.

In diesem Augenblicke weiß ich wahrhaftig nicht, was ich mir eigentlich denken soll. Vier Löwen lassen unsern rumorenden und qualmenden Dampfer so nahe herankommen! Hat sich denn plötzlich die ganze Naturgeschichte umgekrempelt? Die Entfernung von mir bis zu den beiden vorderen alten Löwen beträgt allerhöchstens neun Meter! Und das Merkwürdigste ist, sie machen, trotzdem das Schiff beinahe das Uferschilf berührt, kaum Anstalten, zu flüchten. Was tun? In meinem Kopfe fährt es Karussell.

Eine Dublette, flitzt es mir zunächst durch den Sinn. Unsinn natürlich, ich darf ja nicht zuerst schießen. Dabei denke ich merkwürdigsterweise auch an einen Berliner Herrn, der faule Bemerkungen machte, als ich Löwen im Tageslicht malte; er hatte Löwen in heißer Mittagssonne, im offenen Gelände allerdings wohl noch nie in seinem Leben gesehen.

Wasserbock.

Während sich diese Gedanken jagen, betritt unten der König mit einigen Herren die Treppe, um nach oben zu kommen. Schnell gebe ich Se. Majestät ein Zeichen, aber trotz aller Eile geht doch alles zu langsam. Raulend erheben sie sich, schleichen aus dem Schilf das Ufer hinauf, und trollen alle vier einer etwas offeneren Stelle zu, wo sie schließlich hinter Dornendickicht verschwinden. Ein schnell hingeworfener Schuß vom fahrenden Dampfer aus fällt von Sr. Majestät, aber — ohne Löwenbeute geht die Fahrt weiter. Leider — wie hätte ich mich gefreut!

Die Vogelwelt ist hier ungeheuer zahlreich vertreten, streckenweise ganz unbeschreiblich. Wohin man sieht, Reiher neben Reiher, Marabus, Schlangenhalsvögel und unzählige Schreiseeadler; ein Beweis für den großen Fischreichtum des Flusses. Dem königlichen Jäger fallen zwei dieser schönen Adler zur Beute. Mir will es scheinen, als ob diese Adler hier etwas kleiner seien als in Ostafrika.

Den Ufervordergrund beleben ab und zu Antilopen. Eine kleine Elefantenherde zieht auf etwa einen Kilometer Entfernung vorüber, aber unsere Zeit drängt; wir müssen weiter.

Wieder sind einige Meilen Fahrt zurückgelegt, als wir Halt machen. Ich begleite den

König nach dem Jebel Zeraf, dem Giraffenberg. Unser Ritt führt durch eine weite, steinharte Ebene mit dürrem, verbranntem Grase. Viel großes Flugwild steht umher: Jabirus, Trappen usw. Links sichten wir eine Menge Wasserböcke und Tiangs. Es ist ein mühevoller Ritt über den einem Sturzacker ähnlichen steinharten Boden bis zum Jebel Zeraf. Dieser Berg steigt ganz unvermittelt aus der Ebene auf. Er besteht aus mächtigen, zerklüfteten Granitblöcken, zwischen denen einzelne Bäume und dürre Sträucher ihr Dasein fristen. Knorrige, trockene Schlingpflanzen ranken sich zwischendurch und geben dem Ganzen einen ausgesprochen tropischen Charakter. Ein typischer Platz für lichtscheues Raubtiergesindel. Ich möchte hier nicht jeden Winkel absuchen.

Aber jenseits des Berges zeigen sich viele Giraffen, und es gelingt dem König, einen starken Bullen davon zu erlegen. Während der glückliche Jäger sofort nach dem Dampfer zurückkehrt, bleibe ich noch in der Steppe und komme erst kurz vor Dunkelwerden und völlig ausgedörrt mit der königlichen Trophäe zurück.

Der Abend verläuft sehr stimmungsvoll. Aus Anlaß des Namenstages Sr. Majestät haben die Herren der Begleitung den Speiseraum mit Grün geschmückt. Freiherr von Koenneritz bringt ein Hoch auf Se. Majestät aus, dann singen draußen die Diener: „Den König segne Gott." Eine schlichte, aber gerade darum erhebende Feier.

Der zweitnächste Tag sieht uns auf der Büffelfährte. Seit Tagesanbruch sind wir unterwegs, aber es wird beinahe Mittag, ehe der König zu Schuß kommt. Wohl waren bereits dreimal Büffel gesichtet und angepirscht worden, aber immer ohne Erfolg. Da zeigen sich ganz plötzlich zwei Stücke in ziemlich dichtem Dornenbusch. Ein mittelstarker Bulle bricht im Feuer zusammen, der unbeschossene Büffel aber bleibt bei dem verendeten stehen, und das bedeutet eine kritische Situation. Der König erlaubt Freiherrn von Koenneritz heranzupirschen und zu schießen. Der Schuß fällt, jedoch ohne Erfolg. Machulka und ich, die wir etwas abseits rechts die Lage beobachten, hören nach dem Schuß den Büffel durch die Büsche brechen und abgehen. Sogleich machen wir uns schußbereit in der Erwartung, daß er sichtbar wird; er schwenkt jedoch ab. Einige Zeit warten wir noch, um festzustellen, ob der Abgegangene nochmals zu seinem toten Genossen zurückkehren würde, was ja häufig geschieht. Aber es bleibt still. Dann gehen wir an den erlegten Büffel heran, um die Trophäe zu besichtigen. Nun gibt es für mich wieder künstlerische Arbeit. — Die folgenden Tage bringen weitere Büffel zur Strecke. Die des Grafen von Rex und Freiherrn von Koenneritz sind alte, recht kapitale Bullen. Aber während der des ersteren weit ausladet, bildet der andere das reine Gegenteil. Er ist jedoch mit seinen total abgewetzten kurzen Spitzen und der breiten Stirnwülste entschieden der ältere. Man könnte versucht sein, die beiden Stücke für besondere Arten zu halten, so verschieden sehen sie aus. Das beweist wieder zur Genüge, wie sehr die Gehörne aus derselben Gegend sich unterscheiden können.

Am nächsten Morgen werden zwei Löwenfährten der letzten Nacht eine halbe Stunde lang verfolgt. Die Löwen müssen auf einer freien Stelle auf mehrere Giraffen gestoßen sein, die im Winkel zu ihnen zogen. An den Hufeindrücken und Kratzern kann man deutlich erkennen, wie sie plötzlich durcheinander flüchtig wurden. Auch die Löwen müssen danach abgesprungen sein. Bei den schlechten Bodenverhältnissen läßt es sich nicht nachweisen,

Schilluks beim Zerwirken eines Krokodils.

ob die Giraffen weiter verfolgt worden sind. Die Richtung der Löwenspuren läßt darauf schließen. Bald darauf rufe ich unwillkürlich aus: „Was sind doch die Pferdeantilopen für herrliche Tiere!" Unter ihnen ist ein ganz kapitaler Bock, der mir besonders in die Augen sticht. Wie steht er auch da, dieser dickhalsige, nackenmähnige und stark behörnte Recke! Mit jedem seiner scharfen Sinne sichert er nach uns. Es kommt ihm doch höllisch verdächtig vor, was da vor ihm im Busche herumkraucht. Welch ein prächtiges Bild bietet er jetzt, wo er sich eben sichernd spitz gestellt hat. Und die Neugier plagt ihn anscheinend auch. Da fährt ihm plötzlich der Argwohn ins Genick. Kurz kehrt, und schon trabt er im elegantesten Stechtrab mit seiner Sippe hinaus in die weite Steppe. Ein Anblick für — mich!

Kurz darauf schießt Generalarzt Selle ein sehr kapitales Stück dieser Gattung.

Sonntag! Auch hier im fernen Sudan wird er voll gewürdigt. Man frühstückt später und benützt die Jagdruhe, um im bequemen Liegestuhle auf Deck Lektüre zu treiben. Ich habe dazu keine Ruhe; mich zieht es hinaus. So durchbreche ich etwas die Sonntagsruhe; jeder Tag ist kostbar für mich.

Da sitze ich denn qualmend im Schatten eines Baumes und verbringe weihevolle Arbeitsstunden, ergötze mich innerlich nach meiner Weise an der Abgeschiedenheit der unendlichen, großen Gottesnatur.

Nachmittags verlassen wir Mestra Zeraf, wo wir zwei Tage gelagert, und gehen nach kurzer Fahrt gegenüber dem Berge Achmed Aga vor Anker. Hier erinnert mich die Landschaft ungemein an Ostafrika. Mehr eingestreute grüne Büsche, dazwischen helles, gelbes Gras, rotgelb-stämmige Dornenakazien, zum Teil graues Gelände und sanft gewelltes Ufer.

Mit neuem Tagesanbruch beginnt bereits die Pirsche. Und da könnte man beinahe erschrecken, als im Morgengrauen plötzlich ein Trupp wandernder, splitternackter, baumlanger Dinka oder Schilluk in der Steppe um die Ecke eines Busches auftaucht. Die Kerle haben sich mit Asche völlig mäusegrau eingesalbt. Dazu noch die gespensterhaften Gesichter mit den weißen Augäpfeln. —

Die Tagesstrecke beträgt: zwei Pferdeantilopen, eine Gazelle und eine Tiang. Se. Majestät machte spitz von vorn einen guten Halsschuß auf letztere.

Gegen Mittag geht's wieder dampferwärts. Nach einstündigem Marsche bin ich etwas zurückgeblieben, da der Packesel seine Wildlast zu verlieren droht. Fünfhundert Meter vor mir sehe ich noch die Herren im Dornenbusche verschwinden, als ich jedoch nach dieser Stelle komme, sind sie nicht mehr zu sehen. Die Spitze nehmend, folge ich ihren Spuren, muß aber bald des ermüdeten Esels wegen nochmals Halt machen. Als dann beim Weitergehen ein Mann der Begleitung mit dem Packesel die Spitze und die Führung übernimmt, fällt es mir auf, daß sich jetzt die Landschaft ganz anders ausnimmt als morgens. Der Mann meint aber auf meine Vorstellungen, wir seien auf dem rechten Wege, er kenne die Richtung. Trotzdem verstärken sich meine Zweifel. Nun sagen auch die Leute, daß sie nicht wüßten, wo sie seien oder in welcher Richtung der Dampfer liege. Kein Zweifel, wir haben uns verlaufen! So etwas hätte ich den landeskundigen Leuten wahrhaftig nicht zugetraut. Da sehe ich wieder, daß sie durchaus nicht so zuverlässig sind, und hätte ich nicht beizeiten meine Bedenken geäußert, sie wären immer weiter ins Blaue hineingelaufen.

Nun haben wir uns bei der Sucherei in einen Busch verrannt, der einem wahren Irrgarten gleichkommt. Die alte Geschichte, wir laufen fortwährend im Kreise, und das Unangenehmste ist, daß ich gerade heute bloß fünf Patronen bei mir habe. Aber noch liegen bis zum Abend mehrere Stunden vor uns, also weiter und den Mut nicht verloren. Vor allem suche ich den Achmed Aga zu entdecken, der dann mein bester Wegweiser wäre. Recht fatal ist mir die Sache schon deswegen, weil sofort nach unserer Rückkehr die Weiterfahrt erfolgen sollte. Endlich finden wir nach geraumer Zeit einen besteigbaren Baum, und von ihm aus sichten wir auch glücklich den ersehnten Achmed Aga.

Nun flott in seiner Richtung gehalten, dann muß ich an den Nil stoßen. Es kostet in dem hohen Grase und Busch so manchen Umweg und manche Mühe. Schließlich erblicke ich aber doch etwas blaues Wasser und atme auf. Jetzt südlich zurück, dort muß der Dampfer liegen! Ja — könnte man gemütlich am Ufer entlanglaufen, wäre die Sache recht einfach. So aber muß ich mit meiner Gesellschaft stellenweise kreuz und quer mitunter mehrere hundert Meter landein, weil an dem vertrackten Ufer kein Durchkommen möglich ist. Das erfordert gespannteste Aufmerksamkeit, um nicht wieder die Richtung zu verlieren. Endlich hören wir von weitem Stimmen. Die Herren hatten bereits Schikaris nach uns abgesandt, da man sich unser Ausbleiben nicht erklären konnte.

Bald sind wir an Bord. Kaum hat der letzte Mann den Landsteg betreten, dampfen wir los. Spät abends landen wir in Jebelein.

Noch einmal unternimmt Se. Majestät am nächsten Morgen eine Pirsch hinter dem Berge von Jebelein. Dabei werden drei Löwen auf 3—400 Meter gesichtet, aber leider kommt keiner von ihnen zur Strecke. Bereits um acht Uhr früh setzen wir unsere Fahrt nach Norden fort.

Mit dem Gebiete von Jebelein hört die Großwildjagd vollkommen auf. Nun heißt es „Hahn in Ruh'" und Abschied nehmen. In der Morgensonnenbeleuchtung erfreue ich mich noch einmal an dem von mir entdeckten „ruhenden Löwenkopf". Jetzt sieht das Berggebilde noch viel frappanter aus.

Krokodile und vieles andere Wasserwild geben auf der Weiterfahrt noch zu guter Letzt reichlichen Stoff zur Unterhaltung. Strecken, die wir auf der Hinfahrt zur Nachtzeit durchfuhren, sehen wir jetzt bei Tage. Und so haben wir nun die beste Gelegenheit, den ungeheuren Viehreichtum des Landes kennen zu lernen. Es mag übertrieben klingen, wenn ich sage, mitunter ist wegen des vielen Viehs kaum ein Stück Land zu sehen; alle die unzähligen Rinder, Schafe und Ziegen bilden eine einzige, gedrängte, dunkle Masse und tummeln sich auf dem beinahe wüstenhaften Gelände.

Bei einem unheimlich starken Nordost geht's rastlos weiter nördlich. Der letzte Abend gestaltet sich zu einer hübschen Abschiedsfeier. Se. Majestät ist rückhaltlos von der Reise befriedigt, und ebenso seine Begleitung.

Khartum! Abschiedsmahl — Eisenbahn! Aber diesmal trägt uns das Dampfroß weiter nach Norden zu, durch ganz Ägypten, durch alle seine Hauptorte, die eingehend besichtigt werden.

Und nun sitze ich wieder in meinem Heim, als wäre ich gar nicht „draußen" gewesen, wie so viele Male schon. Aber mit großer Befriedigung blicke ich dankbar zurück, denn diese Reise war wohl kurz, aber doch von ganz besonderem Reiz.

Ich habe ein hochinteressantes Land kennen gelernt; ein Land, das vor wenigen Jahren überhaupt noch nicht in dieser Weise zu bereisen war. Es hat enormen Fleiß und Energie gekostet, ehe auf diesem, von wilden Kriegern bewohnten Boden eine fruchtbare Kultur entstehen konnte. Wie sich diese aber in so verhältnismäßig kurzer Zeit entwickelt hat, das hatte ich reichlich Gelegenheit zu beobachten. Die Engländer haben hier tüchtig geschafft, neue Städte gebaut, Ortschaften angelegt und Posten errichtet. Imposanteste Eisenbahnbrücken überspannen den Blauen wie den Weißen Nil und vermitteln den Verkehr nach dem Hinterlande. Von Jahr zu Jahr erweitert sich das Schienennetz, und trotzdem: Wird es wirklich den Engländern einmal beschieden sein, Eisenbahnfahrkarten von Alexandrien nach Kapstadt zu verkaufen — — —?

Elefanten im Gebirge

Es ist Mitte Februar. Ich bin wegen der sehr starken Regenperiode nach wenig erfolgreicher Expedition aus dem Ubenalande nach Iringa zurückgekehrt. Nun habe ich beschlossen, schon morgen einen Zug nach dem Utschungwegebirge zu unternehmen, um dort mein Heil auf Elefanten zu versuchen. Wurden mir doch von dort aus verschiedenen Gegenden solche bereits gemeldet.

Der Aufstand, der in diesem Landstriche gewütet hatte, ist unterdrückt. Warum soll ich da Bedenken haben, die Gegend aufzusuchen. Wohl streifen noch vereinzelte Aufständige plündernd umher, stecken Hütten in Brand und rauben und morden dabei. Im allgemeinen haben sie aber doch vor dem Weißen, und besonders vor dem Militär, einen Heidendampf. Haben sie etwas ausgefressen, folgt die Strafe meist auf dem Fuße, das wissen sie sehr genau.

Im vorigen Jahr habe ich ja den Aufstand mit allen seinen Schattenseiten zur Genüge kennen gelernt. Zuerst unfreiwillig, dann lange genug freiwillig, alles ausgekostet und miterlebt. Ich wußte also — Bescheid!

Viel mehr geht mir bei der jetzigen Regenzeit die Gefahr für den Erfolg meiner Expedition im Kopfe herum. Wer diese Zeit voller Tücken und Beschwerden so kennen gelernt hat wie ich, der weiß es auch, was es bedeutet, dann im afrikanischen Gebirge auf Elefanten jagen zu wollen. Schon der Marsch allein stellt an den Körper außergewöhnliche Anforderungen.

Da erfahrungsgemäß mit der Zahl der Leute auch die Beschwerden und Hindernisse wachsen, nehme ich mir nur einen kleinen Troß mit.

Die ersten fünf Stunden Nachmittagsmarsch bringen mich nach dem Posten Himbu. Die scharfe Brise hat den grauen Wolkenbehang vor den fernen, blau-violetten Bergen zerrissen. Nun jagen die schweren Wolkenmassen dahin und öffnen meinen Blicken immer farbenprächtigere Fernsichten. Pittoreske, hohe und kahle graue Felsblöcke streben empor; mitunter sind sie von Busch und Euphorbien umgeben. Die näheren Berge sind mit dichtem Miombobusch bestanden, aus dem gleichfalls ein Chaos von Felsgestein hervorragt. Dieses große Panorama überspannt ein prächtiger Wolkenhimmel. Er gibt für den Marsch die richtige Laune und Hoffnung auf bessere Tage.

Leider wird der Wahn bereits am nächsten Tage durchaus zu Wasser. Bis Dabaga, das auf flachen Höhen mit sehr weiten Grasflächen, nur durch vereinzelte Büsche belebt, steht, ließ sich das Wetter morgens noch an. Dann geht es höher hinauf, in die Zone des geschlossenen Waldes.

Damit ändert sich mit einem Schlage der ganze Landschaftscharakter und ebenso das Wetter. Schweres Gewitter setzt ein mit wolkenbruchartigen Regengüssen von nicht versiegender Dauer. Der Wald mit seinem ohnedies genügend schlüpfrigen Humusboden wird immer ungangbarer. Wirklich halsbrecherisch sind Stellen, wo es steil auf- oder abwärts geht. Ich werde an die kahlen, steilen Hänge von Muhanga noch lange denken! Alle Augenblicke saust einer der Leute mit seiner Last die mühsam erkratzelte Höhe wieder hinunter. Mann und Last wetteifern dann förmlich, wer von beiden am schnellsten unten ankommt. Meist ist es aber die Last. Nun hüllt uns zu allem Verdruß auch noch dichter Nebel ein; wir sind in den Regenwolken.

Immer sonderbarer wird das Bild, ich möchte sagen: gespenstiger. Und wenn man dann noch sehen muß, wie ein Mann in den verschiedensten Purzelbäumen den Hang hinunterrollt und nach 8—10 Meter in einem gähnenden Abgrund unsichtbar verschwindet, aus dem dicker Nebel brodelt, wird man nicht gerade besserer Stimmung. Man atmet auf, wenn endlich von unten eine tiefe Stimme ertönt.

Als ich vorhin den Wald betrat, fand ich nahe am Rande die frischen Spuren und Losung eines alten Löwen. Das hätte ich früher in solcher Höhe nicht für möglich gehalten!

Dieser Wald ist unbeschreiblich bizarr. Turmhohe Bäume ragen kerzengerade in die Lüfte. Jetzt erscheinen sie schier endlos hoch, denn ihre Gipfel sind im Nebel verschwunden. Und der unglaubliche übrige Pflanzenwuchs! Alle die schmalen und breiten, flachen und senkrecht abfallenden unzähligen Schluchten sind bedeckt mit hohen Kraut- und Blattpflanzen, geschmückt mit schwarzstämmigen Baumfarren. Dazu die bis armstarken Schlinggewächse, die, von den höchsten Baumriesen herabhängend, sich zum unbeschreiblichsten Wirrwarr vereinigen. Unter diesem Pflanzenwuchs lagern dunkelgrün bemooste Felsblöcke, und dazwischen bahnen sich klare Gebirgswässer ihren unaufhaltsamen Weg, stellenweise reizende Wasserfälle bildend. Hier stehen Bäume, die, völlig mit langen, graugrünen Flechten behangen, wirklich greisenhaft aussehen, und dort sind andere, mit einem Gitter von Schmarotzerpflanzen umgeben, auf dem farbenprächtigste, wunderlich geformte Orchideen und anderer Blumenflor mit ihren Reizen prunken. Dann komme ich an Schluchten, die lediglich mit Bambuswald bestanden sind. Hier haben ganz ersichtlich die Elefanten gehaust. Haushoch liegen die langen, schmiegsamen Stengel durcheinander, und nur die Axt ermöglicht hier weiteres Vordringen.

An vielen Stellen des Bergwaldes vereinigen sich hoch oben die Baumkronen zum dichten Blätterdache. Dann herrscht Halbdunkel in der dämmrigen Tiefe, und unsere Stimmen schallen wie in einem weiten Dom. Dumpfe, modrige Luft umfängt den Eindringling; in den größeren Höhenlagen ist sie kühl, weiter unten aber feucht und siedend heiß, wie in einem überheizten Treibhause.

Recht mannigfaltig sind auch die Gerüche dieses Waldes. Fährt ein Windstoß durch die grüne Wildnis, bringt er häufig einen äußerst angenehmen, würzigen Duft herab.

Unmittelbar darauf kann es aber geschehen, daß eine Wolke von Moder, fauligem Holz und Schimmel die Luft wieder verpestet. Daneben macht sich überall der penetrante Moschusgeruch kleiner Raubtiere bemerkbar. Auch ein typischer, süßlicher Geruch fällt mir häufig auf, für den ich aber keine Erklärung habe. Haben dann noch hier und dort Elefanten gestanden und Visitenkarten hinterlassen, so gesellen sich zu diesen vielen Gerüchen auch der ihrer Wildwitterung. Schlösse man auch die Augen, man wüßte doch, wo man wäre.

Der Regen rauscht und prasselt durch das Blättermeer und spritzt von da zerstäubt umher. Dichte Nebelschwaden bahnen sich ihren geisterhaften Weg durchs dunkle Dickicht. Dann versperren sie wieder jede Aussicht; ahnungslos steht man plötzlich vor einem Absturz.

Utschungwegebirge, von der Steppe aus gesehen.

Dieser mächtige Gebirgs- und Regenwald! Wohl summen hier wie überall die Zikaden, wohl tönt hin und wieder ein Vogelruf oder anderer Laut, aber das alles macht die Stille in seinen hohen Hallen nur noch merkbarer, unerträglicher — furchtbarer. Nirgends kommt man sich wohl weltvergessener vor, als im Zwielichte dieses Waldesdomes. Und wenn dann so ein winziges Menschlein hinaufblickt in das himmelanstrebende Blättergewölbe da oben, wie klein kommt es sich vor! Sogar die mächtige Figur eines Elefanten will hier den richtigen Eindruck nicht mehr machen. Aber wer die Gabe hat, im großen Buche der Natur zu lesen, der empfindet etwas wie weihevollen Schauer, wie Andacht an geweihter Stätte. —

Am dritten Tage schlage ich bei strömendem Regen in Manamsangu spät nachmittags Lager. Es ist so kalt, daß ich alle verfügbare warme Jagdkleidung hervorkrame. Ein unangenehmes Wetter bei noch unangenehmerer Temperatur. Ich habe vor Kälte in der Nacht kaum schlafen können, und wie früh erst meine armen Leute aussehen, ist wirklich kaum zu glauben. Aschgraue Gespenster! Dabei trieft alles vor Nässe; Feuermachen ist ein Kunststück.

Und immer noch geht es weiter bergauf, aber auch bergab. Tagelang geht es so bei starken Steigungen. Unheimliche Dickichte werden durchquert, meist bei dichtem Nebel,

immer aber bei wolkenbruchartigem Regen. Sieben Tage währt die Wanderung auf den schlüpfrigen Pfaden, da erreichen wir den Lukosse an einer Stelle, wo er mit seinem kristallklaren Wasser einen schönen Fall bildet.

Trotz des schräg abfallenden Geländes wird unter vieler Mühe ein Lagerplatz gerodet. Ich muß sobald als möglich lagern, denn meine Leute sind durch das furchtbare Wetter arg mitgenommen, einige versagen bereits.

Ich versuche mit vieler Mühe, etwas zu arbeiten. Aber dieser Wind! Er ist so unliebenswürdig, daß er mir zunächst meine Staffelei umwirft. Schließlich bricht mir ein Windstoß die kräftige Palette mitten durch. Eine Hälfte behalte ich in der Hand, die andere mit den dicken Farbenklecksen fliegt mehrere Meter weit im Bogen in den Busch.

Nun gerade — da zeichne ich eben! Doch bei dem naßkalten Wetter ärgert mich der weiche Bleistift mehr, als ich sonst vertrage.

Nach einer schlaflosen Nacht voller Regen- und Kälteschauer begrüße ich den Morgen mit Freuden. Kann ich doch nun bald wieder marschieren und die steifen Glieder in Gang bringen. Da setzt zu meiner großen Freude der Regen auf zwei Stunden aus, und wundervolle Stimmungsbilder erstehen vor mir. Eine kleine Entschädigung für die vielen Strapazen! Doch ich habe vorläufig jede Hoffnung auf erfolgreiches Arbeiten unter solch häßlichen Verhältnissen schweren Herzens aufgegeben. Wehmütig schwelge ich in den prächtigen Motiven und lasse sie an mir vorüberziehen. Eine andere Frage beschäftigt mich dafür: Wann werde ich endlich den ersten Elefanten zu Gesicht bekommen?

Während der letzten Tage bewegte ich mich zum großen Teil auf Elefantenwechseln. Ohne sie wäre ich in diesem Walde überhaupt nicht weitergekommen.

Nun habe ich in der Nähe des Lukosse zwei frische Wechsel gefunden, die ich sofort aufnehme, aber ohne Erfolg. Überall, wo ich Losung finde, muß ich sie auf mehrere Tage schätzen.

Weiterhin hat eine ziemlich zahlreiche Herde so steile Schluchten überwunden, daß Menschen ihnen nicht folgen können. Aus der Höhe der von den Bäumen gerissenen Äste kann ich sichere Schlüsse auf die gewaltige Größe der durchgewechselten Dickhäuter ziehen.

Elefanten sind in ihrem Marschbenehmen unberechenbar. Einige ziehen an manchen Tagen meilenweit, andere halten sich überall auf und bewegen sich äußerst gemächlich, aber natürlich nur, wenn sie nicht beunruhigt sind. Ich möchte behaupten, daß Elefanten wohl in manchen Gegenden herumstreifen, aber im allgemeinen doch ihren heimischen Standort dauernd beibehalten.

So große Mühe ich mir gebe, ich kann der Herde nicht ansichtig werden, und immer mehr komme ich zu der Erkenntnis, daß uns ein zu großer Abstand trennt. Die täglich nach allen Himmelsrichtungen ausgesandten Eilposten kehren stets mit negativem Erfolge zurück.

Heute muß ich nun gar die Beobachtung machen, daß sich die Herde unter einem großen Baumkomplex eingestellt hatte. Hier muß sie ziemlich lange verweilt haben. Ein Raum von mindestens 2000 Quadratmeter ist wie gerodet.

Von hier gehen die Spuren endlos hin und her. Mehrmals hatten die Elefanten unterwegs verweilt. Über einen hohen Berg führt der Wechsel talwärts. Eine Strecke verfolge ich ihn noch, dann muß ich der vorgeschrittenen Tageszeit wegen lagern. Aber ein paar Leute folgen den Fährten weiter.

Am nächsten Morgen treffen wir uns auf halbem Wege. Die Nachrichten lauten wenig ermutigend. Sie berichten, die Elefanten seien nach der Ulangaebene hinuntergezogen; auch hätten sie die Tiere unten am Berge stehen sehen.

Nun stehe ich da und überlege, was zu tun sei. Die Ebene ist in einem Gewaltmarsche bald zu erreichen, aber — ja dieses „aber" ist sehr zu überlegen. Die Gegend da unten gilt nämlich noch für absolut unsicher. Die Chefs von Mahenge und Iringa haben mich dringend vor dem Bereisen dieser Ecke gewarnt. Inzwischen ist zwar eine kleine Zeitspanne verstrichen, aber das macht wohl nicht viel aus. Aus diesen Gründen und um nicht etwa durch Zuwiderhandeln der mir von den befreundeten Herren gegebenen Ratschläge undankbar zu erscheinen, stehe ich vom weiteren Vordringen ab. Der erlegte Elefant wäre selbst im günstigsten Falle nicht imstande, die eventuellen Komplikationen wett zu machen. Freilich, leicht wird mir der Entschluß nicht nach all den gehabten Mühen.

Bei untergehender Sonne genieße ich noch einmal von meiner Bergeshöhe das unbeschreiblich schöne Panoramagemälde der Ulangaebene. Im Vordergrund lagern tiefgrüne, fast schwarzblaue, dicht bewaldete Berge; dahinter breitet sich in der Tiefe die weite Ebene als geschlossene, leuchtende Masse aus, bis auch sie in endloser Ferne an den duftigen Muhulubergen ihren Abschluß findet. Voller Sehnsucht blicke ich auf das wundervolle Bild da unten und male mir aus, welches vielgestaltige Leben diese Steppe bergen mag.

Und das Endresultat dieser ganzen Expedition? Absolute jagdliche Erfolglosigkeit bei höchsten Strapazen — — —

* * *

Nun bin ich in Massagati im Lupembebezirk.

An den herrlichen Schnellen des Njera habe ich am Fuße der Berge mein Lager errichtet. Es steht oberhalb des hohen Galeriewaldes zwischen riesigen, rotstengeligen Raphiapalmen. Dahinter lichter Miombowald.

Meine Stimmung ist ausgezeichnet, denn ich habe in den letzten Tagen viel Ausbeute in jeder Beziehung gehabt. Eigentlich bin ich nur hierher gezogen, um mich einmal ordentlich „auszumalen". Hier ist kein Mangel an herrlichsten Landschaftsmotiven, und Wild gibt's dazu, wo ich hinblicke. Elefanten, Büffel, große Antilopen, kurz, was das Jägerherz sich nur wünschen mag. Und auch das Wetter ist beständig. Kommt wirklich mal so ein ganz leichter Sonnenregen, wird er gar nicht erst beachtet.

So vergehen wundervolle Tage bei emsigem Schaffen von früh bis spät, und Studie auf Studie wandert in meine Mappe. Eines Vormittags, so gegen elf Uhr, sitze ich wieder unten am Flusse und male. Da bringt mir mein Boy zwei fremde Leute, die mir eifrig erzählen, daß in den Bergen viele Elefanten ständen; ganz frei, man könnte sie leicht schießen, ich solle nur gleich mitkommen.

Ich bin aber zu sehr in meine große Ölstudie vertieft, darum gebe ich den Leuten eine abweisende Antwort. So in der Arbeit, und gerade bei den letzten Strichen, sind mir selbst alle Elefanten Nebensache. Und ich bin auch durch frühere Erfahrungen gewitzigt, wo ich meine Arbeit unvollendet beiseite warf, alles glaubte, sofort losging und verärgert wiederkam. Es ist überhaupt immer so: wenn die Schwarzen nur einen Schwanz sehen, kommen sie sofort atemlos angerannt. „Herr, du mußt schnell kommen, da ist „nyama" — Wild. Ob das dann alt oder jung, männlich oder weiblich, ist ihnen völlig gleichgültig. Jede Kreatur, die der Nigger sieht, muß nach seiner Meinung der Europäer sogleich totschießen.

Nach einer guten Stunde bin ich mit meiner Studie fertig. Da tauchen oben im Lager auch sofort die beiden Männer wieder auf und hocken sich in der Nähe meines Zeltes nieder. Ein Weilchen sitzen sie stumm da; jeden Handgriff beobachten sie. Wie ich so meine Palette unter ihrer Aufsicht reinige, sage ich: „Na — nun erzählt mir mal, was mit euren Elefanten los ist."

Da höre ich denn unter vielen Gesten und Getue folgendes: Zwei Stunden oder noch etwas weiter vom Lager entfernt sei plötzlich in der letzten Nacht eine große Herde Elefanten durch das Tal gezogen und dann in die Schamben (Pflanzungen), die ausgerodet an den Berglehnen liegen, eingefallen. Dort hätten sie sich bis in den Vormittag hinein aufgehalten und alles Feld total verwüstet. „Bis vor unsern Hütten stehen sie," meint der eine, „und sie haben sogar das Gras vom Dache heruntergerissen. Die Weiber und Kinder sind alle geflohen. Einige beherzte Männer haben dann hinter den Hütten hervor mit Erdstücken nach den Tieren geworfen, aber das hat sie nicht gestört. Komme nur schnell mit, Herr, und schieße sie tot. Als wir fortliefen, standen sie noch alle da."

Nun, so eine Räubergeschichte! Aber der ganze Bericht klingt gar nicht so unwahrscheinlich. Mehrmals habe ich doch solche Situationen schon selbst erlebt. Warum soll ich also den armen Teufeln nicht glauben? Nur eins macht mich wankelmütig. Ich bin nämlich überzeugt, die Elefanten werden sicherlich nicht bis zum Abend, wo ich nach meiner Schätzung erst eintreffen kann, auf den betreffenden Feldern stehenbleiben. Wahrscheinlich werden sie dann schon längst in den Wald gezogen sein. Ihnen dorthin bei der Dunkelheit zu folgen, wäre Wahnsinn. Und wenn ich auch wirklich allen Angaben der Leute vollen Glauben schenken will, in ihre Entfernungs- und Zeitbestimmung setze ich absolute Zweifel. Sie haben in dieser Beziehung schon zu häufig und zu sehr daneben geschossen. Ein einziges Mal nur, es war im Aufstande, stimmten die Angaben eines von der Station Mahenge ausgesandten Kundschafters über Zeit und Entfernung verblüffend genau.

Nach langem Überlegen entschließe ich mich endlich, morgen früh auf gut Glück noch vor Tagesanbruch loszuziehen. So behalte ich einen Führer zurück und schicke den anderen mit der Weisung ab, er solle sehen, mit den Elefanten in Fühlung zu bleiben. Ich überlege so: sind die Elefanten bereits vergrämt, so habe ich so oder so keinen Erfolg. Sind sie es nicht, darf ich mit einiger Sicherheit annehmen, sie noch in nicht allzu weiter Entfernung anzutreffen. Außerdem stünde mir der volle Tag für eine Verfolgung zur Verfügung.

Morgens vier Uhr schnarrt der Wecker.

Ich schlage die Zelttür auseinander, da blinkt leuchtender Sternenhimmel hernieder, wundervoll reine, ozonreiche Luft kühlt meine Stirn. Die Leutekolonne in der Nähe des Zeltes wetteifert im Schnarchen. Ihr Sägen und Brummen mischt sich mit dem lauten Tosen und Rauschen der nahen Flußschnellen unter uns. Man muß das Schnarchkonzert von achtzig gesunden Negern erst einmal angehört haben, um es sich vorzustellen.

Bald geht es mit dem üblichen Fünf-Mann-Troß lautlos in den erfrischenden Morgen hinaus. Wir legen ein scharfes Tempo vor. Zunächst geht es eine halbe Stunde am rauschenden Flußufer entlang, dann auf einer sehr schwankenden Bambusbrücke nach der anderen Seite hinüber. Dort erklimmen wir auf schmalem Negerpfade einen mäßig hohen Geröllhügel. Das dahinterliegende Tal ist mit dichtem, vertrocknetem Bambus bestanden. Hier haben die Elefanten derartig gewüstet, daß wir unter schlimmster „Verkehrsstörung" leiden und wie die Akrobaten turnen müssen.

Dann kommen weitere Hindernisse wenig angenehmer Natur: Moräste, steile, schlüpfrige An- und Abstiege oder dichter Wald. Die angekündigte Zeit ist längst vorbei, und nach dreistündigem Marsche erreiche ich eine verlassene Hütte. Sie liegt auf einem Berge.

„Karibu, sana" — sehr nahe — sagt jetzt der Führer. In Wirklichkeit sind es aber noch weitere zweiunddreiviertel Stunden Weg!

Hier möchte ich noch etwas einflechten, eine andere Eigentümlichkeit der hiesigen Eingeborenen.

Es fiel mir bereits verschiedene Male auf, daß mich Leute anstatt mit dem üblichen Suaheligruße: „jambo" mit „adze senga" begrüßten. Jetzt höre ich nun die Erklärung.

„Das sind Lupembeleute, die sagen stets zu ihren Großen (Sultanen): Guten Tag, du Ochse!" Und da man die Europäer ebenso hoch achtet und einschätzt, wendet man bei ihnen die gleiche Begrüßungsformel an.

Mich hat dieser Gruß ungeheuer interessiert, schon wegen seiner ästhetischen Form, und schließlich erfuhr ich folgendes:

Dieses „adze senga" ist sowohl den Lupembe- wie den Benaleuten seit etwa 1880 eigen. In diesem Jahre zog Sultan Mutengela aus der Ulanga hinauf gegen das Volk der Lupembe. Diese Helden hatten aber eine fabelhafte Fertigkeit im Auskneifen, und so riß eben das ganze stattliche Volk, Herren wie Knechte, mächtig aus und kam schließlich bis Vuhambule im Sangulande. Dort wurden sie durch den alten Erbfeind, den Wahehe, in Schach gehalten, und von diesen, im Volksmunde Vajinga genannt, hörten sie den Gruß „adze senga".

Als ein Jahr später Mutengela sich nach Norden wandte, um sein Heil bei den Wahehe zu versuchen, wurden diese von Vuhambule abgelenkt und standen dann den Eindringlingen (Mutengelas Leuten) mutig gegenüber, ja — sie trieben den Feind sogar die Berge hinunter und nach der Ulangaebene zurück, ungefähr da, wo jetzt Makuwa haust.

Nun hatte der alte Lupembe Luft, — als großer „Sieger“ (?) kehrte er heim. Eine seiner ersten Regierungstaten aber war, daß er in außerordentlicher Ratsversammlung befahl, den Gruß der besiegten, (!) abgezogenen Feinde anzunehmen, zumal beide Worte auch im eigenen Sprachschatze vorhanden waren. „Adze“, abgeleitet von ukuadza — kommen, kann man am besten kurz mit „willkommen“ wiedergeben. „Senga“, der Vokativ von isenga — Kuh oder Ochse — bedeutet aber das Vornehmste, Höchste und Begehrenswerteste in der Gedankenwelt der Hehe- und Benaleute.

So entstand der herrliche Gruß „adze senga“ — willkommen, höchster, großer Ochse! —

Es ist bereits glühend heiß, als wir in das rechte Seitental abbiegen. Um den linken Abhang herum steuern wir durch offenes, krautbestandenes Gelände auf eine Lichtung zu. Dann werden Hütten sichtbar — wir sind am Ziele. Hier ist auch die Stelle, an der die Elefanten gestanden haben.

Ich muß gestehen, was ich hier sehe, entspricht nicht nur den Schilderungen der beiden Leute, es übertrifft alle meine Erwartungen. Hier ist tatsächlich eine Stätte der Verwüstung und Zerstörung.

Die Felder sind total zertreten, nicht ein Quadratmeter ist verschont geblieben von den schweren Tritten. Was von reifen und unreifen Feldfrüchten nicht verzehrt worden ist, liegt herausgewühlt, zertrampelt und weit verstreut umher. An mehreren Stellen sind tiefe Löcher gewühlt; dort hatten sich augenscheinlich jüngere Tiere in der staubigen Ackerkrume gewälzt.

Aus den vielen Fährten vermag ich alle Altersstufen festzustellen. Es sind recht kapitale Tiere darunter gewesen. Einer dieser alten Gesellen verrät sich durch seine starke Fährte auch als der Zerstörer der Hütten. In wenig netter Weise hat er sie ihrer schützenden Dächer beraubt. Dabei hat er auch einen vor der Hütte stehenden Topf mit Pombe — Eingeborenenbier — zertreten. Nun bildete der von den Negern so überaus geschätzte Inhalt eine große Lache auf dem Boden. Wohin ich auch blicken mag, überall Verwüstung, nirgends eine heile Staude. So ist es kein Wunder, daß sich der armen Eingeborenen beim Nahen dieser vielen riesigen Vandalen eine Panik bemächtigte und sie eiligst das Weite suchten; ist ihnen doch schon wiederholt die ganze Ernte von den Elefanten vernichtet worden.

Als ich mir das Elend jetzt betrachte, habe ich so meine eigenen Gedanken. Da erinnere ich mich zunächst einer großen Bananenplantage, durch die ich fünfundzwanzig Minuten lang marschierte. Zu beiden Seiten der breiten Straße gab es in der ganzen sichtbaren Ausdehnung der Plantage kaum noch normal stehende Bananen. Alle Pflanzen waren von den Elefanten zertrampelt. Und das zu einer Zeit, wo die Fruchtstände ansetzen. Die Besitzung aber lag in einem Wildreservat!

Klingt es da nicht lächerlich, wenn dann auf Beschwerden der Eingeborenen hin die Behörde ein solches Reservat öffnet und behördlicherseits einen Offizier mit dem Abschuß von — zwei Elefanten beauftragt? Ist es wirklich so eine große Abhilfe, wenn dann anstatt der 100 Elefanten nur noch 98 die Pflanzungen verwüsten?

Wäre unser ostafrikanisches Schutzgebiet in allen seinen Teilen anbauungsfähig, so kann auch nicht der allergeringste Zweifel darüber sein, daß dann dieses Großwild in erster

Linie weichen müßte. Wenn eine Menge Land auf Europäergebiet vernichtet worden wäre, entstände nicht nur ein heilloser Krach, sondern die betroffenen Pflanzer würden sich als Eigentümer ihren Besitz genügend gegen weitere Zerstörung der mühseligen Kulturarbeit von selbst schützen. Die Folge wäre also eine regelrechte Ausrottung der Elefanten. Dies und noch manches andere geht mir jetzt beim Anblick der Verwüstungen durch den Sinn.

Nachdem es in den Schamben scheinbar nichts mehr zum Zerstören gab, waren die Dickhäuter im Tale weitergezogen. Dann hatten sie einen tief ausgebuchteten und felsigen Gebirgsbach durchwatet und sich wieder nach dem dichten Urwald der Berge gewendet.

Das Folgen durch dies liebliche Dickicht gehört nicht gerade zu den Annehmlichkeiten. Bald steht man wie vor einer Mauer, durch die man sich lautlos durchzwängen oder -kriechen soll. Dann kommt wieder ein steiler Hang mit wundervollen Dornenbüschen. Über dem Ganzen brütet die wonnige Gluthitze eines wohlgeheizten Backofens, kurz, alles eint sich zu einem harmonischen Ganzen. So vergeht Stunde auf Stunde, und mit dem jedesmaligen Verlieren und Wiederfinden der Fährten wächst die Spannung. Aber ich habe und halte die warmen Fährten. Häufig finde ich allerdings, daß die Tiere an dieser oder jener Stelle etwas mehr hätten „reden" können. Sähe ich nicht ihre leibhaftigen Spuren, ich würde es mitunter nicht glauben, daß sie hier durchgewechselt sind.

Da horche ich auf. Irgendwo vor uns knackt es! Alles lauscht, und richtig — es sind die Elefanten!

Nun lasse ich die Leute zurück und schleiche mit dem Gewehrträger dem Geräusch nach. Der Wind steht gut. So vergeht eine halbe Stunde, ehe ich dem Wilde auf zwanzig Meter nahegekommen bin. Und trotzdem sehe ich keinen Schimmer! Aber ihre Anwesenheit verrät mir deutlich das bewegte Buschwerk und das fortwährende Knacken und Brechen der Äste. Dazwischen ertönt das übliche Pusten und ab und zu ein schriller Trompetenton. Auch das wohlbekannte Kollern der Verdauung dringt an mein Ohr. Dabei stelle ich auch jetzt wieder fest, daß diese Töne einem gewissen Rollen des Löwen zum Verwechseln ähnlich klingen.

Nun bin ich bis auf zehn Meter herangekommen und vermag hin und wieder einige graue Flecken zu erkennen. Ich muß mich vor allen Dingen über den Stand der Elefanten vergewissern und halte einen Augenblick an.

Soweit ich die Lage übersehe, steht der Haupttrupp gerade vor mir, und zwar zuvorderst mehrere alte Bullen oder Kühe, um die sich anscheinend die Herde im Halbkreise verteilt hat.

Nach einem Weilchen schieben sich in der Mitte fünf fast gleichgroße Weibchen mit eng zusammengesteckten Köpfen hinter einem Busche hervor. Ich vermute sogar, daß sie Junge bei sich haben, denn vor ihnen tappelt es im Strauchwerk hin und her. Da guckt auch auf einen Augenblick der kleine, kurze Greifer aus den Blättern hervor. Zum Glück bleibt das Junge in der Nähe seiner Mutter. Wäre es, wie es Gewohnheit seiner Altersgenossen ist, einzeln herumgebummelt, hätte es, bei meiner großen Nähe, auf mich stoßen müssen, und die Folge wäre gewesen, daß es erschreckt kehrt gemacht und die Alten dann sicherlich in wilder Flucht mitgenommen hätte.

Vor mir steigert sich das Wüten der Elefanten im Walde zeitweise zum ohren-

betäubenden Lärm. Mit Interesse beobachte ich einen Burschen, wie er sich mit hoch aufgerichtetem Vorderkörper und ausgestrecktem Greifer abmüht, einen unerreichbaren Ast zu fassen. Ihn scheint es gerade nach diesem Aste zu gelüsten, trotzdem er unten große und bequemere Auswahl hat. Nun müht er sich ab, aber er weiß sich Rat! Lange Zeit kann er das Ding nicht fassen, dann pustet er tüchtig mit dem Greifer gegen die Blätter. Sie bewegen sich, pendeln, senken sich, und — im Augenblick hat er sie erwischt, läßt sich mit einem Ruck zur Erde fallen und reißt dabei eine ganze Ladung Grünes mit herunter. So ein Schlauberger! Dasselbe Verfahren wiederholt er am nächsten Baume und reißt einen kolossalen Ast in die Tiefe.

Bei solchem günstigen Geräusche kann ich noch weitere zwei oder drei Meter bis zu einem mächtigen, mit vielen dicken Lianen behängten Baum vordringen. Nun läßt sich von hier aus — allerdings in gebückter Stellung — durch das Buschwerk alles ungleich besser beobachten.

Die Entfernung bis zum nächsten Elefanten beträgt jetzt freilich bloß noch 6—7 Meter! Da ist die allergrößte Vorsicht und absoluteste Ruhe Hauptbedingung. Die Kopfzahl festzustellen, ist in dem dichten Urwald schon deshalb unmöglich, weil die Tiere in Gruppen von zwei bis fünf Stück eng zusammenstehen und die einzelnen Trupps nicht zu übersehen sind. Jedenfalls habe ich es mit einer starken Herde zu tun. Überall sehe ich ein Stückchen der grauen Haut durchschimmern, einen Kopf oder Zahn emportauchen. Und ducke ich mich tiefer, so kann ich eine ganze Reihe der dicken, walzenförmigen Tritte in mehr oder weniger trampelnder Bewegung beobachten. Zunächst muß ich unbedingt wissen, ob die nächststehenden Tiere Männchen oder Weibchen sind; davon hängt es ab, ob ich schieße oder nicht.

So glücklich mein Standpunkt zum Beobachten gewählt ist, so unglücklich ist er in anderer Beziehung. Wie ich leider zu spät bemerke, wimmelt mein Platz von großen, schwarzen Ameisen, die nun an meinem Körper ebenso friedlich und geschäftig hinauf- und herunterlaufen, wie am heimatlichen Baumstamme. Diese Tätigkeit der lieben Tierchen löst aber bei mir einen anderen Reiz aus, als an dem gefühllosen Stamme. So muß ich nun die Zähne ganz gehörig zusammenbeißen und diese unerträgliche Pein geduldig hinnehmen. Wie sehne ich doch den Augenblick herbei, wo sich die nächsten Elefanten etwas günstiger stellen werden und ich endlich schießen kann.

Immer mehr steigert sich meine Qual, der Angstschweiß rinnt mir bereits vom Körper.

Endlich schiebt sich nach links erst einer, dann noch einer und schließlich ein dritter Dickschädel hervor. Der erste ist ein starkes weibliches Stück mit langen, aber dünnen Zähnen. Der zweite ein altes Männchen mit dicken, aber nicht zu langen Zähnen, und den dritten kann ich im Elfenbein nicht richtig ansprechen.

Alle drei stehen breit. Ich muß mich entscheiden, lange halte ich die infamen Plagegeister nicht mehr aus. Als der Alte eine Sekunde still steht, reiße ich Funken. Wie vom Blitz erschlagen fliegt er mit Schläfenschuß zusammen.

Ebenso schnell drücke ich mich gegen den Stamm. Gott sei Dank, daß ich wenigstens diese Bewegung machen kann! Mit dem Schuß, der wie ein Donner durch die Berge hallt, wird plötzlich der ganze Wald lebendig. Rechts und links an mir vorüber stürmt,

Der daherstürmende Elefantenbulle.

mitunter auf knapp zwei Meter Entfernung, eine Schwadron mächtiger, grauer Gestalten den Hang hinauf. Wäre mein Standort und Versteck nicht so günstig gewählt — längst wäre ich totgetrampelt. Denn jetzt merke ich erst: ich saß fast inmitten einer Elefantenherde!

Der Sturm ist glücklich an mir vorbeigerast, und ich habe nur noch das Verlangen: heraus aus dem Ameisennest! Schnellstens winde ich mich durch bis zu dem Erlegten. Er hat im Fall einen ganzen Busch mit respektablen Ästen glatt umgeknickt. Und nun messe ich die Zähne. Sie sind doch länger, als ich sie geschätzt habe; der eine mißt 171, der andere 173 Zentimeter!

Noch ganz mit der Betrachtung der mächtigen Beute beschäftigt und in Besprechung mit meinem Begleiter darüber, auf welche Weise wir am schnellsten die zurückgelassenen Leute herbeibekämen, hören wir plötzlich oben im Berge furchtbares Brechen. Kaum habe ich die geschulterte Büchse wieder zur Hand, da sehe ich die ganze wilde Herde nochmals gerade auf uns zu den Hang herunterstürmen. Mein Schwarzer macht einen Satz nach der einen Seite des Stammes, ich einen ebensolchen nach der anderen. Wie der Blitz sind wir verschwunden, und schon stehe ich, die Lianen nach rechts als Deckung benützend, im Anschlage. Nur im äußersten Notfalle will ich schießen.

Nun rast die geschlossene Masse hart an uns vorbei. Hätte sich der Mann nicht so dicht an den Stamm gedrückt, er wäre unbarmherzig totgetrampelt worden. Unmittelbar an ihm ging die wilde Jagd vorbei. Das war eine heikle Situation!

Auch zu meiner Linken stürmten zwei Tiere auf einundeinenhalben Meter vorüber. Dabei schlugen, drückten und rissen sie die nächsten Büsche mit sich, daß ich mich kaum aufrecht halten konnte und Gefahr lief, mitgerissen zu werden. Nur die herabhängenden Lianen, gegen die ich mich mit der Schulter stemmte, waren meine Rettung.

Ein Weilchen ist die Herde vorbei, da flüchten noch ein paar Nachzügler, der eine links vom Manne, der andere rechts von mir, den übrigen nach.

Soviel ich in der Schnelligkeit beobachten konnte, war der auf meiner Seite ein stark bezahnter Bulle. Er zeigte mir ein Bild, wie ich es noch niemals gesehen. Beim Durchrasen des dichten Waldes hatte er mit enormer Kraft eine Unmenge Buschwerk, darunter bis armdicke Äste, mit sich gerissen. Nun hingen sie ihm um den Kopf, zwischen Gehöre und Zähne geklemmt. So rief es den Eindruck hervor, als trüge er auf seinem Schädel und Rücken eine Ladung Holzbündel. Die Komik wurde noch erhöht durch die wahnsinnige Eile, mit der die Reise durch dick und dünn hinunterging. Hindernisse gab es nicht. Wie ein Pony im Zirkus durch den Papierreif saust, so etwa flitzte der Brave durch das Dickicht.

Heiliger Hubertus, was hat da unsereiner für Mühe, durchzukommen! Allerdings, der Dickhäuter hat keine Veranlassung, sich lautlos wie der Jägersmann durchzuwinden. Dieser muß sich auf der Fährte Schritt für Schritt jedes Ästchen vorsichtig aus dem Wege räumen. Die kleinste Unvorsichtigkeit in dieser Beziehung kann ihm die Mühen vieler Tage, ja Wochen mit einem Schlage vergeblich machen. Und trotz aller Vorsicht gibt es dann immer noch genug Pech im Weidmannsdasein. Dem gegenüber steht aber das Weidmannsheil, der unbeschreiblich große Genuß!

So war's auch jetzt eben. Der anstrengende Marsch, das Aufsuchen der Fährten, das Folgen in dem schrecklichen Gelände, die nahe Begegnung mit den schönen Beobachtungen und die Erlegung. Dann das Nachspiel: der einzigartige Anblick der davonstürmenden und wieder zurückkehrenden Herde, und schließlich die beiden Nachzügler als Schlußakt des ganzen imposanten Erlebnisses. Jeder Akt des Schauspiels war von einer so unerhörten Großartigkeit, daß ich mich glücklich schätze, das alles gesehen zu haben.

Aber anstrengend war die Geschichte. Einer meiner Leute knickte mir beim Rückmarsch vollkommen zusammen vor Erschöpfung. Durch Träger mußte er ins Lager geholt werden. Und ich — ich war bis abends mit einer Flasche Tee gelaufen, und — hab's geschafft!

Busch-Idyll

Ein entzückender Sonntag Nachmittag.

Ich sitze vor einer großen Landschaftsstudie am Bache und blicke in das klare Wasser, das wie gleißendes Silber über die dunklen Steine plätschert. Über den murmelnden Wellen spielen schwarz-weiße Schmetterlinge; andere sonnen sich auf dem dunklen Gestein.

Der stille Winkel unter meinem Busch, hinter den ich mich verkrochen habe, läßt mich in seiner Lauschigkeit und Frische die Gluthitze vergessen, die draußen im Pori brütet. Hingen mir gegenüber nicht die Lianen herab, könnte ich jetzt wahrhaftig denken, ich säße an irgendeinem Winkel meiner lieben schlesischen Heimat. In meiner Nähe ruft der Kuckuck, dudelt der Pirol sein melodisches „didlio", und von irgendwoher schallt gedämpftes „hup-hup-hup" eines Wiedehopfs zu mir herüber — alles ganz wie zu Hause! Und nun setzt sich auch noch so ein reizender heimatlicher Steinschmätzer ganz nahe vor mir auf einen aus dem Wasser ragenden Felsen.

Wie leicht hat doch die Natur diesen Geschöpfen das Reisen gemacht! In ganz kurzer Zeit machen sie alljährlich ihren Wanderflug, die große Tropenreise. Und was sehen sie auf ihrer Luftreise, welchen ungeheuren Raum umspannt ihr Blick aus der großen Höhe ihrer Zugstraße! Wie ganz anders muß sich da der Mensch plagen, ehe er die gleichen Entfernungen durchmessen hat, und was hat er dabei nur zu Gesicht bekommen? Einen kleinen Teil rechts und links vom Wege. — —

Unter solchen Gedanken pinsele ich weiter an meinem Bilde und schätze mich dennoch recht glücklich, hier sitzen zu können. Mutterseelenallein!

Die wenigen Leute habe ich 100 Meter weiter abseits untergebracht; nur die Gewehre liegen neben mir. Es liegt ein unsäglicher Zauber von Abgeschlossenheit und Zufriedenheit über meiner Umgebung.

Meinen malerischen Bach umsäumt Busch; er ist an manchen Stellen so dicht, daß rabenschwarze Finsternis aus seinem Inneren gähnt. Mir schrägüber liegt aber eine wiesenartige Lichtung, die einen guten Ausblick gestattet. Etwa 30 Meter weiter findet sie ihren Abschluß durch eine dichte Dornenbuschwand, die sie umrahmt. Beuge ich mich etwas seitlich, so erblicke ich auf meiner Uferseite einen Wald prächtigster Raphiapalmen mit leuchtend blutroten Rippenstrahlen. Dieser eine Blick genügt, um mich sogleich wieder in Tropenstimmung zu versetzen.

Es ist ein entzückendes Plätzchen, was ich mir da gewählt habe; nicht nur zum Träumen, nein — auch zum Malen, zum Arbeiten. Und diese lauschige Windstille hier im Verborgenen!

Obgleich ich ganz bei meiner Arbeit bin, entgeht mir doch nicht das Allergeringste, was sich in Dreivierteilen meines Gesichtskreises ereignet.

Da hat sich links von mir in meiner Höhe eben etwas bewegt. Als ich hinblicke, ist es ein Chamäleon, das zwei Meter von mir ganz langsam und bedächtig seine Stellung verändert. Meinem scharfen Auge ist es nicht entgangen, auch wenn es mit kaum glaublicher Vorsicht und Langsamkeit ein Bein ums andere vorsetzt. Es liegt etwas Komisches in dieser fabelhaft bedächtigen Langsamkeit, die durchaus nicht an Trägheit erinnert.

Denn wenn sich auch der Körper schleppend wie ein Uhrzeiger von der Stelle schiebt, so verrät das sonderbare Auge ganz deutlich, wie sehr das Tier auf dem Posten ist. Ununterbrochen rollen die dicken Augäpfel mit der kleinen, punktförmigen Iris unabhängig voneinander im Kreise umher. Man sieht, das Tierchen ist durchaus angestrengt tätig. Nun sitzt es da, starr und steif wie ein lebloser Gegenstand; es sieht etwas! Da schnellt auch schon wie ein Geschoß die lange Kolbenzunge hervor und greift mit ihrer klebrigen Oberfläche ein winziges Insekt.

Das Kerlchen macht mir Spaß. Ich nehme meinen langen Wanderstab und kitzele seinen schmutzig erdfarbenen Körper. Huh — das nimmt es gewaltig krumm! Doch wird es nicht rot vor Zorn, sondern wundervoll zitronengelb. Und auf dieser grellen Grundfarbe zeichnen sich zickzackartige, tiefsammetschwarze Flecken ab. Lasse ich das Tier in Ruhe, so verschwindet das bunte Kleid bald; es stellt sich aber bei neuen Berührungen sofort wieder ein. Ein sonderbares, originelles Geschöpf!

Mit einem dünnen Faden um den Hinterfuß wird es an einen Zweig verhaftet. Später will ich es einem meiner Jungens auf den Wollschädel setzen. Sie haben vor

Chamäleons eine himmelschreiende Angst, denn sie glauben, sie seien sehr giftig! Das gibt also wieder ein harmloses Späßchen. —

Jetzt höre ich vom jenseitigen Ufer herüber ein ähnliches Schrecken wie das unseres Rehes, nur ungleich lauter. Ich denke: den Ton kennst du doch! Und wie er abermals ertönt, lege ich die Palette beiseite und greife zur Büchse.

Behutsam schleiche ich am Buschrande entlang und über die Steine des Baches hinüber nach der Wiese. An der Ecke mache ich halt, dann spähe ich nach rechts.

O — welch ein entzückendes Bild!

Steht doch da anstatt des vermeintlichen Bockes auf nur 30 Schritte ein Tier mit seinem kleinen, säugenden Kitz!

Buschböcke, männlich wie weiblich, sind an sich schon ein schönes Wild; sie sind nur etwas stärker als unser Reh. Die Buschbockkitzen aber sind wirklich ganz reizende Geschöpfe, namentlich im jugendlichsten Alter. Sie haben genau wie die Eltern und unser Rehkitz auf dem rötlichgelben Felle reinweiße Flecken.

Drüben steht das liebliche Figürchen mit den zierlichen Gliedmaßen und schnellt sein Köpfchen recht energisch gegen das mütterliche Gesäuge. Dabei klappt der kleine Wedel fortwährend auf und nieder. Und die Mutter, sie steht ruhig wiederkäuend da, dem kleinen Sprößling pflichtschuldigst die Nahrung gewährend. Einmal dreht sie sich auch zur Seite, um des Lieblings Rücken zu belecken. Unmerklich zuckt jener zusammen. Doch der Appetit ist groß. Die niedlichen Läufe weit nach vorn und hinten gesetzt, säugt das Kitz nur noch gieriger.

Nun hat es aber doch genug. Die Alte tritt ein paar Schritte vor, das Kleine — ein Böckchen — leckt sich noch die Vorderläufe; einige Tröpfchen haben sie anscheinend beim Säugen benetzt. Dann folgt es in überaus graziösen Schrittchen der Mutter. Eng nebeneinander zeigen sie mir nun ihr Profil, und jetzt erst kann ich die reizende Figur des Kleinchens voll und ganz bewundern. Es ist ein Bild zum Verlieben!

Vielleicht hat das Kitz einen längeren Spaziergang hinter sich, recht müde tut es sich nieder; wie eine kleine Nippesfigur kommt es mir jetzt vor. Doch Frau Mutter scheint noch einen Abendbummel vorzuhaben. Wieder beleckt sie das Kleine, als wollte sie es durch diese Liebkosung bewegen, ihr zu folgen. Sogleich richtet das den zarten Hinterkörper auf und steht auf den Läufen. Vertraut zieht das Paar, eng zusammenhaltend, an mir vorüber. Wieder ein Bild zum Malen!

Aber nach kurzer Strecke schrecken sie zusammen, sichern einen Moment scharf nach mir herüber und gehen mit kräftigem Ruck nach vorn in langer, hoher Flucht ab. Dabei sehe ich zu meiner freudigen Überraschung, wie das Kleinchen im Springen einige drollige Haken schlägt.

Überaus befriedigt von diesen Beobachtungen, wechsele ich zu meinem Arbeitsplatze zurück. Als ich gerade den Bach überschreite, bellt es abermals. Der Ton kommt aber mehr aus der Richtung, wo ich vorhin das Pärchen beobachtet hatte. Ich darf ihm aber nicht nachgehen, denn ich muß das letzte halbe Stündchen Licht für meine Studie wahrnehmen. So denke ich im stillen bei mir: vielleicht tritt der Urian auf die Wiese aus.

Da könntest du wieder einmal einen „Staffeleischuß" machen, wie damals bei dem Wasserbock und der Swallah — — —

Der letzte Strich am Bilde ist getan. Schon will ich die Signalpfeife an den Mund setzen, um meine dienstbaren Geister herbeizuzaubern, da steht drüben ein starker Buschbock auf der Wiese, genau an der Stelle, wo ich vorhin die schöne Gruppe beobachtet hatte. Mit keiner Wimper zuckend, wie eine Bildsäule, steht er sichernd, etwas spitz von vorn da.

Automatisch habe ich die neben mir am Malkasten angelehnte Büchse ergriffen. Längst liege ich im Anschlag und ziele — ziele — ziele. Aber ich mag den Finger nicht krumm machen. Der Anblick des schönen Tieres ergötzt mich, begeistert mich, nimmt mich gefangen. So zögere ich und zögere mit dem Schuß. Und je länger ich über das Visier hinüberstarre, desto unbegreiflicher erscheint mir der Bock da drüben, der solange wie eine tote Statue dastehen kann.

Was soll ich sagen — nach langem Genuß und langer Qual sinkt mir doch endlich die Büchse wie Blei herab. Ich habe das Schießen vergessen beim künstlerischen Beobachten, meine Jagdpassion bei so viel Schönheit des Wildes nicht gemerkt! Ich kann an diesem Nachmittage nicht — morden. Das herrliche Geschöpf, die feierliche Natur, sie haben mich in diesem Moment weich gestimmt. Als leidenschaftlicher Nimrod könnte ich das vielleicht belächeln, als Künstler nie! Und so will ich es immer halten.

Abendstunden an großen Flüssen

Beim Schreiben dieser wenigen Titelworte fühle ich mit ehrlicher Überraschung, welch unendliche Fülle unvergeßlicher Erinnerungen da vor meinem inneren Auge aufsteigt. Was sah ich da alles als Maler, was als Jäger? Welchen Zauber, welche Poesie rufen mir diese wenigen Worte wieder hervor! Und wäre ich jetzt ein zünftiger Federheld, ich traute mir es nicht zu, all das Schöne so zu schildern, wie ich es für nötig fände. Und nun bin ich gar bloß so einer von der Gilde des harmlosen Pinsels. —

Ein ideales Plätzchen liegt am Großen Ruaha, wo ich jagend schon mehrmals vorüberkam. Nun bin ich abermals hier. An kühlendem Schatten ist hier kein Mangel. Unmengen herrlichster Borassuspalmen, dazwischen einzelne Baumwollbäume, Sykomoren, Mimosen und andere große Bäume stehen auf beiden Uferseiten. Der gleiche Baumwuchs erstreckt sich auf ziemliche Entfernungen in die Steppe hinein, allerdings mit dem Unterschiede, daß dann häufig graslose, freie Stellen eingestreut sind. An diese schließen sich wiederum umfangreiche Dornendickichte, zwischen denen vereinzelte, knollige Sukkulenten (Fettpflanzen) durch ihre seltsamen Gestalten auffallen.

Auf einem baumlosen, großen Platz, den die Träger sogleich mit mächtigen Palmenwedeln sauber wie eine Tenne herrichten, steht in kürzester Zeit mein Zelt. Und als meine Parole lautet: „Hier mindestens acht Tage Lager", gibt's große Freude. Bis zum Abend ist ein kleines Dorf entstanden. In einiger Entfernung hinter meinem Zelte haben sich die Leute häuslich niedergelassen und gesellschaftsweise wetterfeste, mit Palmenblättern gedeckte Hütten erbaut. Einige Meter zu meiner Rechten ist ebenso schnell ein großer Küchenbau entstanden. Ich habe nämlich den „mpishi" — Koch — aus bestimmten Gründen immer gern in sicht- und greifbarer Nähe. Hinter der Küche erhebt sich der stattliche „Museums"bau für die Trophäen, der aber auch gleichzeitig als Raum für die Arbeitskisten und als Proviantschuppen dienen muß.

Obwohl wir im Zeichen der Trockenheit stehen, lasse ich diese „Ökonomiegebäude" erfahrungsgemäß stets als Pfahlbauten aufführen, wodurch ich mir unerbetene nächtliche Museumsbesucher fernhalte und auch das Einschmutzen der Kisten verhindere. Des weiteren gewährleistet diese Bauart einen einigermaßen guten Termitenschutz, wenn man die Pfähle, auf denen das Gebäude ruht, mit einer ätzenden Masse bestreicht. Ich bediente mich — allerdings mit wechselndem Erfolge — der Arsenikseife, d. h. wenn ich genügend davon hatte. Im anderen Falle habe ich mit dem Verstauen der Lasten zu ebener Erde sehr trübe, aber auch sehr lehrreiche Erfahrungen gemacht. In einigen Tagen waren die Lasten innen wie außen und alle Gegenstände, die sie enthielten, mit den charakteristischen Erdgängen überzogen, als sicheres Zeichen der Zerstörung. Da sah ich denn, daß diese sehr kurze Zeit genügt hatte, die fingerdicken Holzleisten der Kisten total zu vernichten. Bis in meine Studienkästen hinein erstreckten sich die Zerstörungszüge dieser angenehmen Tierchen. Jede Kiste, die einen Tag lang auf derselben Stelle gestanden, hinterläßt beim Wegheben am Boden ein wimmelndes Chaos dieses Ungeziefers. Und ist sie heute wirklich verschont geblieben, hat sie in den nächsten vierundzwanzig Stunden sicher ihr Schicksal erreicht. Wie häufig mußte ich wegen dieser fürchterlichen Termitenplage mein Lager räumen und umziehen!

Nun ist mein neues Heim fertig. Da erscheint, ehe ich mich zum Bade zurückziehe, die ewig schmunzelnde Kochperle, in jeder Hand eine Konservenbüchse, und fragt: „Herr, was soll ich dir heute kochen? Hier das Gemüse“ — er zeigt ein „Tin“ Blaubeeren — „oder das Kompot?“ und hält mir dabei — Sauerkohl hin. Lesen kann natürlich der gute Junge nicht und etwas behalten auch nicht. Tausendmal habe ich ihm eingebläut, daß die Büchsen mit den bunten Bildern stets Früchte, die ohne Bilder und nur mit Schrift versehenen immer Gemüse enthalten. Es ist alles umsonst! Und nun kommt der Genius über ihn: „Ein kuku-Huhn ist auch noch da, wenn du es heute essen willst, ist morgen keins mehr da.“ — — Überwältigt von so viel Geistesflug, kann ich nur verständnisinnig erwidern: „Also brate das kuku, dazu den Sauerkohl. Mache dir aber ein „alama“ — Zeichen — an die Büchse, sonst gibt's wieder Blödsinn. Vorher aber bitte ich um meine bekannte Fleischbrühe mit Reis, und von diesem etwas mehr, da ich als Nachtisch noch Kirschen dazu essen will.“ Das ist ein großer Auftrag. Er holt seine meist stehengebliebene Uhr hervor: „Um welche Zeit willst du essen? Ahsante, sana“ — danke sehr —, und verschwindet in sein Reich nebenan.

An Marschtagen, namentlich wenn sie anstrengend waren, hat der Brave nichts zu lachen. In den meisten Fällen muß er sofort an die Arbeit, die ja stets eine bestimmte Zeit erfordert. Immer aber sind solche Jungen willig zur Hand. Schnellstens fuchsten sie sich auf meinen Geschmack ein, und ich aß ohne Ausnahme mit größerem Appetit als häufig in der Heimat. Bäckt mir doch sogar der Junge einen um den anderen Tag auf seinem primitiven Feuergestell in einem Topfe das prachtvollste Hamburger Schwarzbrot! Hätte er mir Speisen vorgesetzt, wie sie mir in manchen Gasthöfen der Heimat, noch dazu von berufsmäßigen Leuten hergestellt, gereicht wurden, er hätte einen ziemlichen Katzenkopf bekommen.

Marabu.

Blicke ich von meinem Zelte geradeaus hinüber, so habe ich auf etwa 25 Meter das 5—6 Meter steil abfallende Ufer vor mir. Links ragt eine spitze, dicht beschilfte Landzunge in den Fluß hinein. Nichts stört meine Aussicht auf das Wasser. Erst weit rechts und links stehen die Borassuspalmen in geschlosseneren Mengen. Nur eine, gerade vor mir, steht einsam hart am Uferrande. Sie neigt Stamm und Haupt flußwärts, und die nächste Regenzeit wird auch sie durch Unterspülung, wie so manche ihrer Genossen, in die Tiefe stürzen.

Das „Essen" ist beendet. In einer halben Stunde muß die Sonne untergehen. Ich nehme meine treue Büchse und das Schrotgewehr und setze mich unter die einsame Palme. Nach beiden Seiten schweifen meine Blicke weit über den Fluß. Zu meiner Linken macht er in etwa 200 Meter Entfernung eine scharfe Biegung. Unter mir zieht sich eine schmale Sandbank hin, dahinter in mehreren Ausbuchtungen hohes Schilf, das jenseits wiederum von einer größeren und auch breiteren Sandbank eingesäumt wird. Die andere Uferseite ist flach und ebenfalls beschilft. Aber dort ist der dichte Mimosenbusch ungemein üppig, und ein schneisenartiger Wildwechsel führt hindurch bis an den Strom. Durch das Glas kann ich erkennen, daß auch Elefanten ihn begangen haben. Ganz nahe links dahinter muß die Sonne untergehen. Einzelne wenige, purpurn-verschwommene Wolkenfetzen umgeben den glühenden Sonnenball.

Über mir raschelt der leichte Abendwind in den harten Palmenwedeln. Vom anderen Ufer schallt das vielstimmige Gezwitscher der Webervögel zu mir herüber. Plötzlich wird es übertönt vom lauten Bellen einer sich anscheinend nähernden Pavianherde. Immer häufiger und näher, immer lauter wird das kurze „o-o". Da bricht es auch schon in den niedrigen Ästen des einen Baumes, und in kurzer Zeit ist das ganze Gezweige mit Pavianen dicht besetzt. Viele alte Mütter, die Jungen am Bauche hängend, laufen unruhig auf den dicken Ästen umher. Grimassen schneidend, springen sie dabei von einem Aste zum andern. Und das junge Volk ergeht sich in unverkennbarem Blödsinn. Unter entsetzlichem Gezeter und Kreischen balgt man sich nach Herzenslust. „O-o-o" rufen dann wieder die gespitzten Mäulchen. Nun rücken vier der kleinen Kerlchen eng in eine Reihe zusammen und prüfen ihr Rauchwerk bezüglich des lebenden Inventars. Jetzt erscheinen zwei alte Väter. Würdig und gemessen schreiten sie auf dem dicken Aste daher und setzen sich, weit gähnend, in eine Astgabel. Dabei sieht man so recht das fletschende Riesengebiß. Schon wieder — „o-o-o". Die Alten werfen den Kopf nach unten, wiegen den Körper mehrmals hin und her. Dann äugen sie interessiert zu mir herüber. — — „O-o-o-o-o" — sie wittern scheinbar etwas!

Jetzt wird die ganze Bande mobil. Mächtig bricht und knackt es in den Ästen, ohrenbetäubender Spektakel erfüllt die Luft, aber keines der Tiere flüchtet. Sie springen jedoch zur Erde und kommen bald darauf am Wildwechsel dicht beim Wasser neugierig zum Vorschein. Nun zieht die nicht zu zählende Gesellschaft kreischend am Ufersaume entlang und verschwindet schließlich links im hohen Grase.

Auch die Sonnenkugel empfiehlt sich jetzt hinter den Büschen.

Da kommt ein Flug schwarzer Störche über dem Flusse entlanggezogen — Klaffschnäbel! Ibisse, weiße Reiher und vieles andere Wassergeflügel folgen. Die einen ziehen den Schlafplätzen, die anderen den Futterplätzen zu. „Da-vata, da-vata," ruft es plötzlich laut. Als ich diese merkwürdigen Rufe das erstemal vernahm, glaubte ich ein deutliches, aber schlecht ausgesprochenes „der Vater, der Vater" zu hören. Der Eindruck dieser Laute mitten in der Wildnis ist jedenfalls höchst merkwürdig. Indessen habe ich aber die Ur-

Reber längst kennen und schätzen gelernt; es sind die schönen Höckergänse. Zu zweien, dreien und noch zahlreicher streichen sie hoch und ziemlich schnell, aber auch dicht über dem Wasser daher. Die Weibchen folgen meist getrennt. Und von dieser schönen Gans darf man sagen: ihre Zahl ist Legion! Das gleiche gilt von vielen ihrer Vettern, der nicht minder schönen Nilgans, der Sporengans und der unendlichen Anzahl kleinerer Entenarten. Es vergeht kaum eine Minute, ohne daß solche vorbeikommen. Manche streichen so leisen Fluges daher, daß man sie beinahe erst merkt, wenn sie bereits vorüber sind.

Dieses Getriebe, dieses ständige Hin und Her der Unmenge vorbeistreichender Vögel, hat mir die kurze Zeit noch kürzer erscheinen lassen. Jetzt erst merke ich, daß es bereits so dunkel ist, daß sich kein Vogel mehr von den dahinterstehenden Büschen abhebt. Aber scharf zeichnet sich noch ein Flug heiliger Ibisse vom Abendhimmel ab.

Nun breitet die Nacht ihren mit blinkenden Sternen geschmückten Schleier über das schlummernde Flußbild. Wie feuchte Moschusluft steigt es vom Wasser zu mir empor.

Ich nehme meine Gewehre und das Dreibein und pilgere befriedigt nach dem Zelte. Hier wartet meiner noch die übliche, nicht immer kleine Lagerarbeit. Dann sitze ich noch ein halbes Stündchen vor meinem kleinen Heim, bequem und lang ausgestreckt im Stuhl.

Kein Lüftchen regt sich mehr — — —

Über mir schwebt ein Dach tiefdunkler Palmenkronen, und durch die wenigen Lücken flimmert der tropische Sternenhimmel zu mir herab. Und nun erscheint drüben an jener freien Stelle der alte, biedere Vollmond mit einem so unglaublich strahlenden Gesicht, daß ich mit seiner gütigen Erlaubnis lesen könnte. Die wenigen kleinen, hellen Wölkchen sind viel zu schwach, um seinen guten Willen zu beeinflussen.

Und er hat sogar noch Konkurrenten, ein ganzes Heer winziger Lichtspender! Überall huschen die kleinen „kimetimeti“ — Leuchtkäfer — durch das Dunkel. Im Schwarz der Bäume und über dem dunklen Flusse schwirrt es von Tausenden und aber Tausenden leuchtender Pünktchen. Sogar im finsteren Raume meines Zeltes zieht so ein lebender Funke seine magischen Kreise.

Hinter mir ringsumher flackern die Lagerfeuer. Abwechselnd loht es auf und fällt wieder zurück. Und bei jedem Aufflammen leuchten die Stämme und unteren Baumkronen im roten Schein. Vor einigen Feuern hocken plaudernde Leute. Auch ihre schwarzen Gesichter glänzen feurig beleuchtet.

Weil Porilager, muß aller Radau vermieden werden. Die Unterhaltung wird also nur im Flüstertone geführt. Und die Leute achten meinen Befehl, nur zu gut wissend, daß ich eventuell sehr unangenehm werden kann. Einer von ihnen hat eben eine selbstgedrehte Zigarette zum Besten gegeben. Nun geht sie von Mund zu Mund, jeder tut einen kräftigen Zug. Wie sie zum Spender zurückkehrt, drückt dieser das recht kurz gewordene Stummelchen mit Daumen und Zeigefinger wieder sorgsam aus und steckt es sich hinters Ohr. Damit geht er auch schlafen und läßt dann am nächsten Morgen das Ding nochmals, soweit möglich, die Runde machen. Ich kann mich nicht entsinnen, gesehen zu haben, daß einer einmal seine Zigarette ganz allein geraucht hätte. Genau so machen es alle Neger auch beim Pfeiferauchen. Auch sie wandert im Kreise herum, und dieses stete Teilen ist ein sehr hübscher Zug von ihnen.

Hinter meinem Rücken klingt von der Steppe her das weitentfernte Heulen der Hyänen. Dieses „huuu-up" ist schaurigschön. Bedeutend näher jaulen Schakale; sie scheinen sich zu balgen.

Was bedeutet aber dieses Kleinkonzert im Vergleich zu den jetzt ertönenden, urplötzlich alles beherrschenden Stimmen! Von drei Seiten aus der Steppe und von jenseits des Flusses schmettern die Löwen ihre mächtige Symphonie über die nächtliche Landschaft. An jeder dieser Stellen scheinen mehrere beisammen zu sein. Und wie ihr Gebrüll so ringsumher die Luft erzittern macht, denke ich unwillkürlich: sie wollen mich doch nicht einkesseln? Ja, wenn sie's nur täten, ich will schon dabei sein!

Ich erhebe mich und stehe nach einem Weilchen unter meiner einsamen Palme. Mit vollen Zügen atme ich hier die würzige Nachtluft ein. Diese wunderbare, eigenartige Atmosphäre! Dazu das magische Licht des Tropenvollmondes und die weite, verlassene Wildnis um mich her. Eine allgemeine Spannung ist es, die meine Sinne wie schmeichelnd umfängt. Nun habe ich bloß den einen Wunsch, dort unten auf der Sandbank, dort unten am Rande der Matete, in meinem Feldstuhl sitzend, die Nacht verbringen, verträumen und belauschen zu können. Schließlich entscheiden aber, wie so häufig im Leben, recht nüchterne Gegengründe. Und so sind es jetzt die Moskitos, an die ich denken muß. Wenn sie mich schon hier oben nicht in Ruhe lassen, wie würden sie mich erst dort unten anzapfen!

Am anderen Ufer raschelt es mehrmals im Grase. Der Mond scheint hell, aber ich kann nichts entdecken. Wer kann denn überhaupt ahnen, was hier des Nachts alles sein Wesen treibt?

So suche ich nach des Tages Last und Hitze meinen Bau auf. Neun Uhr! Und morgen um vier Uhr ist die Nacht vorbei — habe ich bestimmt. Das Leuchtkäferchen tanzt noch immer in meinem Zelt herum. Im Dunkel zieht es seine Kreise und Schlingen, hin und her, auf und nieder schwebt das winzige Laternchen. Und draußen brüllen die Löwen. Die Löwen — der Käfer — — der — Käfer — — — die — — Lö — — —

Was ist denn los? Löwen, Büffel, Hyänen, Leoparden und Krokodile stürmen mein Zelt. Von allen Seiten fallen sie über mich her. Und nun benützt so ein unglaublich dickes Nilpferd meinen spindeldürren Leichnam als wohlige Unterlage. Himmelkreuzdonner — —

Ich will aus dem Bett, mein Gewehr ergreifen, rufen, schreien, und richte mich auf. — Totenstille ringsumher — — — über mir gaukelt das lebende Lämpchen, beruhigend und friedlich — also doch nur geträumt!

Halb erleichtert, halb schadenfroh, lege ich mich auf die andere, die bessere Seite.

Zeitig bin ich bereits am nächsten Morgen in der Steppe. Die Luft ist lau und aromatisch. Sie duftet nach einem Gemisch von Heu, trockenem Holz und vielen zarten, aber pikanten Blütendüften. Ich rede mir ein, Spuren von Reseda, Zimmt und auch einen Hauch von Moschus herauszuriechen. Diese aromatisch-harmonische Mischung möchte ich den typisch afrikanischen Morgenduft der Trockenzeit nennen. Und jetzt strömt er mir besonders stark entgegen.

Wohin ich auch blicke, laufen im Geschwindschritt große Völker lockender Perlhühner um die Büsche. In noch größeren Scharen aber girren überall die Tauben. Es gibt Sträucher und Büsche, die völlig von ihnen besetzt sind. Hin und her sausen sie mit klatschenden Flügelschlägen. Überwältigend groß ist ihre Zahl. Bei dem reißend schnellen Fluge muß man gut aufpassen, den Augenblick, wo sie zwischen den Bäumen durchflitzen, schnellstens benützen und sehr gut hinhalten. Dieses Taubenschießen in freier Wildbahn wäre eine brillante Übung für schlechte Hühnerschützen daheim!

Jetzt kehrt mein Küchenfaktotum nach kurzer Zeit mit der Beute zum Lager zurück. Es gibt ja besseres Wildgeflügel als solche Tauben, aber es läßt sich von 8—10 Stück immerhin eine ganz leidliche Suppe kochen.

Auf dem harten, trockenen Boden kann ich trotz eifrigen Suchens keine frische Löwenfährte finden. Dafür taucht als weniger erwünschter Ersatz an einer anderen Stelle des großen Flußbogens viel Paviangesindel auf. Ich möchte diese Gesellschaft als nicht identisch mit der gestern abend gesehenen ansprechen. Sie hausen hier in erschrecklicher Menge.

„Früher" wollte man es nicht glauben, daß Paviane auf Bäume steigen. Hier sehe ich es klar und deutlich mit eigenen Augen. Ja — ich behaupte sogar, daß sie sich fast ebensoviel in Bäumen wie auf der Erde aufhalten.

In einem späteren Lager, das ich im hochstämmigen Uferwald aufgeschlagen hatte, wurde mir solche Affengesellschaft zur wahren Plage. Ganz abgesehen von der Belästigung am Tage, wurde ihre Nähe des Nachts, wo man auch in Afrika ab und zu seine Ruhe haben will, geradezu unerträglich. Was tut man da nicht alles in seiner Verzweiflung! Nach mehrmaligem Vergrämen, nach einem regelrechten Treiben mit allen Leuten, wobei ich ab und zu Schrote Nr. 9 über die Köpfe der Bande wegfegen ließ, und wir sie schließlich eine weite Strecke vertrieben hatten, erschienen sie doch wieder, als es dunkel wurde und machten ihren alten Mordsspektakel. Das ging zwei Nächte so hintereinander. Dazu mischte sich auch noch das Geraule eines Leoparden, und einmal schien es mir, als fände ein Kampf zwischen ihm und den Affen statt. Wie es in den beiden Nächten mit der Nachtruhe bestellt war, brauche ich wohl nicht näher zu beschreiben. Und dennoch

Streichende Höckergänse.

kann's noch ärger zugehen. Da riß denn eines Nachts mein dicker Geduldsfaden. Aus dem Bett springen, die Flinte mit Nr. 1 versorgen, und hinaus in den Spektakel! Dann schoß ich. Hui — wie ging's da erst los! Was sind die „fünfmalhunderttausend Teufel" für armselige Waisenknaben gegen diesen Nachtbesuch! Schreien und Kreischen sind für diesen infernalischen Ohrenschmaus noch nicht die richtigen Worte; dafür gibt's eben keine. Am Morgen lag ein Alter und ein jüngerer Sprößling auf der Wahlstatt, und — — die neue Nacht brachte den alten Radau. Waren das nun dieselben oder andere? Ich für meinen Teil streikte und verlegte das Lager steppenwärts. Nun lag unsere Wasserstelle weiter ab, aber was half's? Da ich in dieser Gegend so furchtbar angestrengt am Tage arbeitete, mußte ich wenigstens meine Nachtruhe haben. Solche Teufelsbande! — —

Weiter geht mein Bummel am Flusse entlang. In einer Senke mit gelber Lache darin finde ich ein geeignetes Motiv. Doch ehe ich zum Malen komme, muß ich dort drüben den prächtigen Swallahbock anpirschen. In praller Sonne steht er zwischen dem Unterholz der Palmen. Kopfschuß auf 95 Gänge; anders kann ich ihm meine Kugel nicht antragen. Und er quittiert, klappt zusammen. Wie ich auf den Anschuß trete, liegt statt seiner ein — — hart am Schädel abgeschossenes linkes Horn am Boden. Bock über alle Berge! Und nun geschieht das Unglaubliche. Am nächsten Morgen streife ich dieselbe Ecke ab. Steht doch plötzlich das „Einhorn" frei vor mir! Nun erhält der Brave die Kugel Blatt auf 143 Gänge — — meine Trophäe ist vollständig! Weidmannsheil!

Im Schatten kühler Denkungsart sitze ich hinter meiner Staffelei. Dreiviertel Stunden male ich bereits, ohne viel aufzusehen. Da raschelt es vor mir im dichten Busch. Ich sitze ganz frei und nunmehr auch regungslos. Da — traue ich meinen Augen? — gucken doch drei Pavianschädel aus dem Blättermeer! Auf zirka acht Meter also kommen diese Frechdachse heran, ducken sich, äugen und geben ihre Verwunderung mit dem üblichen lauten „o" kund. Und ich lasse sie gewähren.

Auf dem Rückwege jedoch erlege ich einen ganz alten Papa für meine Sammlung.

Als er die sechs Millimeter auf zirka 100 Meter über einen langen Tümpel hinweg bekommt und im Feuer liegt, springen fünf andere herbei. Sie schreien ganz furchtbar und — verwichsen den Toten regelrecht, denn anders kann ich dieses Beileid beim besten Willen nicht bezeichnen. Nun tun sie bei meinem Näherkommen sehr böse, bellen und klopfen mit den Vorderpfoten auf den Boden und wollen nicht weichen. Mein Anrennen und der Wurf mit einem Knüppel treibt sie aber unwillig in die Flucht.

In ein Handgemenge mit einem alten, ausgewachsenen Pavian möchte ich nicht geraten. Ihre Gewandtheit und Kraft ist hervorragend, das furchtbare Gebiß stärker als das des Leoparden.

Aber es gibt natürlich auch allerliebste, friedliche Idyllen im Pavianleben. Hier das folgende Bild:

Eines Mittags komme ich auf der Pirsch wieder an den Fluß. Von seinem sehr steilen Ufer erstreckt sich ein ebenes, nur dürftig begrastes und steiniges Gebiet. Da sehe ich durch das Buschwerk des schluchtigen Hanges auf diesem Gelände, also etwas unter mir, einige Swallahantilopen äsen. Wie ich bis auf 50 Meter heran bin und das Ufer nach links überblicke, wird mir eine neue Überraschung. Ist doch dort eine große, verstreute

Herde dieser Antilopen, und dazwischen tummeln sich unzählige Paviane! Die Affen, stehend oder sitzend, krabbeln und suchen unter dem Steingeröll nach Kerftieren; eine Lieblingsbeschäftigung. Dabei nehmen sie nicht die geringste Notiz von den Antilopen. Diese sind ebenso teilnahmslos gegen die Affen. Sie äsen gleichfalls und schreiten dabei manchmal zwischen den dichtesten Paviangruppen ganz friedlich hindurch. Junge, weibliche Antilopen stehen lange hart neben einigen alten Pavianen, und einer von ihnen guckt nur mal ganz flüchtig im Kauen auf. Jetzt läuft sogar ein halbwüchsiger Affe einem Bock zwischen Vorder- und Hinterläufen durch. Und ich staune, daß der Bock nicht staunt! Ist das eine paradiesische Harmonie! Lange, lange sehe ich den Tieren zu, bis ich leider merke, daß es meine Zeit nicht erlaubt, abzuwarten, welche der beiden Parteien sich zuerst zurückziehen wird. Nun muß ich mich selbst zurückziehen. Schießen will ich jetzt auch nicht mehr, obwohl der eine starke Bock da ganz verdammt günstig steht. Deshalb das Idyll stören?

* * *

Eines Tages, wieder im Lager, wieder daheim!

Eine gute Stunde vor Sonnenuntergang bin ich unten auf der Sandbank. Heute gilt es ausschließlich der Enten- und Gänsejagd! Und wenn ich auch nach den sicher zu erwartenden vielen Schüssen kein anderes Wild mehr erhoffen darf, wandert doch meine Büchse mit. Erfahrungsgemäß hat man immer so ein Ding höchst nötig, wenn es nicht da ist. Sechs flinke, lange Kerle bekleiden das Amt der Apporteure. Das Wasser ist überall seicht; nur weiter links geht es an einigen Stellen bis zur Brust.

Ein herrliches Wetter! Gegen die Moskitoplage sorgt die gutgestopfte Jagdpfeife. Meine zweibeinigen Apporteure bekommen ihre Anweisungen: drei auf die linke, drei auf die rechte Flanke. „Ndio" — ja!

Ich denke gerade: so, nun kann die Sache steigen — hui — unbeschossen ist auch schon die erste Nilgans vorbeigesaust! Aber — rums — da klatscht die zweite ins Wasser. Manchen guten Hund habe ich zu Hause bei der Wasserarbeit gesehen, aber schneller, als meine langbeinigen Wichte waren sie durchaus nicht. Wie aus der Pistole geschossen, springen sie in mächtigen Sätzen auf die Beute. Keine geht verloren, und das Stück, das in der Dunkelheit in die Matete fiel, wird am Morgen gefunden.

Der Zug dieser Gänse und Enten ist ganz enorm. In kleinsten Pausen kommen sie daher, unaufhörlich. Beim schnellsten Schießen und mit Hilfe eines Büchsenspanners hätte ich wohl kaum den vierten Teil zur Strecke bringen können. Daraus mag man sich einen Begriff über die Menge dieses Flugwildes machen. Meine Strecke beträgt 41 Stück, einen Ibis und einen Nachtreiher, so daß ich vollauf befriedigt von dem Abend bin. Alle wandern sie, soweit sie nicht für die Arbeit oder Sammlung bestimmt, in den Magen meiner Leute, zwei der kleinsten, besten Enten in meine leere Küche.

Da ist es nur zu begreiflich, wenn ein gewisses Protzentum erwacht: Könnte ich jetzt mal einige Berliner zu meinen knusprigen Enten, bestem Schmorkohl und Apfelmus und Scheibenkartoffeln für 7 Uhr abends in mein bescheidenes afrikanisches Zelt einladen! „Platt" würden sie sein über mein „Diner" im wilden, afrikanischen Busch! Selbst die edelsten Getränke würden nicht fehlen. Und Tischmusik von meiner Originallöwenkapelle, in freier Wildnis aufgeführt! Meine Musikanten hier treten mit ebensolcher militärischen Pünktlichkeit an, wie die roten Husaren im Berliner Zoo. Ja — ich Protz ziehe mir sogar mein afrikanisches Essen mit Naturmusik dem auf der Terrasse dieses Gartens vor. — Wat seggt hei nu tau sine . . . .?

Nicht mit dem reichsten Nabob daheim tausche ich da . . . . .!

Und wie viele solch unvergeßlicher Abende waren mir noch an diesem und vielen anderen Flußufern beschieden. Komme ich dann müde und befriedigt, sei's von rastloser Arbeit, sei's von 10—12stündiger Pirsch, in mein kleines Dorf zurück, geht mir das Herz auf. Wie mit unsichtbarer Gewalt zieht es mich dann nach dem Ufer oder auf eine Sandbank da unten. Und dann ruhe ich aus in jener herzerquickenden Stille der großen Natur, die mich umgibt. Dann blicke ich zurück auf die Erlebnisse des Tages, der Woche, der Jahre — des ganzen Lebens.

Und wenn ich dann von einer lieb gewordenen Stelle, in deren weitester Umgebung ich alle Lebewesen, jeden Baum und Strauch, jeden Tümpel kenne, Abschied nehmen muß, da wird mir wirklich weh ums Herz.

Im Reiz der Trockenzeit

Die schauderhaft langen Regenmonate mit ihren greulichen Begleiterscheinungen beginnen sich zu verabschieden. Nur hin und wieder fällt noch ein leichter Platzregen im Mai. Auch die zeitweise schier unerträglich schwülen Nächte werden angenehm frisch, mitunter sogar kalt. So atme ich auf und freue mich auf die kommende Zeit.

Wohin ich komme, prangt die Landschaft im üppigsten Grün. Das Gras hat eine ungeheure Höhe und Dichte erreicht. Aber wo das Land überschwemmt war, sind weite, tiefe Moräste zurückgeblieben, die gar nicht oder nur teilweise mit der Zeit austrocknen. Aus ihnen gähnt steter Fieberhauch.

Wo noch vor kurzem ein ansehnlicher Fluß seine Wasser dahinwälzte, rinnt heute ein schmales, unscheinbares Wässerchen, das in der allernächsten Zeit völlig versiegen wird. Dann bleibt das breite Sandbett zurück, in dem angeschwemmte Baumstämme und Geäst vom ehemaligen Toben der Wasser Zeugnis geben. Ein typischer Regenfluß, der mit der Regenzeit erstirbt. Meilenweit kann man nun seinen trockenen Lauf verfolgen, ohne einen Tropfen Wasser zu finden. Nur selten bleibt an geeigneten Stellen ein Tümpel zurück, der die Trockenzeit überdauert. Hier entsteht dann ein Lieblingsplatz für jegliches Wild, eine weit und breit benützte und bekannte Tränke.

Aber auch die stets Wasser führenden großen Flüsse gehen, und wenn sie auch noch so weit aus den Ufern getreten waren, auf ihre ursprüngliche Höhe, in ihr altes Bett zurück.

Wo man in der Steppe während der Regenzeit mit wilden Regenbächen zu kämpfen hatte, verlegen jetzt bis zehn Meter tiefe, senkrecht abfallende Flußbetten dem Reisenden den Weg. An ihrer ganzen Bildung kann man so recht sehen, wie das Wasser gearbeitet, den steinigen Grund gelockert und den weicheren Boden fortgeschwemmt hat. Solche trockene, ehemalige Rinnsale sind auch jetzt nur mit viel zeitraubenden Schwierigkeiten zu überqueren. Da ist es mir häufig geschehen, daß ich weite Strecken laufen mußte, ehe ich einen für die Träger mit ihren Lasten leidlich zu benützenden Übergang fand. Reiht sich dann in mancher Gegend Rinnsal an Rinnsal, so daß es ein ständiges Hinauf und Hinunter gibt, kann man es wirklich recht satt bekommen.

Es dauert lange, mitunter Monate, ehe das grüne Landschaftsbild wieder verschwindet. Zuerst schreitet die Verfärbung ganz allmählich vorwärts, bald aber macht sich die Wirkung des ständig herniederbrennenden Sonnenstrahles deutlicher bemerkbar. Der Höhepunkt der Trockenzeit tritt ungefähr nach 4—5 Monaten ein. Dann sind nur noch wenige, ganz bestimmte Grasarten grün; alle anderen sind vertrocknet, verdorrt — verbrannt.

In diesem Stadium aber schafft die Landschaft jene feinen, harmonischen Töne vom mannigfaltigsten, hellsten Gelb zum Rot, vom zartesten Grau zum Schwarz. Dann zaubert die Natur, je nach der Beleuchtung, immer wieder neue Farbentöne hervor. Und wie ungleich weicher und abgestimmter wirken diese vornehmen Farben, diese feinen Abstufungen, als jenes harte, aufdringliche Grün der Regenzeit. Welche wundervollen Färbungen bieten nun ganz besonders die weiten Steppen. Dann feiert das Künstlerauge Feste.

In dieser regenlosen Zeit ist es des Morgens meist windstill, häufig auch den ganzen Tag über. Im anderen Falle hat aber der „Wind" die unangenehme Eigenschaft, alle Augenblicke umzuspringen. Das ist dann auf der Jagd recht unangenehm. Man glaubt sich schon hübsch am Ziele seiner Hoffnung, da kommt plötzlich so ein Lüftchen von der entgegengesetzten Seite daher, und der Strich durch die Rechnung ist fertig.

Es kann auch zeitweise täglich geschehen, daß bei absoluter Windstille und glühender Hitze plötzlich ungeheure Windhosen kreuz und quer durch die Steppe rasen. Überrennen dann diese Ungeheuer eine sehr staubige oder gar mit Grasasche bedeckte Stelle, muß man schleunigst flüchten. Hat man aber das Unglück, dem Machtbereich des Wirbels nicht mehr entrinnen zu können, wird man übel zugerichtet. Die Wirkung ist verschieden, je nach der Stärke der Windhose, die in voller Entwicklung unermeßliche Kraft besitzt. Dann wird alles, was in ihren Bereich gerät, sei es, was es sei, emporgerissen und mit elementarer Gewalt fortgetragen.

Malenderweise sitze ich eines Tages mitten in der weiten Steppe. Da sehe ich von weitem das Unheil kommen — eine ungeheure Windhose. Wie nun dem Dinge ausweichen? Diese vermaledeiten Wirbelwinde haben nämlich die schlechte Angewohnheit, nicht geraden Weges zu kommen. In den unglaublichsten Zickzack- und Bogenlinien rasen sie daher. Sie machen auch manchmal plötzlich kehrt. Mit einem Wort, man kann niemals auch nur entfernt sagen, welche Richtung so ein Ding zu nehmen beabsichtigt. Und ist so eine Windhose glücklich vorbeigerast, so freue man sich nicht vorzeitig; im Augenblick kann sie wieder zurück sein und man hat sie auf dem Halse. Kaum habe ich also den Malkasten und das Studienbrett mit der fertigen Studie zugeklappt, schon renne und flüchte ich, da ist auch die Windhose da und ich natürlich mitten „mang"! Und der Schlußeffekt? Trotz aller Fixigkeit, mit der ich meine Studie zugeklappt, ist doch der rabenschwarze Aschenstaub darüber hinweggefegt. So nehme ich denn mit stiller Resignation meinen Spachtel, kratze mein Kunstprodukt wieder herunter und werfe den grauen Brei wütend auf den Boden.

Das ist mir indessen noch verschiedene Male passiert, und niemals konnte ich dabei meine Arbeit retten. Dann sucht man zunächst seine anderen, in der Umgebung herumliegenden sieben Sachen zusammen, sofern sie noch — da sind. Aber ihr Wiederfinden macht keine reine Freude. Wie sieht das alles aus; und erst gar die Gewehre! Und was man selbst in Augen, Nase und Ohren hat, genügt für den weitesten Bedarf. Nie sitzt man dann behaglicher im Bade, als nach dem Genusse einer solchen Windhose.

Noch hat die volle Trockenzeit nicht eingesetzt, da beginnt es bereits an einzelnen Stellen in der Steppe zu brennen. Aber es sind nur leichte Steppenbrände. Die Feuer

werden stärker, anhaltender, mächtiger. Am Schluß der Trockenperiode brennt es schließlich überall. Dann hat die Landschaft, die ganze Natur ihr Bild verändert. Wie sonst steht die Sonne hoch am Himmel, aber ihr Licht ist matt und trübe, verschleiert durch die ungeheure Masse des Rauches, der in den oberen Luftschichten hängt und die Strahlen zurückhält. So entsteht ein eigentümliches, grelles und doch mattes Licht; man könnte es Zwielicht ohne Schatten nennen. Eine geisterhafte Stimmung ruht über der Landschaft.

Diese Steppenbrände sind von Menschenhand angelegt. Sie vernichten die weiten Grassteppen mehr oder weniger. Das dünne Gras verbrennt zu feinster Asche, die den Boden dick bedeckt. Vom starken Grase verbrennen nur die Halme; die zähen Stengel bleiben als schwarzes Gerippe stehen, oder die Wucht der Flammen und des entstehenden Windes legen sie kreuz und quer. Solche Stellen bilden dann strapaziöseste Hindernisse auf dem Marsche. Da tut der steife Tropenhut ausgezeichnete Dienste, und trotzdem erhält man manchen Hieb ins Auge.

Das Furchtbarste an Brand ist jedoch ein vertrockneter Bambuswald; hier könnte man sich geradezu in eine Schlacht versetzt fühlen. Die harten, hohlen Rohre knallen beim Brennen derart laut und ununterbrochen, daß ich stets an feuernde Gewehre denken mußte.

Durch das häufige Umspringen des Windes bleiben manchmal einzelne Grasparzellen vom Feuer verschont, sie bringen dann etwas Abwechslung in das verbrannte, öde Einerlei.

Größeren Waldungen können die Brände schon wegen ihrer geringen Trockenheit wenig anhaben. Hier beschränkt sich der Verbrennungsprozeß nur auf das Versengen einiger Blätter am Rande derselben.

Anders verhält es sich beim lichteren Busch, dem meist sehr übel mitgespielt wird. Ich kam durch Gebiete, die wirklich trostlos aussahen, in malerischer Beziehung aber hochinteressant waren. Da sah die weite Landschaft lediglich tiefbraun und schwarz aus. Den ganzen Tag über erblickte ich nicht einen einzigen gelben Halm und noch viel weniger ein grünes Blatt. Alles hatte das Feuer hier vernichtet. Unter einzelnen dicken, an der Erde liegenden Stämmen wirbelten noch hier und da feine, weißliche Rauchwölkchen hervor. Andere lagen als weißgraue Aschenskelette am Boden, die bei der geringsten Berührung in sich zusammenfielen.

Daß die Brände in gewissen Gegenden mehr Schaden als Nutzen bringen, steht fest. Andererseits wird in den weiten Grassteppen viel Ungeziefer vernichtet, doch muß dabei natürlich auch viel nützliches Getier dran glauben. Ich gedenke dabei besonders der Vogelwelt. Ganz unerklärlich ist es mir aber, daß bei solchen Riesenbränden die Brut der gefährlichen Tsetsefliege nicht mehr vernichtet wird. Jedes Jahr brennt die große Ulangaebene ab, und mit jedem neuen Jahre sind neue Mengen der Giftfliege da. Ihre Brut muß sich also nicht im hohen Elefantengrase befinden. Wiederholt stellte ich fest, daß die Matete und sonstiges niedrige Buschzeug bis an die Flüsse heran total vom Feuer verzehrt waren. Irgendwelche Schlupfwinkel waren also nicht mehr vorhanden. Die Fliegen müssen daher ihre Brut an Stellen ablegen, wo ihnen das Feuer nichts anhaben kann.

Nicht selten kommt es vor, daß der Brand eine Eingeborenenschamba (Pflanzung) heimsucht. Eine derartige Katastrophe erlebte ich in der Ulangaebene. Ein großer Komplex war dabei vernichtet worden. Aber trotzdem den Leuten tatsächlich alles verbrannte, klagten sie nicht weiter darüber. Und der Nyumbe meinte nur in seiner Seelenruhe: „haizuru — amri ya mungo“ — es macht nichts, Gottes Wunsch — Gott hat es befohlen — und damit war die Sache erledigt. Ob dem Neger jemand stirbt, ob die Ernte mißrät, ob ihm ein Unglück zustößt, er bestraft wird oder wie hier sein ganzes Hab und Gut in Flammen aufgeht, dieses „haizuru — amri ya mungo“ hilft ihm über alles hinweg.

Diese Steppenbrände! Stets muß man auf der Hut sein, daß das eigene Lager nicht abbrennt. Mit gemischten Gefühlen gedenke ich da noch jener beiden Abende, wo das um Haaresbreite geschehen wäre. Und mit welch unglaublicher Schnelligkeit das Flammenmeer daherkommt! Einst überraschte es uns auf dem Marsche; wir mußten schleunigst flüchten. Dabei hatten einige Träger bereits ihre Lasten weggeworfen. Zum Glück waren es nur Gehörne, die ich aber, wenn auch etwas angekohlt, den Flammen doch wieder entreißen konnte.

Andererseits ist solch ein großer Steppenbrand von unbeschreiblicher Farbenpracht, und der Gesamteindruck steigert sich noch, wenn man das seltene Glück hat, Großwild im Feuer zu beobachten, flüchten zu sehen.

Dreimal war es mir vergönnt, dieses Schauspiel mit Elefanten zu erleben. Ein grandioseres Bild hat mir Afrika seitdem nie wieder gezeigt. Welch monumentale Wucht, welche Kraft liegt dann in der Silhouette eines daherstürmenden, stark bezahnten Elefantenbullen, für dessen Gangart es kaum ein Hindernis gibt. Wie wenig erlebt und gesehen muten mich jetzt die Bilder an, die derartige Vorgänge mitunter darstellen sollen.

Das meiste Großwild merkt die Gefahr freilich sehr bald und zieht ruhig weiter. Nur wenige Stücke gehen manchmal etwas flüchtiger ab. Alle aber verstehen es, die Windrichtung bestens auszunützen und sich vor dem Feuer in Sicherheit zu bringen. Ich sah aber auch einmal einen Büffel direkt durch die Flammen stürmen. Er hatte gewiß „sehr fest geschlafen“, nun stürzte er wie rasend durch die Glut.

Giraffen und Nashörner ziehen ruhig von dannen; sie scheinen gar keine Notiz von dem Vorgange zu nehmen. Ganz anders die Löwen. Ihnen mag die große Hitze höchst unangenehm sein. Schleichend bringen sie ihr leicht entzündbares Pelzwerk beizeiten in Sicherheit. Dabei knurren und brummen sie fortwährend ob der gestörten Mittagsruhe. Haben sie dann endlich den geschützten Platz gefunden, so erfolgt zunächst eine gründliche Instandsetzung der Toilette. Erst wenn sie wieder geschniegelt und gebügelt erscheinen, denken sie an die unterbrochene Ruhe oder sie treten auch bald den Nachtbummel an.

Ein solcher Brand gibt Gelegenheit zu den merkwürdigsten Beobachtungen. So sah ich einmal zwei Ichneumone in Gesellschaft eines Löwenpaares vor dem Feuer flüchtig. Warzenschweine fahren wie der Teufel in ihre Erdbaue, wenn der Brand in die Nähe kommt. Mit einem Husch sind sie verschwunden und in Sicherheit. Man muß nur einen günstigen Platz erwischt haben, dann bringt jede Sekunde interessante Erscheinungen der flüchtenden Tierwelt. Geschöpfe, die sich sonst nur des Nachts zu zeigen pflegen, tauchen auf. Alles muß flüchten, was nicht unter der Erde Unterschlupf findet. In solchen Minuten der Angst scheint alle gegenseitige Feindschaft, alle Furcht aufgehoben zu sein. Die Flammen und der enorme Qualm lassen die bestehenden Gegensätze vergessen, vereint sind alle zu einer gemeinsamen Herde Flüchtlinge. Dann flüchten mitunter Großräuber und

Antilopen dicht nebeneinander. Kranke und Schwächlinge verfallen wohl meist dem Flammentode. Auch eine ein paar Meter lange „kenge" — Eidechse — fand ich einst. Das arme Vieh lag angekohlt in einem dürren Dornenbusche, wo sie der Tod erlöst hatte.

Zu den auffallendsten Erscheinungen auf den Brandstellen gehören auch die großen Raubvögel. Kaum wütet irgendwo ein Steppenbrand, sind sie da, plötzlich, wie hingezaubert. Und nun kreisen sie in unglaublichen Mengen über dem haushoch lohenden und prasselnden Flammenmeer. Sie haschen durch den dichten, himmelansteigenden Rauch nach den unzähligen, flüchtenden Insekten. Und jedesmal, wenn ich das Schauspiel beobachte, frage ich mich: wo kommen diese Scharen plötzlich her? Die meisten von ihnen sind gewöhnliche Milane. Am Tage vorher sah man kaum einen dieser Vögel, und nun Punkt an Punkt in der qualmigen Luft. Hat sich das Feuer gelegt, ist der ganze Schwarm ebenso schnell wieder verschwunden, wie er erschienen war.

Nun sind die Steppen auf große Strecken wüst und tot, und man sollte meinen, daß das Wild jetzt infolge Nahrungsmangels nach anderen Gebieten auswandern müßte. Das trifft in einem gewissen Maße auch zu, jedoch kann von einer längeren Abwanderung oder Verschiebung des Wohngebietes nicht gesprochen werden. Ein großer Brand verdrängt naturgemäß das Wild auf einige Tage aus seinem alten Standorte, aber ich habe positive Beweise dafür, daß z. B. bereits am nächsten Tage, wo die Steppe noch stellenweise qualmte, eine mir genau bekannte Büffelherde sich sogleich wieder eingefunden hatte und sich friedlich tummelte. Das ist aber keine vereinzelte Beobachtung. Ich habe immer wieder gefunden, daß sich das Wild sogar nach der salzhaltigen Asche des Steppengrases hingezogen fühlt und sie mit großem Behagen als Äsung aufnimmt.

Ein reizvoller Anblick ist es auch, Elefanten auf einer solchen Aschenblöße zu beobachten, wenn sie sich mit dem schwarzen Kohlenpulver stundenlang bewerfen. Nur darf bei solchen Beob-

Der Verfasser.

achtungen der Wind nicht ungünstig stehen, sonst bekäme man die Augen nicht auf. — Die Nashörner scheinen wiederum das Wälzen in dem feinen Staube als große Wohltat zu empfinden. Das gleiche möchte ich auch von den Nilpferden behaupten. Am Ruhudje zogen diese Tiere allnächtlich in die verbrannte Steppe und schrubberten sich an den verkohlten Stämmen. Ihre Losung war überall in den Büschen angespritzt, und daneben befanden sich die deutlichen Merkmale des Niedertuns und Wälzens.

Eine überraschend kurze Zeit verstreicht nur, dann treiben bereits aus den stehengebliebenen schwarzen Grasstoppeln, ohne daß seit Monaten ein Tropfen Regen gefallen, die frischen, grünen Schößlinge hervor. Und wenn diese neue Epoche beginnt, kann man wirklich sagen, man sieht das Gras wachsen. Es ist etwas Wunderbares mit diesem Verjüngungsprozeß, und gerade für mich als Maler. Was sich da an Motiven bietet, ist unbeschreiblich. — Nach allem bereits an dieser Stelle Erzählten wird sich mancher Leser vielleicht fragen: wo liegt denn nun aber die Berechtigung zum Titel „Im Reiz der Trockenzeit?" Wie kann die Öde der vertrockneten und verbrannten Steppe von irgendwelchem Reize sein? — Sie i s t es, lieber Leser! Den Maler reizt gerade diese Jahreszeit.

Höchst merkwürdig berührt es mich als Afrikaner, wenn ich ab und zu die Bemerkung hören muß: „Ach — Ihr altes Afrika, usw. Sehen Sie sich doch da mal unseren deutschen Wald an, das ist doch ganz was anderes!"

Wer würde als guter Deutscher unsern vielgepriesenen und besungenen Landschaftsschönheiten das verdiente Lob vorenthalten oder schmälern wollen. Im Gegenteil! Auch ich schätze mich glücklich, alle die Schönheiten unserer deutschen Heimat studieren und genießen zu können. Und als Maler finde ich überall etwas. Ob ich als Jäger den Sturzacker abstolperte, das Stoppelfeld entlangschlenderte und abends am grünen, märkischen Waldessaume den roten Bock belauschte oder des Schwarzwaldes und der Karpathen herrliche Winterbilder genoß, ob ich in flachster Sandgegend reiste, immer brachte es mir einen bleibenden Genuß. Und ob Regen oder Sonnenschein, ob Gewitter und Sturm, ich wußte allen diesen elementaren Äußerungen ihre Schönheiten abzugewinnen. Man soll nur die Augen offen halten, dann kann man a n j e d e r S t e l l e im Buche der Natur genug des Interessanten lesen. So war auch mir die Welt und ihre Schönheit, die ganze Natur in ihrer unverfälschten Verfassung bis heutigen Tages nicht bloß etwa die Lieferantin meiner Motive, sie war auch mein schönes, großes Gotteshaus. Und sie hat meinen inneren Menschen schon unzählige Male emporgehoben und auch — zusammengerüttelt.

Warum sollte ich da, noch dazu als Maler, mein liebes Afrika nicht bearbeiten dürfen. Jeder an seiner Stelle! Darum werde ich auch weiter unbeirrt meine Motive dort draußen einheimsen.

In Ceylons Jagdgefilden

Über Bombay, jenen wundersamen Platz Vorderindiens, bringt mich der nichts weniger als saubere französische Dampfer nach Kolombo, der Metropole Ceylons.

Noch vor Tagesgrauen machen wir auf der Reede fest. Kaum ist der Anker in die Tiefe gerasselt, ertönt auch schon der Ruf: Zur Untersuchung! Das ist für die meisten Fahrgäste ein recht unerwünschter Weckruf, eine unsanfte Begrüßung auf der Märcheninsel.

Diese gräßlichen Hafenärzte — es sind auch Ärztinnen — sie können einem das Reisen manchmal recht verleiden! Im tiefsten Morgenanzug rennt man hinaus zum Medikus, in den — Speiseraum des Schiffes zur Untersuchung. Mit Kennermiene wird der Puls gefühlt, dann die Personalien aufgenommen, und schließlich erhält man einen Zettel. Auf diesem steht, ich habe mich an Land in einigen Tagen nochmals vorzustellen, weil ich aus Indien komme.

Pestverdächtig! Kaum bin ich wieder in meiner Kabine, da erscheint ein anderes ausländisches Faktotum an der Tür und eskamotiert mir meine gebrauchte Wäsche weg mit dem Hinweis, daß ich sie mir in einigen Tagen irgendwo auf der Quarantänestation wieder abholen könne.

Jetzt darf ich also endlich meine Nase durch das Bullauge stecken und nach den seit Jahrhunderten gerühmten Wohlgerüchen der Insel schnuppern, die man ja schon weit draußen auf dem Meere soll riechen können. So sehr ich mich anstrenge, ich kann beim besten Willen nichts erschnüffeln; es riecht lediglich nach — „Schiff". So beruhige ich mich schließlich damit, daß vielleicht der Wind schlecht steht. Dagegen stelle ich fest, daß es draußen recht regnerisch aussieht. Das ist für die in allen Tonarten beschriebene und besungene Zimmt- und Perleninsel Ceylon mit ihrer sagenhaften landschaftlichen Schönheit kein entsprechender Empfang. Aber das habe ich mir selbst zuzuschreiben. Jetzt ist Regenzeit! Da kann man eben nichts Besseres erwarten und sich höchstens nur ausmalen, wie das alles im Sonnenglanze aussehen mag.

Doch der Himmel hat einigermaßen Erbarmen mit mir. Wie ich mit meinen sieben Sachen an Land rudere, kann ich wenigstens trocken den Zoll erreichen. Und ich bin auch sonst zufrieden; es geht schnell bei den englischen Beamten. Ich zahle die üblichen Gebühren für Gewehre usw. und — durch bin ich.

Aber wahrhaftig! Kaum trete ich aus dem Zollschuppen auf die sehr belebte Straße, da weht mir doch so etwas wie aromatische Gewürzluft — Ceylonluft — entgegen. Ich kann aber nicht behaupten, daß ich zum reinen Genusse komme, denn es riecht dabei auch noch zu sehr nach gebratenen Fischen und anderen schönen Sachen.

In einer leichten Rikscha fahre ich nach dem Gall Face Hotel, einem großstädtischen Bau mit wundervoller Aussicht auf das brandende Meer. Es darf sich mit seiner tadellosen Behaglichkeit getrost mit jedem erstklassigen europäischen Hotel messen. Augenblicklich ist es hauptsächlich mit Engländern und deren Damen besetzt. Es sind wundervolle Erscheinungen darunter — unter den Damen natürlich.

Ich halte mich nur bis zum Nachmittag in diesen Prunkräumen auf. Dann siedele ich auf Einladung meines Bekannten, Herrn John Hagenbeck, nach dessen märchenhaft schöngelegenen Bungalow in der Kolpetty Street über. Bei diesem landeskundigen Herrn bin ich bestens aufgehoben. Leider erhalte ich hier schlechte Nachrichten aus der Heimat, die mich nicht zum vollen Genuß der vielen Herrlichkeiten um mich her gelangen lassen. So bin ich in recht gedrückter Stimmung und habe nur den einen Wunsch, so schnell als möglich in die einsame Wildnis zu kommen.

Was soll ich jetzt noch über das vielgepriesene Kolombo schreiben? Diese Stadt ist bereits in so vielen Büchern und Artikeln beschrieben worden, daß ich nichts Neues mehr bringen könnte. Und auch ich bin begeistert. Was kann hier der Figuren- und Landschaftsmaler in auserlesenen Motiven schwelgen! Man kann sich hundertmal im Kreise herumdrehen, immer wieder sieht man Neues — der Ort ist eine unerschöpfliche Fundgrube. Wie ich das alles sehe, diese Menschen, diese Straßenszenen, da packt mich wieder die alte, glühende Arbeitslust, und am liebsten setzte ich mich bald hierhin, bald dorthin.

Sie sind doch zu schön, diese alten Krämerläden, die Silberschmiede bei der Arbeit, die zweirädrigen Zebukarren mit der daraufsitzenden, in grellbunte Tücher gehüllten Gestalt! Und dann das unbeschreiblich bunte Volksgetriebe auf Straßen und Märkten. Es sind wirklich schöne Menschen darunter.

Aber die Männer wollen mir mitunter in einem gewissen Alter etwas zu süßlich-schön erscheinen. Im besten Mannesalter zeigen sie wundervolle Ebenmäßigkeit in ihren Proportionen, große, mandelförmige Augen, gerade Nase, wohlgeformten Mund und ovale Kopfform. Es ist ein Ebenmaß, das Bewunderung hervorruft. Und die Weichheit der Formen wird gesteigert durch das Tragen des langen, hinten geknoteten oder glatt herunterhängenden pechschwarzen Haares. Dazu kommt der runde, auf dem Kopfe getragene Kamm, der das weibische Aussehen noch verstärkt. Fehlt dann dem Menschen aber noch der Bartwuchs, so läßt es sich manchmal nach dem Gesichte nicht unterscheiden, ob es ein Mann oder ein Weib ist. Darum sind mir vielleicht auch die älteren Typen mit weißem Bart und markanten Zügen viel lieber oder besser gesagt, sympathischer.

Noch viel mehr Schönheit findet man naturgemäß unter den Frauen. Sie sind nicht bloß, allgemein gesprochen, schön oder hübsch, sondern es gibt ihrer unendlich viele, die man als blendendschön bezeichnen darf. Leider aber wird so viel berückende Schönheit durch eine Volkssitte total verhunzt. Bereits von Jugend auf wird die Nuß der Arekapalme gekaut und dadurch die Zähne vollkommen vernichtet. Öffnet dann eine solche bewunderte Schönheit den Mund, so ist man sehr enttäuscht. Eine Ausnahme machen die Tamilenfrauen, bei denen ich gute Zähne gesehen habe. Es ist jammerschade, daß dieses und auch manches andere Volk das Betelkauen nicht lassen kann.

Ganz reizend finde ich aber die mehr oder weniger nackten Kinder mit ihrem häufig gelockten Haar. Es sind allerliebste Erscheinungen, und ganz hervorragende Schönheiten darunter.

Die Kleidung der Leute will jedoch gar nicht mit der sonstigen Schönheit des Körpers harmonisieren. Halb ursprünglich, halb europäisch, wirkt sie nur komisch und fordert den Spott heraus.

Wie überall im Orient, spielt sich auch hier auf Ceylon Handel und Wandel sowie das gesamte Handwerksgetriebe auf der Straße oder in offenen Werkstätten ab. Da sitzt z. B. ein ziemlich bejahrter, weißhaariger Herr mit großer Brille und nacktem Oberkörper an einer europäischen Nähmaschine vor seinem Bau. Ohne aufzublicken, tritt er emsig das moderne Instrument; nur ab und zu spuckt er im großen Bogen über seine Arbeit. Mehrere seiner Gehilfen sitzen hinter ihm im offenen Raum mit untergeschlagenen Beinen und sticheln, was das Zeug hält. In diesen Handwerkerstraßen gibt es also keine Langeweile. Und was mir dabei im Vergleiche zu anderen Ländern noch auffällt, hier herrscht eine gewisse Ruhe. Auch sind die Leute hier sehr gutmütig und vor allem nicht so unverschämt frech und zudringlich, wie z. B. in Nordafrika.

Bereits am zweiten Tage habe ich den üblichen Schikari gemietet, der sofort mit an die Vorbereitungen der Reise geht. Ohne ein solches Faktotum kann man, zumal wenn man die singhalesische Sprache nicht beherrscht, kaum auskommen. Diese Leute sprechen durchweg leidlich Englisch. Für den vereinbarten Tagespreis besorgt er alles, was zur Jagdreise erforderlich ist. Nur die erste Eisenbahnfahrkarte und den Jagdscheinbetrag zahlt man selbst. Er stellt also die ganze Verpflegung, Leute, Zelt, Bett und die Ochsenkarren. Der Preis richtet sich dabei natürlich nach den Ansprüchen und der Zeitdauer der Reise.

Vier Tage waren zu den Vorbereitungen nötig. Nun bin ich aber endlich soweit. Am 4. Juni mittags dampfen wir ab, und in genau fünf Stunden erreiche ich den südlichsten Punkt der Eisenbahn, Matara.

Die Fahrt ist äußerst interessant. Durch schier endlose Palmenwälder rollt der Zug und fast ausschließlich am Meere entlang. Überall sieht man am Strande die sonderbaren, mit Auslegern versehenen Fischerboote liegen. Ununterbrochen reiht sich Hütte an Hütte bis Matara. Die Palmenbestände setzen sich hauptsächlich aus Areka- und Kokospalmen zusammen. Die Nuß der letzteren Art wird hier gründlich ausgebeutet; aus den Blättern und Fasern werden Matten und Stricke gefertigt.

Wo ich auch hinsehe, herrscht reges Leben unter den friedlichen Leuten.

In meinem Abteil sitzt ein anscheinend sehr vornehmer Singhalese, den ich mir etwas näher betrachten kann, während ich meine Zigarre rauche. Er ist recht beleibt. An seinen fetten Händen funkeln eine Reihe ziemlich auffälliger und großer, farbiger Brillantringe. Auch die Schlipsnadel enthält einen prachtvollen Stein. Er trägt blendendweiße europäische Wäsche und ein tadellos neues schwarzes Jaket. Im schreiendsten Kontrast zu diesen schönen Sachen steht aber eine Draperie aus feinstem dünnen, weiß und schwarz karierten Stoff, die der Dicke über seinen nicht sichtbaren Unaussprechlichen als Kleid um die Hüften geschlagen trägt. Dieser „Umschlag" reicht bis zu den neuen, gelben Schnürschuhen herab. Er bildet ein typisches Kleidungsstück dieser Leute und wirkt nach europäischem Geschmack äußerst spaßig. Urkomisch wirkt auch der viel zu kleine, schwarze, steife, englische Christlihut auf dem dicken Kopfe. Das Haar ist der Landessitte entsprechend zusammengeknotet. Der Knoten aber ist des Alters wegen nur noch so groß wie eine Kindermurmel! Eine schwere goldene Uhr mit Kette nebst ebensolchem Zigarettenetui, und ein sehr kostbarer, ziselierter silberner Spazierstock vervollständigen die äußere Ausstattung dieses merkwürdigen Reisegenossen.

Doch nun sind wir am Ziele.

Matara! Auf einem kleinen, zweirädrigen Karren geht es sogleich vom Bahnhofe zum Rasthause. Das Vehikel ist bunt bemalt, aber federlos. Deshalb huppelt es ganz infam, wenn das kleine, flinke Zebu hurtig lostrappelt.

Über das Rasthaus aber bin ich wirklich ganz erstaunt! Es ist ein schöner, langer, einstöckiger Bau mit Veranda ringsum. Sehr saubere Schlafzimmer, hinten ein geräumiger Speiseraum mit herrlichem Seeausblick, und einfaches, aber gutes Essen. Ich bin auf das angenehmste überrascht. Hier in Ceylon hat der Engländer überall solche praktischen Rasthäuser eingerichtet, in denen man für verhältnismäßig wenig Geld gute Unterkunft und Atzung erhält.

Schlag 6 Uhr morgens erscheint der Schikari mit dem Frühstück auf dem Arm. Eine Viertelstunde später unternehme ich bereits mit ihm eine kleine Rundfahrt. Dabei besichtigen wir auf einer Anhöhe einen alten Tempel. Eine Reihe Buddhapriester bettelt natürlich sogleich um Almosen. Kahlgeschorenen Hauptes haben sie sich in ihren zitronengelben, faltenreichen Gewändern aufgestellt. Ein jeder trägt einen runden Palmenwedelfächer in der Hand. Noch weiter oben auf dem Berge öffnet sich ein wundervoller Ausblick auf das weite, blaue Meer. Wie lange, weiße Streifen rennen die Brandungswellen gegen die Küste. Zu meinen Füßen liegt dichter Palmenwald.

Gegen 11 Uhr vormittags verlasse ich Matara mit der Postkutsche, um nunmehr mit Wagen die Reise bis Hambantota fortzusetzen.

Meinen Platz wähle ich mir vorsichtshalber auf dem Kutscherbock: Außenseite! Noch bin ich der einzige Fahrgast — hinten sitzt mein Schikari —, aber man kann nie wissen, was noch kommt. Und richtig, am Ende des Ortes, da haben wir die Bescherung! In wenigen Augenblicken ist der Wagen mit allem möglichen Eingeborenenvolk gepfropft voll.

Auch zwischen mich und den Kutscher zwängt sich einer, ausgerechnet der dickste Kerl der Gesellschaft. Aber es ist ein „Feiner"! Er trägt einen weißen Tropenhut, einen ehemals weiß gewesenen Kragen, einen der dicksten europäischen schwarzen Jaketanzüge und ebensolche Strümpfe. Im Anblicke dieser Wintersachen und bei der blödsinnigen Hitze perlt mir der Schweiß aus den Poren. Nun legt sich der Kerl auch noch zwei dicke weiße Kopfkissen unter! . . .

Und sein Aroma gefällt mir gar nicht. Dabei ist der Kunde erst aufgestiegen — wie soll das noch später werden? So rauche ich in meiner Verzweiflung eine Pfeife nach der anderen und paffe, daß man glauben könnte, die Karre ginge mit Dampfbetrieb. Als nun aber der Knabe gar beginnt einzuschlafen, und dabei Miene macht, mir seinen speckigen Hut ins Gesicht zu stippen, kriegt er einen sanften „Rippentriller". Außerdem halte ich ihm, um ihn nicht nochmals einschlafen zu lassen, zum Gaudium der hinten Sitzenden ab und zu meine Tabakspfeife unter die Nase. Ich könnte den Kerl am liebsten umbringen —

Gleich außerhalb des Ortes geht es unter fortwährendem Geblase des Kutschers im schlanken Galopp auf der guten, breiten Straße in östlicher Richtung dahin. Auch hier wollen die wundervollen Palmenszenerien und die Hütten und Häuser nicht aufhören. Und ununterbrochen flutet der Straßenverkehr. Wir sausen an ungezählten Ochsenkarren vorüber. Männer tragen allerhand Lebensmittel — Kokosnüsse, Bananen, Papeias und dergleichen. Ihre Traglasten, einer Wage gleichend, hängen an einem über die Schulter getragenen, elastischen und stark vibrierenden Bambusstabe bis fast zur Erde. Es ist ein ständiges Kommen und Gehen auf dem verkehrsreichen Wege. Auch allerliebste Kinder mit Schiefertafel, Fibel und Tintenfaß begegnen uns, da gerade die Schule aus ist.

Mehrere Male nähern wir uns der See. Dann gibt es stets unbeschreiblich schöne Bilder. Das stahlblaue tiefe Wasser, die schneeweiß rollende Brandung an den braunen Felsblöcken des Ufers und dazu immer Palmen. Mit Mühe und Not bringe ich dann immer den Kutscher dazu, an solchen Stellen den schlanken Galopp wenigstens auf kurze Zeit etwas zu mäßigen. Auch die armen Pferde dauern mich; wie wohl tut ihnen eine solche kleine Unterbrechung der rasenden Gangart.

Bis ³/₄3 Uhr, wo wir in Tagalla eintreffen, war viermaliger Pferdewechsel. Jedes Gespann hatte also einen einstündigen Galopp mit 16 Personen und deren Gepäck zu bewältigen; eine ganz nette Leistung bei der Hitze!

Und auch ich bin heilfroh, daß ich endlich aus dem Kasten steigen kann. Mein dicker Nachbar — seinen Kragen hatte er sich unterwegs längst abgemacht — steigt jetzt ebenfalls aus. Nun konnte er auch noch sitzen bleiben! Soviel weiß ich aber jetzt schon: morgen sitzt mein dünner Schikari neben mir auf dem Bock.

Das Rasthaus hier ist schon einige Grade schlechter. Eine Riesenschüssel der schönsten, großen Makrelen und ein eigentümlich dünner und langer, vorzüglich gebratener Fisch stellen aber den Ausgleich wieder her. Der Bungalow liegt etwas erhöht. So genießt man auch von hier aus einen herrlichen Blick auf das Meer.

An verschiedenen Stellen meiner näheren Umgebung ragen noch Überbleibsel aus den grausamen Portugiesenzeiten, zerfallene Befestigungsbauten ruinenhaft aus Rasen und Gebüsch empor. Mit dem Eintreffen Vasco da Gamas 1498 an der Malabarküste kam eine vollständige Umwälzung für den ganzen indischen Archipel und zu Beginn 1500 auch über Ceylon. Jahrhunderte hindurch seufzte dieses unglückliche Inselparadies unter der Portugiesenherrschaft mit ihren unerhörten Grausamkeiten. Es ist viel darüber geschrieben worden — Tennent — Emil Schmidt! Was mag sich alles hinter diesen Mauerresten, auf denen ich jetzt so friedlich im Abendsonnenscheine sitze und auf das weite Meer blicke, vor vielen Jahrhunderten zugetragen haben? Das ist jedenfalls sicher: zu damaliger Zeit hätte ich hier nicht mein Abendpfeifchen so gemütlich rauchen können.

Wie es dunkel geworden, kehren recht niedergeschlagen zwei französische Marquis von einer erfolglosen Jagdreise zurück. Sie hätten keinen einzigen Elefanten gesehen und „nur" einen ganz schwachen, weiblichen Büffel geschossen, berichten sie kleinlaut. Später sagt mir deren Schikari, es seien keine „big game hunters", sie hätten sehr gut einen recht starken Büffel schießen können. Na — mir kann's gleich sein.

Am nächsten Tage wird es 2 Uhr, ehe die Kutsche vorfährt. Die Straße wendet sich von hier bis Ranna nordöstlich; dann geht es geradeaus nach Osten über Tallawelle—Ambalantota bis Hambantota, dem Endziele der Postfahrt.

Der Landschaftscharakter ändert sich jetzt ganz auffallend. Die Ansiedelungen mit ihren üppigen Palmenpflanzungen werden spärlicher; an ihre Stelle tritt mehr die Buschvegetation. Zahlreiche, sehr große Wassertümpel und Seen mit vielen zahmen Wasserbüffeln geben der weiten Ebene einige Abwechslung. Aber die Straße ist noch immer ununterbrochen belebt von wandernden Leuten.

Erst gegen 7½ Uhr abends treffen wir in Hambantota ein. Hier ist das Rasthaus ein recht netter, fester Steinbau, dagegen die Verpflegung herzlich schlecht. Rasthaus und Verpflegung scheinen in umgekehrten Verhältnissen vorzukommen. Ist das eine gut, taugt das andere nichts. Trotz meiner Hungerstimmung sitze ich aber noch eine Stunde auf der Veranda und genieße das unter mir sich breitende Meer und die tosende Brandung im Mondenschein.

Die Reise von Kolombo bis hierher bedeutete ja keine besondere Anstrengung, sie ging auch verhältnismäßig schnell, und doch bin ich froh, sie hinter mir zu wissen. Jetzt stehe ich an der Grenze der Wildnis; von hier aus geht die Reise zu Fuß!

Am nächsten Morgen gibt es tüchtig zu tun. Vier zweirädrige Ochsenkarren mit je zwei Zebus bespannt, dazu zehn Reservetiere, bilden den Troß für die gesamte Ausrüstung.

Als Jagdführer hat mein Schikari einen stattlichen, breitschultrigen Mann mit schwarzem Vollbart gemietet.

Nur noch einige Kleinigkeiten werden im Orte erstanden, dann verläßt die kleine Karawane endlich um 2¼ Uhr nachmittags den Platz.

Welch herrliches, sonderbares Gefühl! Für mich völlig unbekanntes Gebiet, das ich jetzt betrete. Ideal ist das Wetter; wenn es nur nicht so glühend heiß wäre! Einstweilen führt der Weg noch auf der guten Straße entlang, aber gleich hinter dem Orte nimmt die Gegend Steppencharakter an. Rechts und links der Straße beginnt die sogenannte Salzsteppe mit vereinzeltem Buschwerk, dürftigen Euphorbiaceen und Dornengesträuch. Mitunter erinnern mich diese weiten, öden Ebenen durchaus an afrikanische Landschaft. Die undurchdringlichen Dickichte darauf bezeichnet man hier als Dschungel.

Ich marschiere mit dem Führer und Schikari voraus. Bereits nach der ersten halben Wegstunde sehe ich zwei weibliche Axishirsche, und eine kleine Strecke weiter, hart an der Straße, die alten Fährten von Elefanten. Auch ein großer Nashornvogel wird gesichtet.

Kurz nach 5 Uhr schlage ich abseits im Dschungel Lager. Die Zeit bis zum Dunkelwerden ist nicht lang, und die Leute sollen auch am ersten Tage gleich etwas meine Gewohnheiten kennen lernen.

Leider kommt ein ziemlich heftiger Wind auf, der das Aufstellen des Zeltes recht erschwert. Bei klarem Mond bläst er die ganze Nacht hindurch, und auch am nächsten Tage hält er noch an.

Das erste im Dschungel von Singhalesenhand bereitete Mahl ist schauderhaft im Vergleich zu dem, was ich in Afrika bekam. Wenn das etwa so weitergeht, kann ich mir leid tun. Darum gibt es sogleich eine ziemlich eingehende Auseinandersetzung mit dem Schikari, der ja für alles verantwortlich ist.

Schön ist es heute wieder, aber unglaublich windig. Den Vormittag benütze ich dazu,

Wandernder Zauberer.

die Gewehre eingehend zu reinigen und mein Malgerät vorzubereiten. Dann werden die übrigen freien Stunden dieses angebrochenen Tages mit einem Informationsbummel in der Umgebung totgeschlagen.

Das Gelände ist ziemlich offen und graslos; nur wenige Dschungelparzellen sind sichtbar. Lange, morastige Wasserläufe, die sich an einzelnen Stellen seeartig verbreitern, beherbergen Unmengen von Krokodilen.

Am Spätnachmittage setze ich mich am Rande eines solchen langen Tümpels an. Durch die Schlinggewächse des Dschungels zähle ich innerhalb einer Stunde 27 dieser Echsen, die nach und nach auftauchen. Beim flüchtigen Hinsehen könnte man sie mit den herumliegenden, dunklen, morschen Baumstämmen und Wurzeln verwechseln, so still und starr liegen sie da.

In der Ferne liegt allerlei Wasserwild; auch die ersten Pelikane sehe ich darunter und auffallend viele Kiebitze.

Am folgenden Tage geht es flott landeinwärts. Mein sehnlichster Wunsch ist, bald mit dem Büffel Bekanntschaft zu machen.

Nach dem auf Ceylon geltenden Jagdgesetz darf man auf eine „License" — Jagdschein — in jeder Jagdprovinz nur zwei Büffel schießen. Ebenso sind die Abschußzahlen für Axis- und Samburhirsche und einzelnes Flugwild festgelegt. Will man also noch zwei weitere Büffel schießen, so muß man einen neuen Schein für eine andere Provinz lösen und sein Revier wechseln. Für Elefanten gibt es bestimmte Scheine, auf ein oder zwei Stücke lautend.

Ursprünglich hatte ich ebenfalls vor, einen Elefanten zu scheinigen, kam aber doch davon ab. Ist es doch so gar kein Vergnügen, diesen auf Ceylon meist zahnlosen Dickhäuter, also ohne Trophäe, umzulegen. Hat man erst einmal in Afrika Elefanten gejagt, ist man doch etwas verwöhnt in dieser Beziehung. Gelingt es mir aber vielleicht, einem der vogelfreien „rogue" — bösen Elefanten — zu begegnen, dann soll es mich doppelt freuen.

Nun liege ich bereits, Tag für Tag marschierend, pirschend oder arbeitend im Dschungel. Viele kalte, aber auch einzelne warme Fährten habe ich dabei in den ersten Tagen gefunden, aber es wollte nicht so recht klappen.

Es war am zweiten Tage vormittags, da rief mein Führer plötzlich, als wir auf eine Blöße heraustraten: „two wild boars" — zwei Wildschweine! Drüben auf der anderen Seite stehen sie. Ich habe sie auch gleich weg, denke aber: heiliger Hubertus, du bist doch nüchtern? Sollen diese zwei grauen Tiere zirka 150 Meter vor mir mit den deutlich sichtbaren Gehörnen wirklich Schweine sein? Wenn ich auch kein Fachzoologe bin, so weiß ich doch wenigstens so viel, daß es solche Monstra nicht gibt. So wie diese beiden Kreaturen können nur Büffel aussehen! Wie wir dann näher kamen, verschwanden sie leider schleunigst im Dschungel. An der warmen Fährte konnte ich aber den Führer von seinem Irrtum überzeugen.

Was soll ich davon denken? Dieser „schöne Mann", der doch nicht zum erstenmal einen Jäger führt, der in seinem Lande doch einigermaßen Bescheid wissen muß, täuscht sich im Wildansprechen derartig! Und das geschieht gleich bei Beginn der Jagdreise. Ein bloßes Versprechen des Mannes kann nicht vorliegen; er hätte auf meine Bemerkungen hin reichlich Zeit gehabt, sich zu verbessern. Und wenn auch sein Englisch nur mäßig ist, so weiß er doch ganz genau „wild boars“ von „buffalo“ zu unterscheiden. So waren diese ersten Büffel — ich sprach sie als Bullen an — nun mal hin. Es war keine Möglichkeit mehr heranzukommen; stets gingen sie von weitem ab.

Im Busch begegnen mir zwei Schakale, von denen die Fähe keine Lunte hat. Sie sieht beim Flüchtigwerden mit dem angelegten Gehör sehr komisch aus. An verschiedenen Altwässern stehen eine Menge Ibisse, Reiher und rotbeinige Stelzvögel. Recht auffällig ist auch die große Zahl der Rieseneidechsen. Ich sah in der kurzen Zeit bereits eine ganze Reihe dieser zwei Meter langen Tiere. Nun kreist ein weißköpfiger Seeadler andauernd über mir. In der Färbung scheint er dem Schreiseeadler sehr ähnlich zu sein. Aber er zieht seine Kreise in solcher Höhe, daß ihm mit der Büchse nicht beizukommen ist.

Auf dem Rückmarsche mache ich mit wirklichen „wild boars“ Bekanntschaft. Es sind mehrere Bachen und zwei einzelne Keiler. Der eine von ihnen ist meine erste Strecke auf Ceylons Boden. In einer Suhle, wo er gerade brach, erhält er einen guten Blattschuß auf kurze Entfernung.

Dieses Schwarzwild — wenn ich es „heimatlich“ nennen will — gleicht dem unseren in vieler Beziehung und wird auch reichlich so stark. Die Gewehre erreichen aber nicht entfernt dieselbe Größe wie bei den afrikanischen Warzenschweinen. Dafür sind sie jedoch in ihrem Äußeren nicht so mordshäßlich wie diese.

Nun lerne ich etwas Neues kennen. Meine Tracker (Führer) essen das Wildpret nicht! Sie erklären mir, daß Tracker überhaupt kein Wild essen, auch nicht Büffelfleisch. Nur wenige täten das. So nehme ich also bloß für meinen Bedarf eine Kleinigkeit und muß das gute Wildpret einfach dem Raubzeug überlassen. Jedenfalls weiß ich nun Bescheid.

Der nächste Tag bringt Widerwärtigkeiten mit den Leuten.

Ich bin, auch von Afrika her, gewöhnt, wenn ich unterwegs bin, von morgens bis abends durchzulaufen und zu arbeiten, ohne mich weiter an bestimmte Essenszeiten zu binden. Den Zwieback und Schluck Wasser nehme ich, wie es gerade der Zufall gibt, im Gehen. Natürlich wird dabei in jeder Weise auf die begleitenden Leute Rücksicht genommen, und nach außergewöhnlichen Anstrengungen haben sie eo ipso die wohlverdiente Pause.

Nun folgen wir einer warmen Büffelfährte im dichtesten Dschungel. Die Sonne steht hoch am Zenit. Plötzlich stoppen Tracker und Schikari und sagen ganz naiv: „Hier auf dieser Blöße wollen wir „lunchen“.“

„Sapperlot,“ antworte ich, „habe ich euch nicht von vornherein gesagt, daß ich unterwegs nicht „lunche“? Und so eilig wird es wohl mit eurem Lunch auch nicht sein, noch dazu jetzt, wo wir Wild vor uns haben.“

Da bekomme ich zur Antwort, daß alle bisherigen „hunters“ mittags draußen auf der Jagd gefrühstückt hätten. Ist mir gleich — ich gehe weiter.

Der Führer benimmt sich aber nun so schlappig und unaufmerksam, daß er mir die nahen Büffel total versaut. Da packt mich die Wut. Ich schnauze die Bande dermaßen an, wie ich es mir selbst nicht zugetraut hätte. Aber was nützt es, die Pirsche ist hin. So sage ich resigniert: Futtert!

Das ist den Knaben durchaus willkommen. Sogleich haben sie ihre mitgebrachten Vorräte bei der Hand. Der Schikari holt aus seiner nicht gerade appetitlichen Hosentasche — wir sind seit morgens bei der Gluthitze unterwegs — irgendein „Tin beef" oder so etwas Ähnliches hervor. Dann wickelt er aus einem rotkarierten Lappen, der einem Taschentuche verdächtig ähnlich sieht, Biskuits aus.

„Thank You," winke ich ab. Er meint es jedenfalls recht gut und ist es vielleicht von seinen früheren Reisen nicht anders gewöhnt. In meinen Kram paßt das aber nun gar nicht.

Da sieht man wieder, auf welche Weise hier „Vergnügungsjagdtrips" gemacht werden mögen. Schlägt die Glocke zwölf, ist alle Passion zum Teufel. Man setzt sich unter einen schattigen Busch und schlemmt wacker aus dem mitgenommenen Frühstückskorbe drauflos. Derweil tummelt sich das Wild in nächster Nähe. Heiliger Hubertus, steh mir bei, daß ich nicht platze! So etwas kann auf afrikanischem Boden wohl schwerlich vorkommen. Da sind noch ganz andere Verhältnisse — Gott sei Dank!

Auf dem Rückwege zum Lager komme ich an einer im Dschungel gelegenen, umschilften Lagune vorbei. Eine der schrägen Uferböschungen ist mit mehreren starken Krokodilen besetzt, die sich, den Kopf nach dem Wasser zu, behaglich sonnen. Von meinem Standpunkte aus ist kein Schuß anzutragen. So versuche ich mich auf der linken Seite der fast viereckigen Lagune unter Wind anzupirschen. Aber es ist recht schwierig, in dem dornigen Wirrwarr vorzudringen; bald geht es ohne Geräusch nicht mehr ab. Mein „guter" Führer rät mir, nicht weiter vorzudringen. Er behauptet, sowie ich mich nur etwas zeige, gingen die Krokodile ab. Trotzdem zwänge ich mich doch noch allein nach dem Ufer oben durch.

Auf dem Bauche liegend, sehe ich endlich links von mir die offene, ganz unbewachsene Uferböschung und auf zirka 100 Meter die Echsen. Leider wird jetzt das stärkste Tier von einem davorliegenden etwas geringeren so verdeckt, daß kein tödlicher Schuß anzubringen ist. Die Krokodile liegen völlig regungslos, und es kann noch lange dauern, ehe das starke Stück frei wird. Deshalb besinne ich mich nicht erst lange und setze dem nächstliegenden eine K. 0,9 Lochgeschoß auf die seitliche Schläfe. Sofort fliegt es auf den Rücken, streckt die Beine nach oben und rührt sich nicht mehr. 141 Schritte zähle ich bis zu ihm, und nun sehe ich, daß der ganze Schädel zu Brei geworden ist. Es war ein unheimlicher Schuß. Der Führer läßt sich nun auch herbei, zu bemerken, daß ich auf diese Entfernung sehr gut geschossen hätte; es sei doch kein großes Ziel gewesen.

Die schönen Tage scheinen vorüber zu sein. Am Abend kommt ein heftiges Gewitter auf mit Sturm und Regen, und es fehlte nicht viel, so fliegt mein Zelt zusammen.

Mit Tagesgrauen gucke ich aus meinem Bau. Da bemerke ich auf der weiten, wiesenartigen Ebene in ungefähr 50 Meter Entfernung einen dunklen Gegenstand liegen, den ich mit meinem Glase als einen schwarzen Ochsen erkenne. Sofort schlüpfe ich in die Kleider, nehme meine Büchse und gehe hin.

Richtig. Was hier liegt, ist einer meiner Zugochsen, vom Leoparden gerissen! Der Räuber muß das Stück erst in den Morgenstunden geschlagen haben. Die Keulen und das meiste Fleisch fehlen; über die abgenagten Rippen hängen nur noch Hautfetzen. Eine einzige Spur ist vorhanden. Der Bursche muß guten Appetit gehabt haben.

Mein Schikari ist über den Verlust recht ungehalten. Er schimpft auf Singhalesisch ganz mächtig. Leider kann ich mir nur denken, was er den Treibern für Schmeicheleien sagt.

Einige Tage später stoße ich nachmittags gegen 3 Uhr im Dschungel auf eine warme Büffelfährte. Seit 6 Uhr morgens bin ich bereits unterwegs. Der Führer schreitet dicht hinter mir. Endlich, denke ich, nun muß es klappen.

Nach einigen hundert Metern höre ich's brechen und knacken, und jetzt sehe ich durch das Geäst auch schon dunkle Flecken. Kaum sieht sie mein Tracker, ist er außer Rand und Band. „Shoot You — shoot You," stammelt er fortwährend.

Ich bin rasend, werfe ihm wütende Blicke zu, verbiete ihm den Schnabel und bestimme, daß er zurückbleibt.

So — nun ist mir wohler.

Lagernde Büffelherde.

Nach 10—15 Meter bin ich heran, sinke tief zur Erde und äuge. Kaum 15 Meter vor mir in einer flachen Suhle liegt eine große Herde Büffel! Ihre Körper sind vom grauen Schlamme vollständig übergossen. Jetzt rekeln und dehnen sie sich nach dem unentbehrlichen Bade mit sichtbarem Behagen. Mehrere liegen ganz auf der Seite, so daß ihre Köpfe kaum sichtbar sind. Meine Blicke suchen nach einem jagdbaren Bullen, leider ohne Erfolg. In der Mehrzahl besteht die Herde aus Kühen, Kälbern und jüngeren Bullen. Jammerschade!

Ein kapitales Kuhgehörn brauche ich ja aber auch neben einem starken und zwei schwächeren Bullen. Da muß ich also zwei Lizenzen lösen.

So wird es mir nun zur Gewißheit, daß ich meine hiesige Büffeljagd werde mit einer Kuh eröffnen müssen. Das Stück da drüben, das sich jetzt gerade mit einigen anderen erhebt, geht ganz bestimmt gelt und hat in der Auslage ein recht gutes Gehörn. Als die Kuh am Rande des tiefen Morastes nach rechts zieht, gebe ich ihr aus Kaliber 9,3 einen Halsschuß, den sie im Feuer fast mit einem Überschlagen quittiert. Im gleichen Augenblick rast die übrige Gesellschaft links an mir vorüber. Das geschieht in solcher Nähe, daß ich eine Menge Schlammspritzer ins Gesicht bekomme.

Und mein famoser Tracker? Er ist nach rechts durch die Lappen gegangen; die Sträucher haben ihn liebevoll aufgenommen.

Der erste Bann wäre also gebrochen.

Wie ich eben die Büffelherde so daliegen sah, hatte ich gar nicht das Gefühl, Wild vor mir zu haben. Etwa wie eine zahme Büffelherde in Ägypten oder in Indien kam mir das vor. Friedlich wiederkäuend lagen sie in der warmen Sonne und hatten so rein nichts Wildes an sich. Allerdings trägt dazu viel ihr Aussehen bei, das dem zahmen Büffel fast gleichkommt. Besonders die Kühe gleichen im Bau den zahmen Verwandten aufs Haar. Die Gehörne unterscheiden sich vielleicht etwas. Ich lasse es aber dahingestellt, ob der zahme und wilde Büffel Ceylons genau dieselbe Art sind.

Wie mir die Leute berichten, kommt es häufig vor, daß sich ein wilder Bulle tagelang zu einer zahmen Herde gesellt und dann plötzlich wieder verschwindet. Später habe ich das einmal mit eigenen Augen beobachtet. Ich pirschte mich an, er ging ab — die Herde blieb stehen!

Wenn auch der Ceylonbüffel nicht von der unberechenbaren Bösartigkeit seines afrikanischen Vetters, des Kafferbüffels, ist, so kann ein hiesiger Einzelgänger immerhin zum recht unangenehmen Gegner werden. Na — und was erst mein „schöner Mann" von der Gefährlichkeit dieser Tiere fabelt — ich riss' am liebsten sogleich aus!

Und doch, einige Zeit später erlebe ich etwas, wodurch ich seine Furcht verstehen lerne.

Am Ufer des Kumbukgam-Ar river pirsche ich schon mehrere Stunden entlang, den Büffel aber, der mir „vorschwebte", bekomme ich nicht zu Schuß. Fünf Stunden geht das nun schon hinter ihm her. Da setze ich mich nach all den nutzlosen Mühen an den Fluß, um wenigstens etwas zu malen. Aber es läßt mir keine Ruhe, ich nehme die Pirsche wieder auf.

Kaum habe ich die Felsblöcke des Ufers erklettert und oben ein Stück Weges zurückgelegt, da höre ich vor mir verdächtiges Brechen. Der Wind steht schlecht. Deshalb drücke ich mich etwas nach rechts, um hinter den Büschen nicht nur besseren Wind, sondern vielleicht auch mehr Aussicht zu bekommen. Auf 30—40 Meter gelingt mir das Experiment. Wie ich aber ein kleines Dickicht umschlagen will, höre ich plötzlich ganz nahes Brechen, und schon rast, wie aus der Pistole geschossen, ein einzelner Bulle auf mich los. Im selben Moment erhält er auf 9—10 Schritt einen Wirbelhalsschuß und rasselt auch schon wie erschlagen zusammen.

Das war fixe Arbeit! Und Gott sei Dank kein Versager. Sonst wäre ich derjenige gewesen, der jetzt am Boden lag. So hängt das Leben mitunter am bewußten dünnen Faden —

Die Begegnung kam aber auch so urplötzlich und verlief so ungestüm, daß alles nur von meinem guten Stern abhing. Völlig freistehend, hätte ich vielleicht im letzten Augenblick nur einen kurzen Seitensprung versuchen können. Ob er gelungen wäre — wer weiß. So schoß ich, mich nicht vom Flecke rührend, im Vertrauen auf meine gute, treue Büchse.

Diese Attacke war mir in vieler Beziehung äußerst interessant, dazu kommt noch die Freude, meiner Nerven genügend Herr gewesen zu sein. In der ersten Sekunde des Erblickens sah ich bereits trotz der Schnelligkeit des Angriffs, daß das Gehörn kein ganz kapitales war. Seinem Körper nach aber muß er als absolut kapital angesprochen werden. So bietet er mir genügend Anregung zu meinen Studien.

Wie ich jetzt um den Erlegten herumgehe, fällt mir am linken Schwanzansatz eine große, frisch schweißende Wunde auf. Daneben befindet sich ein handtellergroßes Loch, in dem sich unzählige Maden bewegen. Auch die Innenseiten der Hinterläufe zeigen zum Teil recht tiefe Rißwunden, die ich auf Dornenverletzungen zurückführe. Die anderen Wunden möchte ich ganz bestimmt als Kampfspuren ansprechen. Niemals ist aber jene frisch schweißende Verletzung, in die fast meine Faust hineingeht, eine alte Schußwunde.

So neige ich zu der Ansicht, daß mein Büffel von anderen abgekämpft worden ist. Durch die jedenfalls maßlos schmerzenden Wunden zur Raserei neigend, bekommt er noch dazu Wind von mir, und wie er mich erblickt, stürzt er ganz naturgemäß in solcher Verfassung sofort auf mich los. Im normalen Zustande war er vielleicht gar nicht so bösartig. —

Ein anderer kapitaler Bulle kommt bald darauf zur Strecke, und zwar an einem recht abwechslungsreichen Tage.

Noch bin ich keine halbe Stunde unterwegs, da höre ich vor mir das Gebrüll eines Leoparden. Der Schikari neben mir sagt sofort: „wild boar!" Ich beharre energisch auf „Leopard". Darauf lebhafte Diskussion. Plötzlich steht auf nur 80 Meter ein ganz kapitaler, fauchender Leopard, breit wie eine Scheibe vor dunklem Buschwerk, da. Entsichern und Anbacken ist eins. Aber ebenso schnell wirft sich das Tier herum und ist verschwunden.

Mit recht dummen Gesichtern stehen meine Begleiter neben mir, als ich ihnen wieder beweise, wie schlecht sie Bescheid wissen und wie wenig vertraut sie mit den Tieren in ihrer eigenen Heimat sind. Sie ahnen nicht, daß ich mehr Tierkenntnis als der Durchschnitt besitze. So setze ich meinen Weg in der Hoffnung fort, dieser schönen, großen Katze gelegentlich wieder einmal zu begegnen. Eine Verfolgung der jetzigen Spur wäre bei dem dichten Dschungel zwecklos. Nur mit dem Buschmesser könnte man hier schrittweise vorwärtskommen.

Bald darauf werden vier Büffel flüchtig und galoppieren schräg vorüber. Das jetzt offene, ebene Gelände mit einzelnen dichten Dschungeln wird geschlossener. Ich glaube mich wieder einmal im lichten, afrikanischen Dornenbusche, mit Termitenhügeln und Euphorbien bestanden, zu befinden. Da dringt aus einer etwas dichteren Stelle des Busches ein eigentümliches Knacken an mein Ohr.

Büchse fertig — vorsichtig näher. Vielleicht sind es Büffel! Wie ich's auch anstelle, ich kann absolut nichts sehen. Die herabhängenden Schlingpflanzen bilden eine undurchdringliche Wand. Dahinter muß das Wild stehen. Ich drücke mich etwas seitlich an der Blätterwand hin und schleiche immer näher und näher.

Himmel — welch ein Freudenschreck fährt da plötzlich durch meine Glieder!

Nur 30 Schritte neben mir peitscht ein kapitaler alter Elefantenbulle seinen Körper in wilden Schlägen mit abgerissenem Buschwerk. Breit steht er da in seiner ganzen, riesigen Größe! Die Gehöre — wir haben es hier mit der kleinohrigen indischen Art zu tun — klappen ständig auf und nieder. Auch wiegt er sich, wie es seine Genossen in der Gefangenschaft so gerne tun, andauernd hin und her. Dabei scheuert er abwechselnd einen Tritt am anderen und bringt ein Geräusch hervor, als wenn harte Dachpappe aneinandergerieben würde.

Aus der ganzen Figur des Riesen kann ich erkennen, daß er ein alter Bursche ist. Von Zähnen ist aber beim besten Willen nichts zu entdecken.

Wenn er nun aber gar so ein „rogue" — ein Böser — wäre! Dann dürfte ich schießen; günstiger kann er mir nie wieder kommen. Nun stehe ich in Deckung dreier dürrer Bäume, streiche an — visiere. Dabei muß ich unwillkürlich an die beiden Franzosen denken. Was hätten sie vielleicht für diese Begegnung gegeben — — Fersengeld —?

Eine gute Stunde verbringe ich bei dem alten Knaben als unsichtbarer Gesellschafter, noch zweimal backe ich an im schönen Traum des Elefantenschießens, dann ziehe ich mich leise zurück. Während dieser ganzen, langen Beobachtungszeit ist das Tier fast am selben Flecke stehengeblieben und wird es wohl auch noch länger dabei belassen haben.

Als ich mich umdrehe, sehe ich meine Leute gemütlich in einem Baume sitzen. Von da oben konnten sie mich und den Elefanten sicher und gut beobachten. Auf meine Bemerkung, daß das unter Umständen ein „rogue" sein könne, behauptet das der Schikari ganz bestimmt. Mit Beweisen kann er mir aber nicht dienen.

Indessen sind wir etwas weitergegangen, da dringt von der Stelle, wo ich gestanden, wüstes Brechen herüber. Der Alte scheint flüchtig zu werden. Gespannt warten wir, ob er etwa plötzlich auftaucht. Nimmt er an, schieße ich unbedingt. Denn dann ist er zweifelsohne ein „rogue".

Schade! Er ist kein Bösewicht — das Geräusch verstummt.

Nun gelange ich an eine längliche Lagune von ziemlicher Ausdehnung. Auf meiner Seite ist sie von hohen Bäumen und Busch umrahmt, drüben von felsigen Hügeln. Als ich an dem morastigen, zum Teil schilfigen Ufer entlang schlendere, zähle ich nicht weniger als 29 hohe Bäume, an deren Stämmen und Geäst sich Elefanten den Schlamm abgescheuert haben. An verschiedenen Ästen kann man sehen, wie groß die Tiere waren. Einige Hauptstämme zeigen eine dicke Schlammkruste über ihrer beinahe blank polierten Oberfläche. Diesem Befunde nach scheint also die Lagune ein ständiger Badestrand der Dickhäuter zu sein und stark besucht zu werden.

Drüben am Rande des Morastes liegt eine Rotte Sauen. In der Mitte der Lagune stehen auf Schilfkaupen Marabus und schlanke Schlangenhalsvögel mit ausgebreiteten Flügeln und sonnen sich. Überall suchen zahlreiche weiße Reiher nach Nahrung.

An die Schmalseite der Lagune zurückgekehrt, setze ich mich nieder, um noch schnell eine Landschaftsstudie zu malen. Hinter mir habe ich den Führer auf einen Baum postiert, damit er nach eventuell austretenden Büffeln Ausschau halte. Es dauert auch gar nicht lange, da bekomme ich schon ein Zeichen. Auf der anderen Schmalseite sei ein einzelner Büffel ausgetreten. Durch das Glas kann ich lediglich einen schwarzen Klumpen erkennen. Der Kopf steckt im Schilf.

Als meine Studie fertig ist, mache ich mich auf. Aber ich muß dabei des Windes wegen einen großen Bogen schlagen. Der etwas lichtere Dschungel liegt hinter mir, und in etwa 200 Meter Entfernung bemerke ich richtig den Gesuchten. Ich komme näher bis auf 100 Meter. Nun kann ich ihn mir schon besser betrachten. Wiederkäuend steht er etwas von hinten gesehen im knietiefen Moraste am Uferrande; ein stattlicher Bursche mit klobigem Gehörn. Wir befinden uns beide in völlig offenem Gelände, nirgends auch nur eine Spur von Deckung.

Aber ich versuche es. Tief geduckt arbeite ich mich weitere 50 Meter heran. Nun muß ich stoppen, denn er stellt sich jetzt plötzlich breit. Und es bleibt mir auch nichts übrig, er zwingt mich, in dem knietiefen, grauen, warmen Schlammbrei niederzuknieen. Umgehend merke ich, wie „es" durchkommt.

In diesem unfreiwilligen Moorbade verharre ich einige Zeit. Nun habe ich aber genug. Meine Hoffnung, das Tier würde nach der anscheinend trockenen Stelle hinüberwechseln, ist eitel. Im Gegenteil, der Büffel tut bereits einen Schritt in entgegengesetzter Richtung, wo der Morast sicher so tief ist, daß mir das Stück nach dem Schuß fast ganz versinken würde. Und wie soll ich schließlich den gut 18—20 Zentner schweren Körper mit den paar Leuten 100 Meter weit auf einigermaßen trockenen Boden befördern?

Gut Blatt komme ich also ab.

Steigend macht der Büffel noch eine Flucht von wenigen Metern, dann bricht er zusammen. Seine weiteren Versuche, hochzukommen, sind vergeblich. So schnell es der Morast erlaubt, bin ich heran. Ein Halsschuß tötet ihn dann auf der Stelle. Auch mit dem Blattschuß hätte er genug gehabt; er sitzt wie abgezirkelt dort, wo ich abgekommen.

Nanu — was ist denn das — der hat ja rechts ein kaputes Licht! Es eitert und schweißt. Ich bekomme schon einen gelinden Schrecken, daß ich das gewesen. Doch nein — da hätte ich ihm ja das linke Licht zerschießen müssen. Meine beiden Schüsse sitzen genau Blatt und Hals. So bleibt also nur die Annahme übrig, daß es wieder einer ist, der im Kampfe mit dem Rivalen seine schwere Wunde davongetragen. Und bei näherer Untersuchung sehe ich, daß das Licht vollständig ausgelaufen ist. Auch kann die Verletzung erst vor wenigen Tagen geschehen sein. Welche wahnsinnigen Schmerzen muß das arme Tier ausgestanden haben! Nun ist es erlöst.

Blies der Wind schon mehrere Stunden recht nett, so wird er jetzt trotz des klaren Himmels geradezu unangenehm. Ich kann meine Staffelei beim besten Willen nicht aufstellen. Schleunigst lasse ich den Malkasten wieder aufs Trockene bringen; um ein Haar wäre er in den Morast geflogen. Dabei ist eine glühende Hitze.

Nun soll auch der Büffel aufs Trockene gebracht werden. Aber meine zwei Kulis, der Schikari und der „schöne Mann", sind Waschlappen. Früher schon stellten sie sich einmal beim Wenden eines Büffels so dumm an, daß ich sie ärgerlich beiseite stieß und den Büffel allein herumwarf. Jetzt bringen die schlappen Kerle den Büffel nur ein kleines Stückchen weiter. Und schließlich bringen sie sich mit dem Fortschaffen des abgetrennten Kopfes und Halses beinahe um.

Kurz ehe ich aufbreche, tritt in einiger Entfernung wieder ein einzelner Büffel aus. Spitz von vorn sichert er zu uns. Ich gehe ihm entgegen. Da kommt er im Trab auf mich zu. Natürlich knie ich sofort nieder, um zu sehen, was er will. Ich habe nicht die geringste Lust, zu schießen. Bis auf zirka 50 Meter kommt er heran, da schlägt er ganz plötzlich einen Haken und biegt nach dem Dschungel ab. Ich weine ihm keine Träne nach. Meiner da ist mir doch lieber!

Auf dem Heimwege bekomme ich auch noch den schon mehrmals gehörten, aber noch nie eräugten Dschungelhahn, wie er hier genannt wird, zu Schuß. Er ist der Stammvater unseres Haushuhnes. So wundervoll feurig in der Farbe sein Gefieder leuchtet, so unangenehm grell und quarrend ist seine Stimme. Dieses Schreien hat auch nicht das geringste mit dem Krähen unseres Hahnes zu tun. Es erinnert vielmehr an den Schrei des Pfau oder Fasan.

Das Dschungelhuhn ist ungemein scheu. Es hält sich gern im Dickicht auf, wo es sich sofort zu drücken versteht. Nur einmal sah ich bisher einen Hahn abstreichen. Wie ich ihn zuerst in seiner goldigen Pracht auftauchen sah, glaubte ich zunächst einen Haushahn vor mir zu haben. Dann erst fiel mir der Urhahn ein. Sein Kamm ist ganz flach. Flach liegen auch die langen Federn des Stoßes, den er nicht so hoch trägt wie der zahme. Das schönste aber ist die Farbe. Nie habe ich einen Haushahn von dieser verblüffend feurig-goldigen Halspracht gesehen, wie sie dieser Wildling besitzt. Was gibt das für einen Farbenklex im trockenen, grauen Dornbusch!

Die Henne hat große Ähnlichkeit mit der Fasanenhenne. Ich sah sie einzeln, zu zweien oder dreien mit dem Hahn zusammen. Immer sind sie durch ihr schlichtes Gefieder schwer zu sehen. Und bei ihrer verhältnismäßigen Seltenheit möchte ich fast annehmen, daß sie bald ausgerottet sein werden.

Indessen sind einige recht wüste Regentage mit ihren unliebsamen Nebenerscheinungen, der Arbeitslosigkeit und Unlust, glücklich vorübergegangen. Heute ist es wenigstens von oben trocken. So geht es in aller Frühe wieder hinaus in die Wildnis — es gibt halt nichts Schöneres, als so ziellos-frei dahinzuwandern.

Mit warmen Fährten ist aber nicht viel los. Wohl sehe ich überall die unvermeidlichen Rotten Wildschweine. Es würde mich sogar wundern, wenn ich sie einen Tag lang nicht anträfe. Wenn man den ganzen Tag nichts anderes sieht, dieses Wild ist sicher da. Man kann also hier buchstäblich behaupten: Schwein hat man immer! Nur mit den Büffeln hapert es; ich finde überhaupt keine Fährte.

Nach vier Stunden vergeblichen Suchens höre ich ein kurzes, einmaliges Knacken. Vorsichtig krieche ich näher. Es ist mäuschenstill, ich sehe nichts! Da wende ich mich nach rechts und bekomme einen Schreck —

Liegt doch nur vier Schritte vor mir im Dickicht ein starker weiblicher Sambur! Tot — gerissen! Sofort wird mir klar, das kann nur ein Leopard gewesen sein, der auch das eben erst vernommene kurze Knacken durch sein Abspringen verursachte. Nun ist es still um mich her. Das Stück Wild ist noch warm, hat noch keine Totenstarre und beweist, daß es gerade geschlagen worden ist. Vom rechten Blatt bis zur Nierenpartie zeigen sich bereits Spuren des Anschneidens. Die Kratzer an der rechten Schulter und Wirbelsäule mögen vom Schlagen herrühren.

Der Wind stand äußerst günstig, als ich das Knacken vernahm; der Leopard muß uns also lediglich gesehen haben. Sogleich nehme ich die Spur auf. Ein eintretender Regenguß vereitelt aber jedes weitere Spüren vollständig. So mache ich schleunigst kehrt und setze mich am Riß an in der Hoffnung, daß der Räuber vielleicht wieder zurückkommt.

Schön gedacht! Es wird 5 Uhr, aber wer nicht kommt, ist der schlaue Bösewicht.

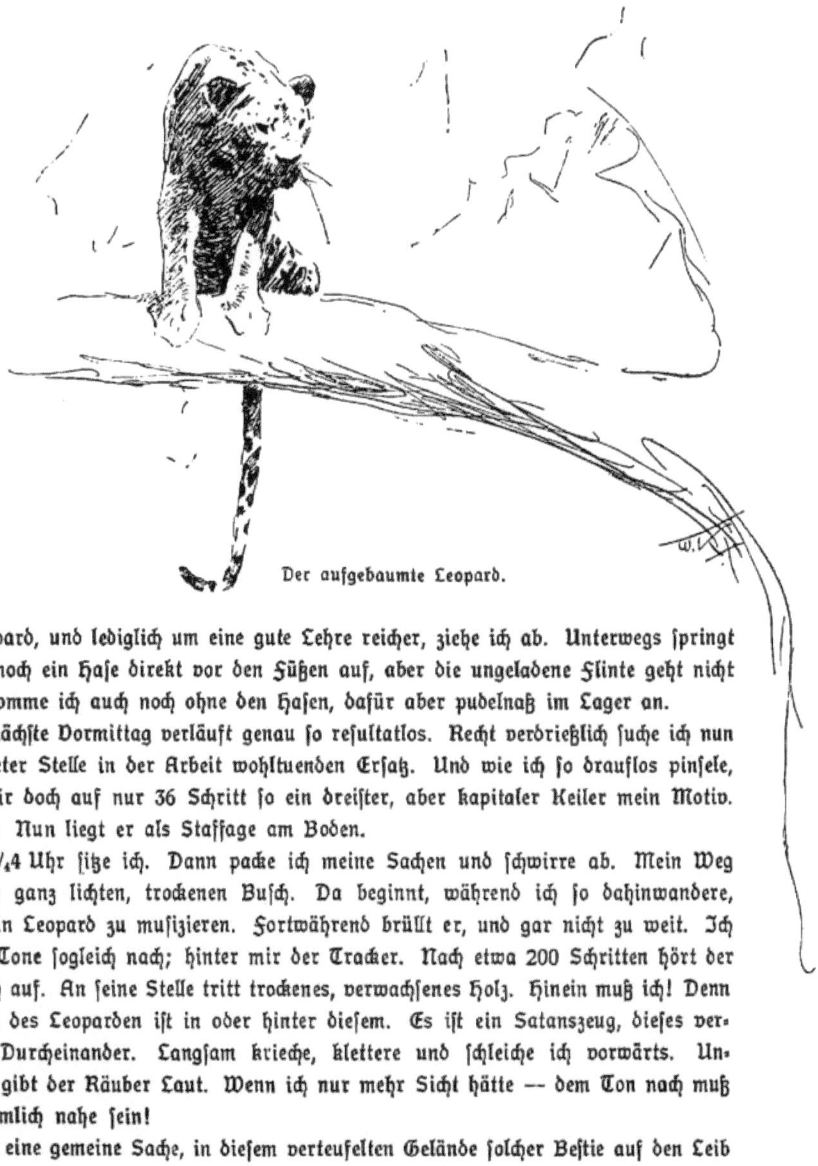

Der aufgebaumte Leopard.

Ohne Leopard, und lediglich um eine gute Lehre reicher, ziehe ich ab. Unterwegs springt mir auch noch ein Hase direkt vor den Füßen auf, aber die ungeladene Flinte geht nicht los. So komme ich auch noch ohne den Hasen, dafür aber pudelnaß im Lager an.

Der nächste Vormittag verläuft genau so resultatlos. Recht verdrießlich suche ich nun an geeigneter Stelle in der Arbeit wohltuenden Ersatz. Und wie ich so drauflos pinsele, passiert mir doch auf nur 36 Schritt so ein dreister, aber kapitaler Keiler mein Motiv. Na warte! Nun liegt er als Staffage am Boden.

Bis 3/4 4 Uhr sitze ich. Dann packe ich meine Sachen und schwirre ab. Mein Weg geht durch ganz lichten, trockenen Busch. Da beginnt, während ich so dahinwandere, vor mir ein Leopard zu musizieren. Fortwährend brüllt er, und gar nicht zu weit. Ich gehe dem Tone sogleich nach; hinter mir der Tracker. Nach etwa 200 Schritten hört der lichte Busch auf. An seine Stelle tritt trockenes, verwachsenes Holz. Hinein muß ich! Denn das Rollen des Leoparden ist in oder hinter diesem. Es ist ein Satanszeug, dieses verkrüppelte Durcheinander. Langsam krieche, klettere und schleiche ich vorwärts. Unverdrossen gibt der Räuber Laut. Wenn ich nur mehr Sicht hätte -- dem Ton nach muß er mir ziemlich nahe sein!

Es ist eine gemeine Sache, in diesem verteufelten Gelände solcher Bestie auf den Leib zu rücken, noch dazu mit gesicherter Büchse, aber anders ist es hier nicht möglich. Also aufgepaßt!

Plötzlich verstummt seine Musik. Sollte er — — —?

Unentwegt schiebe ich mich langsam weitere 20 Schritte vor. Da stoße ich endlich auf seine kapitale Spur! Sie führt nach links hinüber. So — jetzt hinterher. Zu meiner Beruhigung ertönt auch wieder in regelmäßigen Pausen das unheimliche Konzert.

Das Gelände ändert sich. Ich komme zwar etwas besser vorwärts, habe aber noch immer keine günstigere Aussicht. Des trockenen Bodens wegen verliere ich auch noch zweimal die Spur. Dabei entpuppt sich mein schöner Führer wieder nicht gerade als hervorragender Fährtensucher. Er ist auch auf Raubzeug viel zu unruhig; alle Augenblicke muß ich ihn beschwichtigen. Ein ganzes Jahr möchte ich diesen Menschen nicht um mich haben!

Wie wir einen Moment stehen bleiben und horchen, sehe ich vor mir in einem hohen, dicken Baum das Laub erzittern. Es sieht aus, als wenn sich dort irgend etwas nach oben bewegte.

Da — nun weiß ich Bescheid — mein Leopard macht eben hopp-hopp — zwei Sätze, und schon befindet er sich auf einem 12—14 Meter hohen, wagerecht und weit nach links ausladenden Aste. So ist der Urian nun also aufgebaumt!

Mit dem Kopf nach links gewandt, schleicht er bis zur Mitte des Astes. Dann tut er sich mit der Hinterhand nieder und faucht mich, scharf nach unten spähend, an.

Wie prächtig hebt sich dabei seine Silhouette vom leuchtenden Himmel ab! Es ist ein wahrhaft seltenes, schönes Bild —

Doch jetzt heißt es schnell handeln. Denn ist die Katze erst mal wieder unten, kommt sie mir nicht gleich wieder so günstig.

Während ich in Anschlag gehe, erhebt sich der Leopard, macht noch zwei Schritte weiter nach links und setzt sich wie vorhin.

Wir beide stehen völlig frei; er kann also jede unserer Bewegungen genau beobachten. Nun halte ich aufs Blatt und lasse fliegen.

Bums! — — Mit einem unheimlichen Sprunge ist er von seinem hohen Aste auf der Erde.

Blitzschnell habe ich die Patrone ersetzt — vielleicht kommt er an! Zu sehen ist nichts. Das Unterholz des Baumes, in das er sauste, ist durchweg fast mannshohes, geradstengeliges Krautzeug. Verflucht unangenehme Situation! Man merkt die Bestie erst, wenn man sie auf dem Halse hat. Vor allem so stehen bleiben und etwas warten in diesem Falle. Beileibe nicht in solchem Gelände ein beschossenes Raubtier sofort aufsuchen wollen!

Nicht das leiseste Geräusch ist zu hören, kein Laut, kein Stöhnen. Ich kalkuliere, wenn ich mich nach rechts um den Baum drücke, habe ich vielleicht Einblick in das Krautzeug, in das er dort herabfiel.

Mehr als vorsichtig schleiche ich dann hin. Vor der kritischen Stelle liege ich fast auf der Erde, den ganzen Platz äuge ich ab — vom Leoparden keine Spur! Eine sehr heikle Sache — — —

Nun krieche ich behutsam auf den Anschuß. Am weichen Boden mächtige Einrisse der Pranken. Zwei Schritte daneben viel Schweiß. Ebenso einzelne Spritzer an den Blättern. Ich krieche hervor, richte mich auf und bin recht enttäuscht. Mein Schuß muß ja abgezirkelt Blatt gesessen haben, da möchte ich meinen Kopf verwetten. Inzwischen sind etwa 20 Minuten verstrichen; ich kann also getrost die Schweißfährte aufnehmen.

Das Gelände wird lichter. Die Spur beginnt mit einem Halbkreise. Ungefähr 40 Meter mag ich sie gehalten haben, da schimmern plötzlich dicht vor mir seine schönen, schwarzen Flecken durch einen Strauch.

Wie sie der Führer sieht, denke ich, der Kerl wird wahnsinnig vor Furcht. Nur fünf Meter trennen uns von dem bunten Dinge, und trotzdem tanzt und schreit er wie besessen: „Shoot, Mister, shoot — shoot!"

Da drehe ich mich ruhig um und brülle ihm ein paar Liebenswürdigkeiten ins schöne Gesicht, die ich hier lieber verschweigen möchte. Als Schluß gebe ich ihm dann noch die Versicherung: „So verrückt wie du bin ich nicht, daß ich auch noch auf tote Tiere schieße."

Wie schlafend liegt die prächtige Katze auf der Seite. Und mein Schuß? Er sitzt auf der angesagten Stelle!

Der Schikari lächelt, und der Führer geruht mich gönnerhaft zu loben. Ich hätte sehr gut geschossen, und solch ein starker männlicher Leopard sei von einem Mister sehr lange nicht erlegt worden. Ich fühle mich riesig gebummfidelt.

Der „schöne Mann" hat aber wenigstens darin recht, daß mein Leopard wirklich ein ganz kapitaler Bursche ist.

In gehobener Stimmung pendele ich lagerwärts. Dabei geht mir eine interessante Beobachtung durch den Sinn. Der Leopard scheint sich hier genau so zu benehmen, wie ich das aus Afrika kenne. Dort begegnete ich ihm ziemlich spät vormittags und ziemlich zeitig nachmittags, und zwar nicht nur vagabundierend, sondern auch jagend. Hier schlug er in der Zeit von ungefähr 9—10 Uhr vormittags den Sambur.

In einem Reservate — wo also nicht geschossen werden darf — hörte ich einen Leoparden schon zwei Stunden früher, als den eben erlegten. Derartig zeitig begeben sich diese Tiere bereits auf den Bummel.

Abends erlebe ich noch ein „Miniaturabenteuer".

Kurz vor dem Zubettgehen klappe ich nochmals meine Ledertasche auf, um die Ceylonkarte einzusehen. Wie ich sie wegnehme, krabbelt etwas Braunes in den darunterliegenden Anzug. Sofort schlage ich den Koffer wieder zu und lasse den Schikari mit Licht kommen. Behutsam wird der Koffer von neuem geöffnet, dann stöbere ich mit einem Stocke in den Sachen herum. Zunächst denke ich dabei an eine Schlange. Aber wie sollte sie in den Koffer hineingekommen sein, den ich stets sogleich wieder verschloß, wenn ich ihn gebraucht hatte. Schließlich erwische ich eine mächtige Vogelspinne, von der meine Leute behaupten, sie sei sehr giftig.

So sieht sie auch aus. Mittels zweier Holzspänchen fasse ich nun den Eindringling und expediere ihn in ein Glas, das ich dem Schikari zur Aufbewahrung übergebe. Am nächsten Morgen ist das Glas leer —

* * *

Ich bin am oberen Kumbukgam und verlebe hier noch manchen genußreichen Tag in der herrlichen Natur seiner Umgebung. Dieser Fluß und der Kattaragam wetteifern in der Großartigkeit ihrer Uferszenerien. Urwaldriesen von fabelhaftesten Dimensionen überspannen von Ufer zu Ufer den Flußlauf. Sie bilden stellenweise ein so dichtes Laubdach, daß nur dämmriges Zwielicht über dem Wasser liegt. Manchen dieser Baumriesen haben die Fluten unterwaschen und zu Fall gebracht. Dann liegen die gestürzten Stämme wie Brücken wagerecht über den 20—40 Meter breiten Strom. Und merkwürdig, trotz der in jetziger Zeit fast täglich niedergehenden starken Regenfälle führen diese Flüsse kein strömendes Wasser. Man kann aber von einer Reihe seichter Tümpel reden. Jetzt sind sie durchschnittlich metertief. Der Grund besteht aus reinem Sande und ist nur an einzelnen Stellen felsig.

Reiches Tierleben herrscht im Blätterdache der herrlichen Bäume. Da sind vor allem zahlreiche Herden von Rilawa — der Hutaffen und des Hutman —, die sich bemerkbar machen. Namentlich die letzteren sind mit ihren pechschwarzen Gesichtern reizende Gesellen. Es gewährt ein sehr nettes Bild, wenn so eine große Herde zur Erde niedersteigt, um sich am klaren Wasser zu tränken. Dabei machen sie gar keinen scheuen Eindruck. So tummelte sich am Kattaragam eines Nachmittags eine Herde meinem Lager gerade gegenüber. Mehr als eine Stunde lang trieben sie dort ihr lustiges Wesen und äugten fortwährend zu mir herüber. Und als ich später unfern dieses Lagers am Flusse male, wird die Gesellschaft in den Ästen über mir so neugierig und unverschämt, daß sie mir Sachen auf die Palette setzt, mit denen ich beim besten Willen nicht malen mag. Sogar meine Steinwürfe vermögen sie nicht in die Flucht zu treiben, erst ein blinder Schuß läßt sie mit fürchterlichem Geschrei schleunigst verduften.

Wieder sitze ich am Uferrande. Ich habe mir an einer wundervollen Ecke hinter einem gefallenen Riesenbaum einen Ansitz gebaut. Jetzt ist es Mittagszeit; nachmittags will ich mich dann hier niederlassen.

Der Blick bestreicht zu beiden Seiten eine Anzahl wasserführender Tümpel des Flußbettes. Etwas rechts vor mir liegt in der Mitte des Flußlaufes ein mächtiger, angeschwemmter Baumstamm. Sein Bild spiegelt sich klar in einer Pfütze. Ich bin sehr zufrieden mit der Platzwahl, auch der Wind steht sehr gut.

In den Lüften treibt eine bunte Vogelwelt ihr Spiel. Ganz besonders fesselt mich ein herrlicher, blauer Eisvogel. Silberreiher, Nimmersatte und ein schwarzer, kupferig schillernder Storch stehen auf zirka 120—150 Meter an einem der Tümpel. Rotbeinige Strandläufer und Möwen gesellen sich jetzt auch noch dazu.

Plötzlich tauchen mir gegenüber am abfallenden Uferdickicht große ultramarinblaue Punkte auf. Und nun treten drei Wildpfauhähne mit fünf Hennen unter dem schattigen Uferrande hervor. Wie prächtig leuchtet es auf, wenn durch das überhängende Buschwerk ein Sonnenstrahl das wundervolle Blau des Halses streift! Beim Anblick dieser Tiere empfinde ich dasselbe eigentümliche Gefühl, das mich beim Dschungelhahn beschlich. Die wilden Pfauen da drüben, diese großen, ruhigen Vögel hier in der Wildnis, kommen mir gar nicht wild, gar nicht fremd vor. Wüßte ich nicht, daß ich hier in absoluter Wildnis sitze, so könnte ich mich in die Heimat zurückversetzt glauben. So haben wir gründlich die Rollen vertauscht, und ich bin in ihrer Heimat der Fremdling.

Wieder kommen neue Gäste. Eine Rotte der unvermeidlichen Sauen trollt zu den Pfauen hinab und beginnt sogleich am Uferrande zu brechen. Nun ziehen sie alle in kaum zehn Meter Entfernung voneinander am Ufer entlang nach rechts. Ab und zu kann ich sie noch eine Weile durch das Gebüsch verfolgen.

Doch da knackt es rechts neben mir ganz leise. Immer stärker wird das Geräusch, und nun erkenne ich schon etwas Graues. Eine großartige Prozession kommt daher. Gemessenen Schrittes, mit den mächtigen Schädeln hin und her wackelnd, trotten fünf Elefanten hervor und nehmen Richtung auf den angeschwemmten Baumstamm. Mehrere Meter davor verhoffen sie. Dann schreiten vier weiter, der Bulle bleibt stehen und beginnt mit dem Rüssel im Sande ein rundes Loch zu graben. Dazu nimmt er auch mehrere Male die Vordertritte zur Hilfe. Das Loch wird tiefer. Man merkt, er gräbt nach dem kühlen Grundwasser. Nun saugt er den erquickenden Trank auf, und als er genug hat, bewirft er sich zur äußeren Abkühlung auch noch mit dem nassen Sandbrei.

So habe ich endlich mit eigenen Augen die Entstehung solcher häufig gefundenen Löcher beobachten können. Steckte ich an diesen Stellen meinen Stock in den Sand und rührte, einen Kreis beschreibend, damit herum, so kam in all den trockenen Flußbetten sehr bald klares Wasser zum Vorschein.

Selbst wenn in allernächster Nähe unzählige Tümpel mit dem herrlichsten Wasser vorhanden sind, also von Wassermangel niemals die Rede sein kann, gruben die Elefanten regelmäßig nach Wasser. Ist das lediglich eine Spielerei oder eine alte Angewohnheit aus der Trockenzeit, wo auch diese Tümpel keinen Tropfen mehr hergeben? Ich behaupte, daß die Kühle des Grundwassers sie zu den Bohrungen veranlaßt.

Eine halbe Stunde genieße ich das Treiben der Dickhäuter vor mir. Dann ziehen sie, häufig stehen bleibend, leider nach rechts flußabwärts und nicht, wie ich es so gerne gesehen hätte, bei mir vorüber. Aber wie klein erscheinen die Riesen nun in dem domartigen Flußwalde! Trotz ihrer massigen Figuren können sie es doch noch lange nicht mit den Riesen der Flora aufnehmen. Wie etwa das Mäuschen im hohen Grase, so verhalten sich ihre Gestalten zu den Höhen der Waldbäume.

Ist jetzt wirklich eine Pause auf meiner Naturbühne eingetreten? Es scheint beinahe so. Doch nein, dort erscheint ein einzelner Büffel. Er kommt fast aus derselben Richtung wie die Elefanten, zieht an dem Baumstamme schräg gegenüber nach einem Tümpel und tränkt. Dann tut er sich im Wasser nieder. Unter dem dunklen Ufergezweige ist er jetzt kaum sichtbar.

Kreischend kommen ein paar große Nashornvögel dahergestrichen. Sie fallen über mir in die Baumkronen ein und sind sogleich trotz ihrer Größe völlig verschwunden. In der Ferne spektakeln Affen — was mag da los sein?

Wie ich dem Lärm noch zuhöre, setzt sich plötzlich unmittelbar vor mir ein reizendes schwarzes Vögelchen auf den Stamm. Augenblicklich, im Scherz, greife ich zu, und das Wunder gelingt, ich habe es! Ganz locker und vorsichtig in das Taschentuch eingebunden, verberge ich das Tierchen auf — meinem Haupt unter dem Tropenhut. Es bewegt sich kaum. Auf diese Weise bringe ich den Vogel nach dem Lager, verewige ihn am nächsten Morgen bei Tagesgrauen, und zwanzig Minuten später fliegt der kleine Kerl lustig von dannen. Es ist recht schade, daß man das nicht auch bei großen Tieren so machen kann —

Doch nun ist es wirklich Zeit, heimzugehen!

Der Büffelbulle liegt noch immer in seinem Tümpel. So will ich mal versuchen, am Ufer entlangpirschend, ihm näherzukommen. Bis auf genau 24 Schritte gelingt mir das. Ja, ich kann sogar, niedergeduckt, ein paar Striche notieren. Noch näher aber, wird's ihm doch zu bunt. Wild springt er auf, daß der Schlamm spritzt, und stürmt das Ufer hinan. — — — — —

* * *

Ich befinde mich wieder einmal in einem „Rasthause", und zwar am Kumbukgamfluß. Es sieht äußerlich ziemlich mitgenommen aus. Wie die Spuren verraten, hat hier unlängst ein Elefant seinen Besuch abgestattet. Dabei ist er nicht etwa durch das Tor der zwei bis drei Meter hohen Umzäunung gegangen, nein, er spazierte lieber durch die Einfriedigung dicht neben dem Tor und durchschlug sie glatt. Dann scheint er sich mit einzelnen Sparren des Zaunes amüsiert zu haben. Sie liegen weit umher. Auch das Haus beehrte er mit seinem Besuche, riß von der Veranda ein Stück ab und schrubberte sich dabei, wie die Erdteilchen beweisen, zu seinem Wohlbefinden die Haut an den Außenpfosten. Aber der Unermüdliche hatte noch viel mehr zu tun. Da mußte ja auch noch das Dach abgedeckt werden, und das möglichst über dem Hauptraume. Nachdem er das gründlich besorgt hatte, ging er hinter das Haus und sah auch dort zum rechten. Hier gefiel ihm anscheinend ein kleiner Stall nicht, deshalb wurde er gewissenhaft beseitigt. So — nun wäre er fertig gewesen. Doch nein, er muß ja auch wieder gehen! Und so empfiehlt er sich mit demselben durchschlagenden Erfolge durch den hinteren Zaun, wie er vorn hereingekommen war. Der Himmel soll jedes Rasthaus vor solchen Gästen bewahren!

Am nächsten Tage taucht bei mir ein Eingeborener auf und erzählt, daß ein „rogue"-Elefant diese Schandtaten begangen habe. Er wie einige seiner Genossen seien von dem wütenden Tier in die Flucht geschlagen worden; nur mit Mühe hätten sie sich retten können. Der Böse habe auch eine ganze Reispflanzung vernichtet. Ferner berichtet er, daß der Elefant bereits einige Menschen umgebracht und gestern ein Leopard einen Mann gefressen habe. Das sind ja nette Geschichten! Warum konnte ich nicht einen einzigen Tag früher hier eintreffen! —

In der Nähe dieses neuen Lagers habe ich jetzt täglich Gelegenheit, Axiswild zu beobachten. Das eine Mal trete ich, aus den Dschungeln zurückkehrend, auf eine vollkommen freie Blöße. Da äst mir gegenüber ein großes Rudel. Sofort ducke ich mich und der Führer, aber wir hocken eben frei da. Die Gesellschaft merkt nichts. Acht Geweihte sind darunter und viel Mutterwild. Da kommen nach einem Weilchen noch ein starker Hirsch und ein Gabler hinter einem Busch hervor und gesellen sich zum Rudel.

Der Axishirsch hat in seinem Gebaren viel Ähnlichkeit mit unserm Damwild. Er trägt aber nicht die kapitalen Schaufeln, sondern nur Stangen von sechs Enden. Im Bau ist er entschieden schöner, weniger plump als unsere Art. Er sieht vielleicht deshalb viel schlanker aus, weil er höher in den Läufen gestellt ist.

Nun fiepe ich, zuerst leise, dann stärker mit dem Munde. Bei jedem Fiepton werfen sie auf, sichern stolz zu mir herüber, und — äsen dann ruhig weiter. Bei dem sehr guten Winde bekommen sie es nicht weg, daß der Ton von meiner ganz frei hockenden Wenigkeit stammt. Dabei beträgt die Entfernung kaum 50 Meter. Erst als ich mich erhebe, schrecken sie auf und werden flüchtig.

Auch den bedeutend stärkeren Sambur, der noch schwerer als unser Rothirsch wird, sichte ich mehrmals in kleinen Rudeln. Den Hirsch sehe ich fast durchweg in sumpfigen Dickungen und einzeln; die Tiere meist in Trupps von vier bis zehn Stück.

So ein Samburhirsch trägt sich immer sehr stolz. Beinahe kokett setzt er seine Läufe, als wollte er sich in seiner ganzen Schönheit zeigen. Jedesmal, wenn ich so einen Hagestolz spitz von vorn erblicke, muß ich unwillkürlich an den afrikanischen Wasserbock denken. In dieser, Stellung hat er große Ähnlichkeit mit ihm.

Meine Leute berichten mir, daß beide Hirscharten sehr viel vom Leoparden zu leiden haben. Das ist mir sehr erklärlich.

Samburhirsche.

Ceylon beherbergt noch ein zweites großes Raubtier, den Lippenbär. So sehr mir dessen Erbeutung am Herzen lag, ich sollte das Glück nicht haben. Dreimal fand ich seine frischen Spuren. Alle Mühe war vergebens, ich bekam ihn nicht zu Schuß.

Eines Morgens kreuze ich seine Spur auf einer trockenen Stelle im Felsgelände. Unendlich schwierig läßt sie sich verfolgen. Alle Größen von Felsblöcken und Brocken bedecken den Hang. Dazwischen wuchert undurchdringliches Pflanzengewirr. Im Schneckentempo nur komme ich vorwärts. Als ich mich so ein paar hundert Meter durchgekämpft habe, sehe ich die dunkle Silhouette des Bären auf einem runden Felsblock gegen den Himmel. Schnell mache ich fertig — aber der Kerl ist noch fixer und rutscht auf der anderen Seite des Felsens hinab.

Es ist zu dumm, daß man in diesem Gelände die Büchse nie fertig tragen kann. Streckenweise muß ich sie sogar umhängen, um die Arme zum Klettern benützen zu können!

Und auf den Führer ist auch kein Verlaß, der kommt erst zehn Meter hinter mir nachgeturnt. Hat doch der große, stattliche Mensch schon zweimal in der Ebene mit der gar nicht schweren Büchse Kal. 9,3 Schlapphans gespielt! Solche Vorkommnisse sind mir immer wieder der Beweis, daß der hiesige Menschenschlag im Vergleich zu den Negern viel weniger leistungsfähig ist. Vielleicht bin ich auch mit der Wahl meiner Leute reingefallen; vielleicht genügten sie anderen Jägern — mir jedenfalls nicht!

Das sehe ich jetzt wieder, als ich sage: Schleunigst dem Bären nach!

Ja — — — Nichts zu machen! Die Bärenhaut, auf der ich meine müden Glieder daheim zu strecken gedachte, habe ich nicht erwischt. Ich soll halt noch nicht ruhen — —

In einem Falle, wie dem eben geschilderten, darf man nicht lange überlegen, man muß blitzschnell handeln, sonst ist das Wild über alle Berge. Und wenn das Wetter mitunter ganz unerträglich war, so nahm ich immer an, daß ein Eingeborener, ein Naturmensch, in seinem eigenen Lande doch mehr aushalten müsse als ich Kulturpflänzchen. Da habe ich mich böse getäuscht! Und das freut mich schließlich meinetwegen. In der langen Periode meiner Reisen habe ich es nie erlebt, daß mich z. B. einer totgelaufen hätte. Hunderte Male saß ich, stundenlang arbeitend, im tollsten Sonnenbrande; meine Herren faulenzten im kühlen Schatten, damit sie nicht etwa schwach würden. Doch genug davon.

Meine erlaubten vier Büffel sind neben anderem Wilde zur Strecke gebracht. Ebenso hat meine Mappe ein behäbiges Bäuchlein bekommen, trotz des im allgemeinen schlechten Wetters. Aus meinem Tagebuche kann ich nachweisen, daß der größte Teil meiner Expeditionszeit aus schweren Regentagen bestand. Tagelang hatte ich keinen trockenen Faden am Leibe.

Nun ist die Regenzeit so vorgeschritten, daß mir täglich kaum eine Stunde zur Arbeit übrigbleibt. Auch das Lager steht täglich tief unter Wasser. Und welche Mühe habe ich mit dem Zelt! Ich bin schon alle Morgen heilfroh, wenn mir des Nachts das Ding nicht über dem Kopfe zusammengestürzt ist. Bei Tage ist wiederum ein derartig abscheulicher Wind, daß mir die Staffelei trotz aller angewandten Vorsichtsmaßregeln doch noch umgeschlagen wird, ehe ich den ersten Pinselstrich tun konnte. Habe ich mich dann wirklich bei einem Lichtblick hinausgewagt, beginnt auch sofort wieder der Strippenregen, der kein Ende mehr kennt.

Bei solcher Behandlung werde ich landflüchtig und wende mich vom Osten wieder südlich, heimwärts. Aus der östlichen Provinz marschierend, berühre ich die Unva und beobachte nochmals eine Büffelherde von über 100 Stück. In ihrer Nähe steht auch ein Volk Nimmersattstörche. Es ist, als wollte mir das Wild den Abschied schwer machen, als wollten sie sich alle nochmal meinen Blicken darstellen.

Dann passiere ich Stätten von mehr als tausendjähriger Vergangenheit, kolossale, weißgetünchte Buddhatempel. Einer, dem Andenken eines Heiligen gewidmet, ist bis zur höchsten Spitze hinauf mit einem Bambusgestell umkleidet, an dem unzählige weiße und bunte Wimpel flattern. Überall liegen zerfallene Elefantenstatuen und andere Trümmer umher; ein recht trauriges Bild entschwundener Pracht.

Und der Marsch ist auch kein erfreulicher in dem strömenden Regen. Die armen Ochsen können die Karren in dem aufgeweichten Boden kaum vorwärts bringen. Kurz vor Hambantota fährt der eine Treiber so schlecht, daß er den Wagen in eine tiefe Regenrinne wirft. Da liegen nun Karre und Ochsen in der Pfütze. Ehe wir das Unglücksvehikel wieder auf die Räder bringen können, muß es natürlich erst ausgeladen werden. Eine schöne Bescherung!

Mit diesem „Unfall" nehme ich endgültig Abschied von der Wildnis, und bald sitze ich wieder im bekannten Bungalow zu Hambantota.

Waren es auch im allgemeinen viele trübe und verärgerte Tage, die ich während dieser Monate verlebte, das Fazit war dennoch reicher Erfolg in Arbeit und Jagd. Und es bleibt glücklicherweise das Angenehme und Schöne besser haften im Gedächtnis und verwischt Mißgeschick und Widerwärtigkeiten.

Die Rückkehr nach Kolombo mit Post und Eisenbahn ist eine ununterbrochene Regenpartie. Ich sehe die Hauptstadt in schauderhaftestem Wetter wieder.

Bis zum Eintreffen des Dampfers, der mich nach der Heimat bringen soll, ist noch etwas Zeit. Kurz entschlossen steige ich trotz der ungünstigen Witterung abermals in den Zug und mache einen kurzen Abstecher nach Norden ins Gebirge.

Mein erstes Ziel ist Kandy, das ich in vier Stunden erreiche. Bei gutem Wetter muß es schön hier sein — sehr schön sogar! Aber so? —

Regen, Nebel und Wolkenfetzen! Sie jagen an den Hängen entlang, verschleiern das Landschaftsbild. Kommt einmal ein kurzer Ausblick, dann erscheinen die mit dichtem Busch bewachsenen Berge wie dunkle Silhouetten. In den Tälern breiten sich überall Reisfelder, die jetzt bearbeitet werden. Die Zugochsen haben ein schweres Stück Arbeit zu leisten mit dem primitiven Pfluge in dem unergründlichen Schlamm. Wo man hinblickt, stehen Kokos- und die schlanken Arekapalmen.

Wieder ein kurzer Ausblick: kahle Felsen bedecken die Hänge; schnell hat sie der Nebelschleier von neuem bedeckt. So bin ich recht froh, daß es nicht mehr regnet, als ich um die Mittagsstunde in Kandy aussteige.

Florence Hotel heißt das kleine Haus, das ich beziehe. Abgelegen von allem Verkehr, liegt es in wohliger Stille oberhalb des Kandysees. Es ist ein Plätzchen, so recht zum Verweilen und Erholen.

Das interessanteste Bauwerk der Stadt ist der alte Palast des heiligen Zahnes mit dem Pavillon Pattirippuwa, die jenseits des Sees liegen. Eine alte, verwitterte, reich ornamentierte Zinnenmauer umgibt sie. Diese Mauer zieht sich aber auch fast um den See, so daß es den Eindruck macht, als habe das alles zur Glanzzeit der kandyschen Tyrannenkönige ein Ganzes gebildet.

Im Innern des Palastes ertönt fortwährend lautes Trommeln. Man betet da anscheinend den ganzen, lieben, langen Tag, das ganze Jahr hindurch und opfert stark duftende Tulpen, die im Innern des Tempels verkauft werden. Der Gläubige legt die Blumen auf eine Schale und geht mit ihnen in den Pavillon, der die Reliquie, den heiligen Zahn Buddhas, birgt. Hier befindet sich eine feste, kunstvoll gearbeitete Gittertür mit einem unglaublich großen Vorhängeschloß. Damit wird jedem Besucher gewissermaßen bildlich gesagt: bis hierher und nicht weiter! Mir scheint es, das Heiligtum ist gar nicht vorhanden. In dichten Scharen drängen sich die Leute, darunter viele Frauen. Ein zitronengelb gekleideter Mönch nimmt die Schalen mit den Blüten in Empfang und schüttet sie durch das Gitter in den heiligen Raum. Einzelne verrichten dann noch ihr Gebet, andere gehen gleich weiter. Es herrscht ein großes Gedränge.

Wenn ich mir die Schuhe ausziehen wollte, hätte ich gleichfalls Zutritt. Dann könnte ich vielleicht durch die Gittertür den Schrein sehen, in dem der Zahn aufbewahrt wird. Ich sehe aber auf die kurze Distanz schon so genügend. Dann zwänge ich mich durch das dichte, betende, murmelnde Menschengewimmel und besichtige noch mehrere Räume, in denen uralte Buddhafiguren in Gold, Silber und Glas stehen. Ferner fallen mir ebenso alte, silberbeschlagene Bücher auf.

Am auffallendsten ist es mir aber, welche Menge Backschisch diese Herren Buddhas alle beanspruchen. Im Handumdrehen ist hier die Tasche leer, und ich atme auf, als ich aus dem Tohuwabohu heraus und wieder auf der Straße bin.

Als zweite Hauptsehenswürdigkeit lasse ich gern den Botanischen Garten von Peradenia gelten. Man erreicht ihn auf guter, breiter Straße.

Schon am Eingange gibt's eine Überraschung. Ein riesiger, alter Rupper-tree — Gummifeigenbaum, Ficus elastica — steht hier. Mannsdicke Luftwurzeln streben von oben senkrecht hernieder; die Erdwurzeln des Baumriesen ragen als hohe, senkrechte Wände aus der Erde und winden sich schlangenartig am Erdboden dahin.

Weiter sind von überwältigender Größe die Prachtgruppen des Riesenbambus. Seine einzelnen „Halme" erreichen fast die Dicke eines Mannes und eine Höhe von 30—40 Meter. In den Kronen der turmhohen Wedel hängen viele Hunderte großer Fledermäuse, die bei meinem Nahen ein ohrenbetäubendes Quietschen hören lassen.

Herrlich und imposant ist auch die Allee von Königspalmen. In dem Garten sind wohl überhaupt alle Palmenarten vertreten. Mächtige Baumfarren. Ferner Bäume, deren Laub wie von Purpurrot übergossen aussieht. Und erst gar die Pracht der Orchideen und all der verschiedenen Vertreter der tropischen Pflanzenwunder, die sich alle unter freiem Himmel dem vor so viel Fülle schier ratlosen Blicke in enormen Exemplaren zeigen!

Als ich in der leichten Rikscha nach Kandy zurückkehre, gießt es bereits wieder in Strömen. So hatte mir der Wettergott wenigstens einige Stunden zum Genusse der herrlichen Flora freigegeben.

Am fünften Tage verlasse ich das alte Kandy, aber der Himmel hat noch kein Einsehen; im Gegenteil, er scheint seine Schleusen erst recht geöffnet zu haben. Früh um 10,30 Uhr dampft das Zügle aus dem Bahnhof. An Peradenia vorbei, geht es immer höher hinauf in die Berge. Die Steigung ist derartig, daß hinten noch eine Maschine zum Stoßen benützt werden muß. Mühsam keuchen die Maschinen bergwärts, und besorgt füllen die Heizer die feurigen Schlünde mit Holzkloben.

Was nützt dem Reisenden die schönste Landschaft, wenn Regen und Nebel sie ihm verbergen. Was nützt aber auch ein Lichtblick, wenn er nur enttäuscht. Die Berge sind kahl, der Urwald, nach dem ich so gierig ausgespäht, ist abgerodet, verschwunden. Statt seiner stehen jetzt geradlinig-starre, symmetrische Anpflanzungen, Teestrauch neben Teestrauch, wohin man auch blickt. Das ist für den Kulturfreund eine Augenweide, der Naturfreund wird aber seine Freude meistern können. In diesen Bergeshöhen herrscht der reinste Materialismus. So freue ich mich aufrichtig bei jedem die Felsblöcke überstürzenden Gebirgsbache, bei jedem mit Moos und langen Flechten behangenen Baume oder auch über jeden nicht anpflanzungsfähigen Steilhang, auf dem noch einige der mächtigen Baumfarne ihr ungewisses Dasein fristen. Unmittelbar darauf kommt dann häufig ein Schlag ins Gesicht: Gebirgsromantik — — Wellblechdächer! O Mensch, verhülle dein Angesicht!

In Ulapane steige ich in den „Speisewagen". Die vielen Teeberge mögen mich wohl überwältigt haben; ich schmachte nach einer Tasse Tee.

— Gibt's nicht! „But the tiffin is allright," meint der holde, braune Knabe. Kostenpunkt — 2 Rupie.

Und das Mahl ist wirklich nicht schlecht. Bei der schlechten Aussicht kann ich es in aller Ruhe verzehren. Der Nebel steht bis dicht vor den Fenstern, deshalb noch eine zweite Flasche „Pilsener". Sie schmeckt mir zum mindesten genau so gut wie der — Tee. Immer höher steigen wir, immer kühler wird die Temperatur, da entdecke ich noch weitere Fläschchen mit noch kräftigerem Inhalt.

Bis 4 Uhr sitze ich in dem gastlichen Wagen, dann muß ich raus, wir sind in Nanu-oya. Umsteigen!

„Nanu?" frage ich, und „O ja!" antwortet mir das kleine, serviettenschwingende Scheusal.

Sofort geht es mit einer Kleinbahn weiter. Das Zügle ist noch winziger geworden. Drei kleine Wagen mit Doppelkupee, das ist der ganze Zug. Die Dinger federn genau so wie ein gewöhnlicher Wagen. Der scharfen Kurven wegen muß das wohl aber so sein, sonst könnte man sie nicht so leicht bewältigen. Und die Weiterfahrt bestätigt mir das. In beängstigenden Schlangenlinien schlängeln wir uns durch das Nebelmeer aufwärts. Draußen könnte man die Hand nicht vor den Augen sehen. Wo ich also herumkutschiere, davon habe ich keine Ahnung!

Um 5 Uhr gibt es einen Ruck, das Zügle stoppt — Endstation Nuwara-Eliya!

Brrrr — ist das eine Hundekälte! Ganz wie Ende November zu Hause. Dazu der feuchte Nebel, den man ebensogut Regen nennen könnte. Und das nennt sich Tropen! Aber was verlange ich denn. Soll ich etwa in 1850 Meter Seehöhe bei der jetzigen Jahreszeit vor Hitze umkommen wollen? Also die Sache stimmt.

Im Grandhotel, von einem Deutschen Namens Lösch bewirtschaftet, wird mir sofort nach meiner Ankunft vom Boy ein warmer Tee gereicht, der mir äußerst wohltut.

Dunkel ist es ja schon den ganzen Tag über gewesen. Trotzdem benütze ich noch den Rest des kümmerlichen Tageslichtes, trotz des miserablen Wetters, zu einem kleinen Bummel.

Nuwara-Eliya ist Höhenkurort. Hier kommen alle die herauf, deren Gesundheit unten im Flachlande vom langen Tropenklima angegriffen ist. Selbst aus Indien kommen die Gäste nach dem berühmten Kurorte. Auch ich finde nette Gesellschaft. Mit zwei Deutschen, einem Schweizer, einem Holländer und mehreren Engländern verlebe ich reizende Abendstunden.

Der Ort selbst ist nicht groß. Er besteht aus einer Anzahl hübscher Privathäuser mit parkartigen Gärten. Die wenigen Geschäftshäuser und amtlichen Gebäude liegen etwas oberhalb des Ortes. So atmet alles eine angenehme Ruhe.

In der guten Jahreszeit muß der Blumenflor sehr üppig sein. Namentlich die Rhododendronsträucher erreichen eine ungeheure Größe. Unter den Bäumen fällt der pinienähnliche Calophyllumbaum besonders auf. Ein sehr hohes Exemplar steht etwas weiter unten am See. Auch heimatliche Bekannte sieht man in den Gärten, Rosen, Veilchen usw. Ich will es gern glauben, in dieser herrlichen, reinen und kühlen Hochlandsluft kann man sich sicher herrlich erholen. Und auch an Ausflügen mangelt es nicht. Da ist vor allem die Besteigung des Hauptgipfels der Insel, des 2538 Meter hohen Piduru Talagala. Zweimal machte ich trotz Abratens den Versuch, hinaufzukommen, und zweimal kehrte ich des dichten Nebels wegen unverrichteter Sache wieder um. In Wald und Nebel sah ich nur die allernächsten Gegenstände.

Recht interessant ist auch der Botanische Garten von Hakgala, aber doch viel bescheidener als der von Paradenia. Sehr lohnend ist jedoch eine Wagenfahrt dorthin wegen der wundervollen Landschaftsbilder.

Doch nun fühle ich mich genügend benebelt hier oben. Am nächsten Morgen 8,40 Uhr dampfe ich wieder abwärts. Bald umfängt mich wieder Tieflandsluft, schwüle Treibhausatmosphäre. Aber ich fühle mich ungleich wohler hier unten. Das Wetter ist leidlich, sogar herrliche Abendstimmungen sind mir beschieden. Um 8,20 Uhr bin ich in Anuradhapura. Ehe ich das schöne Wort ganz ausgesprochen habe, gehe ich schlafen.

Am nächsten Morgen sehe ich mir die alte Hauptstadt der nördlichen Insel an. Einige Jahrhunderte lang nach Christi Geburt war sie eine gar prächtige Stadt. Die Kuppeln der Tempel und Paläste erglänzten von purem Golde; die Straßen waren von Blumenschmuck und Fahnendekorationen überladen. Denn diese Stadt war ein berühmter Wallfahrtsort, zu dem von weither die Buddhisten strömten. Unermeßliche Reichtümer bargen damals diese Tempel und Paläste. Heute sind alle jene Schätze, alle jene Pracht- und Prunkbauten bis auf einige Ruinenfelder verschwunden. Heut stehen ein paar ärmliche, weißgetünchte Tempel auf dieser alten, historischen Stelle.

Und dennoch bietet das Ganze ein interessantes Bild. Der malerische Thuparama mit seinen hohen Palmen, unter denen die vielen, stets weißgekleideten Wallfahrer herbeiströmen. Auch ein Zug Knaben kommt daher. Singend und mit gefalteten Händen gehen sie in Begleitung ihres Lehrers um den Tempel. Immer neue, riesige Tempelruinen erblicke ich. Feuerrote Erde bedeckt die verwitterten, ehrwürdigen Reste. Manche erinnern mich an früher im Orient Gesehenes.

Drei volle Stunden brauche ich zur Rundfahrt durch diese alte Tempelstadt. Dabei komme ich auch zu dem zirka 100 Meter langen Kuttan Pokuna oder King resp. Queenbath. Es ist total zerfallen, und da es tief liegt, birgt es jetzt nur noch eine schmutziggrüne Schlammasse. Etwas weiter links an der Straße steht eine acht Meter hohe Buddhafigur, Sedant genannt. Sein heiliges Haupt und die Schultern hat sich eine zahlreiche Herde Hutaffen als Ruheplatz auserwählt. In Schlangenwindungen führt die Straße durch das gerodete Dschungel, und überall liegen die uralten Buddhafiguren und Tempelreste umher. An einem beinahe 20 Meter langen, aus einem Stücke gearbeiteten Steintroge komme ich vorbei. Er diente den Prunkelefanten zur Tränke. Etwas weiter liegt ein kolossales Badebassin, in dem gut 200 Elefanten Platz fanden.

An einer Wegebiegung sitzt ganz vergnügt ein Hutaffe vor einem Tempel auf der Opferplatte und läßt sich die eben geopferten frischen Reishalme gut schmecken.

Der Jotawanarawa Dagoba ist genau so zerfallen wie die anderen Tempel. Zuletzt gelange ich an den Isurumuniyatempel. Er steht zum Teil auf Fels und ist aus riesigen Felsblöcken errichtet. Man ist dabei, ihn instand zu setzen! Betritt man den Vorhof, so liegt rechter Hand ein Wasserbassin. Felsblöcke ragen daraus hervor, und ihre Wände zeigen riesige, sehr gute Elefantenreliefs. In einer Felshöhle ruht ein schlafender Buddha. Davor stehen viele, in bunten Farben bemalte kleinere Buddhas. Am Eingang befindet sich das Opferbecken mit den Gaben, der Ölnapf und die unvermeidliche — Sparbüchse.

In den Fels gehauene Stufen führen nach oben, und nun stehe ich vor einer Steinplatte, auf der in 25maliger Vergrößerung der ausgemeißelte Adamsfuß zu sehen ist.

Nach Überschreiten eines Dammes gelange ich zu einem weiten, großen Stausee, in dem zahlreiche Krokodile liegen. Ich zähle nur ganz flüchtig 37 Stück. Am jenseitigen Ufer sollen des Nachts häufig Elefanten zur Tränke kommen. Nach drei Tagen bin ich wieder in Kolombo. —

Die große Insel hat sich mir in jeder Weise als ein Wunderland gezeigt, als ein Stück Erde, wo noch Wildnis, wahre Urnatur dicht neben moderner Hochkultur zu finden ist — Ceylon!